U0096761

# 古典文獻研究輯刊

## 二四編

潘美月・杜潔祥 主編

# 第26冊

### 《臨川四夢》校注（三）
### ——紫釵記

王學奇、李連祥　校注

國家圖書館出版品預行編目資料

《臨川四夢》校注（三）——紫釵記／王學奇、李連祥 校注 ——
初版 — 新北市：花木蘭文化出版社，2017〔民 106〕
目 2+268 面：19×26 公分
（古典文獻研究輯刊 二四編；第 26 冊）
ISBN 978-986-485-016-7（精裝）
1. 紫釵記 2. 注釋
011.08                                                     106001923

ISBN-978-986-485-016-7

9 789864 850167

古典文獻研究輯刊
二四編　第二六冊                    ISBN：978-986-485-016-7

《臨川四夢》校注（三）——紫釵記

注　　者　王學奇、李連祥 校注
主　　編　潘美月　杜潔祥
總 編 輯　杜潔祥
副總編輯　楊嘉樂
編　　輯　許郁翎、王筑　美術編輯　陳逸婷
企劃出版　北京大學文化資源研究中心
出　　版　花木蘭文化出版社
社　　長　高小娟
聯絡地址　235 新北市中和區中安街七二號十三樓
　　　　　電話：02-2923-1455／傳眞：02-2923-1452
網　　址　http://www.huamulan.tw 信箱 hml810518@gmail.com
印　　刷　普羅文化出版廣告事業
初　　版　2017 年 3 月
全書字數　230380 字
定　　價　二四編 32 冊（精裝）新台幣 62,000 元
版權所有·請勿翻印

# 《臨川四夢》校注（三）
## ——紫釵記

王學奇、李連祥　校注

## 王學奇簡介

王學奇，北京密雲人，漢族，生於 1920 年，1946 年畢業於國立西北師院（北師大後身）國文系，受業於黎錦熙先生。畢業後在蘭州、蘇州、北京教過幾年中學。1950 年起，開始到大學任教，先後曾在東北工學院、東北師範大學、中央音樂學院、河北北京師院、河北師範大學任講師、副教授、教授、研究生導師。在河北師範大學階段，還曾任元曲研究所所長、河北省元曲研究會會長、關漢卿研究會會長。主講過文學概論、中國古典文學、世界文學、元明清戲曲。以教學優異，獲得國務院特殊津貼。還被母校北師大評為榮譽校友。

早年好詩，從上世紀五十年代中葉，轉攻戲曲語言研究，著有《元曲釋詞》《宋金元明清曲辭通釋》《關漢卿全集校注》《元曲選校注》《笠翁傳奇十種校注》《王學奇論曲》《湯顯祖〈臨川四夢〉校注》，即將出版的有《曲辭通釋》（《宋金元明清曲辭通釋》增訂本）、《中華古今少數民族語》等。已出版各書，皆獲大獎，備受國內外學術界好評。

## 李連祥簡介

李連祥，1958 年 10 月生於天津，1982 年 2 月畢業於天津師範大學中文系。長期從事教學及研究工作。

主要著作：《唐詩常用語詞》（辭書類，125 萬字，百花文藝出版社 2009 年版）；《奈何天校注》（收錄於王學奇先生主編《笠翁傳奇十種校注》，天津古籍出版社 2009 年版）；《詩藪珠璣》（唐詩研究論集，52 萬字，與李峴合著，天津社會科學院出版社 2016 年版）；《湯顯祖〈臨川四夢〉校注》（與王學奇先生合著）。《唐詩常用語詞》一書，在美國 2015 年芝加哥圖書展及亞馬遜網站上均有介紹。

## 《紫釵記》故事梗概

《紫釵記》是《紫簫記》的改本，共五十三齣。劇寫霍小玉與李益戀愛的故事。故事一開頭，詩人李益流落長安，元宵佳節，霍小玉在街頭墜落的玉釵，被李益拾得。李益託媒鮑四娘而成婚。後李益考取了狀元，當朝權要盧太尉欲招李益為婿，益不從。盧盛怒之下，借機派李益遠到玉門關作參軍，以離間李益和霍小玉的夫妻關係。這時霍小玉因生活困頓，出售紫玉釵，適為盧太尉所獲，並謊稱小玉病故，叫李益死心。時有黃衫客聞此不平之事，仗義相助，促成小玉與李益相會，各吐思念之苦，才解除誤會，和好如初。劇本把霍小玉對愛的癡情寫得淋漓盡致，沁人心脾。特別是霍小玉為打探李益消息把紫玉釵換來的百萬金錢拋撒滿地（見四十七齣），以表明她「情乃無價，錢有何用」的俠腸義骨，博得廣大讀者的高度讚美。

# 《紫釵記》目次

# 《紫釵記》〔1〕

明・湯顯祖著〔2〕

## 《紫釵記》題詞

　　往余所游謝九紫、吳拾芝、曾粤祥諸君，度〔3〕新詞與戲，未成，而是非蜂起〔4〕，訛言〔5〕四方。諸君子〔6〕有危心〔7〕，略取所草〔8〕，具詞梓〔9〕之，明無所與〔10〕於時也。《記》〔11〕初名《紫簫》〔12〕，實未成。亦不意其行如是。帥惟審云：「此案頭之書，非臺上之曲也。」姜耀先云：「不若遂成之。」南都〔13〕多暇，更爲刪潤，訖〔14〕，名《紫釵》。中有紫玉釵也。霍小玉能作有情癡〔15〕，黄衣客能作無名豪〔16〕，餘人微〔17〕各有致〔18〕。第〔19〕如李生者，何足道哉！曲成，恨帥郎多病，九紫、粤祥各仕去〔20〕，耀先、拾芝局〔21〕爲諸生〔22〕，倅〔23〕無能歌樂之者。人生榮困，生死何常，爲歡苦不足，當奈何！

清遠道人〔24〕湯顯祖題

## 校　注

〔1〕紫釵記——繼志本封面作《出像點板霍小玉紫釵記定本》。

〔2〕湯顯祖著——竹林本署臨川玉茗亭編。

〔3〕度——意指作曲。按曲譜歌唱。宋・葉夢得《石林燕語》卷十：「（劉幾）旋度新聲，自爲辭，使女奴共歌之。」

〔4〕蜂起——本義爲群峰飛舞，紛然雜陳。這裏比喻各種奇談怪論一擁而起。

〔5〕訛言——謠傳的話。訛（é），謂虛假無據也。

〔6〕君子——泛指才德出眾的人。

〔7〕危心——謂心存戒懼。語本《孟子・盡心上》：「獨孤臣孽子，其操心也危。」

〔8〕草——草稿、底本。

〔9〕梓——古時刻書的雕版，以梓木爲上。後泛指製版印刷。

〔10〕與——同「予」，謂仇視、憎恨。《穀梁傳・僖公十年》：「軍嘖然歎曰：『吾與女（汝）未有過切，是何與我之深也？』」清・王引之《經義述聞・春秋穀梁傳》「家大人曰，《方言》：『予，仇也。』予、與古字通。與我之仇，仇我之深也。」

〔11〕《記》——指《紫釵記》。

〔12〕《紫簫》——指《紫簫記》。此劇大約作於明萬曆五年至七年（公元 1577～1579 年），未成作罷。當時湯顯祖當在二十八歲至三十歲之間。《紫釵記》即以此爲基礎，更爲刪、潤而成。

〔13〕南都——即今南京市。在南都湯曾任南京禮部太常寺博士，繼改詹事府主簿，後升南京禮祠祭司主事。在職期間，約當萬曆十二年至十七年（公元 1584～1589 年），這時湯已近四十歲，《紫釵記》即脫稿於此時。

〔14〕訖——意言完成劇作。

〔15〕情癡——迷戀於男女間的情愛。

〔16〕無名豪——不公開姓名的豪俠之士。

〔17〕微——猶「略」、猶「稍」，爲比較之詞。清・吳焯《湋南遺老集・跋》：「又按集內詩與《中州集》本句微有不同，覺《中州》之爲善。」

〔18〕有致——情趣、韻味。

〔19〕第——「但是」的意思，表示轉折。

〔20〕仕去——猶出仕，意即做官去了。

〔21〕局——拘束、約束的意思。

〔22〕諸生——謂眾弟子也。唐・韓愈《太學生何蕃傳》：「歲舉進士，學成行尊，自太學諸生推頌不敢與蕃齒，相與言於助教博士。」

〔23〕倅（cuì）——輔佐。唐・白居易《李彤授檢校工部郎中……》文：「一可以倅戎事，一可以佐輞車。」「倅」、「佐」互文爲義。

〔24〕清遠道人——湯顯祖自署的別號。

# 第一齣　本傳開宗〔1〕

【西江月】〔末〔2〕上〕堂上教成燕子，窗前學畫蛾兒〔3〕。清歌妙舞駐遊絲，一段煙花佐使〔4〕。點綴紅泉〔5〕舊本，標題玉茗〔6〕新詞。人間何處說相思？我輩鍾情似此。

【沁園春】李子君虞，霍家小玉，才貌雙奇。湊〔7〕元夕相逢，墮釵留意，鮑娘媒妁〔8〕，盟誓結佳期。為登科抗壯〔9〕，參軍遠去，三載幽閨怨別離。盧太尉、設謀招贅，移鎮孟門〔10〕西。還朝別館禁持〔11〕，苦書信因循〔12〕未得歸。致玉人猜慮，訪尋貲費，賣釵盧府，消息李郎疑。故友崔韋〔13〕，賞花譏諷，纔覺風聞事兩非。黃衣客〔14〕、迴生起死，釵玉永重暉。

黃衣客強合鞋兒夢〔15〕，霍玉姐窮賣燕花釵。

盧太尉枉築招賢館〔16〕，李參軍重會望夫臺〔17〕。

## 校　注

〔1〕開宗——猶「開頭」，亦作「家門」。繼志本作「開示」。
〔2〕末——劇中次要的男角。首先出場，介紹劇情。猶如副末。
〔3〕兒——繼志、清暉、柳浪、竹林四本俱作「眉」。
〔4〕佐使——佐，做也（見《詩詞曲語辭彙釋》）。佐使，猶「做使」，「使做」的倒文，意為輔助、幫忙。
〔5〕紅泉——湯顯祖的館名。明金陵富春堂本《紫簫記》，題「臨川紅泉館編」。《紫釵記》是根據《紫簫記》改寫的，故曰「點綴紅泉舊本」。
〔6〕玉茗——湯顯祖的堂名。玉茗堂，湯顯祖的故居。按：玉茗，即白山茶，韻格最高。古人常以比喻知識分子的操守。宋·陸游《山茶》詩：「雪裏開花到春晚，世間耐久孰如君？」
〔7〕湊——湊巧（意言不期而遇的好機會）。
〔8〕媒妁——說合婚姻的人。媒，謂謀合二姓者；妁，謂斟酌二姓者。
〔9〕抗壯——讀若「康莊」，指四通八達的大路。抗，通「康」。《管子·輕重丁》：「決潼洛之水，通之抗壯之間。」一本作「杭莊」。馬非百新注引王念孫曰：「杭，當為『抗』。『抗』古讀『康』。杭莊即康莊。」登科抗壯，喻科舉得志。胡士

—3—

螢注日：「疑即肮髒，高傲不屈之意。」恐非是。

〔10〕孟門——山名。在陝西宜川東北、山西吉縣西，綿亙黃河兩岸，又稱龍門上口。

〔11〕禁持——忍耐、忍受。見《宋金元明清曲辭通釋‧禁持》。

〔12〕因循——拖沓、遲延。敦煌變文《父母恩重經變文》：「速須孝順莫因循。」

〔13〕崔韋——指崔允明、韋夏卿兩人。崔允明，字、裏不詳。韋夏卿字雲客，唐萬年（古縣名）人，唐代宗大曆中與弟正卿同舉賢良方正。

〔14〕黃衣客——唐之俠客，即扶持李益與霍小玉相見的豪客。因著黃衫，故亦呼為黃衫客。見唐‧蔣防《霍小玉傳》。

〔15〕黃衣客強合鞋兒夢——《霍小玉傳》：「先此一夕，玉夢黃衫丈夫（即黃衣客）抱生來，至席，使玉脫鞋。驚寤而告母。因自解日：『鞋』者，『諧』也。夫婦再合。『脫』者，『解』也。既合而解，亦當永訣。由此徵之，必遂相見，相見之後，當死矣。」後果應驗。

〔16〕招賢館——招賢納士之館。潘徽《韻纂》序：「館築招賢，攀枝佇異。」此處用為招賢的代詞。

〔17〕望夫臺——即望夫山、望夫石。據《寰宇記》記載：古代有人久出未歸，其妻登山望夫，後來變成一塊石頭。李白《長干行》詩：「長存抱柱信，豈上望夫臺。」這兩句是說丈夫對己愛情堅貞，那裏想到有離別的悲痛。本劇反用其義，形容霍小玉的悲哀。參見《牡丹亭》第三六齣注〔78〕。

按：以上四句為下場詩，總括全篇大意，例由末念。相當於雜劇「題目正名」。

# 第二齣　春日言懷〔1〕

【珍珠簾】〔生上〕十年映雪〔2〕圖南〔3〕運，天池濬〔4〕，兀自守泥塗〔5〕清困。獻賦與論文〔6〕，堪咳唾風雲〔7〕。羈旅〔8〕消魂寒色裏，悄門庭〔9〕報春相問：才情到幾分？這心期占〔10〕，今春似穩。

【青玉案】盛世為儒觀覽遍，等閒識得東風面。夢隨彩筆綻千花〔11〕，春向玉階添幾線〔12〕？上書北闕〔13〕曾留戀，待漏東華〔14〕誰召見？殷勤洗拂舊青衿〔15〕，多少韶華〔16〕都借看。小生姓李，名益，字君虞：隴西人氏。先君忝〔17〕參前朝相國〔18〕，先母累封大郡夫人。富貴無常，才情有種，紅香〔19〕藝苑，紫臭〔20〕時流。王子敬家藏賜書〔21〕，率多異本：梁太祖府充名畫〔22〕，並是奇蹤。無不色想三冬〔23〕，

聲歌四夏〔24〕。熊熊旦上，連城抱日月之光〔25〕；閃閃宵飛，出嶽吐風雲之氣〔26〕。只是一件：年過弱冠〔27〕，未有妻房；不遇佳人，何名才子？比來流寓長安〔28〕，占籍新昌客里〔29〕。今日元和〔30〕十四年立春之日，我有故人劉公濟〔31〕，官拜關西節鎮〔32〕，今早相賀回來，恰逢著中表崔允明〔33〕，密友韋夏卿，相約此間慶賞。秋鴻看酒。〔秋鴻上〕驚開酒色三陽月〔34〕，喜逗花梢一信風〔35〕。酒已完備。〔韋崔上〕

【賀聖朝】天心一轉鴻鈞〔36〕，個中孤客寒曛〔37〕。幡〔38〕頭春信已爭新，鄉思怯花辰。

〔見科，韋〕喜氣來千里，〔崔〕春風總一家。〔生〕宜春惟有酒〔39〕，長此駐年華〔40〕。〔生把酒介〕

【玉芙蓉】〔生〕椒花〔41〕媚曉春，柏葉〔42〕傳芳醞〔43〕。願花神作主，暗催花信。靈池凍釋浮魚陣〔44〕，上苑陽和起雁臣〔45〕。〔合〕青韶〔46〕印，看條風〔47〕拂水，畫燕迎門〔48〕，年年春色倍還人。

【前腔】〔崔韋〕黃雲正朔新〔49〕，麗日長安近〔50〕。向朝元〔51〕共祝，歲華〔52〕初進。洞庭春色〔53〕寒難盡，玉管飛灰〔54〕暖漸薰。〔合〕春風鬢，笑〔55〕林中未有，柳上先過，屠蘇〔56〕偏讓少年人。

〔生〕二兄說少年人，似俺李十郎亦容易老也。

【簇御林】歲寒交，無二人，入春愁有一身，報開庭草樹青回嫩，和東風吹綻了袍花襯〔57〕。〔合〕問東君〔58〕，上林〔59〕春色，探取〔60〕一枝新。

〔韋〕君虞說被東風吹綻袍花襯，是說功名未遂，要換金紫荷衣〔61〕。這也不難，聞得你故人劉公濟節鎮關西，今年主上東巡，未知開科〔62〕早晚，你且相隨節鎮西行，此亦功名之會也。〔生〕豪傑自當致身〔63〕青雲上，未可依人。〔崔笑科〕夏卿不知，東風吹綻袍花襯，是說衣破無人補，此事須問〔64〕一個人。〔生〕是誰？〔崔〕曲頭有個鮑四娘〔65〕，穿針老手〔66〕，央他一線何如？〔生〕不瞞二兄，鮑四娘於小生處略

有往來，但是此中心事，未露十分。〔韋崔〕才子佳人，自然停當〔67〕也。

【前腔】〔韋〕你染袍衣，京路塵，望桃花春水津。〔生〕要命哩！〔崔〕你外相兒點撥〔68〕的花星運。〔生〕要錢哩！〔崔〕你內材兒抵直的錢神論〔69〕。〔合前〔70〕〕

【尾聲】你眉黃〔71〕喜入春多分，先問取碧桃芳信。俺朋友呵，覷不的〔72〕你酒冷香銷少個人。

漸次春光轉漢京，風流富貴是生成。

無媒雪向頭中出，得路雲從足下生。

# 校　注

〔1〕春日言懷——柳浪本作「言懷」，《納書楹曲譜》同（以下簡稱葉《譜》）。
〔2〕映雪——喻勤學，典出晉孫康映雪苦讀故事。
〔3〕圖南——圖向南行。此處以鵬鳥圖南，比喻功名始發之初。見《莊子·逍遙遊》。
〔4〕天池濬——天池，天上之池。濬（jùn），深也。指從上到下距離之大。《詩·小雅·小弁》：「莫高匪山，莫濬匪泉。」高亨注：「匪，通彼。濬，深也。此二句意言，沒有高於那個山的，沒有深於那個泉的。」（見《詩經今譯》）
〔5〕泥塗——猶言草野，比喻卑下的地位。《左傳·襄公三十年》：「武不才，任君之大事，以晉國之多虞，不能由吾子，使吾子在泥塗久矣。」字亦作「泥途」。
〔6〕獻賦與論文——獻賦，謂作賦而獻之。古代文人每有獻賦之事，以求知遇，如司馬相如獻《大人賦》，杜甫獻《三大禮賦》。論文，商討、推敲文章工拙，如杜甫《春日憶李白》詩：「何時一尊酒，重與細論文。」
〔7〕堪咳唾風雲——堪，能也，勝任之意。咳唾，稱美他人的言論。《國語·周語下》韋昭注：「堪，任也。」咳唾風雲，猶云「議論風生」。《晉書·夏侯湛傳》：「咳唾成珠玉，揮袂出風雲。」
〔8〕羈旅——謂寄居異鄉。《左傳·莊公二十二年》：「羈旅之臣，敢辱高位？」
〔9〕門庭——家門、門戶。
〔10〕期占——希望、乞求。
〔11〕夢隨彩筆綻千花——典出《開元天寶遺事》卷下：「李太白少時，夢所用之筆

頭上生花，後天才贍逸，名聞天下。」千，清暉本、竹林本皆誤作「於」。

〔12〕春向玉階添幾線——舊時「日長添線」有兩種說法：一、《唐雜錄》：「唐宮中以女工揆日之長短。冬至後，日晷漸長，比常日增一線之工。」《全五代詩》卷十一和凝《宮詞百首》之一：「才經冬日陽生後，今日工夫一線多。」意言冬至以後，日長夜短，比以前每天可以多做一根線的活計。二、宋‧陳元靚《歲時廣記》卷三八「歲時記」：「魏晉間，宮中以紅線量日影。冬至後，日影添一線。」這是指所測日影而言。在這裏以第二說為妥。

〔13〕北闕——古代宮殿北面的門樓，是臣子上書之所。《漢書‧高帝記》注：「尚書奏事，謁見之徒，皆詣北闕。」

〔14〕待漏東華——古代臣子上朝，會集殿庭，以待漏刻（時間）。漏，古代計時器也。宋‧王禹偁《待漏院記》：「東方未明，相君啟行。煌煌火城，相君至止。噦噦鸞聲，金門未闢，玉漏猶滴，撤蓋下車，於焉以息。待漏之際，相君其有思乎？」東華，指東華門，古代內閣在東華門內。

〔15〕洗拂青衿——洗拂，洗滌拂拭。青衿，青色交領的長衫。《詩‧鄭風‧子衿》：「青青子衿，悠悠我心。」毛傳：「青衿，青領也；學子之所服。」

〔16〕韶華——美好時光，常指春光。唐‧戴叔倫《暮春感懷》詩：「東皇去後韶華盡，老圃寒香別有秋。」

〔17〕忝——辱，謙辭。如云忝屬知己、忝列門牆。

〔18〕前朝相國——前朝，指唐肅宗朝。相國，指宰相李揆。

〔19〕紅香——謂色紅而味香。

〔20〕紫臭——謂色紫而味臭。

〔21〕王子敬家藏賜書——王羲之之子王獻之，字子敬，少有盛名，而高邁不羈。然《晉書‧王獻之傳》中無家藏賜書事。李益不過借王子敬大名表白身世以自重耳。

〔22〕梁太祖府充名畫——梁太祖，即梁武帝，然在《梁武帝本紀》上中下洋洋數萬言，亦未見隻字涉及「府充名畫」，李益所以自炫，其用意亦同上文。

〔23〕三冬——其說不一。這裏以解為三個冬季（即三年）為妥。詳見《宋金元明清曲辭通釋‧三冬》。

〔24〕四夏——四個夏季（即四年）。蓋對應「三冬」而言。此類修辭，不見字書，乃湯顯祖的獨創。

〔25〕「熊熊旦上」二句——李益自言進步如旭日東昇。光焰熊熊，氣勢旺盛。連城，連城璧之簡稱。李益自誇才華價值連城，昂貴無比。

〔26〕「閃閃宵飛」二句——李益以寶劍自喻，言寶劍久埋地下，一旦出世，便有經世大用。典出《晉書‧張華傳》。傳載華聞雷煥妙達緯象，乃與煥共觀天象，見斗牛之間，頗有奇氣。華問：「是何祥也？」答曰：「寶劍之精，上徹於天

耳。」後華補煥爲豐城令。煥到縣，掘獄屋基，入地四尺餘，得一石匣，中有雙劍，並刻題曰：一曰龍泉，一曰太阿。光氣異常，吐風雲之氣。其夕，斗牛間不復見焉。閃閃，光亮四射，閃爍不定貌。獄，原誤作「狱」，據清暉、獨深本改。

〔27〕弱冠——古時男子二十成人而行冠禮。體猶未壯，故曰弱冠。《禮記‧曲禮上》：「二十曰弱冠。」孔穎達疏：「二十成人，初加冠，體猶未壯，故曰弱也。」

〔28〕比來流寓長安——比來，近來。寓，居住。此字原誤作「遇」，據柳浪本改。

〔29〕占籍新昌客里——占籍，入籍定居。新昌坊，在長安朱雀門街東第五街，爲禮部尚書李益宅。《霍小玉傳》：「隴西李生名益……至長安，舍於新昌里。」

〔30〕元和——唐憲宗年號。

〔31〕劉公濟——即劉濟，劉怦之子。遊學京師，舉進士。怦死，嗣節度。累遷檢校上書右僕射，同中書門下平章事。

〔32〕節鎮——指節度使。鎮謂方陣，統帥兵事，鎮守一方。唐制，節度使賜雙旌雙節，故曰節鎮。

〔33〕中表崔允明——中表，父之姐妹之子，與母之兄弟姐妹之子，皆稱中表。元稹《會眞記》：「鄙昔中表相因，或同宴處，婢僕見誘，遂致私誠。」《霍小玉傳》：「有明經崔允明者，生之中表弟也。」

〔34〕三陽月——即三月。三陽，指歲首季節。

〔35〕一信風——信風，隨時令變化，定期定向而至的風。風應花期而來，謂之花信風。《呂氏春秋‧上衣》：「風不信，則其花不成。」宋‧范成大《聞石湖海棠盛開》詩之一：「東風花信十分開，細意留連等我來。」據《歲時記》上說，花信風，一年共二十番。梅花風最先，一信風就是梅花風。

〔36〕鴻鈞——指天或大自然。《樂府詩集‧燕射歌辭三‧周朝饗樂章》：「鴻鈞廣運，嘉節良辰。」元‧吳澄《詠雪》：「臘轉鴻鈞歲已殘，東風剪水下天壇。」「鴻鈞」二字，各本俱作「陽春」。

〔37〕曛（xūn）——日沒時的餘光。

〔38〕幡——這裏指幡勝（亦呼綵勝或春勝）。唐宋時每逢立春日，婦女剪綵作飾物，或戴在頭上，或繫在花下，用以歡慶春日的來臨，並用以互相饋贈。詳參《宋金元明清曲辭通釋‧春勝》。

〔39〕宜春惟有酒——謂適宜春天、適應春天只有酒。唐‧施肩吾《春日餐霞閣》詩：「灑水初晴物候新，餐霞閣上最宜春。」宋‧梅堯臣《次韻景彝三月十六日范景仁家同飲還省宿》詩：「種桃依竹似仙家，遙對春風共泛霞。」霞，指美酒。

〔40〕年華——歲月。唐‧許稷《閏月定四時》詩：「乍覺年華改，翻憐物候遲。」

〔41〕椒花——酒名。舊時拜賀君親進椒酒。晉‧劉臻妻陳氏曾於正月初一獻《椒花

頌》，後因以用爲春節之典。按「椒花」上原有「生」字，衍，據各本刪。

〔42〕柏葉——酒名。相傳元旦以柏葉浸酒，可以辟邪。見《本草》。唐・杜甫《人日》詩之二：「樽酒柏葉休隨酒，勝裏金花巧耐寒。」仇兆鰲注：「崔定《四民月令》：『元旦進椒、柏酒。椒是玉樹星精，展之令卻老。柏是仙藥，能駐年卻病。』」

〔43〕醞——釀酒曰醞。芳醞，酒之美稱。

〔44〕靈池凍釋浮魚陣——「靈池」，池的美稱。魚陣，魚群。

〔45〕上苑陽和起雁臣——上苑，即上林苑，亦簡稱上林。本秦漢時帝王園林，後泛稱皇家花園。陽和，謂溫暖、和暖。《史記・秦始皇本紀》：「時在中春，陽和方起。」雁臣，指古代北方少數民族頭領能及時到京師朝覲，像雁一般秋來春去。《北史・斛律金傳》：「斛律金率部叛陵詣雲州，魏除爲第二領人酋長，秋朝京師，春還部落，號曰雁臣。」

〔46〕青韶——指春天。唐・韋元旦《奉和人日宴大明宮恩賜綵縷人勝應制》詩：「清韶既肇人爲日，綺勝初成日作人。」

〔47〕條風——八風之一。《淮南子・天文》：「距日冬至，四十五日條風至。」又同書《地形》：「東方曰條風。」

〔48〕畫燕迎門——古有畫雞於門之俗，見《荊楚歲時紀》。畫燕之俗，諸書多不載，但據南朝梁・庾肩吾《元日》詩：「金薄圖神燕，朱泥卻鬼丸。」則由來亦久矣。

〔49〕黃雲正朔新——黃，各本均作「祥」。正朔，謂農曆正月初一。古代帝王易姓受命，必改正朔。《禮記・大傳》：「改正朔，易服色。」孔穎達疏：「改正朔者，正，謂年始；朔，謂月初。」

〔50〕麗日長安近——言新正日麗，身在長安也。暗用晉明帝回答太陽和長安孰近孰遠故事（見《世說新語・夙惠》）。

〔51〕朝元——唐代閣名。在今陝西省臨潼縣驪山。唐・李商隱《華清宮》詩：「朝元閣迴《羽衣》新，首按昭陽第一人。」馮浩注引《南部新書》：「朝元閣在山嶺之上，最爲崢絕。」

〔52〕歲華——時光，年華。後蜀・毛熙震《何滿子》詞：「寂寞芳菲暗度，歲華如箭堪驚。」

〔53〕洞庭春色——酒名。以黃柑釀成。宋・蘇軾《〈洞庭春色〉詩・序》：「安定郡王（趙世準）以黃柑釀酒，謂之洞庭春色，色香味三絕。」

〔54〕玉管飛灰——玉管，管樂器的美稱。飛灰，指律管中飛動葭（蘆）灰，古代以此候測節氣。唐・杜甫《小至》詩：「天時人事日相催，冬至陽生春又來。刺繡五紋添弱線，吹葭六琯動浮灰。」第四句，仇兆鰲注：「以葭莩灰實律管，

候至則灰飛管通，多至之律爲黃鐘也。」琯，管古通用，既爲樂器，也用以測定節氣。

〔55〕笑——葉《譜》同。各本俱誤作「突」，義不通。

〔56〕屠蘇——酒名。古俗於農曆正月初一飲屠蘇酒。《荊楚歲時記》二：「（正月初一）長幼悉正衣冠，以次拜賀，進椒、柏酒，飲桃湯。進屠蘇酒……凡飲酒次第，從小起。」「從小起」，意即「屠蘇偏讓少年人」也。

〔57〕吹綻了袍花襯——「綻」開也。各本俱誤作「起」，下「綻」字同。袍花，錦袍上的紋飾。襯，內衣。《玉篇·衣部》：「襯，近身衣。」

〔58〕問東君——問春神。東君，即指春神。宋·辛棄疾《滿江紅·暮春》詞：「可憐東君把春去，春來無迹。」問，各本俱誤作「向」。

〔59〕上林——見本齣注〔45〕。

〔60〕探取——探問、打聽。「取」爲語助詞，無義。

〔61〕金紫荷衣——秦漢時丞相金印紫綬，後簡稱金紫（見《漢書·百官公卿表》）。荷衣，指綠袍。唐制：六品官服深綠，七品官服淺綠。

〔62〕開科——謂舉行科舉考試。

〔63〕致身——出仕、作官。唐·杜甫《乾元中寓居同穀縣作歌》之七：「長安卿相多少年，富貴應須早致身。」

〔64〕問——各本皆誤作「向」。

〔65〕曲頭有個鮑四娘——曲頭，即坊曲裏頭。按：唐代妓女所居之處曰坊曲。曲者，坊中小巷。《霍小玉傳》：「（玉）住在勝北坊古寺曲。」明·楊慎《詞品·坊曲》：「唐坊妓女所居曰坊曲。《北里志》有南曲、北曲，如今雲南院、北院。」鮑四娘，《霍小玉傳》作「鮑十一娘」。

〔66〕穿針老手——意即在男女間搭橋牽線的老慣家。《水滸傳》第二十五回：「便罵你這馬泊六做牽頭的老狗。」

〔67〕停當——妥當。詳參《宋金元明清曲辭通釋·停當（一）》停，清暉、竹林本俱誤作「儻」。

〔68〕點撥——指點。《水滸傳》第二回：「史進每日求王教頭點撥十八般武藝，一一從頭指教。」

〔69〕抵直的錢神論——抵直的，頂值的。《錢神論》，書名，晉人魯褒所著。詳見《晉書·魯褒傳》。

〔70〕合前——合頭同前。凡兩麴末了相同的，叫做合頭。這裏就是把〔簇御林〕末了「問東君，上林春色，探取一枝新。」三句重唱一遍之意，下同。

〔71〕眉黃——眉毛呈黃色。古代婦女化裝的一種方式。

〔72〕靚不的——看不得、看不慣。

# 第三齣　插釵 [1] 新賞

【滿宮花】〔老旦 [2] 上〕春正嬌 [3]，愁似老，眉黛不忺 [4] 重掃。碧紗煙影曳 [5] 東風，瘦盡曉寒猶著。

【蝶戀花】誰剪宮花簪綵勝 [6] ？整整韶華，爭上春風鬢。往事不堪重記省，爲花長帶新春恨。春未來時先借問，還恨開遲，冷落梅花信。今歲風光消息近，只愁青帝無憑準 [7]。老身霍王 [8] 宮裏鄭六娘 [9] 是也。小家推碧玉 [10] 之容，大國薦塗金之席 [11]。陽城妒盡 [12]，那曾南戶窺郎 [13]；冰井才多 [14]，每聽西園召客 [15]。晚年供佛，改號淨持；生下女兒，名呼小玉。年方二八，貌不尋常。昔時於老身處涉獵詩書，新近請鮑四娘商量絲竹 [16]。南都石黛 [17]，分翠葉之雙蛾 [18]；北地燕脂 [19]，寫芙蓉之兩頰。驚鸞冶袖 [20]，誰偷得韓掾之香 [21]？繡蝶長裙，未結下漢姝之佩 [22]。愛戴 [23] 紫玉燕釵，此釵已教內作 [24] 老玉工侯景先雕綴，還未送來。正是新春時候，不免喚他出來，一望 [25] 渭橋春色。浣紗，小姐那裏？

【滿宮花後】〔旦同浣紗上〕盡日深簾人不到，眉畫遠山 [26] 春曉。〔浣〕紅羅先繡踏青鞋 [27]，花信 [28] 須催及早。

〔旦〕母親萬福。〔老旦〕女兒免禮。〔旦〕母親，因甚有 [29] 喚孩兒？〔老旦〕新歲春光明媚，娘女們向渭橋望春一回也。〔行科〕冰破池開綠，雲穿天半晴。遊心不應動，爲此欲逢迎。我老大 [30] 年華對此新春 [31] 也。

【綿搭絮】繡闥清峭 [32]，梅額 [33] 映輕貂。畫粉銀屏，寶鴨 [34] 薰爐對寂寥。爲多嬌 [35]，探聽春韶 [36]，那管得翠幃 [37] 人老，香夢無聊。兀自裏暗換 [38] 年華，怕樓外鶯聲到碧簫。

【前腔】〔旦〕妝臺宜笑 [39]，微酒暈紅潮。昨夜東風，戶插宜春勝欲飄。倚春朝 [40]，微步纖腰，正是弄晴時候，閣雨雲霄。紗窗影，綵線重添，刺繡工夫把晝永銷。

【前腔】〔浣〕個人 [41] 年少，長是索春饒 [42]。忽報春來，他門戶

重重不奈〔43〕瞧。滿溪橋，紅袖相招，都準備著詠花才調〔44〕，問柳情苗。小姐呵，無人處和你拾翠〔45〕閒行，你淡翠眉峰鎖〔46〕自描。

〔侯景先上〕新妝燕子鈿金釵，舊試蟾蜍切玉刀〔47〕。報知鄭夫人，老玉工侯景先玉釵完成，敬此陳上。〔老叫浣取釵看介〕好匠手也！以萬錢賞之。〔侯謝介〕琢成雙玉燕，酬賞萬金蚨〔48〕。〔下、老〕浣紗，今日佳辰，便將西州〔49〕錦剪成宜春小繡牌，掛此釵頭，與小姐插戴。〔浣下取鏡上介〔50〕〕剪成花勝在此。〔老掛牌釵首與旦、旦拈看科〕

【前腔】〔旦〕玉工奇妙，紅瑩水晶〔51〕條。學鳥圖花，點綴釵頭金步搖〔52〕。〔浣照旦插釵科〔53〕、旦〕鬢〔54〕輕綃，翠插雲翹〔55〕。正是剪刀催早，蜂蝶晴遙。〔合〔56〕〕問雙飛燕爾〔57〕何時？試拂菱花〔58〕韻轉標〔59〕。

【尾聲】繡簾珠戶好藏嬌〔60〕，掩屏山〔61〕莫放春心早，還把金針鳳眼〔62〕挑。

阿母凝妝十二樓〔63〕，斬新〔64〕春色喚人遊。

玉釵花勝如人好，今日宜春與上頭〔65〕。

## 校 注

〔1〕插釵——即將釵插入髮鬢中。宋元時風俗，議婚時兩親相見，如新人中意，即以金釵插入髮鬢中。

〔2〕老旦——扮演老婦人的腳色。

〔3〕嬌——美好可愛。

〔4〕眉黛不忺（xiān）——黛，一種青黑色顏料。古代婦女用黛畫眉，因稱眉爲眉黛。唐·白居易《喜小樓西新柳抽條》詩：「須教碧玉羞眉黛，莫與紅桃作麴塵。」忺，高興、愜意。

〔5〕曳——拉、牽引。

〔6〕綵勝——即幡勝，見第二齣注〔38〕。

〔7〕只愁青帝無憑準——青帝，司春之神。《尚書·緯》：「春爲東帝，又爲青帝。」唐·黃巢《題菊花》詩：「他年我若爲青帝，報與桃花一處開。」憑準，憑信。按：〔蝶戀花〕各句係改用宋辛棄疾詞。辛棄疾《蝶戀花·戊申元日立春席間作》詞云：「誰向椒盤簪綵勝？整整韶華，爭上春風鬢。往日不堪重記省，爲花常把

新春恨。春未來時先借問，晚恨開遲，早又飄零近。今歲花期消息定，只愁風
雨無憑準。」

〔8〕霍王——此霍王非指唐高祖第十四子李元軌。李元軌在武后垂拱四年（688）坐
與越王貞連謀起兵反武被殺。此指中宗神龍初年追復元軌爵位，並封長子緒及
孫暉爲嗣霍王，前後相距幾十年。事見《舊唐書·高祖二十二子》。

〔9〕鄭六娘——指霍小玉的母親淨持。《霍小玉傳》：「故霍王小女，字小玉，王甚愛
之。母曰淨持。淨持即王之寵婢也。王之初薨，諸弟兄以其出自賤庶，不甚收
錄，因分與資財，遣居於外，易姓爲鄭氏。」

〔10〕碧玉——人名。南朝宋汝南王之妾也。南朝梁元帝《採蓮賦》：「碧玉小家女，
來嫁汝南王。」

〔11〕大國薦塗金之席——大國，《後漢書·順烈梁皇后紀》：「《春秋》之義，娶先大
國。」李賢等注：「《公羊傳》曰，天子娶於紀。紀本子爵也，先褒爲侯，言王
者不娶於小國也。」唐·杜甫《麗人行》：「就中雲幕椒房親，賜名大國虢與秦。」
塗金，古時封禪必和金爲泥而封之。此處蓋取華貴之意。

〔12〕陽城妒盡——戰國楚·宋玉《登徒子好色賦》：「嫣然一笑，惑陽城，迷下蔡。」
李善注：「陽城、下蔡，二縣名，蓋楚之貴介公子所封，故取以喻焉。」

〔13〕南戶窺郎——《漢書·廣川惠王劉越傳》：「昭信謂去（劉越孫劉去）曰：『前
畫工畫望卿舍，望卿祖褐傅粉其傍，又數出南戶窺郎吏，疑有奸。』」後因以
稱女子偷看男子。

〔14〕冰井才多——冰井，「冰井臺」之省稱。建安十八年魏武帝建於鄴城西北。晉·
陸翽《鄴中記》：「鄴城西北立臺，皆因城爲基址，中央名銅雀臺，北則冰井
臺，西則金虎臺。臺高六十七丈，上有銅鳳，皆銅籠疏、雲母幌，日之所出，
流光照耀。」又《三國志·魏書·陳思王傳》：「時鄴銅雀臺新成，太祖悉將
諸子登臺，使各爲賦，植援筆立成，可觀，太祖甚異之。」冰井才多，當即
指此。實際應爲「銅雀才多」。作者湯顯祖爲求對仗工整，故易銅雀爲冰井。
冰，清暉、竹林本俱誤作「水」。

〔15〕西園召客——曹丕好文學，初以著述爲務。即位之前，常與弟曹植及王粲、徐
幹、劉楨、阮瑀等遊宴西園，互相以詩唱和，如曹丕《芙蓉池作》詩：「乘輦
夜行遊，逍遙步西園。」曹植《公宴》詩：「清夜遊西園，飛蓋相追隨。」西
園，即指銅雀園，後來成爲宴會場所的泛稱。本劇即其一例。

〔16〕商量絲竹——商量，教演、演奏。唐·王建《調笑令》詞：「玉容憔悴三年，
誰復商量管絃？」絲竹，統指樂器。絲指絃樂器，竹指管樂器。唐·白居易《琵
琶行》：「潯陽地僻無音樂，終歲不聞絲竹聲。」

〔17〕南都石黛——南都，明人稱南京爲南都，這裏是泛指。石黛，古代婦女用以畫

眉的青黑色顏料。

〔18〕分翠葉之雙蛾——翠葉，翡翠製的葉形飾物。雙蛾，指美女的兩眉。蛾，蛾眉也。蓋蠶蛾觸鬚細長而彎曲，故以爲喻。宋‧楊無咎《生查子》詞：「秋來愁更深，黛拂雙蛾淺。」

〔19〕燕脂——即胭脂，一種紅色的顏料。婦女用作化妝品。亦作「燕支」。

〔20〕驚鸞冶袖——驚鸞，形容霍小玉舞姿美妙。清‧紀昀《遊覽》詩之十七：「桃花馬上舞驚鸞，趙女身輕萬目看。」冶袖，華麗的袖子。冶，豔麗也。

〔21〕誰偷得韓掾之香——此句借韓壽竊玉偷香典，言霍小玉尚未許人。歸誰所有，尚未確定。《晉書‧賈充傳》：「韓壽字德眞，南陽堵陽人，魏司徒暨曾孫。美姿貌，善容止，賈充辟爲司空掾。充每讌賓僚，其女輒於青瑣中窺之，見壽而悅焉。問其左右，識此人不，有一婢說壽姓字，云是故主人。女大感想，發於寤寐。婢後往壽家，具說女意，並言其女光麗豔逸，端美絕倫。壽聞而心動，便令爲通殷勤。婢以白女，女遂潛修音好，厚相贈結，呼壽夕入。壽勁捷過人，踰垣而至，家中莫知，惟充覺其女悅暢異於常日。時西域有貢奇香，一著人則經月不歇，帝甚貴之，惟以賜充及大司馬陳騫。其女密盜以遺壽，充僚屬與壽燕處，聞其芬馥，稱之於充。自是充意知女與壽通……充乃考問女之左右，具以狀對，充秘之，遂以女妻壽。」一說，與韓壽私通者是陳騫女，未婚而亡，壽因娶賈氏，後世訛傳爲充女。見《世說新語‧惑溺》。

〔22〕未結下漢皋珠之佩——此句借漢皋珠典實，言小玉尚未有情人。據《韓詩外傳》說：周時鄭交甫於漢皋臺下遇二女，二女解珠佩相贈。漢皋，山名；姝，美好，美女。按：從「南都石黛」以下八句，是襲用並略加改動的南朝陳‧徐陵《〈玉臺新詠〉序》的詞句。原句如下：「南都石黛，最發雙蛾；北地燕脂，偏開兩靨。」又：「驚鸞冶袖，時飄韓掾之香；飛燕長裾，宜結陳王之珮。」

〔23〕愛戴——二字上，繼志本、柳浪本俱有「新來」二字。新來，意即近來，詳見《宋金元明清曲辭通釋‧近新來》。

〔24〕內作——宮廷內製造器物的作坊。

〔25〕一望——意爲看一下、望一下。詳見《宋金元明清曲辭通釋‧一望（二）》。

〔26〕遠山——形容女子眉毛的秀美。晉‧葛洪《西京雜記》卷二：「文君姣好，眉色如望遠山。」

〔27〕踏青鞋——《月令粹編》引《秦中歲時記》：「上巳賜宴曲江，都人於江頭禊（xì）飲，踐踏青草，謂之踏青履。」按：古代踏青民俗所記月日不一，詳參《宋金元明清曲辭通釋‧踏青》。

〔28〕花信——見本劇第二齣「一信風」注。

〔29〕有——又也。重複之詞。

〔30〕老大──很大。「老」在這裏用爲甚詞。

〔31〕新春──原作「春新」，據獨深本改。

〔32〕清峭──清麗挺拔。

〔33〕梅額──梅花裝點的額頭曰「梅額」。宋‧吳文英《玉樓春‧京市舞女》詞：「茸茸狸帽遮梅額，金蟬羅剪胡衫穿。」

〔34〕寶鴨──即香爐，因作鴨形，故稱。唐‧孫魴《夜坐》詩：「劃多灰雜蒼虯迹，坐久煙消寶鴨香。」

〔35〕多嬌──指美女。

〔36〕春韶──指春日美景。宋‧蘇軾《再和劉貢父春日賜幡勝》詩：「記取明年江上郡，五更春枕夢春韶。」

〔37〕翠幃──綠色帷帳。明‧孫梅錫《琴心記》六〔薄幸〕：「翠幃孤夢，碧窗驚曉。」

〔38〕換──繼志、清暉、柳浪、竹林俱作「投」。

〔39〕妝臺宜笑──妝臺，梳粧樓。各本俱作「睡痕」。宜笑，謂笑的很美。語本楚辭《九歌‧山鬼》：「既含睇兮又宜笑，子慕予兮善窈窕。」漢‧司馬相如《上林賦》：「皓齒粲爛，宜笑的皪（lì）。」南朝陳‧江總《東飛伯勞歌》：「年時二八新紅臉，宜笑宜歌羞更斂。」

〔40〕朝──清暉、竹林、柳浪三本俱誤作「潮」。

〔41〕個人──那人。個，指示詞，用同「那」或「這」。唐‧李白《秋浦歌》：「白髮三千丈，緣愁似個長。」

〔42〕饒──多。

〔43〕不奈──猶不耐，忍受不了。

〔44〕才調──才華、文才。《晉書‧王接傳論》：「王接才調秀出，見賞知音，惜其夭枉，未申驥足。」唐‧蔣防《霍小玉傳》：「素聞十郎才調風流，今又見儀容雅秀名下固無虛士。」

〔45〕拾翠──本指拾取翠鳥羽毛以爲首飾。後多指婦女遊春。語出三國魏‧曹植《洛神賦》：「或採明珠，或拾翠羽。」

〔46〕鎮──常也。明‧胡震亨《唐音癸籤》卷二十四：「鎮蓋有常之義，約略用之代常字。」又云：「六朝人用鎮字，唐詩尤多，如褚亮『莫言春稍晚，自有鎮開花。』」

〔47〕蟾蜍切玉刀──據傳宋得秦玉璽，李公麟謂玉質堅甚，非昆吾刀蟾肪不可治。見《宋史‧李公麟傳》。又《十洲記》：「秦始皇時獻切玉刀。」蟾蜍，俗稱癩蛤蟆，這裏用以形容釵之形狀。

〔48〕蚨──亦稱青蚨，指錢。詳見《宋金元明清曲辭通釋‧青蚨》。萬金蚨，極言錢之多也。

〔49〕西州——地名，所指不一，一般指巴蜀地區。明·孫蕡《下瞿唐》詩：「我從前月來西州，錦官城外十日留。」

〔50〕介——原作「云」，據清暉、竹林本改。

〔51〕水晶——形容玉釵光潔透明，宛似水晶。

〔52〕金步搖——古代的一種貴重婦女首飾，以金珠裝綴，步則搖動，故名。見《後漢書·輿服志》。唐·白居易《長恨歌》：「雲鬢花顏金步搖，芙蓉帳暖度春宵。」

〔53〕浣照旦插釵科——諸本皆與此小異。

〔54〕嚲（duǒ）——下垂貌。

〔55〕雲翹（qiáo）——翹，婦女首飾；雲，指頭髮。《山堂肆考》：「翡翠鳥尾上長毛曰翹，婦人首飾如之，因名翠翹。」白居易《長恨歌》：「花鈿委地無人收，翠翹金雀玉搔頭。」

〔56〕合——清暉、獨深、柳浪、竹林各本俱作「老」。

〔57〕燕爾——亦作「宴爾」，新婚的稱謂。源於《詩·邶風·谷風》：「宴爾新婚，如兄如弟」語。

〔58〕菱花——菱花鏡的簡稱。據說古代銅鏡邊緣上有菱花之紋，故云。漢·伶玄《趙飛燕外傳》：「飛燕始加大號婕好，奏上三十六物以賀，有七尺菱花鏡一奩。」詳參《宋金元明清曲辭通釋·菱花》。

〔59〕標——漂亮。

〔60〕藏嬌——《漢武故事》：「膠東王數歲，公主報至膝上，問曰：『兒欲得婦否？』……指其女，『阿嬌好否？』笑對曰：『好！若得阿嬌作婦，當作金屋貯之。』」後以納妾別居為「藏嬌」。「金屋藏嬌」之典本此。

〔61〕屏山——指屏風。唐·溫庭筠《南歌子》詞：「撲蕊添黃子，呵花滿翠鬟，鴛枕映屏山。」

〔62〕鳳眼——婦女眼睛的美稱。《水滸傳》第一零一回：「鳳眼濃眉如畫，微須白面紅顏。」

〔63〕阿母凝妝十二樓——凝妝，盛裝、豔裝。唐·王昌齡《閨怨》詩：「閨中少婦不知愁，春日凝妝上翠樓。忽見陌頭楊柳色，悔教夫婿覓封侯。」十二樓，神仙的住所。《漢書·郊祀志下》注：「應劭曰：『崑崙玄圃五城十二樓，僊人之所常居。』」

〔64〕斬新——極新。杜甫《三絕句》：「楸樹馨香倚釣磯，斬新花蕊未應飛。」

〔65〕上頭——女子束髮插笄（古代盤頭用的簪子）為上頭，是女子成年的標誌。南朝梁·蕭綱《和人渡水》詩：「婉婉新上頭，湔（jiān）裾出樂遊。」詳參《宋金元明清曲辭通釋·上頭》。

# 第四齣　謁鮑述 [1] 嬌

【祝英臺近】〔鮑四娘上〕翠屏閒，青鏡冷，長是數 [2] 年華，行雲夢老巫山下 [3]。攙 [4] 酒愁春，添香惜夜，獨自個溫存幽雅。

【少年遊】簾垂深院冷蕭蕭，春色向人遙。暗塵生處，玉箏絃索，紅淚覆鮫綃 [5]。舊家門戶無人到，鴛鴦被，半香銷。個底韶華 [6]，阿誰 [7] 心緒。禁得恁 [8] 無聊！自家鮑四娘，乃故薛駙馬 [9] 家歌妓也。折券從良 [10]，十餘年 [11] 矣。生性輕盈，巧於言語。豪家貴戚，無不經過，挾策追風 [12]，推爲渠帥 [13]。每蒙隴西李十郎往來，遺贈金帛不計。俺看此生風神機調，色色超群，幣厚言甘 [14]，豈無深意，必是託我豪門覓求佳色。俺已看下鄭娘小女，此女美色能文，頗愛慕十郎風調 [15]。只待他自露其意，便好通言。早晚李郎來也。

【唐多令】〔生上〕客思繞無涯，青門近狹斜 [16]。愔愔 [17] 巷陌是誰家？半露粉紅簾下。閒覓柳，戲穿花。

〔見介、生 [18]〕翠宿香梢未肯消，與卿 [19] 重畫兩眉嬌。〔鮑〕新春螺黛 [20] 無人試，付與東風染柳條。〔生〕四娘，幾載相看 [21]，新春闊訪，爲何門庭蕭索 [22] 至此？

【祝英臺】〔鮑〕聽説來：憶嬌年人自好，今日雨中花。俺也曾一笑千金 [23]，一曲紅綃 [24]。宸遊鳳吹人家 [25]。參差 [26]，憔悴損鏡裏鴛鴦 [27]，冷落門前車馬。〔生〕還尋個伴兒。〔鮑〕這些時幾曾到賣花簾下？

十郎，你時時金帛見遺，無恩可報，今日爲何光顧？

【前腔】〔生〕遊冶 [28]，自多情春又惹，早則愁來也。漸次 [29] 芳郊，款步幽庭，笑向卿卿閒話。〔鮑〕妾半落鉛華 [30]，何當 [31] 雅念。〔生〕還佳，個門中風月多能 [32]，更是雨雲熟滑 [33]。似秋娘 [34] 渾不減舊時聲價。

【前腔】〔鮑〕休傻！咱意中人 [35]，人中意，還似識些些。看你才貌清妍 [36]，禮數謙洽 [37]，非關採弄殘花。十郎，禮有所求 [38]，必

有所下，寸心相剖，妾爲圖之。〔生〕堪嗟，瘦伶仃才子身奇〔39〕，尚少個佳人檠架〔40〕。問誰家可一軸〔41〕春風圖畫？

【前腔】〔鮑〕知麼？俺爲你高情，是處的閒停踏〔42〕。〔生〕有麼？〔鮑〕十郎，蘇姑子作好夢也〔43〕。有一仙人，謫在下界，不邀財貨，但慕風流。如此色目〔44〕，共十郎相當矣。是〔45〕有個二八年華，三五嬋娟，又不比尋常人家。〔生驚喜科〕眞假？你干打哄〔46〕蘸出〔47〕個桃源，俺便待雨流巫峽。〔跪科〕這一縷紅絲〔48〕，少不得是你老娘牽下。

〔鮑〕起來說與詳細。是故霍王〔49〕小女，字小玉。王甚愛之。母曰淨持，淨持即王之寵姬也。王初薨〔50〕，諸弟兄以其出自微庶〔51〕，不甚收錄，因分與資財，遣居於外。易姓爲鄭氏，人亦不知其王女。姿質〔52〕穠豔，一生未見；高情逸態，事事過人。音樂詩書，無不通解。昨遣我求一好兒郎，格調相稱者。俺具説十郎，他亦知有十郎名字，非常歡愜〔53〕。住在勝業坊〔54〕，三曲甫東間宅是也。〔生〕可得一見？〔鮑〕此女尋常不離閨閣，今歲花燈許放，或當微步天街〔55〕。十郎有意〔56〕，可到曲頭物色〔57〕也。〔生〕領教。〔鮑〕花燈之下，你得見異人，老娘便向十郎書齋領取媒證〔58〕。

【尾聲】〔生〕從今表白俺衷情話。〔鮑〕「肯」字兒還在他家。〔生〕你成就俺一世前程休當耍。

紫陌〔59〕花燈湧暗塵，驚心物色意中人。

此中景若無佳景，他處春應不是春。

# 校　注

〔1〕述——繼志本作「述」。述，匹配，配偶之意。
〔2〕數——一個一個地計算。
〔3〕行雲夢老巫山下——戰國楚宋玉《高唐賦》說：楚王遊高唐，夢見一婦人曰：「妾巫山之女，朝爲行雲，暮爲朝雨，朝朝暮暮，陽臺之下。」後人因以行雲、行雨及巫山爲男女歡會之詞。
〔4〕殢（tì）——迷戀、沉溺。
〔5〕鮫綃——傳說南海鮫人所織的綃，是一種非常細密的織品，水不漬。俗傳鮫人，

水居爲魚，不廢機織，其目泣則出珠。（見《述異記》）

〔6〕個底韶華——個底，猶如此、這樣。韶華，見第二齣注〔16〕。

〔7〕阿誰——即「誰」，「阿」爲發語詞，無義。

〔8〕恁——如此、這樣。

〔9〕駙馬——官名。皇帝女婿的稱呼。宋‧趙葵《行營雜錄》：「皇女爲公主，其夫必拜駙馬都尉，故謂之駙馬。」

〔10〕折券從良——贖身獲得自由，嫁人爲妻的意思。券，指賣身契一類的契約。折券，意即毀棄賣身契。從良，奴婢脫身，妓女脫籍，均謂之從良。此指前者。

〔11〕年——清暉、柳浪、竹林本，俱誤作「言」。

〔12〕挾策追風——追風，秦始皇的名馬。晉‧崔豹《古今注》卷四：「秦始皇有名馬七，一曰追風。」挾策追風，言其善於駕馭。這裏是借喻，指設計獻策，打探消息。

〔13〕渠（qú）帥——猶魁首。多以稱盜賊的頭領，見《公羊傳》。

〔14〕幣厚言甘——禮物重，出語動聽。語出《左傳‧僖公十年》：「楚子召蔡靈侯蔡大夫曰：『幣重而言甘，誘我也，不如無往。』」

〔15〕風調——猶風度、風采。《霍小玉傳》：「每自矜風調，思得佳偶，博求名妓，久而未諧。」詳《宋金元明清曲辭通釋‧風調（一）》。

〔16〕青門近狹斜——青門，漢朝長安城東南門，因門色青，呼爲「青門」。狹斜，原指曲巷小路，因妓女多集中於此，後因以「狹斜」指妓院或妓女。詳《宋金元明清曲辭通釋‧狹斜》。

〔17〕愔（yīn）愔——深靜貌。《字彙‧心部》：「愔，深靜貌。」魯迅《無題》詩：「幾家春嫋嫋，百籟靜愔愔。」

〔18〕生——原無「生」字，據繼志、清暉、獨深、柳浪四本補。

〔19〕卿——夫妻間的稱呼。或迭用「卿卿」二字，以表示親昵的程度。《世說新語‧惑溺》：「王安豐婦常卿安豐，安豐曰：『婦人卿婿，於禮爲不敬，後勿復爾。』婦曰：『親卿愛卿，是以卿卿，我不卿卿，誰當卿卿？』」

〔20〕螺黛——亦稱螺子黛，是古代婦女用來畫眉的一種青黑色礦物顏料。唐‧馮贄《南部煙花記》：「煬帝宮中爭畫長蛾，司宮吏日給螺黛五斛，出波斯國。」宋‧歐陽修《阮郎歸》詞之五：「淺螺黛，淡燕脂，閑妝取次宜。」

〔21〕相看——意爲關照。見《宋金元明清曲辭通釋‧相看（二）》。

〔22〕蕭索——蕭索冷落貌。宋‧劉過《謁金門》詞：「休道旅懷蕭索，生怕香濃灰薄。」

〔23〕一笑千金——這是古代形容美女回眸一笑，價值千金，珍貴之極。《藝文類聚》卷五十七引漢‧崔駰《七依》詩：「回顧百萬，一笑千金。」

〔24〕一曲紅綃——綃，指精細輕美的絲織品。這句是說，彈完一曲賞賜的綃多極了。

白居易《琵琶行》：「五陵年少爭纏頭，一曲紅綃不知數。」

〔25〕宸遊鳳吹人家——宸遊，帝王之遊。宸，帝王住所，這裏代指帝王。清·唐孫
　　　華《茹明府招飲虎丘梅花》詩：「宸遊望幸當三月，使節先馳驗二星。」鳳吹，
　　　對笙簫等細樂的美稱。《文選·孔稚珪〈北山移文〉》：「聞鳳吹於洛浦，值薪歌
　　　於延瀨。」唐·李白《宮中行樂詞》之二：「鶯歌聞太液，鳳吹繞瀛洲。」

〔26〕參差——不齊貌。《詩·周南·關雎》：「參差荇菜。」這裏喻指時運不齊，命
　　　蹇時乖。

〔27〕鴛鸞——鴛與鸞，皆鳳屬。此指情侶。

〔28〕遊冶——出外遊樂曰「遊冶」或「冶遊」。《樂府詩集》載晉宋間《子夜歌》云：
　　　「冶遊步春遲，豔覓同心郎。」唐·李白《採蓮曲》：「岸上誰家遊冶郎，三三
　　　五五映垂楊。」

〔29〕漸次——猶「逐漸」。

〔30〕半落鉛華——婦女化裝用的鉛粉。唐·權德輿《玉臺體》詩：「昨夜裙帶解，
　　　今朝蟢子飛。鉛華不可棄，莫是槁（gǎo）砧歸？」半落鉛華，意言沒有加意
　　　化妝（打扮）。

〔31〕何當——怎能承受得起。

〔32〕風月多能——指妓女很有應客的手段。

〔33〕熟滑——謂熟練、熟慣。

〔34〕秋娘——古時婦女往往習慣以秋娘為名，如杜秋娘、謝秋娘之類。這裏的秋娘
　　　則是指鮑四娘已年老色衰。

〔35〕意中人——心中愛慕的異性，猶今云「情人」。宋·晏殊《踏莎行》詞：「當時
　　　輕別意中人，山長水遠知何處！」

〔36〕才貌清妍——才思敏捷而儀容秀麗。

〔37〕禮數謙洽——禮數，禮貌、禮節的等級。謙洽，謙恭和藹。詳參《宋金元明清
　　　曲辭通釋》各有關詞條。

〔38〕禮有所求——繼志、清暉、柳浪、竹林各本，俱作「禮下於人，必有所求」。

〔39〕身奇——身體。宋元人稱身體為「身奇」或「身起」、「身肌」、「身己」，音近
　　　義並同。詳參《宋金元明清曲辭通釋·身己》。

〔40〕檠（qíng）架——檠，亦架也。二字同義連文，本義為支撐，引申作扶持、照
　　　顧的意思。

〔41〕可一軸——有一軸也。

〔42〕是處的閒停踏——到處走動周旋。

〔43〕蘇姑子作好夢也——這句是說：來為他（李益）介紹佳偶，應該在夢裏先有
　　　個好兆頭，所以說作了好夢沒有。蘇姑子，想是當時的俗諺，出處不詳。

〔44〕色目——人品、身份。

〔45〕是——作用在加重語氣。

〔46〕干打哄——猶哄騙。

〔47〕蘸（zhàn）出——蘸有沾意。蘸出，意即沾惹出、引發出。

〔48〕紅絲——唐宰相張嘉貞欲選李元振爲婿，因命五女各持一紅絲線於幔後，露線頭於外，使李元振牽其一，果牽得第三女。事見五代・王仁裕《開元天寶軼事・牽紅絲娶婦》。後以「牽絲」、「牽紅」、「牽紅絲」爲選配偶的典故。

〔49〕霍王——見第三齣注〔8〕。

〔50〕薨——死的別稱。封建制度，人之死亡，亦有尊卑之分。薨以稱諸侯或有爵位者之死。《禮記・曲禮下》：「天子死曰崩，諸侯曰薨，大夫曰卒，士曰不祿，庶人曰死。」唐代則以薨稱二品以上大官之死。《唐書・百官志》：「凡喪，二品以上稱薨。」

〔51〕微庶——微賤的妾庶。

〔52〕姿質——指形貌。繼志、清暉、柳浪、竹林各本俱誤作「資糧」；獨深本作「資質」。

〔53〕歡愜——歡樂融洽。

〔54〕勝業坊——唐代長安的坊名。《霍小玉傳》：「住在勝業坊古寺曲，甫上車門宅是也。」

〔55〕天街——京城的街道。

〔56〕十郎有意——各本俱作「十郎與一二知己，密圖奇會」。

〔57〕物色——尋找。

〔58〕媒證——謂受命說媒。

〔59〕紫陌——舊時指京師郊野的道路。唐・李白《南都行》詩：「高樓對紫陌，甲第連青天。」

# 第五齣　許放觀燈

【點絳唇】〔京兆府尹〔1〕上〕聖主〔2〕傳宣，風調雨順都如願，慶賞豐年，世界花燈現。

金鎖通宵啓玉京〔3〕，遲遲春箭〔4〕入歌聲，寶坊〔5〕月皎龍燈澹，紫館〔6〕風微鶴焰〔7〕平。自家京兆府尹是也。今夕上元〔8〕佳節，月淡風和，蒙聖上宣旨，分付士民通宵遊賞。正是金吾〔9〕不禁夜，玉漏莫相催。〔下〕

【玩仙燈】〔老旦上〕上元燈現，畫角老梅〔10〕吹晚。風柔夜暖笑

聲喧，早占斷〔11〕紅妝宴。

【前腔】〔旦上〕韶華深院，春色今宵正顯。〔浣上〕年光是也〔12〕拚無眠〔13〕，數不盡神仙眷。

【憶秦娥】〔老〕元宵好，珠簾捲盡千門曉。〔旦〕千門曉，禁漏花遲，玉街〔14〕春早。〔浣〕紅妝索〔15〕向千蓮照，笙歌欲隱千金笑。〔合〕千金笑，月暈〔16〕圍高，星球墜小。〔旦〕今夜花燈佳夕，奉夫人一杯酒。〔老〕費你心也。正是女郎春進酒，王母夜燒燈〔17〕。

【忒忒令】〔老〕賞元宵似今年去年，天街上長春閬苑〔18〕，星橋畔長明仙院，暢道是〔19〕紅雲擁，翠華〔20〕偏，歡聲好。太平重見。

【前腔】〔旦〕賞元宵不寒天暖天，十二樓闌干春淺，三千界〔21〕芙蓉妝豔，都則是瑞煙浮，香風軟，人語隱，玉簫聲遠。

【前腔】〔浣〕賞元宵暢〔22〕燈圓月圓，整十里珠簾盡捲，遝萬戶星球亂點，咱趁著笙歌引，笑聲喧，怎放卻百花中漏聲閒箭。

稟過老夫人郡主〔23〕，同步天街，遊賞一會。〔老〕使得。

【尾聲】端的是春如晝夜如年，天街上暗香流轉，便拚到月下歸來誰分〔24〕去眠。

金屋何能閉阿嬌，成團打隊向燈宵。

嚴城不禁葳蕤鎖〔25〕，銀漢〔26〕斜通宛轉〔27〕橋。

## 校　注

〔1〕府尹——官名，即京兆尹，猶今首都市長。

〔2〕主——各本俱作「旨」。

〔3〕玉京——道家稱天帝所居之處為玉京或白玉京。這裏指京師長安。唐·孟郊《長安旅情》詩：「玉京十二樓，峨峨倚青翠。」

〔4〕春箭——古代用銅壺滴漏辦法計算時間。銅壺盛水，底穿壺內，置箭其中，刻以為節，浮於水上，以記晝夜昏明的度數。春箭，即春天的漏箭。

〔5〕寶坊——寺院的美稱。《大集經·瓔珞品》：「爾時世尊，至寶坊中升師子座。」

〔6〕紫館——指宮殿。

〔7〕鶴焰——指燭火。因燭臺竦立如鶴，故稱。南朝梁·簡文帝《詠池中燭影》詩：「魚燈且灰燼，鶴焰暫停輝。」宋·夏竦《上元應制》詩：「寶坊月皎龍燈淡，紫館風微鶴焰平。」

〔8〕上元——舊俗以陰曆五月十五日爲上元節，其夜爲上元夜，亦稱燈宵，上元節放燈，時日之長，場面之大，越來越盛大。三夜燈始於盛唐，到北宋發展到五夜燈，到南宋發展到六夜燈，到明朝發展到十夜燈。詳見《宋金元明清曲辭通釋·上元》。

〔9〕金吾——官名。秦始置，名中尉，職掌禁衛。唐·韋述《西都雜記》：「西都京城街衢，有金吾曉暝傳呼，以禁夜行。惟元夜十五日夜，敕許金吾馳禁，前後各一日，謂之放夜。」

〔10〕畫角老梅——當即梅花角，古代軍號的一種。明·謝肇淛《五雜俎·物部四》：「有梅花角，聲甚淒清，然軍中之樂，世不恒用。」

〔11〕占斷——占盡、全部佔有。詳參《宋金元明清曲辭通釋·占斷》。

〔12〕年光是也——正值上元節令。

〔13〕拚無眠——甘願不睡。拚，謂甘願。宋·周邦彥《解連環》詞：「拚今生對花對酒，爲伊淚落。」亦作「判」，唐·戎昱《苦辛行》：「誰家有酒判一醉，萬事從他江水流。」詳見《宋金元明清曲辭通釋·拚》。

〔14〕玉街——天街的美稱。

〔15〕索——須也，應也，得也，要也。唐·杜甫《舍弟觀赴藍田取妻子到江陵喜寄》詩之二：「巡簷索共梅花笑，冷蕊疏枝半不禁。」

〔16〕月暈——月亮周圍的光圈，常被認爲是天氣變化將要起風的徵兆，俗稱風圈。唐·孟浩然《彭蠡湖中望廬山》詩：「太虛生月暈，舟子知天風。」宋·蘇洵《辨奸論》：「月暈而風，礎潤而雨。」

〔17〕王母夜燒燈——王母，指官妓，即鴇母。燒燈，點燈。燒，燃點之意。唐·李洞《顏上人房（一作題西明自覺上人房）》詩：「海畔終須去，燒燈老國清。」

〔18〕閬苑——傳說是僊人住的地方，舊時常用指宮苑。字又作「閬苑」、「浪苑」，音義並同。

〔19〕暢道是——正是、眞是之意。詳參《宋金元明清曲辭通釋·唱道》。

〔20〕翠華——古時皇帝的旗，以翠羽爲飾，故稱。也是皇帝車駕的代稱。唐·白居易《長恨歌》：「翠華搖搖行復止，西出都門百餘里。六軍不發無奈何，宛轉蛾眉馬前死。」

〔21〕三千界——是「三千大千世界」的省稱。佛家把人所住的地方叫「三千界」或「三千世界」。詳參《宋金元明清曲辭通釋·三千世界》。

〔22〕暢——用作甚詞，意猶甚、很、極。

〔23〕郡主——即郡公主，始設於晉。唐制：「皇太子之女，封郡主，視從一品。王之女封縣主，視正二品。」《明史·禮志八》：「皇女曰公主，親王女曰郡主，郡主女曰縣主。」湯顯祖明人，從明制，故這裏所說的郡主，當指霍王女霍小玉。

〔24〕誰分——誰料、誰願。分，讀去聲，意料之意。

〔25〕嚴城不禁葳蕤（wēi ruí）鎖——化用唐·韓翃《江南曲》詩句：「春樓不閉葳蕤鎖，綠樹斜通宛轉橋。」嚴城，戒嚴的城。葳蕤鎖，鎖名。據《太平廣記》卷三一六引《錄異傳》：「劉照建安中為河間太守。埋棺於府園中，遭黃巾賊，照委郡走。後太守至，夜夢見一婦人往就只。後又遺一雙鎖。太守不能名。婦曰：『此葳蕤鎖也。以金縷相連，屈伸在人，實珍物。吾方當去，故以相別，慎無告人。』」後以葳蕤名鎖以此。

〔26〕銀漢——俗云天河。「漢」字，繼志、清暉、柳浪、竹林各本俱作「海」。

〔27〕宛轉——這裏是彎曲之意。

# 第六齣　墮釵燈影

【鳳凰閣〔1〕】〔生上〕絳臺〔2〕春夜，冉冉〔3〕素娥〔4〕欲下。香街羅綺映韶華，月浸嚴城〔5〕如畫。〔韋、崔〕鈿車羅帕〔6〕相逢處，自有暗塵隨馬。

〔生〕笙歌世界酒樓臺，雞踏蓮花〔7〕萬樹開，誰家〔8〕見月能端坐，何處聞燈不看來。二兄，昨夜鮑四娘教咱今夜花燈，覷著那人來也。咱於萬燭光中，千花豔裏，將笑語遙分，衣香暗認，不枉今年玩燈。道猶未了，遠遠望見王孫仕女〔9〕看燈來也〔10〕。〔王孫仕女笑上〕

【園林好】謝皇恩燈華月華，謝天恩春華歲華，遍寫著國泰民安天下，遨頭〔11〕去唱聲嘩〔12〕。〔下〕

【前腔】〔老旦引旦、浣上〕好燈也！說燈花南天門最佳，香車隘〔13〕挑籠絳紗〔14〕，喝道〔15〕轉身停馬，塵影裏看誰家。

呀，那裏個黃衫大漢〔16〕，一匹白馬來也。

【前腔】〔豪士黃衫擁胡奴二三人走馬上〕本山東向長安作傻家〔17〕，趁燈宵遨遊狹邪，聽街鼓兒幾更初打。〔內笑云〕前面好漢，是甚姓

名，人高馬大。遮了俺們看燈路來〔18〕也。〔豪笑介〕問俺名姓，黃衫豪客是也。說遮了路呵，胡雛〔19〕們去也，**燈影裏一鞭斜**。〔下〕

【前腔】〔生、韋、崔上〕逞風光〔20〕看人兒那些，並香肩低回〔21〕著笑歌，天街甃〔22〕琉璃光射，等的個蓬閬苑放星槎〔23〕。〔望介、盧〔24〕下〕

【前腔】〔老旦、浣同旦上〕好耍歇〔25〕也。**絳樓高流雲弄霞，光灩瀲**〔26〕**珠簾翠瓦，小立向迴廊月下，閒嗅**〔27〕**著小梅花。**

〔生、韋、崔上，旦眾驚下，落一釵科、生〕呀，二兄，勝業坊來的可是那人？真奇豔也！兀的不是〔28〕梅梢上掛釵，廝琅的〔29〕墜地也。

【江兒水〔30〕】則道是〔31〕淡黃昏素影斜，原來是燕〔32〕**參差簪掛在梅梢月。眼看見那人兒這搭遊還歇，把紗燈半倚籠還揭**〔33〕，**紅妝掩映**〔34〕**前還怯。**〔合〕**手撚玉梅低說，偏咱相逢，是**〔35〕**這上元時節。**

〔浣挑燈照旦上〕呀，老夫人歸去，咱去尋釵來也。〔韋〕那人來尋釵也，俺二人前門看燈去，兄可與之小立片言，看是那人否〔36〕。〔生〕請了。〔韋、崔下，旦尋釵科〕不見釵，這不做美〔37〕的梅梢也。

【前腔】**止不過紅圍擁，翠陣遮，偏這瘦梅梢把咱相攔拽**〔38〕。〔作避生介〕**喜迴廊轉月陰相借，怕長廊轉燭光相射。**〔生做見科、旦〕**怪檀郎**〔39〕**轉眼偷相撇**〔40〕。

〔生笑介〕弔了釵哩！〔旦〕可是這生拾在〔41〕？〔合前〕

【玉交枝】〔生〕**是何衙舍**〔42〕？**美嬌娃走得吱噠**〔43〕。〔浣〕是霍王〔44〕小姐。〔生〕奇哉奇哉！就是小玉姐麼？〔浣〕便是。〔生〕小生慕之久矣，因何獨行〔45〕？〔浣〕來尋墜釵。〔生〕**你步香街不怕金蓮**〔46〕**蹅**〔47〕，**總為這玉釵飛折**〔48〕。〔浣〕秀才，可見釵來？〔生〕釵到有，請與小玉姐相叫一聲。〔旦低聲云〕浣紗，這怎生使得！且問秀才何處？〔生〕隴西李益，表字〔49〕君虞，排號十郎，應試來此。〔旦作打覷〔50〕低鬟〔51〕微笑介〕鮑四娘處聞李生詩名，咱終日吟想，乃今見面不如聞名，才子豈能無貌〔52〕。〔生作聽徑前請見〔53〕科〕呀，小姐憐〔54〕才，鄙人重貌，兩好

相映，何幸今宵。〔旦作羞避介〕釵喜落此生手也。釵，你插新妝寶鏡中燕尾斜，到檀郎香袖口是這梅梢惹。浣紗，叫秀才還咱釵也。〔合〕怕燈前孤單這些，怕燈前孤單了那些〔55〕。

〔生〕請問小玉姐侍者〔56〕，咱李十郎孤生二十年餘，未曾婚娉，自分〔57〕平生不見此香奩物〔58〕矣，何幸遇仙月下，拾翠花前〔59〕。梅者媒也，燕者於飛也，便當寶此飛瓊〔61〕，用爲媒綵，尊見何如？〔浣惱介〕書生無禮，見景生情，我待罵你呵！〔旦〕劣〔62〕丫頭是怎的來？

【前腔】花燈磨折，爲書生言長意賒〔63〕。秀才，咱釵直千金也。〔生〕此會千金也。〔旦背笑介〕道千金一笑〔64〕相逢夜，似近〔65〕藍橋〔66〕那般歡愜。還俺釵來。〔生〕選個良媒送上。玉花釵，他丟下聲長短嗟，玉梅梢咱賺著影高低說。〔合前〕

〔浣〕夫人候久，咱們家去也。

【川撥棹】簫聲咽〔67〕，和催歸玉漏徹〔68〕。〔旦〕爲多才情性驕奢〔69〕，沒些時月痕〔70〕兒早斜。浣紗，叫秀才還咱釵來。〔作斜拜生科合〕乍相逢歸去也，乍相逢歸去也〔71〕。〔又生揖科〕

【前腔】〔生〕花燈夜，有天緣逢月姐。〔浣〕秀才。你把個香閨女覷得眼乜斜〔72〕，留了咱燕釵兒貪他那些？〔合前〕

【尾聲】〔生〕玉天仙〔73〕罩住得梅梢月，春消息漏泄在花燈節。〔旦低聲〔74〕〕明朝記取休向人邊說。

〔旦浣下、生弔場〔75〕〕奇哉奇哉！李十郎今夜遇仙也。

【玉樓春】嬋娟〔76〕此會眞奇絕，睡眼重惺春思徹，他歸時遙映燭花紅，咱待放馬蹄清夜月。

呀！鶯影催歸，燕釵留在〔77〕，教小生怎生回去也！

【玉樓春後】〔崔上〕天街一夜笙歌咽，墮珥遺簪幽恨結。〔韋上〕那兩人燈下立多時，細語梅花落香雪。

十郎，可是那人？〔生〕眞異人也。

【六犯清音】他飛瓊〔78〕伴侶，上元〔79〕班輩，迴廊月射幽暉〔80〕，千金一刻，天教釵掛寒枝。咱拾翠，他含羞，啓盈盈笑語微。嬌波送，翠眉低，就中憐取，則俺兩心知。〔韋崔〕少什麼〔81〕紗籠映月歌濃李，偏似他翠袖迎風糝〔82〕落梅。〔生〕恨的是花燈斷續，恨的是人影參差〔83〕。恨不得香肩〔84〕縮緊，恨不得玉漏敲遲。把墜釵與下爲盟記。〔合〕夢初迴，笙歌影裏，人向月中歸。

〔崔〕既此女子於兄分上非淺，不可負也。

【尾聲】玉天仙去也春光碎。這一雙情眼呵，怎禁得許多胡覷。〔生〕咱半生心事全在賞燈時〔85〕。

釵燕餘香衫袖間，藍橋相見夜深還。

祇應不盡嬋娟意，猶向街心弄影看〔86〕。

# 校　注

〔1〕鳳凰閣——「閣」下原有「引」字，衍，據《葉》譜刪。
〔2〕絳臺——燭臺。《西廂記》三本二折〔中呂‧粉蝶兒〕：「絳臺高，金荷小，銀釭猶燦。」
〔3〕冉冉——逐漸、漸進貌。形容事物慢慢變化或移動。宋‧邵伯溫《聞見前錄》卷十三：「有大蛇冉冉而至，草木皆披靡。」
〔4〕素娥——嫦娥的美稱。《文選‧謝莊〈月賦〉》李周翰注：「嫦娥竊藥奔月，因以爲名。」這裏影射霍小玉。
〔5〕嚴城——戒備森嚴的城池。南朝何遜《臨行公車》詩：「禁門儼猶閉，嚴城方警夜。」
〔6〕鈿車羅帕——襲用宋‧周邦彥《解語花‧元宵》詞句。鈿車，用金玉嵌飾的車子，泛指華美的車。羅帕，指絲織方巾。形容李益的韋、崔二位朋友服飾車具之美盛。
〔7〕雞踏蓮花——燈綵之一種。唐‧張說《十五日夜御前口號踏歌詞二首》之一：「龍銜火樹千重（一作燈）焰，雞踏（一作上）蓮花萬歲（一作樹）春。」
〔8〕誰家——即「誰」、「家」爲人稱詞尾，無義。唐‧寒山《詩》四十五：「誰家長不死，死事舊來均。」宋‧歐陽修《採桑子》詞：「清明上巳西湖好，滿目繁華。爭道誰家，綠柳朱輪走細車。」下「誰家」同。

〔9〕王孫仕女──王孫，泛指貴家子孫。仕女，官宦人家女子。元・石君寶《曲江池》一〔混江龍〕：「你看那王孫蹴鞠，仕女秋韆。」

〔10〕來也──二字下面，各本俱有「別有千金笑，來映九枝前」二句作下場詩。獨深、柳浪、竹林三本下場詩下，更有「下」字。（九枝，燈的架子）

〔11〕邀頭──宋代成都民俗，自正月至四月浣花（蜀人每歲四月十九日遊宴浣花溪，謂之浣花日），太守出遊，士女縱觀，稱太守爲邀頭。宋・陸游《老學庵筆記》卷八：「四月十九日，成都謂之浣花，邀頭宴於杜子美草堂滄浪亭，傾城皆出，錦繡夾道，自開歲宴遊至是而止。」

〔12〕嘩──繼志、清暉、柳浪、竹林各本俱作「華」。

〔13〕隘──狹小。

〔14〕籠絳紗──用紅紗製作的燈籠。紗，絹之細密者。絳，深紅色。

〔15〕喝道──舊時達官貴人出行，儀衛前列呵喝，以禁止行人，謂之喝道。詳見《宋金元明清曲辭通釋・喝道》。

〔16〕那裏個黃衫大漢──那裏個，何處之意，「個」爲語尾助詞，無義。黃衫大漢，即著黃衫的大漢，唐之俠客。見第一齣注〔14〕。

〔17〕傻家──傻子、傻瓜。

〔18〕來──各本俱作「兒」。

〔19〕胡雛──指胡人童僕。唐・岑參《衛節度赤驃馬歌》：「紫髯胡雛金剪刀，平明剪出三鬃高。」

〔20〕逞風光──顯示日逞，風光，指美好的儀表、舉止。

〔21〕低回──徘徊、流連。詳參《宋金元明清曲辭通釋・低回》。

〔22〕甃（zhòu）──謂鋪砌。

〔23〕等的個蓬閬苑放星槎──等的個，如同個。蓬閬苑，指蓬萊、閬苑，都是傳說神仙的住處。放星槎，放開行駛。星槎（chā 插），往來於天河上的木筏。傳說古代天河與海相通。漢代曾有人從海上乘槎到達天河，遇見牛郎織女。典出晉・張華《博物志》卷三。

〔24〕虛──原無此字，據繼志、清暉、柳浪、竹林本補。

〔25〕耍歇──玩耍、遊玩一會兒。歇，用同「些」。

〔26〕灩瀲──亦作「瀲灩」，水光蕩漾貌。宋・蘇軾《湖上初雨》：「水光瀲灩晴偏好，山色空濛雨亦奇。」

〔27〕嗅──聞；用鼻子辨別氣味。《論語・鄉黨》：「子路共之，三嗅而作。」邢昺疏：「嗅，謂鼻歆其氣。」

〔28〕兀的不是──這個不是？指玉釵。

〔29〕廝琅的──象聲詞，狀墜釵聲。重言作「廝琅琅」等。詳參《宋金元明清曲辭通釋・廝琅地》。

〔30〕江兒水──葉《譜》作〔雁過江〕，謂〔雁過聲〕犯〔江兒水〕。

〔31〕則道是──只以爲。

〔31〕燕──指玉釵。

〔33〕籠還揭──（指提的紗燈）一半兒遮掩，一半兒顯露。

〔34〕掩映──遮藏、躲避。

〔35〕是──「在」的意思。

〔36〕看是那人否──各本俱作「正是與人方便，自己方便」。

〔37〕不做美──意謂不肯成全人的好事。詳參《宋金元明清曲辭通釋・不做美》。

〔38〕攔拽──攔阻。

〔39〕檀郎──婦女對所愛男子的昵稱。唐・李賀《牡丹種曲》：「檀郎謝女眠何處？
　　　樓臺月明燕夜語。」曾益注：「潘岳小字檀奴，故婦人稱所歡曰檀郎。」

〔40〕撇──本義謂拋擲曰撇，這裏引申作斜視。葉《譜》作「瞥」，可證。

〔41〕拾在──拾著、撿著。「在」爲助詞，相當於今之「著」字。

〔42〕衙舍──官舍。

〔43〕吱㘗──象聲詞，狀腳步急促細碎聲。葉《譜》作「吱嗻」。形異而音義同。

〔44〕王──清暉、柳浪、竹林俱誤作「玉」。

〔45〕「獨行」下──繼志、清暉、柳浪、竹林四本俱有「到此」二字。

〔46〕金蓮──好足的美稱。《南史・齊東昏侯紀》：「又鑿金爲蓮花以帖地，令潘妃
　　　行其上曰：此步步生蓮花也。」

〔47〕踅（xué）──往來盤旋，來回轉悠。《水滸傳》第二十四回：「只見那西門慶
　　　一轉，踅入王婆房裏來。」

〔48〕飛折──謂物在空中飄蕩而折損。

〔49〕表字──古代男子成人，不便直呼其名，故另取一與本名含義相關的別名，稱
　　　之爲字。如孔子之子名鯉字伯魚是也。

〔50〕打覷──猶「打趣」，拿人取笑的意思。

〔51〕低鬟──低頭，形容少女羞澀的樣子。鬟，婦女的髮髻。

〔52〕見面不如聞名，才子豈能無貌──二句取自《霍小玉傳》。「才子」指聞名；
　　　「貌」指見面。

〔53〕請見──清暉、柳浪、獨深、竹林四本俱作「相揖」。

〔54〕憐──愛也。

〔55〕這些、那些──這裏、那裏。參見《宋金元明清曲辭通釋・歇（五）》。

〔56〕侍者──指使女、女婢之輩。亦作「侍兒」。唐・白居易《長恨歌》：「侍兒扶
　　　起嬌無力，始是新承恩澤時。」

〔57〕分（fèn）──忖度、料想。

〔58〕香奩物──以婦女妝具代指美女。

〔59〕遇仙月下，拾翠花前——俱指得遇美人小玉。

〔60〕燕者於飛也——意即燕（指釵）在那裏飛。於飛，比喻匹配。《詩・邶風・燕燕》：「燕燕於飛，差池其羽。」燕燕，指雙燕。於，語助詞。差（cī 疵）池，不齊貌。

〔61〕飛瓊——此指墮釵。瓊，玉也。釵的美稱。

〔62〕劣——乖劣，挑皮，不隨和。

〔63〕賒——《字彙》：「賒，遠也。」本作「賒」，俗作「賒」。《正字通》：「賒，俗從佘作賒。」

〔64〕千金一笑——見第四齣注〔23〕

〔65〕近——清暉、柳浪、竹林三本俱作「遇」。

〔66〕藍橋——橋名，故址在今陝西藍田縣東南藍溪之上，相傳唐・裴航遇仙女雲英處，見雲英貌美，欲納厚禮娶之。嫗要求玉杵臼為聘物，後果訪得玉杵臼，更為搗藥百日，終成夫婦。《裴鉶傳奇・裴航》有言曰：「一飲瓊漿百感生，玄霜搗盡見雲英。藍橋便是神仙窟，何必崎嶇上玉清。」

〔67〕簫聲咽——謂簫聲帶澀，形容聲音悲切。

〔68〕徹——盡、完。

〔69〕為多才情性驕奢——原無此疊句，據葉《譜》補。多才，舊時女子對所愛男人的昵稱。驕奢，驕橫奢侈。

〔70〕月痕——月影。宋・陸游《曉寒》詩：「雞唱欲闌聞井汲，月痕漸淺覺窗明。」

〔71〕「乍相逢歸去也」疊句——原僅注一「又」字，今改書全文。

〔72〕把個香閨女覷得眼乜斜——原無此疊句，據葉《譜》補。但葉《譜》無「個」字。乜斜，眼睛因困倦或歡笑把眼睜成一道縫。

〔73〕玉天仙——仙女。曲中多用以指美女。

〔74〕且低聲——繼志、清暉、柳浪、竹林四本俱作「且作低聲回唱」；獨深本同，惟「唱」作「介」。

〔75〕弔場——戲劇術語。戲劇分場的標準，是以全部演員進入後臺，前臺沒有演員為斷，如前臺還有一兩個人，就不能看作兩場。這一兩個演員或念下場詩，或說白，不使演唱中斷，以過渡到另一場，此謂之弔場。

〔76〕嬋娟——指美女。元・李致遠散套《新水會・離別》：「青瑣畔，繡幃前，少個嬋娟，酬不了少年願。」

〔77〕留在——留著。「在」用作語助同本齣前注〔41〕。

〔78〕飛瓊——仙女名。《漢武帝內傳》：「王母乃命諸侍女……許飛瓊鼓震靈之簧。」後泛指美女。本注與本齣前注〔61〕義別。

〔79〕上元——古仙女名。亦見《漢武帝內傳》。

〔80〕幽暉——幽暗的光輝。

〔81〕少什麼——意謂不稀罕、盡多的是。詳見《宋金元明清曲辭通釋・少什麼》。

〔82〕糝（sǎn）——用作動詞，意爲散落、散播。

〔83〕參差——見本劇第四齣注〔26〕。

〔84〕肩——繼志、獨深、柳浪、竹林四本俱作「街」。

〔85〕「賞燈時」下——各本俱有（生下、崔韋弔場）「你看李生一見嬌姿，風魔而去，我們學老成些。聞得崇敬寺燒千佛燈，且去隨喜一會」一段文字。

〔86〕下場詩——「釵燕餘香衫袖間」四句，各本俱作「帝裏風光醉夢間，拚他年少遇仙還。祗應不盡孤眠意，猶向空門弄影看。」

# 第七齣　託鮑謀釵

【搗練子】〔生上〕花澹澹〔1〕，月嬋娟〔2〕，迴廊燈影墜釵前，透萬點星橋〔3〕情半點。

【如夢令】門外香塵正度〔4〕，窗裏星光欲曙，客舍悄無人，夢斷〔5〕月堤〔6〕歸路。無緒，無緒，搖漾〔7〕燭花人語。小生昨夕和小玉姐對玩花燈，眼尾眉梢，多少神情拋接〔8〕也！

【普天樂】俺正憑闌，想碧雲靜〔9〕處花燈綻。他絳籠〔10〕深護春光暖，乍相逢試回嬌〔11〕眼。似廣寒〔12〕低躡飛鸞〔13〕，笙歌遠，人零亂，金釵墜，無言自把梅花瓣，剛撒〔14〕下佩環〔15〕，清月影，曉馬歸來夢斷。覺東風病酒，餘香相半。

【不是路】〔鮑上〕庭院幽清〔16〕，他出眾風流舊有名，彈花柄，想尋花去蝶夢〔17〕初驚。〔生笑迎介〕是卿卿，懶雲鬟〔18〕到撤〔19〕得冠兒正，肯向書齋僻處行。〔鮑〕承恭敬，看君笑眼迎門應，有些僥倖。

〔又〔20〕鮑〕世間尤物〔21〕意中人，可向燈前會〔22〕的眞？不用眉梢攢一處〔23〕，且將心事說三分。昨夜燈前，有何所見？〔生〕人中攘攘〔24〕，都無所見，但拾得墜釵紫玉燕一枝，煩卿賞鑒。〔鮑作看釵介〔25〕〕好一枝紫玉釵也！

【啄木公子】波文瑩〔26〕，鈕疊明〔27〕，點翠圈珠瓏〔28〕嵌的整，透紫瓊枝〔29〕，似闌干〔30〕日漾〔31〕紅冰〔32〕。燕呵！爲甚嘴翅兒西飛

另〔33〕？他在妝盒帕〔34〕上棲香穩，雲鬟搔頭〔35〕弄影停，誰付與多情？

【前腔】〔生〕花燈後，人笑聲，月溶溶〔36〕罩住離魂倩〔37〕，墜釵橫處，相尋特地逢迎。這釵燕呵，雖則軟語〔38〕商量渾未定，早則幽香蘸動〔39〕梅花影，紅潤偷歸翠袖擎，天付與書生。

【好姐姐】〔鮑〕恁般紅鸞〔40〕湊成，這燕花釵爲折證〔41〕。你嫦娥親許，玉鏡臺〔42〕前會得清。〔合〕燈兒映，相逢便是神仙境，何用崎嶇上玉京〔43〕？

【前腔】〔生〕知他是雲英許瓊〔44〕，墜清虛〔45〕立定。露華春冷〔46〕，肯向瑤池〔47〕月下行。〔合前〕

〔生〕煩卿就將此釵，求其盟定，彼時自有白璧一雙爲獻也。

【尾聲】〔鮑〕爲單飛去配雙飛影。〔生〕墜釵人倚妝臺正憑。〔鮑〕昨夜燈花兩人照證明。

燈前月下會眞〔48〕奇，恰似雲英一喚時。

袖去寶釵〔49〕成玉杵，不須〔50〕千里繫紅絲〔51〕。

# 校　注

〔1〕澹澹——同「淡淡」。謂花的顏色不濃。清・納蘭性德《鷓鴣天》詞：「秋澹澹，月彎彎，無人起向月中看。」

〔2〕嬋娟——形容月色明媚。唐・劉長卿《琴曲歌辭・湘妃》：「嬋娟湘江月，千載空蛾眉。」

〔3〕星橋——神話中的鵲橋。此處喻指李益和霍小玉相會之處。宋・李清照《行香子》詞：「星橋鵲駕，經年才見。想離情，別恨難窮。」

〔4〕度——過，越過。唐・王之渙《出塞》詩：「羌笛何須怨楊柳，春風不度玉門關。」

〔5〕夢斷——猶「夢醒」。唐・李白《憶秦娥》詞：「簫聲咽，秦娥夢斷秦樓月。」

〔6〕月堤——月光堤路。宋・秦觀《如夢令》詞：「孤館悄無人，夢斷月堤歸路。」

〔7〕搖漾——水蕩漾貌。這裏是形容燭光動蕩不定的樣子。

〔8〕拋接——拋出接受。

〔9〕靜——繼志、獨深、竹林各本俱作「盡」。

〔10〕絳籠——絳紗製的燈籠，參見本劇第六齣注〔14〕。

〔11〕嬌——嫵媚可愛。

〔12〕廣寒——廣寒宮的簡稱。傳說中的月中仙境。

〔13〕飛鸞——閣名。見《新五代史・前蜀世家・王衍》。

〔14〕撇（pié）——丟開。

〔15〕佩環——本指玉珮，這裏借喻美女。宋・趙彥端《南鄉子・同韓子東飲汪德召
　　　新樓》詞：「風露晚珊珊，洛下湘中接佩環。」

〔16〕幽清——幽雅清靜。

〔17〕蝶夢——做夢的代詞。本於《莊子・齊物論》：「昔者莊周夢爲胡蝶，栩栩然胡
　　　蝶也。自喻適志與，不知周也。俄然覺，則蘧蘧然周也。不知周之夢爲胡蝶與，
　　　胡蝶之夢爲周與？」

〔18〕懶雲鬟——髮髻之一種。

〔19〕撇——方言，意爲「插」今多借用爲「別」字，如說「腰裏別著盒子槍」。

〔20〕又——表示「有些僥倖」疊一句。

〔21〕尤物——特異的事物，多指絕美的女子。《左傳・昭公二十八年》：「夫有尤
　　　物，足以移人。」

〔22〕會——會見、會面。《左傳・文公八年》：「冬，襄仲會晉趙孟子於衡雍，報扈
　　　之盟也。」

〔23〕眉梢攢一處——意謂犯愁而皺眉。攢，意爲湊集。繼志、清暉、柳浪、竹林四
　　　本俱作「積」。

〔24〕嚷嚷——吵鬧、叫喊。如云「一片嚷嚷，越吵越凶。」（見趙樹理《表明態
　　　度》）。

〔25〕鮑作看釵介——原作「作看釵介鮑」，據繼志、清暉、柳浪三本改。

〔26〕波文瑩——此言紫燕釵上的波文似玉一樣光潔透明。瑩，《太平御覽》卷八零
　　　四引《逸論語》：「瑩，玉色也。」

〔27〕鈕疊明——此言鈕扣重疊發出亮光，亦爲紫燕釵上的雕飾。

〔28〕瓏——《說文・玉部》：「瓏，禱旱玉也。」「禱旱玉」，指大旱求雨時用的玉。
　　　後泛指玉石。

〔29〕透紫瓊枝——葉《譜》作「瓊枝透紫」。

〔30〕闌干——縱橫散亂貌。漢・趙曄《吳越春秋・句踐入臣外傳》：「言竟掩面，涕
　　　泣闌干。」

〔31〕漾——液體溢出貌。

〔32〕紅冰——淚水的喻詞。五代・王仁裕《開元天寶遺事卷下・紅冰》：「楊貴妃初

承恩，召與父母相別，泣涕登車。時天寒，淚結爲紅冰。」這裏只是形容紫玉釵的玲瓏剔透。

〔33〕另——即「孤另」，單獨的意思。元·張壽卿《紅梨花》二〔四塊玉〕：「我對著這燭底花前說叮嚀，則願的燈休滅，花休謝，人休另。」

〔34〕妝奩帕——妝奩，女子梳妝用的鏡匣。北周·庾信《鏡賦》：「暫設妝奩，還抽鏡匣。」帕，手帕。

〔35〕搔頭——簪子的別名。《西京雜記》卷二：「武帝過李夫人，就取玉簪搔頭，自此後宮人搔頭皆用玉。」唐·白居易《長恨歌》：「翠翹金雀玉搔頭。」

〔36〕月溶溶——月光如水的樣子。溶溶，水盛貌。元·鄭光祖《㑳梅香》三〔紫花兒序〕：「月溶溶梨花院落，風淡淡楊柳樓臺，霧濛濛芳草池塘。」

〔37〕離魂倩——倩，即倩娘。離魂倩，是張倩娘和表兄王宙篤於愛情的故事，詳唐·陳玄祐所撰傳奇小說《離魂記》。

〔38〕軟語——柔和而委婉的話語。宋·史達祖《雙雙燕·詠燕》詞：「還相雕梁藻井，又軟語商量不定。」今仍有軟語溫言之說。

〔39〕蘸動——謂物體進入水中而動蕩也。參見本劇第四齣注〔47〕。湯顯祖多處習用此字，義皆相通而又有微細差別。

〔40〕紅鸞——古代星命家稱爲吉星，主婚姻有成。《張果星宗》：「紅鸞主喜事。」

〔41〕折證——對證。元·李直夫《虎頭牌》三、白：「我這裏不和你折證，到元帥府慢慢的說話。」

〔42〕玉鏡臺——玉製鏡臺，古代婦女的整容鏡，本於晉·溫嶠之玉鏡臺。溫嶠隨劉琨北征劉聰，獲玉鏡臺一枚。後喪父，從姑有女，遂以玉鏡臺爲定。事見南朝宋·劉義慶《世說新語·假譎》。關漢卿雜劇有《玉鏡臺》，後引申作婚娶聘禮的代稱。

〔43〕玉京——道家稱天帝所居之處。唐·白居易《夢仙》詩：「須臾群仙來，相引朝玉京。」

〔44〕雲英許瓊——仙女名，分別見本劇第六齣注〔66〕、〔78〕。

〔45〕清虛——這裏指太空、天空。晉·葛洪《抱朴子·勖學》：「今抱翼之鳳，奮翮於清虛；項領之駿，騁迹於千里。」

〔46〕露華春冷——露華，露水。唐·李白《清平調》詞之一：「雲想衣裳花想容，春風拂檻露華濃。」冷，原誤作「泠」，據各本改。

〔47〕瑤池——池的美稱。多指宮苑中的池塘。唐·陸扆《禁林間曉鶯》詩：「繡戶驚殘夢，瑤池囀好音。」

〔48〕眞——舊時對僊人的稱謂。宋·魏野《尋隱者不遇》詩：「尋眞誤入蓬萊島，香風不動松花老。」

〔49〕袖去寶釵——各本俱作「手去雙釵」。

〔50〕不須——各本俱作「足來」。

〔51〕紅絲——即赤繩。俗傳月下老人以赤繩繫夫妻之足，雖仇家異域，此繩一系，終不可避。因以「繫紅繩」爲「婚姻」或「媒妁」之代稱。見唐·李復言《續玄怪錄》卷四「定婚店」。

# 第八齣　佳期議允〔1〕

【薄倖〔2〕】〔旦上〕薄妝凝態〔3〕，試暖弄寒天色〔4〕，是誰向殘燈澹月，仔細端詳無奈〔5〕。憑墜釵飛燕徘徊，恨重簾礙，約何時再？〔浣〕似中酒〔6〕心情，羞花意緒，誰人會？憨憨〔7〕睡起，兀自梅梢月在。

【應天長】〔旦〕燈輪細轉，月影平分，笑處將人暗認。曾半倚紗籠，手撚〔8〕墜釵閒借問。誰解語春相印？怯邂逅誤成芳信。人影散，獨自歸來，憑欄〔9〕方寸。浣紗，拾釵人何處也？

【字字錦〔10〕】春從繡戶排，月向梅花白，花隨玉漏催，人赴金釵會。試燈回，爲著疏影橫斜，把咱燕釵兒黏帶〔11〕，釵釵，跟尋〔12〕的快快，是何緣落在秀才？好一個秀才，秀才你拾得在。〔合〕是單飛了這股花釵，配不上雙飛那釵，乍相逢怎擺〔13〕，那拾釵人擎奇，擎奇〔14〕得瀟瀟灑灑，忺忺愛愛，閃得人耽耽待待〔15〕，厭厭害害，卻原來會春宵那刻。

【前腔】〔浣〕無意燕分開，有情人奪采〔16〕，他將袖口兒懷，恁〔17〕想著花頭戴，步香街，淡月梅梢，領取個黃昏自在。釵釵，書生眼快快，恁是個香閨女孩，逗的個女孩，女孩伽伽的〔18〕拜。〔合前〕

【入賺】〔鮑上〕春〔19〕寒漸解，準望著踏青挑菜〔20〕，金蓮步躧〔21〕。早是他朱門〔22〕外，誰人在？〔內作鸚哥叫云客來客來、旦驚〕影動湘簾帶，鸚哥報客來。〔浣〕今朝風日好，有甚金釵客〔23〕。〔見科、旦〕呀。原來〔24〕鮑四娘也，到來多會？〔鮑〕可知道你深閨自在。

小玉姐愛戴紫玉燕釵，今日緣何不見？〔旦〕無心戴他。〔鮑〕敢〔25〕是單了一枝？〔旦笑〕何處單來？〔鮑〕咱說他單便單，咱說他雙便雙，

憑你心下〔26〕。〔旦笑〕四娘説了雙罷。〔鮑〕卻原來，且問你緣何此釵便落此生之手？

【雪獅子】〔旦〕燈花市，月華街，月痕暗影疏梅，愛清香小立在迴廊外，花枝擺〔27〕。〔又〕把燕釵兒懸在，天付與多才。〔合〕單飛燕也釵，雙飛燕也釵，雙去單來，單去雙來，可〔28〕似繞簾春色，還上我玉鏡妝臺？

【前腔】〔鮑〕燈似畫，人如海，偏他們拾取奇哉！這觀燈十五無人會，便揉碎。〔又〕梅花少不得心兒探，多則是〔29〕眼兒乖〔30〕。〔合〕明提起也釵，暗提起也釵，明去暗來，暗去明來，可似繞簾春色，還上我玉鏡妝臺？

〔鮑〕你説著玉鏡臺，李郎就是，便將此釵來求盟定。〔旦〕那生畢竟門地〔31〕何如？才情幾許？怎生弱冠尚少宜人〔32〕？〔鮑〕若論此生，門族清華〔33〕，少有才思，麗詞佳句，時謂無雙，先達丈人〔34〕，僉然〔35〕推伏。每自矜風調，思得佳偶，博求名閥，久而未諧。〔旦〕原來如此。此事須問老夫人。

【隔尾】你説著玉鏡臺，那酸俫〔36〕怎就把咱頭上釵兒來插釵〔37〕？只怕老娘呵識不出武陵春色〔38〕。〔下〕

〔鮑弔場〔39〕〕老夫人有請。

【一翦梅】〔老旦上〕霧靄籠蔥〔40〕貼〔41〕絳紗，花影窗紗，日影窗紗。迎門喜氣是誰家？春老儂家〔42〕，春瘦兒家〔43〕。

〔見科、老〕原來是鮑四娘到來。春色三之一，王家日漸長。〔鮑〕關心兒女事，閒坐細端詳。老夫人，你道妾身今日為何而來？竟為小姐親事。〔老〕小女雛稚之年，恐未曉成人之禮，聽俺道來：

【宜春令】天生就女俊娃，似鴛雛〔44〕常依膝下。重重簾幕，漏春心何曾得到他？爐煙篆〔45〕一縷清霞，玉瓶花幾枝瀟灑。似〔46〕人家，煞不成〔47〕妝逗耍。

【前腔】〔鮑〕渠〔48〕年長，伊鬢華，老年人話兒喬作衙〔49〕。他芳心染惹〔50〕，怕春著裙腰〔51〕身子兒乍〔52〕，鴛鴦譜〔53〕挑不出閒心，美女圖覷許多情話。你守著他，投得個〔54〕夜香燒罷。

【前腔】〔老〕催人老，可歎嗟，論從來女生外家〔55〕。眼前怎捨，穩倩〔56〕個乘龍嬌客〔57〕來招嫁，起西樓備著吹簫〔58〕，展東床留教下榻〔59〕。誰家，養女兒尋思似咱。

那人何如？

【前腔】〔鮑〕才情有，年貌佳，李十郎隴西舊家。全枝堪借，管碧梧棲老鸞停跨〔60〕，將雛曲〔61〕畢竟雙飛，求鳳操看他駙馬〔62〕。〔出釵介〕沒爭差〔63〕，把這股玉燕〔64〕兒留下。

〔老旦看釵介〕呀，這釵活似小玉上頭〔65〕之物，何因得在此生？婚姻事須問〔66〕女兒情願。浣紗，請小姐出來。〔浣請介〕

【一翦梅】〔旦上〕睡起東風數物華〔67〕，暗惜年華，暗惜春華。停雲數點雨催花，前夜燈花，今日梅花。

〔見科、老〕兒，鮑四娘來與隴西李十郎求親，你意下何如？〔旦〕說他則甚？

【繡帶兒】掩春心坐羅幃繡榻，羞人喚作渾家〔68〕。想仙姬〔69〕不是蘭香〔70〕，笑漁郎空問桃花〔71〕。非誇，冰清〔72〕到底無別話，守定著香閨這答。〔啼科〕娘和女儜仃〔73〕可嗟，形影相依，怎生撇下？

【前腔】〔老旦〕年華，為甚的雲寒月寡，守著一捌〔74〕香娃。兒，就明姑仙子〔75〕，也有人間之情〔76〕。看羅敷早配玄都〔77〕，恨玉蘭空孕蓮花〔78〕。仙查，天宮織女〔79〕猶自嫁，銀河畔鵲橋〔80〕親踏。今日呵，男共女兩家兒一家，分付與東君〔81〕，畢罷〔82〕了老娘心下。

【前腔】〔浣〕休嗟，嬌花女教人愛殺，恨不早嫁東家〔83〕。你憐老夫人麼，只怕柘屐〔84〕兒兩頭繫絲，到大來〔85〕貪結桃花。〔背介〔86〕〕哄咱，青春不多也二八，少不得籠窗動闥〔87〕，好和歹這些時破瓜〔88〕，

便道是白玉無瑕，青春有價。

【前腔】〔鮑〕喧嘩。把媒人似絲鞭兒擘打，得你半口甜茶，卻為甚俊灑多才〔89〕，尚沒個襯褡人家〔90〕。湊咱〔91〕，士女愁春沒亂煞〔92〕，母親行〔93〕白忙閒話，真和假那些禁架〔94〕，你不信看玉燕釵頭，玉梅花下。

〔老〕正是，這釵是小姐香奩〔95〕中物，何因得落他家？〔旦作羞介、老旦問浣〕這是怎的來？

【太師引】〔浣〕元宵夜放了觀燈假，轉迴廊梅疏月華，臨去也墜釵斜掛，急尋著被他翠袖籠拿。〔老〕便是那李秀才麼？〔浣〕但逢著書生不怕偏絮刮〔96〕，俺小姐有些嬌怯〔97〕。〔老〕那生說甚來？〔浣〕說他青春大曾無室家，是禁不得他賺玉留香多霎〔98〕。

〔老〕小姐說甚來？

【前腔】〔浣〕聽說他能風雅，想不著良宵遇他，虧了俺籠燈倚月，聽才子佳人打話。他把釵兒接下那歡恰〔99〕，俺小姐淡月隱梅花。〔老〕卻怎的？〔浣〕嬌波抹，道有心期那些。〔老〕因何？〔浣〕知怎生呵一笑相逢緣法〔100〕。

〔老笑問〕玉兒可是也？

【三學士】〔旦低聲科〕是俺不合向春風倚暮花，見他不住的嗟呀，知他背紗燈暗影著蛾眉畫，還咱個插雲鬢分開燕尾斜。猛可的〔101〕定婚梅月下，認相逢一笑差。

【前腔】〔老〕你百歲姻緣非笑耍，關心事兒女由他。知他肯住長安下，怕燕爾翻飛碧海涯。輕可的〔102〕定婚梅月下，怕相逢一線差〔103〕。

【前腔】〔鮑〕玉姐呵，翠氣生香春一把，那書生也將相根芽〔104〕。接了你嵌成寶玉雙飛燕，難道是飛入尋常百姓家。俺可也定婚梅月下，敢把這好姻緣一對誇。

〔浣〕老夫人成就〔105〕了罷。

【前腔】〔浣〔106〕〕這是那月夜春燈搖翠霞，武陵溪醀出胡麻〔107〕。才郎呵，可有乘龍一騎青絲馬，配上咱插燕雙飛綠鬢鴉。你可也定婚梅月下，好姻緣一世誇。

〔老〕片語相投，拾釵爲定，天也天也！

【尾聲】你問乘龍那日佳，俺這裏畫堂簫鼓安排下。〔鮑〕他還有白璧成雙錦上花〔108〕。

偶語風前一笑回，月籠燈影袖籠釵；

如今好取釵頭燕，飛向溫家玉鏡臺。

## 校 注

〔1〕佳期議允——清·葉堂《納書楹四夢全譜》作「議婚」。

〔2〕薄倖——此曲係改用賀鑄《薄倖》詞。

〔3〕凝態——謂神態莊重。《雲笈七籤》卷一一三：「其女子開簾而入，年可二十餘，凝態豔質，世莫之見。」柳永《鷓鴣瑞》詞：「凝態掩霞襟，動象板聲聲，怨思難任。」

〔4〕天色——猶天氣。《水滸傳》第七回：「智深道：『天色熱！』叫道人綠槐樹下鋪了蘆席。」

〔5〕無奈——無如之奈，無可奈何。

〔6〕中酒——醉酒。中，讀去聲。

〔7〕懨懨——病態。唐·劉謙《春晝醉眠》詩：「處處落花春寂寂，時時中酒病懨懨。」

〔8〕撚——用手指搓轉。

〔9〕憑欄——憑，原誤作「恁」，依柳浪本改。

〔10〕字字錦——柳浪本作「字字雙」。

〔11〕黏帶——黏連牽掛。《古今小說·張道陵七試趙昇》：「這七件都試過，才見得趙昇七情上一毫不曾黏帶，俗氣盡除，方可入道。」

〔12〕跟尋——尋訪、打聽、查問。「跟」字原誤爲「恨」，據清暉、柳浪、竹林本改。

〔13〕怎擺——如何擺佈、擺撥、對付。

〔14〕擎奇——即「擎」，捧托、高舉之意。「奇」是「擎」的聲母，有音無義。亦作「奇擎」。元·白樸《梧桐雨》三〔落梅花〕：「恨不得手掌裏奇擎著解語

花。」

〔15〕耽耽待待——「耽待」的重文，意謂等待。

〔16〕采——運氣、幸運。猶「錦標」。

〔17〕恁——即「你」，今用爲尊稱。下「恁是個」，義同。

〔18〕伽伽的——深深的、緩緩的。用爲副詞，表示恭敬、虔誠的樣子。

〔19〕春——各本俱作「輕」。

〔20〕挑菜——農曆二月二日爲挑菜節。見《乾淳歲時記》。又《秦中記》：「是日（二月二日）曲江挑菜，遊觀甚盛。」宋·張耒有《二月二日挑菜節大雨不能出》詩。清·唐孫華《息廬》詩之四：「微雨乍迎挑菜節，淡晴已近放梅天。」

〔21〕步躧（xī）——趿拉著鞋走路。急於迎送客人來不及穿鞋。躧，無跟的小鞋。《漢書·雋不疑傳》注：「履不著跟曰躧。」

〔22〕朱門——紅漆大門，多指富貴之家。杜甫《自京赴奉先縣詠懷五百字》：「朱門酒肉臭，路有凍死骨。」

〔23〕金釵客——指女子。詳參《宋金元明清曲辭通釋·金釵客》。

〔24〕原來——此二字下，各本均有「是」，今補。

〔25〕敢——恐怕。

〔26〕憑你心下——憑你心裏想。「心下」，心裏。

〔27〕花枝擺——係疊句。原僅注「又」字，今改書全文。下曲「便揉碎」疊句同。

〔28〕可——通「何」。下同。

〔29〕多則是——意爲大概、多半。

〔30〕眼兒乖——意即「眼尖」。

〔31〕地——各本俱作「第」。

〔32〕宜人——稱心愜意的人。

〔33〕清華——謂門第（職位）家族清高顯貴。北齊·顏之推《顏氏家訓·雜藝》：「王褒地冑清華。」

〔34〕丈人——古時對老人的尊稱。《論語·微子》：「子路從而後，遇丈人，以杖荷蓧。」何晏集解引包咸曰：「丈人，老人也。」

〔35〕翕（xī）然——一致、協調的樣子。《漢書·鄭當時傳》：「聞人之善言，進之上，唯恐後。山東諸公以此翕然稱鄭莊。」

〔36〕酸倈——舊時是對貧苦、迂腐讀書人的憎稱。詳參《宋金元明清曲辭通釋·酸丁》。

〔37〕插釵——宋元風俗，議婚時兩親相見，如新人中意，即以金釵插於冠髻，謂之「插釵」。柳浪本作「插戴」。

〔38〕武陵春色——比喻男歡女戀的表象。典出劉晨、阮肇誤入天台。

〔39〕弔場——戲劇術語。《宋金元明清曲辭通釋·弔場》曰：「戲劇分場的標準，是

以全部演員進入後臺，前臺上沒有演員爲斷；如果前臺上還有一兩個人，就不能當作兩場看待。這一兩個演員或念下場詩、或說白、打諢，不使演唱中斷，以過渡到另一個場面，這就叫弔場。」

〔40〕霧靄籠蔥——霧靄，霧氣。籠蔥，猶「籠茐」，青翠蔥綠。唐・元稹《生春》詩：「何處生春草，春生雲色中。籠蔥閒著水，晻淡欲隨風。」

〔41〕貼——靠近。

〔42〕儂家——自家，猶言我。家，語助詞。唐・寒山《詩》一六九：「儂家暫下山，入到城隍裏，」

〔43〕兒家——女子自稱之詞。詳參《宋金元明清曲辭通釋・兒家》。

〔44〕雛鴛——原顚倒作「鴛雛」今正。按「雛鴛」，乃幼鴛也。此指小玉年紀尚小。

〔45〕篆——盤香的喻稱。

〔46〕似——比較而表差等（超過或不及）之詞。

〔47〕煞不成——遠不成。煞，用作甚詞。

〔48〕渠——她（指霍小玉）。伊，你。

〔49〕喬作衙——同「喬坐衙」，假裝坐堂問案，借喻裝模作樣擺架子。詳參《宋金元明清曲辭通釋・喬作衙》。

〔50〕染惹——沾染、牽扯。宋・柳永《滿朝歡》詞：「巷陌乍晴，香塵染惹，垂楊芳草。」

〔51〕裙腰——古時婦女繫在腰部的半邊裙子。

〔52〕乍——漂亮、輕俏、整飭。詳參《宋金元明清曲辭通釋・乍》。

〔53〕鴛鴦譜——猶「婚姻簿」。《醒世恒言》有《喬太守亂點鴛鴦譜》。

〔54〕投得個——即「投」，投得，意謂等到。個，語助字，無義。北魏・賈思勰《齊民要術・序》：「又課民無牛者，令蓄貓，投貴時，賣以買牛。」宋・李之儀《江城子》詞：「投得花開，還報夜來風。」

〔55〕女生外家——猶俗云「女生外向」。

〔56〕倩（qìng）——懇求。杜甫《九日藍田崔氏莊》：「羞將短髮還吹帽，笑倩旁人爲正冠。」宋・姜夔《月下笛》詞：「多情須倩梁間燕，問吟袖，弓腰在否？」

〔57〕乘龍嬌客——乘龍與嬌客，都是女婿的代稱。詳參《宋金元明清曲辭通釋》「乘龍」和「嬌客」條。

〔58〕西樓吹簫——此用蕭史弄玉故事。蕭史，傳說爲秦穆公時人，善吹簫，能致孔雀、白鶴於庭。穆公有女名弄玉好之，遂妻之。蕭史日教弄玉吹簫作鳳鳴，後來鳳凰來集其屋。穆公築鳳臺，使蕭史夫婦居其上，數年後，皆隨鳳凰飛去。見漢・劉向《列仙傳》。

〔59〕東床下榻——此用晉人王羲之坦腹故事。晉・郗鑒使人到王導家相婿，王氏

諸子弟皆矜持，獨王羲之東床坦腹食，若無其事，郗遂以女妻之。見《晉書·王羲之傳》。後來「東床」或「東坦」遂成為女婿的代稱。這裏是以蕭史、王羲之比作李益。

〔60〕碧梧棲老鸞停跨——化用唐·杜甫《秋興八首》之八：「碧梧棲老鳳凰枝。」

〔61〕將雛曲——即《鳳將雛》，古曲名。三國魏·應璩《百一詩》：「為作《陌上桑》，反言《鳳將雛》。」《樂府詩集》引《古今樂錄》：「吳中十曲，三曰《鳳將雛》，古有歌，自漢至梁不改，今不傳。」

〔62〕求鳳操看他駟馬——求鳳操，琴曲名，當是《鳳求凰》曲。因司馬相如給卓文君詩中有「鳳兮鳳兮歸故鄉，遨遊四海中求其凰」句而得名。元·王實甫《西廂記》二本四折〔聖藥王〕白：「我將弦改過，彈一曲，就歌一篇，名曰《鳳求凰》。」駟馬，亦司馬相如事。《華陽國志·蜀志》：「（成都）城北十里有升仙橋、送客觀。司馬相如初入長安，題其門曰：『不乘赤車駟馬，不過汝下也。』」以示其對功名的抱負。詳參《宋金元明清曲辭通釋·題橋》。

〔63〕爭差——爭，亦「差」也；爭、差，同義連文。沒爭差，謂（釵）無差別也。《玉嬌梨》第十八回：「又有一個舍甥女，雖不敢說個絕世佳人，卻也與白太玄的女兒依稀彷彿，不甚爭差。」「不甚爭差」，言容貌也沒多大差別。

〔64〕玉燕——此二字下面，繼志、獨深、竹林諸本，俱有「釵」字。

〔65〕上頭——古時女子成年，束髮插笄（盤頭用的簪子），謂之上頭。清·翟灝《通俗編·儀節·上頭》：「世但以女子始笄曰上頭。」詳參《宋金元明清曲辭通釋·上頭》。

〔66〕問——徵求。

〔67〕數物華——數，數說，一件一件地說。物華，指自然景物。唐·杜甫《曲江陪鄭南史飲》詩：「自知白髮非春事，且盡芳樽戀物華。」宋·柳永《八聲甘州》：「是處紅衰翠減，冉冉物華休。」

〔68〕渾家——妻。

〔69〕仙姬——霍小玉自比。

〔70〕蘭香——即杜蘭香，神話傳說中的仙女。晉·干寶《搜神記》卷一載：漢時有杜蘭香者，數至張碩家，「可十六七，說事邈然久遠……作詩曰：『阿母處靈嶽，時遊雲霄際。眾女侍羽儀，不出墉宮外。飄輪送我來，豈復恥塵穢。從我與福俱，嫌我與禍會。』」嗣後時來時去。《太平御覽》、《太平廣記》諸書所載，與此略異。

〔71〕漁郎空問桃花——指晉·陶潛作《桃花源記》，記武陵漁人誤入桃花源事。這裏以漁郎比作李益。

〔72〕冰清——德行高潔的喻詞。《藝文類聚》卷十八引晉·左九嬪《狂接輿妻贊》：「接輿高絜，懷道行謠，妻亦冰清，同味玄昭。」三國魏·曹植《光祿大夫荀

侯誄》：「如冰之清，如玉之潔。」

〔73〕俜仃——孤獨貌。亦作「俜伶」。《金瓶梅》第五十六回：「料他也有無常日，空手俜伶到夜臺。」

〔74〕一搦——謂一握、一把，形容美人腰身之纖細，只容一搦也。元·郝經《宣和內人圖》：「腰身一搦不勝衣。」這裏是指霍小玉的瘦弱。

〔75〕明姑仙子——不詳。

〔76〕人間之情——指男女之情。

〔77〕羅敷早配玄都——羅敷，崔豹《古今注三·音樂第三》：「秦氏邯鄲人，有女名羅敷，為邑人千乘王人（一作仁）妻，王人後為趙王家令，羅敷出採桑於陌上，趙王登臺見而悅之，因飲酒，欲奪之。羅敷乃彈箏作《陌上桑》之歌以自明焉。」趙王乃止。後因以羅敷為女子的代稱。

〔78〕玉蘭空孕蓮花——典不詳。

〔79〕織女——星官名，又稱「天孫」。《詩·小雅·大東》：「維天有漢，監亦有光。跂彼織女，終日七襄。」《史記·天官書》：「婺女，其北織女。織女，天女孫也。」後演化為神化人物。《月令廣義·七月令》引南朝梁·殷雲《小說》云：「天河之東有織女，天帝之子也。年年機杼勞役，織成雲錦天衣，容貌不暇整。帝憐其獨處，許嫁河西牽牛郎，嫁後遂廢織紝。天帝怒，責令歸河東，但使一年一度相會。」後常藉以比喻夫妻阻隔或表達男女的相思。杜甫《牽牛織女》詩：「牽女出河西，織女處其東。萬古永相望，七夕誰見同？」

〔80〕鵲橋——傳說織女與牽牛渡河相會，喜鵲搭橋使其通過，謂之「鵲橋」。唐·韓鄂《歲時紀麗·七夕》：「七夕鵲橋已成，織女將渡。」原注引《風俗通》曰：「織女七夕當渡河，使鵲為橋。」明·陸采《懷香記》八〔江頭金桂·前腔〕：「若得鵲橋通一渡，管教織女會牛郎。」

〔81〕東君——此處意指郎君。

〔82〕畢罷——此處意猶完畢、結束。

〔83〕東家——此亦指郎君。此用王昌事。王昌，唐人，字公伯，官散騎常侍，以姿儀俊美為時所共賞。唐·崔顥《王家少婦》詩：「十五嫁王昌，盈盈入畫堂。」唐·上官儀《和太尉戲贈高陽公》詩：「南國自然勝掌上，東家復是憶王昌。」

〔84〕柘屐——柘，木名，桑科。屐，木底鞋。按此字原誤作「枝」。富春本《紫簫記》原詞作「屐」，是，今從改。

〔85〕到大來——意即到頭來、落得個（表明不如意的結果）。

〔86〕背介——猶「背雲」，戲劇術語：即在舞臺上背著別的角色，假定人家聽不見，講自己的心裏話，猶如今天戲劇中的「打背躬」或「旁白」。

〔87〕籠窗動闥——遮窗關門。籠，遮蔽。闥，內門，小門，後泛指門、門戶。《詩·齊風·東方之日》：「彼姝者子，在我闥兮。」毛傳：「闥，門內也。」

〔88〕破瓜——俗以女子破身爲破瓜。《警世通言・杜十娘怒沉百寶箱》：「那杜十娘自十三歲破瓜，今一十九歲，七年之內，不知歷過了多少王孫公子。」

〔89〕俊灑多才——漂亮瀟灑，才華橫溢。

〔90〕襯褡人家——襯褡，指背心、背搭之類的貼身內衣，引申爲陪伴、搭檔。明・康海《中山狼》一〔天下樂〕：「常言出外不如家，既沒個侶伴們共溫存，更少個童僕兒相襯褡。」明・秦樓外史（王驥德）《男王後》一〔勝葫蘆〕：「自古朱陳是一家，藕葉抱荷花，比別樹枝條嬴些襯褡。」襯褡人家，意即陪伴人，家爲語助詞，無義。

〔91〕湊咱——湊，會合，聚集。《逸周書・作雒》：「乃作大邑成周於土中……以爲天下之大湊。」孔晁注：「湊，會也。」《楚辭・劉向〈九歎・逢紛〉》：「赴江湘之湍流兮，順波湊而下降。」王逸注：「湊，聚也。」這裏是撮合成親的意思。咱，語助詞。

〔92〕沒亂煞——沒亂，意爲迷離惝恍，心神無主，手足無措。煞，甚詞。詳見《宋金元明清曲辭通釋・沒亂》。

〔93〕行（háng）——宋元口語，在人稱、自稱後面用「行」，是用來表示方位的，「我行」意即我這邊，「你行」意即你那邊，「母親行」意即母親那邊。

〔94〕禁架——抵擋、承受、支持。詳參《宋金元明清曲辭通釋・禁架》。

〔95〕香奩——婦女梳妝用的鏡匣。

〔96〕絮刮——謂嘮叨不休。此語有多種寫法，詳參《宋金元明清曲辭通釋・絮聒》。

〔97〕嬌怯——柔美膽怯貌。

〔98〕禁不得他賺玉留香多霎——禁不得，謂忍受不的、承受不了。賺玉留香，意猶「竊玉偷香」。多霎，多時。全句是說小姐忍受不了被李生賺住絮刮多時。

〔99〕歡恰——歡喜、高興。「恰」爲語助詞無義。

〔100〕緣法——猶「緣分」。明・葉憲祖《鸞鎞記》十八〔大師引〕：「敢是詩詞未佳，鴛鴦簿別有緣法。」

〔101〕猛可的——猛然間。

〔102〕輕可的——輕易的。

〔103〕一線差——謂一線之差，這裏形容時間短。一線，一根線，形容細長如線。唐・杜甫《至日遣興》詩之一：「何人錯憶窮愁日，愁日愁隨一線天。」

〔104〕根芽——從植物根上生出的幼芽，比喻後嗣。將相根芽，即謂將相的後嗣。

〔105〕成就——猶「成合」，意指婚配。元明間・無名氏《娶小喬》一〔尾聲〕白：「您哥哥這一去，必然成就了這門親事。」

〔106〕浣——此曲，清暉、柳浪、竹林三本俱誤作老旦唱。

〔107〕武陵溪蘸出胡麻——用劉晨、阮肇入天台山事。

〔108〕錦上花——謂錦上添花，好上加好的意思。

# 第九齣　得鮑成言〔1〕

〔思越人〔2〕〕〔生上〕好是〔3〕觀燈透〔4〕玉京，如魂如夢見飛瓊，留〔5〕連步障〔6〕笙歌隱，彷彿遺釵笑語明。春淡淡，玉眞眞，幾時眞個作行雲，閒來欲試花間手，盼殺行媒月下人〔7〕。俺心事託鮑娘爲媒，恰好怕老夫人古撇〔8〕也。

【鶯集林〔9〕】恰燈前得見些些〔10〕，悄向迴廊步月，漏點兒丁東〔11〕長歎徹，似悔墜釵輕去瑤闕，儘來回花露影，念渠嬌小點點愛清絕，漾〔12〕春寒愁幾許，懨懨〔13〕心事，自共素娥說。

【前腔】不準擬〔14〕恁情深，邂逅低鬟笑歇〔15〕，恍月下聞鶯歸去也，天淡曉風明滅。也應他難遇惺惺〔16〕，解憐才〔17〕有意須教徹〔18〕。人近遠，幾重花路，比武陵源較直截。

【四犯鶯兒〔19〕】愛的是女嬌奢〔20〕，怕的他娘生劣〔21〕，近新來〔22〕時勢〔23〕把書生瞥〔24〕，無分周遮〔25〕有數奇絕〔26〕，不應恰恁相逢別，不爲淫邪，非貪貲篋〔27〕，眼裏心頭要安頓得定疊〔28〕。

【前腔】但憑咱書五車〔29〕，甚處少紅一捻〔30〕，只他乍相逢相愛無言說，釵頭枝葉，和媒人根節〔31〕，錦春梭攔〔32〕定鶯兒舌。咱望眼天斜〔33〕，幽懷暗咽〔34〕，去了多時早那人來也。

【懶畫眉】〔鮑上〕碧雲天外影晴波，看罷了春燈景色和，咱曉鬟偷出睡雲窩。〔見科、生〕有勞四娘，那人心事諧否？〔鮑〕他口兒不應心兒可可〔35〕，道人在春風喜氣多。

〔生〕他可道來。

【前腔】〔鮑〕道你個題橋彩筆蘸晴波，傅粉〔36〕人才豔綺羅。道是你舊家門第識人多，湊的個〔37〕釵頭玉燕天和合〔38〕，成就你玉鏡臺前去畫翠蛾〔39〕。

〔生〕那人眞個如何？〔鮑〕俺去，正逢他睡起也。

【醉羅歌】睡覺睡覺嬌無那〔40〕，梳洗梳洗著春多，露春纖〔41〕彈去了粉紅涴，半捻春衫觶〔42〕。香津微搵〔43〕，碧花凝唾，芙蓉〔44〕暗笑，碧雲偷破，春心一點眉尖閣〔45〕。休唐突〔46〕，儘阿那〔47〕，書生有分和他麼？

【前腔】〔生〕停妥停妥〔48〕有定奪，歡倖歡倖早黏合〔49〕，拚千金買得春宵著，受用些兒個〔50〕。傷春中酒，輕寒自覺，人兒共枕，春宵暖和，算花星〔51〕捱的孤鸞過。三日後，五更過，十紅拖地〔52〕送媒婆。

〔鮑〕十郎，花朝〔53〕日好成親，看你好不寒酸〔54〕，那樣人家，少不的金鞍駿馬，著幾個伴當〔55〕去。〔生〕領教。

【尾聲】〔鮑〕論你一品人才真不弱，趁風光俊煞〔56〕你個令閣〔57〕。十郎呵，還辦取拭雨黏雲半帖羅。〔下〕

〔生弔場〕四娘說咱寒酸，不免請韋崔二兄，代求人馬光輝也。

月姊〔58〕釵頭玉，冰人〔59〕線腳針。

傳來烏鵲喜〔60〕，占得鳳凰音〔61〕。

## 校 注

〔1〕得鮑成言——柳浪本作「得鮑」，葉《譜》作「得信」。

〔2〕思越人——按：此詞句格與《思越人》不合，當是《鷓鴣天》。

〔3〕好是——猶「恰是」。唐·白居易《贈皇甫六張十五李二十三賓客》詩：「幸陪散秩閒居日，好是登山臨水時。」

〔4〕透——驚貌。《廣雅·釋詁二》「透，驚也。」王念孫疏證：「《方言》：『透，驚也。』宋、衛、南楚凡相驚曰透。」

〔5〕留——柳浪本作「香」，非是。

〔6〕步障——古代顯貴人物出行用以遮蔽風沙或視線的一種屏幕。三國魏·曹植《妾薄命》詩：「華光步障舒光，皎若日出扶桑。」詳參《宋金元明清曲辭通釋·步障》。

〔7〕月下人——指月下老人。參見本劇第七齣注〔51〕。

〔8〕古撇——指人的性格偏拗、古板、不合時宜。

〔9〕鶯集林——「林」字下原有「春」字，衍，據葉《譜》刪。

〔10〕些些——小貌。唐·白居易《齋月靜居》詩:「忽忽眼塵猶愛睡,些些口業尚誇詩。」

〔11〕丁東——象聲詞。多狀玉珮相擊聲。這裏是形容銅壺滴漏的聲音。

〔12〕漾——散發。楊沫《青春之歌》第二部第十五章:「(她)眉毛畫得又細又彎,清紗旗袍裹在身上,漾出陣陣濃鬱的香水氣來。」

〔13〕懨懨——精神困頓貌。元·王實甫《西廂記》二本一折〔仙侶·八聲甘州〕:「懨懨瘦損,早是傷神,那值殘春。」

〔14〕準擬——料想的意思。宋·辛棄疾《摸魚兒》詞:「長門事,準擬佳期又誤。」宋·楊簡《傷春》詩:「準擬今春樂事濃,依然枉卻一東風。年年不帶看花眼,不是愁中即病中。」

〔15〕笑歇——即「笑一歇」,笑一會兒。數詞「一」省略。

〔16〕惺惺——聰明、機警。元·李文蔚《燕青博魚》二〔醉中天〕白:「常言道:『十分惺惺使五分。』」明·湯顯祖《牡丹亭》十八〔金索掛梧桐·前腔〕:「你惺惺的怎著迷?設設的渾如魅。」

〔17〕憐才——愛才。

〔18〕徹——謂到底、徹底。《兒女英雄傳》第十回:「自己也算『救人救徹,救火救災』,不枉費這番心力。」

〔19〕四犯鶯兒——葉《譜》作「鶯花神」,謂黃鶯兒犯「四季花」、「二郎神」。

〔20〕嬌奢——嬌橫奢侈。金·董解元《西廂記諸宮調》卷二〔脫布衫〕:「有多少女孩兒,卷珠簾,騁嬌奢。」

〔21〕生劣——意猶天生劣性,偏執不好說話。元·白樸《東牆記》二〔上小樓·么篇〕:「你待教媒人偶成,老夫人天生劣性。」

〔22〕近新來——意即近來、最近,為表示時間之詞。亦省作近新、新近、新來。詳《宋金元明清曲辭通釋·近新來》。

〔23〕時勢——指當時的境遇、景況、形勢。

〔24〕瞥——當係「瞥樣」的省文,意為丟開不管。

〔25〕周遮——猶「周旋」,交往的意思。

〔26〕奇絕——奇妙非常。

〔27〕貲篋(qiè)——放錢財的箱子,借指資財。貲,通「資」。

〔28〕定疊——謂停當、妥當。當、疊同聲,皆用為語助詞。按,「眼裏心頭」二句,繼志、清暉、柳浪、竹林四本俱作「要頓心頭定疊」一句。

〔29〕書五車——飽學的人,被稱作「學富五車」。語本《莊子·天下篇》:「惠施多方,其書五車。」

〔30〕紅一捻——謂窈窕淑女。一捻,形容腰身的瘦弱。元·馬致遠《岳陽樓》一〔憶王孫〕:「餓得那楚宮女腰肢一捻香。」

〔31〕釵頭枝葉，和媒人根節——此二句，各本俱作「甚梅香喜歆，媒娘湊節」。根
節，猶關鍵、關節。

〔32〕擻——搬弄。

〔33〕夭斜——歪斜貌。夭，《字彙補》「烏哉切」。今讀 yāo。

〔34〕喑咽——悲哀哽咽。按：「幽懷喑咽」三句，各本俱作「蹻兒趔趄，甚些時人
兒去也」二句。

〔35〕可可——許可之意。重言之，蓋強調也。

〔36〕傅粉——搽粉。南朝宋·劉義慶《世說新語·容止》：「何平叔（何晏）美姿
儀，面至白。魏明帝疑其傅粉。」《三國志·魏書·何晏傳》注引《魏略》曰：
晏平日素喜修飾，「動靜粉白不去手，行步顧影」。人稱「傅粉何郎」。後即以
代喜歡修飾的男青年。

〔37〕湊的個——成就了。與下句「成就你……」互文為義。湊，會合，聚集，見前
注。

〔38〕和合——猶「撮合」。《周禮·地官·序官》「媒氏下士二人」唐·賈公彥疏：「謂
別姓三十之男，二十之女，和合使成婚姻云。」

〔39〕翠蛾——指婦女細而長曲的黛眉。金·王澮《感遇》詩：「遊子去萬里，空閨
斂翠蛾。」

〔40〕無那（nuò）——謂無限、非常。南唐·李煜《一斛珠》詞：「繡床斜憑嬌無
那，爛嚼紅茸，笑向檀郎吐。」

〔41〕春纖——形容美女手指，如春天新生的枝條一樣柔嫩也。詳參《宋金元明清曲
辭通釋·春纖》。

〔42〕躱——同「躲」，躲避。宋·楊萬里《不睡》詩：「醉裏不知何處躱，等人醒後
一時來。」

〔43〕搵——拭、擦。

〔44〕芙蓉——即荷花，比喻女子的面頰。唐·白居易《長恨歌》：「芙蓉如面柳如
眉，對此如何不淚垂。」

〔45〕閣——含也。「春心一點眉間閣」，言一點春情含在眉間也。詳參《宋金元明
清曲辭通釋·閣》。

〔46〕唐突——謂冒犯、衝撞、褻瀆。詳《宋金元明清曲辭通釋·唐突》。

〔47〕阿那——猶「婀娜」，婦女體態柔美、苗條的形容詞。

〔48〕停妥——停當、妥貼。《儒林外史》五：「當下商議已定，一切辦的停妥。」

〔49〕黏合——親昵不離貌。

〔50〕些兒個——意為少許、一點點。南唐·李煜《一斛珠·香口》詞：「晚妝初過，
沈檀輕注些兒個。」

〔51〕花星——舊時認為它是主男女婚事的星宿；花星照臨，便是婚姻有成的兆頭。

見第二齣「花星」注。

〔52〕十紅拖地——「紅拖地」前著「十」字，意言對喜慶事表示很隆重也。

〔53〕花朝——舊俗以農曆二月十五日爲百花生日，號爲花朝節，又稱花朝。宋·吳自牧《夢粱錄》卷一「二月望」條：「仲春十五日爲花朝節。」但各書所載花朝節不盡相同。清·秦味雲《月令粹編》卷五引《翰墨大全》云：「二月二日，洛陽風俗以爲花朝節。」又引《誠齋詩話》云：「東京二月十二日曰花朝。」一般以二月十五日爲準。

〔54〕寒酸——舊時喻寒士貧困潦倒及迂腐之詞。

〔55〕伴當——指僕從、奴僕。《水滸傳》第九回：「跟榮進的伴當，各自牽了馬去院後休息。」

〔56〕俊煞——漂亮的很。煞，甚詞。

〔57〕令閣——敬稱對方的妻子，爲尊夫人之意。宋·惠洪《冷齋夜話·劉野夫免德莊火災》：「劉野夫上元夕以書約德莊曰：『今夜欲與君語，令閣必盡室出觀燈，請清靜身心相候。』」

〔58〕月姊——傳說中的月中仙子、月宮嫦娥。唐·李商隱《水天閒話舊事》詩：「月姊曾逢下彩蟾，傾城消息隔重簾。」宋·范成大《次韻即席》詩：「月姊有情難獨夜，天孫無賴早斜河。」

〔59〕冰人——即媒人。語出《晉書·索紞（dān）傳》：「孝廉令狐策夢立冰上，與冰下人語，紞曰：『冰上爲陽，冰下爲陰，陰陽事也；士如歸妻，迨冰未泮，婚姻事也。君在冰上與冰下人語，爲陽爲陰，媒介事也。君當爲人做媒，冰泮而婚成。』」

〔60〕傳來烏鵲喜——世俗以烏鵲噪爲喜兆，謂之鵲喜。五代·王仁裕《開元天寶遺事·天寶下·靈鵲報喜》：「時人之家聞鵲聲，皆爲喜兆，故謂靈鵲報喜。」

〔61〕占得鳳凰音——喻夫妻好合。《左傳·莊公二十二年》：「初，懿氏卜妻敬仲，其妻占之，曰：『吉，是謂鳳？于飛，和鳴鏘鏘，有嬀之後，將育於姜。』」

# 第十齣　回求僕馬 〔1〕

　〔秋鴻上〕世情貪點染〔2〕，所事看施爲〔3〕，人馬一時俊，門戶兩光輝。俺李相公人才出眾，天湊良姻，只少人馬扶助，去請崔韋二位商量，好不精細〔4〕也。

**【玩仙燈〔5〕】**〔生上〕人物似相如〔6〕，少個畫堂車騎。

秋鴻，已請崔韋二位相公議事，這早晚可來也？

【小蓬萊〔7〕】〔韋、崔上〕春意漸回沙際，風流長聚京都，終南韋曲〔8〕，博陵崔氏〔9〕。瀟灑吾徒。

〔見科、崔〕拾釵芳信如何？〔生〕花朝之夕，已注〔10〕佳期，只有一段工夫，央及〔11〕二兄幫襯〔12〕。〔崔〕願聞。〔生〕王門貴壻，禮須華重，客裝寒怯，實難壯觀，聽小弟道來：

【駐馬聽】出入惟驢，實少銀鞍照路衢，待做這乘龍快壻，騏驥〔13〕才郎，少的駟馬高車〔14〕。花邊徒步意躊躕，嘶風弄影知何處！〔合〕後擁前驅，教一時光彩生門戶〔15〕。

〔崔〕十郎，你不曾同姓為婚，怎生巫馬期以告〔16〕？要馬我崔家儘有。〔韋〕崔子弒齊君〔17〕，是陳成子有馬十乘，崔家那裏有一匹兒？我韋家到有。〔崔〕怎見得？〔韋〕卻不道「魯韋昌馬」〔18〕。〔崔〕休聞說。長安中有一豪家，養俊馬十餘匹，金鞍玉轡，事事俱全，當為君一借。

【前腔】不說駘駑〔19〕，有個翩翩豪俠徒，許你一鞍一馬，做個馬上郎君〔20〕，少不的〔21〕坐下龍駒〔22〕。驚香欲到錦屠蘇〔23〕，銀鞍繡帕須全具。〔合前〕

〔生〕有了馬，還敢求一事！

【前腔〔24〕】冷落門閭，只合樵青〔25〕伴釣徒。今日過門〔26〕呵，少不得要步隨鞭鐙〔27〕，手捧衣裳，背負琴書。花星有喜不為孤，身宮〔28〕所恨慳〔29〕奴僕。〔合前〕

〔崔〕你不曾之子于歸，先要宜其家人〔30〕。使不得！邦君之妻曰夫人，夫人自稱曰小童〔31〕，但帶幾個俊童，怕新人喫醋。若要家童，有顏色梅樹雕幾個去。〔韋〕怎見得？〔崔〕《百家姓》要「江童顏郭，梅盛林刁」。〔生〕取笑取笑！〔韋〕這樁也在那豪士家，有綠幘文幀〔32〕，妝飾非常。

【前腔】〔韋〕自有豪奴，不羨秦宮〔33〕馮子都〔34〕，不用吹簫《僮約》〔35〕，結柳奴星〔36〕，有剪髮胡雛，好教你垂鞭接馬玉童〔37〕扶，衣

箱別有平頭〔38〕護。〔合前〕

　　【尾聲】〔韋、崔〕你逞精神去坦東床腹，那些兒幫襯工夫。成親看喜也，只願你人馬平安穩坐了黃金屋。

　　本色更何如？攢弄要工夫：

　　定須騎駿馬，誰待使癡奴！

# 校　注

〔1〕僕馬——柳浪本作「借馬」，葉《譜》作「假駿」。
〔2〕貪點染——希望裝點、點綴。貪，《詩・大雅・桑柔》：「民之貪亂，寧爲荼毒。」鄭玄箋：「貪，欲也。」「欲」即希望之意。劇言隴西才子李益，相貌堂堂，人才出眾，天湊良緣，欲婚霍小玉爲妻，但「客窗寒怯」「畫堂車騎」無措，爲裝點場面，故請來崔、韋兩友幫襯也。
〔3〕施爲——意指行動。《列子・周穆王》：「莫知其所施爲。」
〔4〕精細——仔細、周到。
〔5〕玩仙燈——此曲應有七句，此處省略五句。
〔6〕相如——司馬相如的省稱。相如，成都人，字長卿，漢代大辭賦家，與揚雄並稱。
〔7〕小蓬萊——此曲應有十一句，此處省略六句。
〔8〕終南韋曲——終南，指終南山，亦即秦嶺。主峰在陝西長安縣南。韋曲，亦在長安縣南。唐代韋氏家族世居其地，故名。這裏指韋夏卿。
〔9〕博陵崔氏——博陵，亦地名在今河北省蠡縣南，爲博陵郡治所。博陵崔氏爲唐代高門（崔、盧、李、鄭、王）之一，這裏指崔允明。
〔10〕注——定、決定也。晉・干寶《搜神記》卷三：「南斗生，北斗注死。」
〔11〕央及——請求、懇求。明・方以智《通雅》：「以言託人曰訣，一作映，今俗作央。」
〔12〕幫襯——有協助、讚助、曲成人美之義。
〔13〕騏驥——謂駿馬，比喻賢才。《晉書・馮素弗載記》：「吾追求騏驥，不知近在東鄰，何識子之晚也。」
〔14〕駟馬高車——用司馬相如故事。注見第八齣注〔62〕。
〔15〕光彩生門戶——謂門第光華顯耀。唐・白居易《長恨歌》：「姊妹弟兄皆列土，可憐光彩生門戶。」
〔16〕巫馬期以告——巫馬期，人名。「巫馬」是姓，「期」是字，名「施」，因亦稱

巫馬施。春秋時魯國人，孔子弟子。《論語·述而》：「陳司敗問昭公知禮乎？孔子曰：『知禮。』孔子退，揖巫馬期而進之，曰：『吾聞君子不黨，君子亦黨乎？君取於吳，爲同姓，謂之吳孟子。君而知禮，孰不知禮？』巫馬期以告。子曰：『丘也幸，苟有過，人必知之。』」

〔17〕「崔子弑齊君」二句——崔子，即崔杼，春秋時齊大夫。齊君，即齊莊公，名光。陳成子，「陳文子」之誤，名須無，亦齊大夫。十乘，爲四十匹馬，蓋古時一車四馬爲乘。《管子·乘馬》：「一乘，四馬也。」《論語·公冶》：「崔子弑齊君，陳文子有馬十乘，棄而違之，至於他邦。」

〔18〕魯韋昌馬——語出《百家姓》，這裏是引現成的話作調侃，語意在切「韋」字「馬」字。

〔19〕駘駑（tái nú）——「駑駘」的倒文，爲叶韻而互易。駑駘，劣馬也，比喻才能低下之人，這裏用爲自謙之辭。明·邵璨《香囊記》十〔窣地錦襠〕白：「腹內自知全欠學，人前不敢強吟詩。驊騮趷踏爭先去，莫學駑駘進步遲。」這是個老年進士與眾同年在瓊林宴上行酒令時的謙稱。

〔20〕馬上郎君——唐·杜甫《少年行》詩：「馬上誰家白面郎，臨階下馬坐人床。」

〔21〕少不的——意言缺少不的。亦作「少不得」。的、得音義並同。

〔22〕龍駒——指駿馬。唐·杜甫《惜別行送劉判官》詩：「祗收壯健勝鐵甲，豈因格鬥求龍駒。」

〔23〕錦屠蘇——唐·杜甫《槐葉冷淘》詩：「願隨金騕裹，走置錦屠蘇。」仇兆鰲注引《杜臆》：「錦屠蘇，天子之屋。」

〔24〕腔——原誤作「後」，據清暉、柳浪、竹林本改。

〔25〕樵青——唐人張志和的女婢名。原本張志和故事。《新唐書·隱逸傳·張志和》：「（張志和）以親既喪，不復仕，居江湖，自稱煙波釣徒。著《玄眞子》，亦以自號……帝嘗賜奴婢各一，志和配爲夫婦，號漁童、樵青。」唐·顏眞卿《浪迹先生玄眞子張志和碑》：「憲宗嘗賜奴婢各一，玄眞配爲夫妻，名夫曰漁僮，妻曰樵青。」後因以爲女婢的通稱。

〔26〕過門——女子出嫁到男家或男子入贅到女家，都叫做過門。

〔27〕步隨鞭鐙——猶「執鞭墜鐙」，意謂服事別人的車騎，多用以表示傾心追隨。鐙，馬鞍旁兩腳著的東西。

〔28〕身宮——星象家的說法，有身宮、命宮。（依胡士瑩說）

〔29〕慳——「少」的意思。宋·陸游《懷昔》詩：「澤國氣候晚，仲冬雪猶慳。」

〔30〕之子于歸，宜其家人——此二句見《詩·周南·桃夭》。之子，這個人。于歸，出嫁。宜，適當。

〔31〕「邦君之妻」二句——見《論語·季氏》：「邦君之妻，君稱之曰夫人，夫人自稱，曰小童。」文字略有出入。

〔32〕綠韝（bèi）文幘——綠色的臂衣和有文采的頭巾，古時富貴人家奴僕的服飾。韝（gōu鈎），臂套用皮製成，在兩臂束住衣袖以便動作。《後漢書·明德馬皇后紀》：「蒼頭衣綠韝，領袖正白。」李賢注：「韝，臂衣，今之臂韝，以縛左右手，於事便也。」韝，韝，音義並同。幘（zé責），古代包紮髮髻的巾。漢·蔡邕《獨斷》卷下：「幘者，古之卑賤執事不冠者之所服也。」

〔33〕秦宮——東漢大將軍梁冀的嬖奴。《後漢書·梁冀傳》：「冀愛監奴秦宮，官至太倉令。得出壽所。壽見宮，輒屏御者，託以言事，因與私焉。」宮，原誤作「官」，依《後漢書》改。

〔34〕馮子都——漢代霍光的家奴，姓馮名殷字子都。漢·辛延年《羽林郎》詩：「昔有霍家奴，姓馮名子都。」按：子都，乃古代美好的通稱。《孟子·告子上》：「至於子都，天下莫不知其姣也。」

〔35〕吹簫《僮約》——吹簫，指《洞簫賦》，漢王褒所撰。見於《漢書·王褒傳》，亦見於《文選》卷十七。《僮約》，亦王褒所撰，內容是記奴婢契約。後因以《僮約》泛稱主奴契約或對奴僕的種種約束規定。王褒，字子淵，蜀人，有俊才，為時所重。

〔36〕結柳奴星——唐·韓愈《送窮文》：「元和六年正月乙丑晦，主人使奴星，結柳作車，縛草為船，載糗（qiú）載粻（zhāng），中繫軛（è）下，引帆上檣，三揖窮鬼而告之。」奴星，星，奴名。糗，乾糧。粻，糧食。軛，牛馬拉東西時架在頸部的人字形器具。

〔37〕玉童——仙童。晉·王嘉《拾遺記·燕昭王》：「西王母與群仙遊員丘之上，聚神娥以瓊筐盛之，使玉童負筐以遊四極。」這裏泛指侍童。

〔38〕平頭——奴僕的代稱。南朝陳·徐陵《玉臺新詠》卷九載南朝梁武帝《河中之水歌》：「珊瑚掛鏡爛生光，平頭女子擎履箱。」

# 第十一齣　妝臺巧絮〔1〕

【番卜算】〔旦上〕屏外籠身〔2〕倚，睡覺唇紅退，暈纖蛾〔3〕暗自領佳期，珍重花前意。

【菩薩蠻】天穿〔4〕過了還穿地，枕痕一線搖紅睡。春色覷〔5〕兒家，羞含豆蔻〔6〕花。裙腰沾蟢子〔7〕，暗地心頭喜。越近越思量，懸愁花燭光。日昨已許李郎定親，佳期早晚〔8〕，好悶人也。

【五供養】相逢有之，這一段春光分付他誰〔8〕！他是個傷春客，向月夜酒闌時，人乍遠，脈脈〔10〕此情誰識？人散花燈夕，人盼花朝日。

著意東君〔11〕，也自怪人冷淡蹤跡。

【前腔】夢兒中可疑，記邂逅分明還似那回時，玉釵風不定，爲誰閒撚花枝？道甚重簾不捲，燕子傳消息。隨意佳期緩，爭〔12〕信人心急。不如嫁與，受他眞個憐惜。

【金瓏璁〔13〕】〔鮑上〕綠枝么鳳〔14〕拍，香痕暗沁〔15〕莓苔〔16〕。畫堂春暖困金釵，不捲珠簾誰在？

〔見介、旦〕花氳蝶翅頻敲粉〔17〕，〔鮑〕柳颭蜂腰促報衙〔18〕，〔旦〕翠掩重門春睡懶，〔鮑〕一天新喜教兒家。〔旦〕何喜見教？〔鮑〕教你個喜字來，新婚那夜呵：

【玉交枝】爉花無賴，背銀缸〔19〕暗擎〔20〕瑤釵，待玉郎回抱相偎揣〔21〕。顰蛾掩袖低回，到花月三更一笑回。春宵一刻千金浼〔22〕，挽〔23〕流蘇〔24〕羅幃顫開，結連環紅襦〔25〕懊〔26〕解。

【前腔】鶯驚鳳駭〔27〕，誤〔28〕春纖搵著檀腮，護丁香〔29〕怕拆新蓓蕾〔30〕。道得個〔31〕豆蔲含胎〔32〕，他犯玉侵香怎放開，你凝雲覺雨堪瀟灑。喫緊處花香這回，斷送人腰肢幾擺？

洞房中所事堪停當也。

【沉醉東風】你把鴛鴦襯褥兒〔33〕剪裁，指領上繡緘憑在，勾春睡小眠鞋，要一領汗衫兒耽待〔34〕，那其間半葉輕羅試採。你把羞眸兒半開，斜燈兒半開，試顯出你做夫妻們料材〔35〕。

〔旦〕罷了。〔鮑〕可罷了也。

【前腔】帶朝陽下了楚臺〔36〕，起窺妝照人無奈。暗尋思顰眉簇黛，把餘紅偷覷還猜，防人見侍兒們拾在。賀新人美哉！賀新郎美哉！顯的你做夫妻們喜來。

〔旦〕謝了。老夫人請你講話也。

【尾聲】〔鮑〕咱去來說與你個明白，選成親花朝好在，折莫〔37〕你這幾日呵葫蘆提〔38〕較害。

一搦女兒身，齊眉〔39〕作婦人；

人生初見喜，花草一年春。

## 校 注

〔1〕妝臺巧絮——柳浪本作「妝臺」，葉《譜》作「閨謔」。

〔2〕籠身——籠，即熏籠，熏衣的火爐覆蓋著竹籠，就叫做熏籠。《太平御覽》卷七
一一引《東宮舊事》：「太子納妃，有漆畫手巾熏籠二，條被熏籠三。」唐·王
昌齡《長信秋詞》之一：「熏籠玉枕無顏色，臥聽南宮清漏長。」五代前蜀·薛
昭蘊《醉公子》詞：「床上小燻籠，韶州新退紅。」唐·白居易《宮詞》：「斜倚
熏籠坐到明。」

〔3〕纖蛾——纖細的蛾眉。蛾，蛾眉的省稱。三國魏·曹丕《答繁欽書》：「於是振
袂徐進，揚蛾微眺。」揚蛾，謂擡起蛾眉來。

〔4〕天穿——南方民間節日。說法不一，古代湖北襄樊一帶，以農曆正月二十二日
爲天穿節。宋·李覯（gòu）《正月二十日俗號天穿日以煎餅置屋上謂之補天感
而爲詩》：「只有人間閒婦女，一枚煎餅補天穿。」清·高士奇《天祿識餘·天
穿》：「江東俗號正月二十日爲天穿日，以煎餅置屋上，謂之補天穿。」

〔5〕襯——襯托、陪襯。宋·張耒《和周廉彥》詩：「天光不動晚雲垂，芳草初長襯
馬蹄。」

〔6〕豆蔻——多年生草本植物。高丈許，產於嶺南。詩文中多以之比喻美少女。唐·
杜牧《贈別》詩：「娉娉嫋嫋十三餘，豆蔻梢頭二月初。」

〔7〕裙腰蟢子——蜘蛛的一種。古俗以爲白天見到蟢子，主有喜事。北齊·劉晝《新
論·鄙名》：「今野人晝見蟢子者，以爲有喜樂之瑞。」唐·權德輿《玉臺體》
詩云：「昨夜衣帶解，今朝蟢子飛。鉛華不可棄，莫是槁砧（丈夫）歸？」詳參
《宋金元明清曲辭通釋·喜蛛兒》。

〔8〕早晚——猶「何時」。元·馬致遠《漢宮秋》一〔梁州第七〕：「情繫人心早晚體？
則除是雨歇雲收。」元·王實甫《西廂記》五本一折〔金菊花〕：「書封雁足此
時修，情繫人心早晚體？」

〔9〕他誰——猶云「誰」。「他」字無義。唐·元稹《偶成自歎因寄樂天》詩：「天遣
兩家無稚子，欲將文集與他誰？」宋·趙長卿《臨江仙·賞花》詞：「憂心徒耿
耿，分付與他誰？」

〔10〕脈脈——形容藏在內心的思想感情。宋·辛棄疾《摸魚兒》詞：「千金縱買相
如賦，脈脈此情誰訴？」

〔11〕著意東君——著意，用心、專心、注意。詳參《宋金元明清曲辭通釋·著意》。
東君，這裏指司春之神。

〔12〕爭──用作助詞，義通「怎」。

〔13〕金瓏璁──此曲原有八句，此處省略四句。

〔14〕么鳳──鳥名，亦名桐花鳳。宋・宋祁《益都方物略記》：「桐花鳳……纖嘴長
尾……蜀人珍之，故號爲鳳。」宋・蘇軾《異鵲》詩：「家有五畝園，么鳳集
桐花。」

〔15〕沁──滲入、浸潤。

〔16〕莓苔──即青苔。晉・孫綽《遊天台山賦》：「踐莓苔之滑石，搏壁玉之翠屏。」

〔17〕蝶粉──宋・羅大經《鶴林玉露》卷十四：「楊東山云，《道藏經》云：『蝶交
則粉退，蜂交則黃退。』」

〔18〕蜂腰促報衙──蜂腰，蜂體細狹部分，比喻美女身體窈窕。報衙，蜂衙也。言
蜜蜂早晚間聚如衙參也。宋・陸游《青羊宮小飲贈道士》詩：「微雨晴時看鶴
舞，小窗幽處聽蜂衙。」

〔19〕銀釭（gāng）──金屬製成的燭臺，也泛指燈火。南朝梁・梁元帝《草名》詩：
「金錢買含笑，銀釭影疏頭。」

〔20〕擘（bó）──謂用手分物。唐・白居易《長恨歌》：「釵留一股合一扇，釵擘黃
金合分鈿。」

〔21〕偎揣──偎倚揣度。

〔22〕浼（měi）──請託、央求。

〔23〕挽（wǎn）──拉也。

〔24〕流蘇──下垂的球形彩色物或穗子，用五色羽毛或絲線等製成，古人多用於羅
帳、車馬、樓臺或旗子上，作爲裝飾品。詳參《宋金元明清曲辭通釋・流蘇》。

〔25〕結連環紅襦──結，繫、紮縛。襦，衣也。漢・辛延年《羽林郎》：「長裾連理
帶，廣袖合歡襦。」

〔26〕懊（ào）──通「燠」，暖也，熱也。柳浪本作「襖」，誤。

〔27〕鸞驚鳳駭──猶云「顛鸞倒鳳」。

〔28〕誤──《左傳・哀公十九年》杜預注：「誤，使不備也。」

〔29〕丁香──本植物名，一名雞舌香，借喻女人的舌頭。南唐・李煜《一斛珠》：
「向人微露丁香顆，一曲清歌，暫引櫻桃破。」董解元《西廂記諸宮調》卷
五〔仙呂調・繡帶兒〕：「丁香笑吐舌尖兒送。」

〔30〕蓓蕾──花蕊未開放曰蓓蕾。

〔31〕道得個──猶云「常言道」、「有道是」。

〔32〕豆蔻含胎──豆蔻未開者，謂之含胎花。明・李時珍《本草綱目・草三・山
薑》《集解》引宋・蘇頌曰：「劉恂《嶺表異錄》云：『莖葉皆薑也……花生葉
間，作穗如麥粒，嫩紅色。南人取其未開者，謂之含胎花。』」因多以喻少女
而娠也。明・許自昌《水滸記》十五〔撥棹入江水〕：「（小旦：）三生願，喜

燈前繡帳懸。（又移近生笑介）擁鴛衾夢繞巫山，擁鴛衾夢繞巫人。（貼生臉笑介）但豆蔻含胎可憐。」

〔33〕襯搭兒——見第八齣注〔90〕。

〔34〕耽待——關照、幫襯。

〔35〕料材——模樣、樣子。

〔36〕楚臺——指男女幽會的地方。典出戰國楚・宋玉《高唐賦》楚王夢神女事。也叫「陽臺」。

〔37〕折莫——縱使、儘管。宋・羅大經《鶴林玉露》丙編卷一「遮莫」條：「詩家用遮莫，蓋今俗語所謂盡教也。故杜少陵詩云：『已拚野鶴如雙鬢，遮莫鄰雞下五更。』」明・徐渭《南詞敘錄》云：「遮莫，盡教也，亦曰折莫。」

〔38〕葫蘆提——意即糊塗、不辨是非，是宋元以來的口語。詳參宋金元明清《曲辭通釋・葫蘆提》。

〔39〕齊眉——表示夫妻相敬如賓。典出《後漢書・梁鴻傳》：「（鴻）為人賃舂，每歸，妻為具食，不敢於鴻前仰視舉案齊眉。」案，盛飯菜的有腳的盤子。

# 第十二齣　僕馬臨門 〔1〕

〔秋鴻上〕主人性愛秋鴻，身居奴僕同宮 〔2〕，從今 〔3〕脫了主顧，以前布下了春風。自家秋鴻便是，只因人物粗通，伏事李郎客中，一年半載，好不乾淨 〔4〕。如今配上了霍家小姐，主不顧僕了，叫做失了主顧。雖然如此，霍府少甚丫鬟，東人 〔5〕念舊，少不得秋鴻也配上一個，叫做俺有春風，他有夏雨。這都不在話下了。昨日相公轉託韋崔借人借馬，榮耀成親，分付到時好生安頓。可知道哩，奴要白飯，馬要青芻 〔6〕，都不備一些子 〔7〕，叫俺管頓，好不顢氣 〔8〕也。且看門外如何。〔雜扮豪家 〔9〕剪髮胡奴一人牽馬一匹上〕白面兒郎 〔10〕宜俊馬，洞簫才子借髯奴 〔11〕。昨有韋崔二先生借俺豪家人馬，與個隴西李十郎往那家去，這是他寓所，高叫一聲。〔鴻〕好好，人馬一齊到，馬少一匹。〔雜〕因何？〔鴻〕俺家十郎配那家主兒，俺也同這吉日，配上那家一個俊不了的穿房 〔12〕，因此多要一匹。〔雜〕好命也，纔脫了人騎，就要騎馬 〔13〕。早哩！〔鴻〕也罷。看你馬，馬去得，再看人，〔笑介〕原來你前身是馬。〔雜〕怎見得？〔鴻〕馬剪騌 〔14〕，人也剪騌，馬老子黑，你們臉通黑，知馬是你前身。〔雜惱介〕呀！你家借馬借人，白飯青芻不見些兒，倒來罵俺，好打這廝！〔打介〕

【玩仙燈】〔生上〕擇吉送鸞書〔15〕，儘今夜孤眠坦腹。

呀，人馬借來是客，秋鴻這狗才恁般輕薄，列位管家恕罪。〔雜叩頭介〕不敢，請相公看馬何如？〔生〕好馬好人。〔雜〕敢問相公那家去？

【孝順歌〔16〕】〔生〕是霍王府呵〔17〕，**招鳳侶，配鸞雛，借鴛鴦白馬光戶閭**〔18〕。這馬呵，**鬧色紫茸鋪**〔19〕，**壓胯**〔20〕**黃金鍍**〔21〕，**真個飛香紅玉，稱**〔22〕**兩袖風生，一鞭雲路**〔23〕。阿對〔24〕前頭，要幾個人兒護。你們到那家答應〔25〕放精細〔26〕些。**須剔透，要通疏**〔27〕，**那人家多禮數**〔28〕。

〔雜〕知道了。

【前腔】你是名家子，冠世儒。這馬呵，配春風美人堪畫圖。俺豪門體態殊，風流慣〔29〕相助。李相公，你跨金鞍駿駒，擁綠韛蒼奴〔30〕，到瑣窗〔31〕窺處，那時小的們不敢說，只怕相公酒後呵，也不著支吾〔32〕，坦露了東床腹。只一件來，馬要好料，奴要好酒，相公也要多喫些，大家掙〔33〕出精神來。和你高控轡，響傳呼，顯風光賽尋俗〔34〕。

〔生〕多謝了，今夜且安歇。

雕胡〔35〕人當酒，莝薦〔36〕馬為芻，

坐憑金鞾裹〔37〕，走置錦流蘇。

## 校 注

〔1〕僕馬臨門——葉《譜》作「贈駿」。
〔2〕同宮——謂同命運。宮，命宮也。元·錢霖散套〔哨遍〕:「有一日大小運並在命宮，死囚限纏在卯酉。」
〔3〕今——各本俱作「後」。
〔4〕乾淨——省心、利索、無牽累。詳參《宋金元明清曲辭通釋·乾淨（二）》。
〔5〕東人——猶東家，即主人。
〔6〕芻——餵牲畜的草。《孟子·公孫丑下》:「今有受人之牛馬而為之牧之者，則必為之求牧與芻矣；求牧與芻而不得，則反諸其人乎？」
〔7〕一些子——少許、一點兒。
〔8〕頹氣——猶今云喪氣、倒楣、揹運。

〔9〕雜扮豪家——雜，此字下原缺一「扮」字，依柳浪本補。豪家，有錢有勢之人，猶「豪門」。

〔10〕白面兒郎——見第十齣注〔20〕。

〔11〕洞簫才子借髯奴——因王褒有《洞簫賦》及《責髯奴文》，故以此句喻李益。

〔12〕俊不了的穿房——意謂俊秀的婢女。俊，美也。穿房，指婢女，言其穿房入戶供役使也。

〔13〕騎馬——清暉、柳浪、竹林三本俱作「馬騎」。

〔14〕騣——馬鬣（liè），即馬頸上的長毛。

〔15〕鸞書——男女定親的婚帖。明·無心子《金雀記》九〔錦堂月〕：「婚賴鸞書，姻盟帝府，光彩喜增門戶。」

〔16〕孝順歌——葉《譜》作「孝順枝」，謂「孝順歌」犯「鎖枝」。

〔17〕是霍王府呵——此句葉《譜》作曲文，無「呵」字。

〔18〕戶閨——門戶。閨，《荀子·大略》：「慶者在堂，弔者在閨。」楊倞注：「閨，門也。」

〔19〕鬧色紫茸鋪——鬧色，濃厚的顏色；紫茸，細軟的紫毛。

〔20〕壓胯——當指馬鞍之類的乘具。胯，腰和大腿之間的部位。

〔21〕鍍——將具有某種特性的金屬塗附在別的金屬或其它材料的表面，如鍍金、鍍銀。

〔22〕稱——稱做、可謂（可說是）。

〔23〕雲路——喻仕途顯豁。

〔24〕阿對——原為漢楊震的家僮名。嘗引泉溉蔬。後用以泛指家僮。唐·吳融《閿鄉寓居》詩：「五陵年少如相問，阿對泉頭一布衣。自注：「阿對是楊伯起家僮，嘗引泉溉蔬。」宋·陸游《獨坐視老奴溉園》詩：「賴有吾家老阿對，相從引水溉園蔬。」

〔25〕答應——應對。

〔26〕精細——聰明。

〔27〕通疏——通情達理，灑脫爽朗。元·關漢卿《救風塵》三〔倘秀才〕：「你這廝外相兒通疏就裏村，你今日結婚姻，咱就肯罷論。」

〔28〕禮數——禮貌、禮節的等級。在封建社會時對人施禮，因人的名位而定。詳參《宋金元明清曲辭通釋·禮數》。

〔29〕慣——習慣、經常。《宋書·宗愨傳》：「宗，軍人，慣啖粗食。」

〔30〕蒼奴——即「蒼頭」，古代奴僕的稱謂。蒼，深青色。漢代規定奴僕要用深青色頭巾包頭，故云。《漢書·鮑宣傳》注：「漢名奴為蒼頭。」詳參《宋金元明清曲辭通釋·蒼頭》。

〔31〕瑣窗——代指窗子。因窗櫺鏤刻有連瑣圖案，故云。南朝宋·鮑照《玩月城西

解門中》詩：「蛾眉蔽珠櫳，玉鈎隔瑣窗。」

〔32〕支吾——謂支持、應付。宋‧司馬光《涑水紀聞》卷十一：「西賊奸計，大未可量。朝廷當獎勵逐路帥臣，豫作支吾。」

〔33〕抨——謂振作。

〔34〕尋俗——尋常。俗、常，一音之轉。

〔35〕雕胡——菱白的子實，即苽米，煮熟爲雕胡飯。《史記‧司馬相如列傳》：「其卑溼則生藏莨蒹葭，東薔雕胡。」司馬貞索隱：「雕胡，案謂苽米。」苽米、菱白，一也。

〔36〕莝薦——莝（cuò），用爲動詞，切草也。薦，喂牲口的草。

〔37〕騕褭——古駿馬名。漢‧司馬相如《上林賦》：「蹇騕褭。」注引張揖曰：「要褭，馬金喙赤色，一日行萬里者。」詳參《宋金元明清曲辭通釋‧騕褭》。

# 第十三齣　花朝合巹〔1〕

【鵲橋仙】〔旦同浣上〕珠簾高捲，畫屏低扇，曙色寶奩新展。絳臺〔2〕銀燭吐青煙，熒熒的照人覿腆〔3〕。

【好事近】紅曙〔4〕捲牕紗，睡起半拖羅袂。〔浣〕何似〔5〕等閒睡起，到日高還未。〔旦〕催花陣陣玉樓風〔6〕，樓上人難睡。〔浣〕有了人兒一個，在眼前心裏。〔旦〕早晚佳期，鮑四娘還不見到。

【臘梅花】〔鮑上〕花燭爐香錦繡筵，屏山霧抹〔7〕鸞初偎〔8〕，紅線結姻緣。探花人到，百花高處會雙仙。

〔見介〕仙郎一時就到，且同郡主〔9〕鳳簫樓一望。〔做望介，鮑〕你看那是勝業坊，這的是曲頭〔10〕，這是你府門首。〔旦〕呀，四娘，一個騎馬官兒來也！〔鮑〕呀！望南頭來了。〔生騎馬，胡奴秋鴻三四人跟上〕

【窣地錦襠】春紅帶醉袖籠〔11〕鞭，壓鞚〔12〕葳蕤〔13〕照水邊，美人香玉豔〔14〕藍田〔15〕，遙望秦樓〔16〕生翠煙。〔下〕

〔旦驚喜介〕四娘，你看那生走一灣馬呵，風情似柳，有如張緒少年〔17〕；迴策如縈，不減王家叔父〔18〕。眞個可人〔19〕也！

【掉角兒】是誰家玉人水邊，斗〔20〕驕驄〔21〕碧桃花旋，坐雲霞飄飄半天，惹人處行光一片。猛可的映心頭，停眼角，送春風，迎曉日，

搖曳花前。青袍粉面，儂家〔22〕少年得娘憐，抵多少〔23〕宋玉〔24〕全身，相如〔25〕半面。

〔鮑〕這樓早則〔26〕望夫臺也。好〔27〕下樓去，請老夫人迎接新郎。〔做下介〕須教翡翠閒王母〔28〕，無奈鴛鴦噪鵲橋。

【瑞鶴仙】〔老旦上〕有女正芳妍〔29〕，繫綠蘿千里〔30〕紅絲一線〔31〕。春深景明媚，正玉漏〔32〕穿花，金屏〔33〕合箭。芳信呢喃，早則是玉釵歸燕。關心兒女，齊眉夫婦，今日如願。

李郎早到也。浣紗，賓贊〔34〕那裏？〔賓贊上〕有有有！色與禮孰重？新郎色上緊〔35〕。禮與食孰重？小子食上緊。堂上唱禮只好觀，床上唱禮偏好聽。〔鮑〕床上怎生唱？〔賓〕俯伏鞠躬跪一般，興不唱興唱做興。〔鮑〕床上怎不唱拜？〔賓〕新郎點頭就是拜，唱了拜時敗了興〔36〕。〔生上〕

【寶鼎兒】玉驄〔37〕鞭彈〔38〕，正綺羅〔39〕門戶，笙歌庭院。冉冉飛絮臺雲細〔40〕，深深處繡簾風軟。〔旦上〕且喜玉釵雙燕穩，還似玉梅初見。〔合〕對寶鼎香濃，芳心暗祝，天長地遠。

〔賓贊贊云〕拜天地、天地交通泰〔41〕，水火倒既濟〔42〕，今年生個小蒙童〔43〕，明年生個大歸妹〔44〕。拜老夫人，拜謝金王母〔45〕，領取碧霞君〔46〕，今年封內子〔47〕，明春長外孫。夫妻交拜，今日成雙後，富貴天然偶；一個附鳳攀龍〔48〕，一個祝雞養狗〔49〕。〔鮑譚〔50〕介〕好個豪家婆也。〔賓〕禮畢，新郎新人就位，人從叩頭。〔秋鴻胡奴見介、鴻〕的的親親的小秋鴻叩頭。〔老〕那些人從都是李家〔51〕麼？〔鴻〕不是李家是桃家。〔老〕那個桃家？〔雜〕豪家〔52〕。〔老〕那個豪家？〔雜〕李家做了豪家。〔老〕好好，原來李郎豪家子也。馬可是李家？〔鴻〕不是李家是桃家。〔老〕怎生又是桃家馬？〔生〕不是桃家馬，是桃花馬〔53〕。〔老〕李郎，好一個桃之夭夭〔54〕。浣紗，請這賓相一班騎從別館筵宴。〔雜〕好，咱們喫酒去。戶外碧潭春洗馬，樓前紅燭夜迎人〔55〕。〔下、老〕看酒。〔生〕小生還有藍田白玉一雙，文錦十匹。少致筐篚〔56〕之敬。〔老〕小女領下。李郎，素聞才調〔57〕風流，今見儀容雅秀，名下固無虛士〔58〕。小女雖拙教訓，顏色不至

醜陋，得配君子，頗爲相宜。〔生謝介〕拙鄙庸愚，不意顧盼〔59〕，幸垂錄採〔60〕，生死爲榮。〔生把酒介〕

【錦堂月】繡幕紅牽，門楣綠繞，春色舊家庭院。煙霧香濛，笑出乘鸞〔61〕低扇。似朝陽障袂〔62〕初來，向洛浦凌波〔63〕試展。〔合〕神仙眷〔64〕，看取千里佳期〔65〕，百年歡燕〔66〕。

【前腔】〔旦〕幸然，王母池邊，上元燈半，縹緲銀鸞〔67〕映現。一飲瓊漿〔68〕，藍橋試結良緣〔69〕。吹簫侶天借雲迎，飛瓊〔70〕佩月高風轉。〔合前〕

【前腔】〔老〕堪憐，自小嬋娟〔71〕，從來覷腆，未許東風一面。鳳曲將雛〔72〕，占得和鳴〔73〕天遠。倚青鸞〔74〕玉鏡妝成，對孔雀金屏中選〔75〕。〔合前〕

【前腔】〔眾〕暄妍〔76〕，翠氣生煙，紅妝豔日，小令合歡〔77〕歌遍。喜才子佳人，雙雙錦瑟華年〔78〕。銀燭影河漢〔79〕秋光，碧桃浪武陵〔80〕春片。〔合前〕

【醉翁子】〔老〕堪羨，好韶華長則把紅絲兒繾戀，怕寒宮桂影高，洛陽花賤〔81〕。〔生〕不淺，似底〔82〕漾〔83〕深恩，何處春光買翠鈿？〔合〕持歡勸，但記取月下花前，玉釵雙燕。

【前腔】〔旦〕閒辨，畫眉人〔84〕蘸了筆花飛硯，趁三星在天〔85〕，五雲低殿〔86〕。〔生〕如願，穩倩取〔87〕鸞封〔88〕，一對夫妻畫錦〔89〕圓。〔合前〕

【倖倖令〔90〕】燈花紅笑顫，高燭步生蓮，且喜闌夜，口脂香碧唾，環影耀金蟬，愛少年。

【前腔】顏酡春暈顯，花月好難眠〔91〕，無奈斗轉〔92〕，銀瓶催漏悄，翠袖裊鬟偏，待曉天。

【尾聲】錦帳流香〔93〕度百年，作夫妻天長地遠，恰這是受用文章

花月仙。

> 春花春〔94〕月兩相輝，千里良緣一色絲；
>
> 盼到洞房花燭夜，圖他金榜〔95〕掛名時。

# 校　注

〔1〕合巹——古代結婚儀式之一。舉行婚禮時，破匏（瓠葫蘆）爲瓢，夫婦各取一瓢相互對飲，謂之合巹。巹，古酒器。

〔2〕絳臺——指燈檯。元·王實甫《西廂記》三本二折〔中臺粉蝶兒〕：「絳臺高，金荷小，銀釭猶燦。」

〔3〕靦腆——害羞貌。《紅樓夢》第七回：「他生的靦腆，沒見過大陣仗兒。」

〔4〕曙——天亮、破曉。《楚辭·九章·悲回風》：「涕泣交而悽悽兮，思不眠以至曙。」

〔5〕何似——何如。

〔6〕玉樓風——柳浪本作「玉樓春」。玉樓，謂華美之樓。宋·辛棄疾《蘇武慢·雪》詞：「歌竹傳觴，探梅得句，人在玉樓。」明·葉憲祖《素梅玉蟾》二〔掛眞兒〕白：「玉樓深鎖薄情種，清夜悠悠誰共？羞見枕衾鴛鳳，悶則和衣擁。」

〔7〕屏山霧抹——屏山，指屏風。唐·溫庭筠《南歌子》詞：「撲蕊添黃子，呵花滿翠環，鴛枕映屏山。」宋·歐陽修《蝶戀花》詞：「枕畔屏山圍碧浪，翠被華燈，夜夜空相向。」霧抹，比喻床帳。

〔8〕偃——仰臥、安臥。《詩·小雅·北山》：「或息偃在床，或不已於行。」

〔9〕郡主——見《宋金元明清曲辭通釋·郡主》。

〔10〕曲頭——見第二齣注〔65〕。

〔11〕籠——方言。把手或東西放在袖筒裏曰「籠」。宋·王安石《用前韻戲贈葉致遠直講》詩：「熟視籠兩手，徐思撚長髯。」

〔12〕鞁——同「鞍」。

〔13〕葳蕤（wēi ruí）——華美貌、豔麗貌。《玉臺新詠·古詩爲焦仲卿妻作》：「妾有繡腰襦，葳蕤自生光。」

〔14〕豔——照耀、閃耀。

〔15〕藍田——山名。在陝西省藍田縣東南，以產美玉聞名。漢·班超《西都賦》：「陸海珍藏，藍田美玉。」後來以名門出佳子弟爲「藍田生玉」。《三國志·吳志·諸葛恪傳》：「諸葛恪，字元遜，瑾長子也。少知名。」裴松之注引晉·虞溥《江表傳》云：「恪少有才名……權見而奇之，謂瑾曰：『藍田生玉，眞不虛也。』」

〔16〕秦樓——此指妓院。明·梁辰魚《浣紗記》十〔尾犯序·前腔〕:「惆悵,你休還認做秦樓楚館,休還認做香閨繡帳。」

〔17〕風情似柳,有如張緒少年——張緒,字思曼,南朝齊吳郡人。緒忘情榮祿,朝野皆貴其風。緒善談吐,風姿清雅,素望甚重,太祖深加敬異。《南史》卷三十一《附張裕傳》:「緒吐納風流,聽者皆忘饑疲,見者肅然如在宗廟。雖終日與居,莫能測焉。劉悛之爲益州,獻蜀柳數株,枝條甚長,狀如絲縷。時舊宮芳林苑始成,武帝以植於太昌靈和殿前,帝賞玩咨嗟,曰:『此楊柳風流可愛,似張緒當年時。』其見賞愛如此。」

〔18〕回策如縈,不減王家叔父——《晉書·王湛傳》:「(王)濟有馬絕難乘,濟問湛曰:『叔頗好騎否?』湛曰:『亦好之。』因騎此馬,姿容既妙,回策如縈,善騎者無以過之。」策,謂驅馬前行也。縈,旋也。

〔19〕可人——稱心如意的人。詳《宋金元明清曲辭通釋·可人》。

〔20〕斗——同「陡」,猶頓也。

〔21〕驕驄——壯健的驄馬,泛稱駿馬。宋·辛棄疾《江神子·和人韻》詞:「何處踏青人未去,呼女伴,認驕驄。」

〔22〕儂家——猶云我,自稱。家,語尾助詞。

〔23〕抵多少——勝過的意思。元·關漢卿《拜月亭》三〔滾繡球〕:「搦起柄夫榮妻貴三簷傘,抵多少爺飯娘羹駟馬車。」

〔24〕宋玉——戰國時楚人,屈原弟子,辭賦家。

〔25〕相如——即司馬相如,漢之成都人,字長卿,工辭賦。

〔26〕早則——意爲已是,猶「早是」。

〔27〕好——該,應該。

〔28〕翡翠聞王母——翡翠,這裏指鳥。嘴長而直,羽毛有藍、綠、赤等色,生活在水邊。《楚辭·招魂》:「翡翠珠被。」王逸注:「雄曰翡,雌曰翠。」王母,指官妓。見《宋金元明清曲辭通釋·王母(一)》。

〔29〕芳妍——年輕漂亮。

〔30〕繫綠蘿——意即「結絲蘿」。古人以結絲蘿,比喻結婚。明·李開先《斷髮記》「附絲蘿」旁注云:「指婚姻。」按:「絲蘿」爲兔絲、女蘿二草名,均依附別的植物牽延生長。故我國古代詩詞曲中,常用兔絲、女蘿糾結難分的情狀,比作夫妻或戀愛關係,如古詩十九首《冉冉孤生竹》:「與君爲新婦,兔絲附女蘿」,是也。

〔31〕紅絲一線——意即「紅線」,亦指締結婚姻。唐·李復言《續玄怪錄》卷四《定婚店》:杜陵韋固問月下檢書老人:「囊中何物?」對曰:「赤繩子耳,以繫夫妻之足。及其生則潛用相繫,雖仇敵之家,貧賤相隔,天涯從宦,吳楚異鄉,此繩一系,終不可逭。」《醒世恒言·錢秀才錯占鳳凰儔》:「不須玉杵千金聘,

已許紅繩繫兩足。」

〔32〕玉漏——古代計時漏壺的美稱。

〔33〕金屏——見本齣下文注〔75〕。

〔34〕賓贊——賓即「賓相」，贊即「贊禮」，襄助婚禮的人。詳參《宋金元明清曲辭通釋》有關的詞條。

〔35〕上緊——要緊。

〔36〕敗了興——謂興致敗落，猶云「掃興」。

〔37〕玉驄——馬的美稱，泛指駿馬。驄，指青、白雜色的馬。唐·韓翃《少年行》詩：「千里斑斕噴玉驄，青絲結尾繡纏鬃。」

〔38〕鞭彈——緩行也。彈，鬆弛。

〔39〕綺（qǐ）羅——華貴。綺羅門戶，意指穿絲曳錦之家也。

〔40〕冉冉飛絳臺雲細——冉冉，漸進貌，形容事物慢慢變化或移動。見第六齣注〔3〕。絳臺，見本齣注〔2〕。雲細，指燭的煙縷。

〔41〕通泰——意謂順利。

〔42〕既濟——《易經》卦名。這裏以喻夫妻感情融洽和美。《易·既濟》：「既濟，亨，小利貞，初吉終亂。」孔穎達疏：「濟者，濟渡之名；既者，皆盡之稱。萬事皆濟，故以既濟爲名。」

〔43〕蒙童——知識未開的兒童，這裏代指男孩子。

〔44〕歸妹——《易經》卦名。兌下震上。兌爲少女，故言妹，以嫁震男，故稱「歸妹」。這裏只作女孩子的代稱。

〔45〕金王母——古代神話中的僊人名，即西王母。五行學說謂西方、秋天爲「金」。《呂氏春秋·孟秋》：「某日立秋，盛德在金。」胡士瑩據周祈《名義考》：「金，西方稱黑，有母道，故曰母。」

〔46〕碧霞君——道教女神名，即碧霞元君。相傳爲東嶽大帝之女。清·顧炎武《山東考古錄·考碧霞元君》：「世人多以碧霞元君爲泰山之女。後之文人，知其說之不經，而曲引黃帝遣玉女之事以附會之；不知當日所以襃封，固眞以爲泰山之女也。」

〔47〕內子——古稱卿大夫之嫡妻爲內子。《左傳·僖公二十四年》：「（趙姬）以叔隗爲內子，而己下之。」杜預注：「卿之嫡妻爲內子。」唐·白居易有《代內子賀兄嫂》自稱其妻爲內子由來已久。今專用稱己妻。

〔48〕附鳳攀龍——語本《後漢書·光武帝紀》：「攀龍鱗，附鳳翼。」原意爲在封建時代跟隨帝王建功立業。唐·杜甫《洗兵馬》詩：「攀龍附鳳勢莫當，天下盡化爲侯王。」龍、鳳，指君王。這裏喻指夫妻。

〔49〕祝雞養狗——典出漢·劉向《說苑·尊賢》田讓曰：「舉杖而呼狗，張弓而祝雞。」祝雞，謂發出「祝祝」聲呼雞也。《藝文類聚》卷九一引晉·張華《博物志》：「祝雞公養雞法，今世人呼雞云祝祝，起此也。」養狗，古書記載，廣

陵楊生養狗，行止與俱，一日生醉眠大澤草中，火起，狗以身水灑救之。見《續搜神記》。諺所謂「狗有展草之恩」是也。但這裏的「祝雞養狗」，只取生男育女之意，與故實無關。

〔50〕諢——即打諢，謂以諧語相戲謔也。

〔51〕「李家」下——清暉、柳浪本俱有「的」字。

〔52〕豪家——有錢有勢之家。魯迅《準風月談‧「揩油」》：「然而這又是光明正大的『舞弊』；因爲所取的是豪家、富翁、闊人、洋商的東西。」

〔53〕桃花馬——名馬。毛色白中有紅點的馬。唐‧杜審言《戲贈趙使君美人》詩：「紅粉青娥映楚雲，桃花馬上石榴群。」

〔54〕桃之夭夭——語見《詩‧周南‧桃夭》：「桃之夭夭，灼灼其華。」形容場面的紅火盛大。

〔55〕戶外碧潭春洗馬，樓前紅燭夜迎人——此二句化用唐‧韓翊《贈李翼》詩：「門外碧桃春洗馬，樓前紅燭夜迎人。」

〔56〕筐篚（kuāng fěi）——謂禮物。《詩序》：「實幣帛筐篚，以將其厚意。」明‧吾丘瑞《運甓記》七〔駐馬聽‧前腔〕：「今日欣聞命世才，忙把安車遠聘，筐篚將誠，玉帛爲媒。」

〔57〕才調——謂才華、才氣。宋‧柳永《傳花枝》詞：「平生自負，風流才調。」

〔58〕名下固無虛士——意言名不虛傳。《陳書‧姚察傳》：「沛國劉臻竊於公館訪《漢書》疑事十餘條，並爲剖析，皆有經濟。臻謂所親曰：『名下定無虛士。』」

〔59〕顧盼——瞧得起，看得上，禮遇。明‧徐渭《奉督學宗師薛公書》：「凡浙之士，一蒙先生顧盼者，無不接踵於先生之門，以幸得一言之教。」

〔60〕錄採——取錄、收留。

〔61〕乘鸞——用春秋時蕭史弄玉的傳說故事（詳見第八齣注〔58〕）。李益自比蕭史。

〔62〕朝陽障袂——喻所思之人（霍小玉）。三國魏‧阮籍《詠懷》詩十九：「登高眺所思，舉袂當朝陽。」

〔63〕洛浦淩波——形容女子輕盈的腳步。三國魏‧曹植《洛神賦》：「淩波微步，羅襪生塵。」

〔64〕眷——親屬、家屬。

〔65〕佳期——男女約會的日期。語本《楚辭‧九歌‧湘夫人》：「登白蘋兮騁望，與佳期兮夕張。」

〔66〕歡燕——意即歡好。燕，謂親昵。蓋喻閨房之樂也。

〔67〕縹緲銀鸞——縹緲，高遠隱約的樣子。《文選‧木華〈海賦〉》：「群仙縹緲，餐玉清涯。」李善注：「縹緲，遠視貌。」銀鸞，銀鏡也。加修飾詞「銀」，蓋喻鏡之光亮也。「鸞」指鏡還有如：宋‧無名氏《張協狀元》十三〔賞宮花序〕：

「臨鸞照時，那飾容都是它輩承直。」元・李致遠小令《浣溪沙・離愁》：「一聲長歎，臨鸞不畫眉山。」

〔68〕瓊漿——僊人的飲料，喻美酒。《楚辭・招魂》：「華酌既陳，有瓊漿些。」

〔69〕藍橋試結良緣——指唐・裴航遇仙女雲英事。唐・裴鉶《傳奇・裴航》：「一飲瓊漿百感生，玄霜搗盡見雲英。藍橋便是神仙窟，何必崎嶇上玉清。」

〔70〕飛瓊——仙女名，即許飛瓊。《漢武帝內傳》：「王母乃命諸侍女……許飛瓊鼓震靈之簧。」

〔71〕嬋娟——姿態美好貌。

〔72〕鳳曲將雛——見第八齣注〔61〕。這裏意言歡好之後將生幼子也。

〔73〕和鳴——謂互相應和而鳴叫也。《詩・周頌・有聲》：「喤喤厥聲，肅雝和鳴。」

〔74〕青鸞——鳳屬，喜對鏡而舞，因藉以稱鏡，參見本齣注〔67〕。

〔75〕金屏中選——柳浪本作「雀屏中選」。比喻得獲佳婿。《舊唐書・竇后傳》：「高祖太穆皇后竇氏，京兆始平人。隋定州總管、神武公毅之女也。后母，周武帝姊襄陽長公主。后生而髮垂過頸，三歲與身齊。周武帝特愛重之，養於宮中。時武帝納突厥女為后，無寵，后尚幼，竊言於帝曰：『四邊未靜，突厥尚強，願舅抑情撫慰，以蒼生為念。但突厥之助，則江南、關東不能為患矣。』武帝深納之。（竇）毅聞之，謂長公主曰：『此女才貌如此，不可妄以許人，當為求賢夫。』乃於門屏畫二孔雀，諸公子有求婚者，輒與兩箭射之，潛約中目者許之。前後數十輩莫能中，高祖後至，兩發各中一目，毅大悅，遂歸於我帝。」後因以為作選婿的典故。

〔76〕暄妍——意謂天氣暖和，風光明媚。宋・王安石《草端無華滋》詩：「暄妍卻如春，歲晚曾不寙。」

〔77〕合歡——謂男女交歡也。

〔78〕錦瑟華年——比喻青春壯年。唐・李商隱《錦瑟》詩：「錦瑟無端五十弦，一弦一柱思華年。」宋・賀鑄《橫塘路》詞：「錦瑟華年誰與度？月橋花院，瑣窗朱戶，只有春知處。」

〔79〕河漢——銀河。古詩十九首《迢迢牽牛星》：「河漢清且淺，相去復幾許？」

〔80〕武陵——指武陵源，本是晉・陶潛《桃花源記》故事，曲家多誤用為天台、漢皋之意。正如宋・真德秀《蝶戀花》詞所云：「盡道武陵溪上路，不知迷入江南去。」

〔81〕「好韶華」三句——意言少年人只戀愛情，輕視科舉。紅絲，見第四齣、第七齣及本齣各注。寒宮桂影，義同「折桂」。舊時認為考中科舉就等於到月宮折桂，故每以折桂比喻登科。《晉書・郤詵傳》：「武帝於東堂會送，問詵曰：『卿自以為何如？』詵對曰：『臣舉賢良對策，為天下第一，猶桂林之一枝，崑山之片玉。』」洛陽花賤，唐代考試，原在西安，故唐・孟郊《登科後》詩有云：

「春風得意馬蹄疾，一日看盡長安花。」這裏因皇帝東遊洛陽，在洛陽開科取士，故云「洛陽花賤」。

〔82〕似底——像這樣的意思。底，謂如此、這般。宋・楊萬里《和王才臣》詩：「生兒底巧翁何恨，得子消愁我未窮。」

〔83〕漾——滿而外溢。

〔84〕畫眉人——《漢書・張敞傳》：「（敞）爲婦畫眉，長安城中傳張京兆眉嫵。有司以奏敞。上問之，對曰：『臣聞閨房之內，夫婦之私，有過於畫眉者。』上愛其能，弗備責也。」

〔85〕三星在天——《詩・唐風・綢繆》：「綢繆束薪，三星在天。」此詩是寫一對相愛的男女在夜間相會的情景。三星，在古代亦稱參星，今仍呼爲三星。

〔86〕五雲低殿——《宋史・韓琦傳》：「琦風骨秀異，弱冠舉進士，名在第二。方唱名，太史奏日下五色雲見，左右皆賀。」低殿，言五色雲降落在宮殿也。

〔87〕穩倩取——包管得到的意思。

〔88〕鸞封——古時婦女受到皇帝的封贈，叫做「鳳誥鸞封」。明・張鳳翼《紅拂記》二六〔解三酲〕：「恩山重，把斷弦再續，勝似鸞封。」

〔89〕晝錦——富貴還鄉的意思。《漢書・項藉傳》：項羽見秦宮已毀，思歸江東，曰：「富貴不還故鄉，如衣錦夜行。」宋名相韓琦以宰相判鄉郡，反用項羽的話，建晝錦堂於後圃，並爲文戒之（見歐陽修《相州晝錦堂記》）。元・張昱《衣錦山》詩：「還鄉滿山都覆錦，富貴應須白晝歸。」

〔90〕幸幸令——原誤作「倖倖」，據葉《譜》改。按，以下三曲，各本俱未注明誰唱。〔僥僥令〕二支，疑是生旦各唱一支；〔尾聲〕，疑是生、旦合唱（從錢南揚校）。

〔91〕「顏酡春暈顯」二句——意言時當春花月夜，蕩起春情，睡不著覺。顏酡，謂飲酒後臉微紅貌。

〔92〕斗轉——謂斗杓（北斗星形如杓）回轉，意謂天快亮了。

〔93〕流香——葉《譜》作「流蘇」。

〔94〕春——獨深本作「秋」。

〔95〕金榜——舊時應試中試，題名之榜曰「金榜」。宋・洪邁《容齋四筆・得意失意詩》：「洞房花燭夜，金榜題名時。」

# 第十四齣　狂朋試喜

〔浣紗上〕曉幄〔1〕流蘇春意長，花頭〔2〕彈動雨初香。紗窗細拂蛾眉了，斜斂輕軀拜玉郎。好笑好笑，郡主配了李郎，俺做浣紗的在床背後〔3〕可睡也呵，那李郎甚麼心情，俺郡主許多門面〔4〕，俺也聽不得了。

如今日勢向午〔5〕，纔起新妝。〔旦上〕

【探春令】合歡新試錦衾重，羅帳春風。〔浣扶介、旦〕嬌倩〔6〕人扶，笑噴人問，沒奈多情種。

【荷葉杯】枕席夜來初薦〔7〕，瞻顫鬢亂四肢柔，泥〔8〕人無語怎擡頭？羞麼羞！羞麼羞！〔浣笑介〕喜也郡主，苦也郡主。呀！素設設帕兒早發變也。

【鶯啼序】〔浣〕眉州〔9〕小錦新退紅，汗粉漬勻〔10〕嬌瑩〔11〕，他幾曾花事春容〔12〕，早印透春痕一縫。苦也！碎嬌啼窄〔13〕裏聞鶯，緊摺葉沁成么鳳〔14〕，春如夢，整一片雨雲香重。

【阮郎歸〔15〕】〔生上〕綠紗窗外曉光催，神女下蛾眉，細看他含笑坐屏圍，倚新妝半晌嬌橫翠。

〔見介〕學畫蛾眉翠淡濃，遠山〔16〕春色在樓中；須臾日射胭脂頰，一朵紅酥旋欲融。小玉姐，初見你時，一室之中，若瓊林玉樹〔17〕，交枝皎映，轉盼之間，精彩射人。聽你言敘溫和，詞旨宛媚，解羅衣之際，態有餘妍，到得低幃昵枕〔18〕，極甚歡愛，小生自忖〔19〕，巫山洛浦〔20〕不如也。〔旦含笑介〕惶愧〔21〕惶愧。〔生〕我有友人韋夏卿、崔允明，約來相賀。須是酒肴齊備。〔旦〕理會得。

【鵲橋仙】〔韋、崔上〕紅壁窺鶯，銀塘浴翠〔22〕，著處自成春意。秦樓蕭史〔23〕鳳初飛，望雲氣十分濃媚。

〔進撞見介〕正好正好，請新郎新人賀喜，才子佳人，可是人間天上也。筆花新展畫眉才〔24〕，仙女吹笙學鳳臺〔25〕。〔生旦〕天上忝成銀漢匹〔26〕，人間恭喜客星〔27〕來。〔生〕看酒。〔浣持酒上〕生香聞舊酒，熟客見新人。酒到。〔生旦把酒介〕

【玉山兒〔28〕】〔生〕畫堂客至，整襟裳鷺鶴〔29〕低飛，銀荷〔30〕上絳燭飛輝，寶〔31〕爐內篆煙沉細〔32〕。〔旦〕對舊遊新喜，不由咱羞眉半聚，裏手拈鸚嘴〔33〕。〔生旦合〕溜釵垂，倚郎微拜，渾覺自嬌癡。

【前腔】〔崔〕露華朱邸〔34〕，自生成玉葉金枝〔35〕，印春山〔36〕半

暈新眉，破朝花一條輕翠。〔韋〕畫梁初日，一片美人雲氣，世上能多麗〔37〕。〔韋崔合〕是便宜，尋常花月，偏〔38〕是你遇仙時。

【前腔】〔生〕幾年排比〔39〕，背長廊月下尋梅，見佳人獨自徘徊，恰好事恁相當對〔40〕。〔旦〕是前生分例〔41〕，盡百媚〔42〕天應〔43〕乞與，消得多才藝。〔生、旦合〕遂心期〔44〕，紅顏相向，直是〔45〕好夫妻。

【前腔】〔韋〕可人〔46〕風味，近軒庭晝漏遲遲、瑞香〔47〕風吹引仙姬，牡丹春襯成多麗。〔崔〕俺狂儔怪侶，來盼問雨香雲迹，向荳蔻梢頭〔48〕翠。〔崔、韋合〕早些時，宜男〔49〕開放，休辜負碧桃棲。

〔韋〕罷酒。小弟一言，君虞既婿王門，眠花坐錦，郡主宜效樂羊之織〔50〕，助成玄豹之文〔51〕，休得貪歡，有羈〔52〕大事。

【朱奴兒〔53〕】〔韋〕好男兒芙蓉俊姿，傍嫦娥桂樹〔54〕寒棲。〔崔〕勸取郎腰玉帶〔55〕圍，休只把羅裙對繫。〔合〕書齋榻舉案齊眉〔56〕，穩倩取花冠紫泥〔57〕。

〔旦〕二君在上，李郎自是富貴中人，只怕富貴時撇了人也。

【前腔】〔旦〕婚姻簿〔58〕是咱為妻，怕登科記〔59〕注了別氏。〔崔〕十郎不是這樣人。肘後香囊〔60〕半尺絲，想不是薄情夫婿。〔合前〕

〔崔〕君虞，三人中你到有了鳳凰巢，俺二人居然窮鳥，不論〔61〕靡家靡室〔62〕，兼之無食無衣，如何活計？〔生〕小弟在此，從容圖之。

【尾聲】〔崔〕相女配夫雙第一。〔韋〕論相夫賢女也得今無二。〔合〕眼看的吹簫樓上一對鳳凰飛。

客賀新婚飲半酡〔63〕，勸郎遠志〔64〕莫蹉跎；

酒逢知己頻添少，話若投機不厭多。

# 校 注

〔1〕幄（wò）——帳幕。

〔2〕花頭——花朵。《全唐詩》卷八九九載《擷芳》：「風搖蕩，雨蒙茸，翠條柔弱花

頭重。」

〔3〕後——原作「可」，形近而誤。茲改正。此段賓白，係改《紫簫記》而成。

〔4〕門面——表情作態。

〔5〕向午——近中午。清・蔡應龍《紫玉記》十六、白：「如今日已向午，老夫人還教不要驚了他們。」

〔6〕倩——請，懇求。宋・姜夔《月下笛》詞：「多情須倩梁間燕，問吟袖，弓腰在否？」

〔7〕枕席夜來初薦——薦枕席，謂侍寢。語本楚・宋玉《高唐賦》：「妾巫山之女也，為高堂之客，聞君遊高唐，願薦枕席。」李善注：「薦，進也，欲親於枕席，求親昵之意也。」「夜來」之「來」，繼志、清暉、柳浪、竹林四本均作「闌」。

〔8〕泥——通「昵」，親昵、迷戀。

〔9〕眉州——州名。在今四川省。自西魏以來，建置轄境屢經改變，1913 年改為眉山縣。為蜀錦產地之一。

〔10〕漬（zì）勻——繼志、竹林本誤作「潰勻」，柳浪本誤作「潰勾」。漬，積在物體上的滓垢。元・喬吉《兩世姻緣》二〔金菊香〕：「腮斗上淚痕粉漬定，沒顏色鬢亂釵橫。」

〔11〕瑩——晶瑩潔白。

〔12〕舂容——「舂容」之誤。舂容者，謂用力撞擊也。意言性交時男女相磨擦撞擊也。

〔13〕窣（sū）——謂突然。《太平廣記》卷三六九引唐・戴孚《廣異記》：「於是窣然排戶，而欲升其床。」

〔14〕緊折葉沁成麼鳳——折，皺折。緊折葉，緊抽身，意言翻轉身子，蓋喻其顛鸞倒鳳之情態也。沁，方言，謂垂頭向下。《西遊記》第八十一回：「呆子笑道：『這是昨夜沒錢的飯多吃了幾碗，倒沁著頭睡傷食了。』」麼鳳，鳥名，亦稱桐花鳳。參見第十一齣注〔14〕。

〔15〕阮郎歸——此曲應有八句，這裏只有上四句，省略下四句。

〔16〕遠山——形容女子眉毛的秀美。晉・葛洪《西京雜記》卷二：「文君姣好，眉色如望遠山。」

〔17〕瓊林玉樹——形容霍小玉的美麗，光彩照人。宋・周邦彥《拜星月・秋思》詞：「笑相遇，似覺瓊枝玉樹，暖日明霞光爛。」

〔18〕低幃昵枕——枕席之間相狎昵也。南朝宋・謝惠連《雪賦》：「願低幃以昵枕，念解珮而褫紳。」

〔19〕自忖——自己思量。

〔20〕巫山洛浦——巫山之女（見宋玉《高唐賦》），洛浦（濱）之神（見漢・張衡《思玄賦》：「載太華之玉女兮，召洛浦之宓妃。」），皆用來形容霍小玉之美

態。

〔21〕惶愧——惶恐羞愧。

〔22〕翠——鳥名，即翡翠。

〔23〕秦樓蕭史——見第八齣注〔58〕。蕭，原誤作「簫」，據清暉、竹林本改。

〔24〕畫眉——見十三齣注〔84〕。

〔25〕鳳臺——同前注「秦樓蕭史」。

〔26〕銀漢匹——指牛郎、織女相匹配。唐・杜牧《七夕》詩：「銀燭秋光冷畫屏，
輕羅小扇撲流螢。天階夜色涼如水，臥看牽牛織女星。」

〔27〕客星——不常見而偶一見的星叫客星。這裏特指韋夏卿、崔允明兩位客人。

〔28〕玉山兒——葉《譜》作「玉供鶯」，謂「玉抱肚」犯「五供養」、「黃鶯兒」。

〔29〕鸞鶴——指神仙，此指新婚夫婦（李益、霍小玉）。

〔30〕銀荷——銀製荷形的燈盞和燭臺。明・徐尊海小令《折桂令・臨床》：「聽樓
頭，鼓將過，香爐金猊，獨暗銀荷。」

〔31〕寶——清暉、竹林本俱誤作「實」。

〔32〕沈細——細也。言煙縷細也。

〔33〕裏手拈鸚嘴——封住口不說話也。裏手，形容有所顧慮而縮手也。拈，《釋名・
釋姿容》：「拈，黏也，兩手翕之，黏著不放也。」黏，一作「黏」。

〔34〕朱邸——本指漢諸侯王第宅，以朱紅漆門，故云。後泛指富貴府第，猶「朱
門」。

〔35〕玉葉金枝——比喻皇家子女。明・彭大翼《山堂肆考》：「金枝玉葉，謂王孫公
子也。」此指霍小玉。

〔36〕春山——形容少女的雙眉。春日山色黛青，故云。詳見《宋金元明清曲辭通
釋・春山》。

〔37〕能多麗——能，如此、這般。多麗，謂多麗人也。

〔38〕偏——用作僅詞，表示範圍，猶只、獨、單單。詳見《宋金元明清曲辭通釋・
偏（二）》。

〔39〕排比——排列、比較。

〔40〕當對——相當相對。

〔41〕分例——這裏意為緣分。

〔42〕百媚——種種媚態。唐・白居易《長恨歌》：「回頭一笑百媚生，六宮粉黛無顏
色。」

〔43〕天應——葉《譜》同。繼志、清暉、柳浪、竹林各本均作「天生」。

〔44〕心期——兩心相許。晉・陶潛《酬丁柴桑》詩：「實欣心期，方從我遊。」

〔45〕直是——直，意猶「真」。直是，真是也。金・無名氏《劉知遠諸宮調》一〔正
宮・應天長纏令〕：「身上單寒，沒了盤纏，直是悽楚。」

〔46〕可人——見第十三齣注〔19〕。

〔47〕瑞香——植物名。常綠灌木。葉爲長橢圓形。春季開花，有紅、紫、白等色，香味濃烈。又名睡香。宋・陶穀《清異錄・睡香》：「廬山瑞香花，始緣一比丘晝寢磐石上，夢中聞花香列，酷不可名，既覺，尋香求之，因名睡香。四方奇之，遂以『瑞』易『睡』。」

〔48〕荳蔻梢頭——形容少女的嬌嫩。見第十一齣注〔6〕。

〔49〕宜男——草名，即宜男草。萱草的別名。古人迷信，認爲孕婦佩之則生男。北魏・賈思勰《齊民要術・鹿葱》引晉・周處《風土記》：「宜男，草也。高六尺，花如蓮。懷妊人帶佩，必生男。」

〔50〕樂羊之織——《後漢書・列女傳・樂羊子妻》：「（樂羊子）遠尋師學，一年來歸，妻跪問其故。羊子曰：『久行懷思，無它異也。』妻乃引刀趨機而言曰：『此織生自蠶繭，成於機杼，一絲而累，以至於寸，累寸不已，遂成丈匹。今若斷斯織也，則捐失成功，稽廢時月。夫子積學，當日知其所亡，以就懿德。若中道而歸，何異斷斯織乎。』羊子感其言，復還終業，遂七年不反。」織，原誤作「職」，據諸刊及《後漢書》改。

〔51〕玄豹之文——劉向《列女傳》上說：周陶答子治陶三年，名譽不興，家富三倍，其妻屢諫不聽。居五年，從車百乘歸休，宗人擊牛而賀之，其妻獨抱兒而泣……曰：「夫子能薄而官大，是謂嬰害，無功而家昌，是謂積殃。今夫子貪富務大，不顧後害。妾聞南山有玄豹，霧雨七日而不下食者，何也？欲以澤其毛而成文章也。故藏而遠害。」以上都是李郎之友向新娘如何相夫上進、潔身自好的建言。

〔52〕羈——意指縈繞、被牽制。《呂氏春秋・誣徒》：「懷於俗羈神於世。」高誘注：「羈，牽也。」這裏引申爲拖延。

〔53〕朱奴兒——葉《譜》作「朱奴燈」，謂「朱奴兒」犯「剔銀燈」。

〔54〕桂樹——神話傳說月宮有桂樹。到月宮折桂，比喻登科及第。唐・白居易《喜敏中及第偶示所懷》詩：「自知群從爲儒少，豈料詞場中第頻。桂折一支先許我，楊穿三葉盡驚人。」

〔55〕玉帶——明制：一品官服玉帶。《明史・輿服志三》：「其帶，一品玉。」

〔56〕舉案齊眉——見第十一齣注〔38〕。

〔57〕紫泥——即印泥。古代書信用泥封，上面再蓋上印。對尊貴者用紫泥。《漢舊儀》：「皇帝六璽……皆以武都紫泥封。」後多以指詔書。唐・李白《玉壺吟》詩：「鳳凰初下紫泥詔，謁帝稱觴登御筵。」宋・辛棄疾《最高樓・聞周氏旌表有期》詞：「看明朝，丹鳳詔，紫泥封。」

〔58〕婚姻簿——見第七齣注〔51〕。據唐・李復言《續玄怪錄》上說：韋固遇一老人在月下翻書，書上記載男女應行婚配的一對一對的姓名。據老人說，夫妻姻緣，都是命定。因稱這本書爲婚姻簿。

〔59〕登科記——唐宋以來，科舉考試把各科被錄取者姓名編印成冊，謂之登科記。也叫登科錄。詳見《宋金元明清曲辭通釋·登科記》。

〔60〕肘後香囊——三國魏·繁欽《定情詩》：「何以致叩叩（一作扣扣），香囊繫（一作懸）肘後。」

〔61〕不論——不僅、不止。用作連詞，表遞進關係。

〔62〕靡家靡室——意即「靡室靡家」，語見《詩·小雅·采薇》。靡，無也。靡室靡家，意謂沒有室、沒有家也。

〔63〕酡——喝了酒，臉上發紅之謂。

〔64〕遠志——謂遠大志向。

# 第十五齣　權誇選士

【蠻牌令〔1〕】〔眾擁盧太尉上〕獨坐掌朝樞，出入近乘輿〔2〕，君王詔乘春令〔3〕，殿前兵馬洛陽都，指〔4〕鸞旗〔5〕暫此東巡遊駐。大比〔6〕年怕試期耽誤，詔就此開科選俊儒。咱怎生閉塞了賢門戶〔7〕。

西賓〔8〕東主帝王家，行幸中都止翠華〔9〕，才子來攀春月桂〔10〕，君王垂問洛陽花。自家乃盧太尉〔11〕是也，盧杞〔12〕丞相是我家兄，盧中貴公公〔13〕是我舍弟，一門貴盛，霸掌朝綱。今年護駕東遊洛陽，怕春選〔14〕誤期，即於洛陽行省掛榜招賢。思想起俺有一女，年將及笄〔15〕，不如乘此觀選高才爲婿。左右那裏？〔堂候〔16〕跪介、淨〕聽分付，說與禮部〔17〕，凡天下中式〔18〕士子，都要參謁太尉府，方許註選〔19〕。正是：近水樓臺先得月〔20〕，向陽花木易爲春。〔下〕

# 校　注

〔1〕蠻牌令——此曲牌上原有「越調」二字。按：除北曲外，《紫簫》與《四夢》曲牌之上，例不注宮調。今刪，以示統一。

〔2〕乘輿——古代特指天子和諸侯所乘的車子。《孟子·梁惠王下》：「今乘輿已駕矣，有司未知所知。」朱熹集注：「乘輿，君車也。」詳見《宋金元明清曲辭通釋·乘輿》。

〔3〕春令——春季的節令。唐·鄭谷《咸通十四年府試木向榮》詩：「欣欣春令早，藹藹日華輕。」

〔4〕都指——武官名。明制：各省設都指揮司，置都指揮使，管轄省內衛所。

〔5〕鸞旗——天子儀仗中的旗子，上繡鸞鳥，故稱。《漢書·賈捐之傳》：「鸞旗在

前，屬車在後。」顏師古注：「鸞旗，編以羽毛，列繫橦旁，載於車上，大駕出，則陳於道而先行。」

〔6〕大比——周代每三年對鄉吏進行考覈，選擇賢能，叫做「大比」。後來鄉、會試亦三年舉行一次，謂之「大比之年」。詳見《宋金元明清曲辭通釋‧大比》。

〔7〕賢門戶——葉《譜》作「求賢門戶」。

〔8〕西賓——古代習俗以西爲尊，賓席在西，主人居東相陪，因稱主人爲東家或東主，稱賓客爲西賓或西席。後來常用西賓、西席敬稱幕僚、家庭教師或管賬先生。見《宋金元明清曲辭通釋‧西賓》。

〔9〕行幸中都止翠華——行幸，古時皇帝出行曰行幸。中都，唐代以洛陽爲中都。翠華，皇帝坐的車子。唐‧白居易《長恨歌》：「翠華搖搖行復止，西出都門百餘里。」

〔10〕攀桂——猶「折桂」（見第十三齣「好韶華」三句注）。桂發於秋，故折桂原是指秋試登科而言，此言「春月桂」，係是登科的泛稱。

〔11〕太尉——官名，秦至西漢設置，爲全國軍政首腦，與丞相、御史大夫並稱三公。東漢時與司徒、司空並稱三公。歷代沿置，其本身權限也逐漸有所變。元代以後廢除。

〔12〕盧杞——唐德宗時人，字子良，故相懷慎之孫，性陰險，有口辯，貌醜而色如藍，人皆鬼視之。建中初，徵爲御史中丞。子儀說他「若此人得權，即吾族無類矣。」後果應其言。及居相位，「忌能妒賢，迎吠陰害，小不附者，必致之於死。」詳見《舊唐書‧盧杞傳》。

〔13〕盧中貴公公——中貴，是貴幸的內臣，一般指宦官。公公，此指太監。

〔14〕春選——春天舉行的會試。

〔15〕及笄（jī）——《禮記‧內則》：「（女子）十有五年而笄。」鄭玄注：「謂應年許嫁者。女子許嫁，笄而字之，其未許嫁，二十則笄。」笄，髮簪。後因稱女子十五爲及笄。

〔16〕堂候——即堂候官，舊時供高級官員使喚的小吏。宋制：宰相有「隨身」七十人，由政府發給衣糧薪俸。「堂候官」就是屬於這種性質的差役。類乎《宋史‧職官志》中的「祗候」。

〔17〕禮部——官署名。隋以後設置，掌管禮制、學校、貢舉，相當於今之教育部。

〔18〕中式——考取。中，讀去聲。

〔19〕註選——應試獲選，注授官職。見《舊唐書‧選舉志》。

〔20〕「近水樓臺先得月」二句——按此二句下場詩，例應大字分行排列。語本宋‧俞文豹《清夜路》：「范文正公鎮錢塘，丘官皆被薦，獨巡檢蘇麟不見錄，乃獻詩云：『近水樓臺先得月，向陽花木易爲春。』」這兩句意思是：比喻近便而獲得優先的機會。

# 第十六齣　花院盟香

〔浣紗上〕意態〔1〕精神畫亦難，花枝實個〔2〕好團欒〔3〕；曲囀新聲銀甲〔4〕暖，酒浮香米〔5〕玉蛆寒〔6〕。自家浣紗是也。郡主配了李十郎，將秋鴻賞了浣紗，秋鴻伶俐知書，卻被十郎使得東去西去，到不如俺家烏〔7〕兒，配了櫻桃〔8〕，兩口鎮日〔9〕竈前竈後，正是乖的走礫磚，贏得眼前熟；癡的不出屋，夜夜皮穿肉〔10〕。俺看李郎和郡主十分相愛，今早又分付花園遊憩，俺取了白玉碾花轉〔11〕，盛了碧桃新釀，剮〔12〕紅矮几擺著蕖葉碗數十枚；且是郡主絃管之暇，雅好詩書，筆床〔13〕墨硯，多是王家舊物，都帶巾箱〔14〕伺候。一對兒早到也。〔旦上〕

【憶秦娥】深深院，弄晴時候東風軟。東風軟，晝長無那〔15〕，暖鶯初囀。〔浣〕夢餘口〔16〕喚添香篆〔17〕，畫眉一線屏山遠。〔合〕屏山遠，捲簾花氣〔18〕，夜來深淺。

【春光好】〔旦〕紗窗淺，畫屏深，意沉沉〔19〕，春著裙腰〔20〕，無力暗知音。〔浣〕燕尾〔21〕剪裁羅勝，翠茸〔22〕點綴花簪。小姐呵！你一點春攢〔23〕無限事，小眉心。〔旦〕浣紗，眉心有甚事來？〔浣〕小姐未遇李郎時，打秋韆〔24〕，擲金錢〔25〕，賭荔枝〔26〕，拋紅豆〔27〕，常自轉眼舒眉。到李郎上門，鎮日紗窗裏眉尖半簇，敢自〔28〕傷春也？〔旦〕浣紗〔29〕呵，咱怎比做女兒時，由得自家心性那！〔浣〕可是成人不自在〔30〕哩。〔生上〕

【夜遊宮〔31〕】宿雨朝陽館，鬆花控柳煙初滿，幽歡何妨日日展，擁溫柔恨夜來寒頓淺。

【浣溪紗】〔生〕輕打銀箏落燕泥，暖絲高罥〔32〕畫樓西。〔旦〕花冠閒上午牆啼〔33〕，〔生〕眉色暗深芳草徑，靨花〔34〕輕綻碧桃溪。〔旦〕個人何事〔35〕閉深閨？〔生〕娘子說何事閉深閨，與你春遊半日。〔旦〕酒麓〔36〕衣箱，俱已齊備，請行。〔行介、生〕名園春色正相宜，〔旦〕夫婿前行少婦隨。〔生〕竹裏登樓人不見，〔旦〕花間覓道鳥先知。〔浣〕這是百花園門首哩。

【畫眉序】〔生〕花裏喚神仙，幾曲園林芳徑轉。〔旦〕正春心滿眼，桃李能言〔37〕，鋪翠陌平莎茸嫩，拂畫簷垂楊金偃。〔到門介、合〕

春成片，無人見，平付與〔38〕鶯揹〔39〕燕翦。

　　咱繞花行一遭〔40〕也。

　　【黃鶯兒】〔生〕偷眼豔陽天，帶朝雲暮雨鮮。〔旦拈花介〕一枝低壓宜春院〔41〕，芳心半點，紅妝幾瓣，和鶯吹折〔42〕流霞茜〔43〕。糝〔44〕香肩，春纖袖口拈〔45〕插鬢雲邊。〔生送酒介〕

　　【皂羅袍】尊〔46〕酒把玉人低勸，背東風立穩，微笑花前。斜簪拋出金縷懸，步香埃窣地〔47〕凌波見。

　　〔旦作醉介、生〕湘裙皺羼，晴絲〔48〕翠煙，粉融香潤，拼驕〔49〕恣妍。真珠幾滴紅妝面。

　　【啄木兒】〔旦〕狂耍婿，遊戲仙，荳蔻圖中春數點，閒心性皺花呵展，繡工夫葡萄幾線，卻怎的半踏長裙香徑遠，和你向銀塘照影分嬌面，怕溜閃了釵頭鬢影偏。

　　〔浣〕天雨哩。〔作避雨介〕

　　【玉交枝〔50〕】〔生〕催花雨片，度池亭草氣薰傳，點蜻蜓撇去驚飛燕，趁泥香掠水盤旋。咱兩個一逕行來一字肩〔51〕，同行覆著同心扇〔52〕，停半霎瀟湘畫闌，坐一答繡墩金線。

　　〔生坐秋鴻上〕洛下才人貪折桂〔53〕，秦中美女好觀花。稟相公，天子留幸洛陽，開場選士，京兆府文書起送，即日餞程〔54〕，不得遲誤。〔生〕如此，快安排行李，渭河登舟也。〔鴻〕明日放參〔55〕京兆〔56〕府，春風催馬洛陽橋。〔下、旦〕新婚未幾，明日分離，如何是好？李郎：你看我為甚宮樣〔57〕衣裳淺畫眉？只為曉鶯啼斷綠楊枝。春閨多少關心事，夫婿多情亦未知。妾本輕微，自知非匹，今以色愛，託其仁賢；但慮一旦色衰，恩移情替〔58〕，使女蘿〔59〕無託，秋扇見捐〔60〕，極歡之際，不覺悲生。〔泣歎介、生〕平生志願，今日獲從，粉骨碎身，誓不相捨，小玉姐何發此言？請以素縑〔61〕，著之盟約。〔旦〕浣紗、箱盒裏取烏絲闌〔62〕素段三尺，和墨筆硯來。〔浣〕烏紗闌在此。〔生作寫介〕寫完呈覽。〔旦讀介〕水上鴛鴦，雲中翡翠，日夜相從，生死無悔，引喻山河，指誠日月，生則同衾，死則共穴。李郎！此盟當藏寶篋之內，永證後期。

【玉胞肚】心字香〔63〕前酬願，鎮同衾心歡意便〔64〕，碎心情眉角相偎〔65〕，趁光陰巧笑無眠，絮香囊宛轉，把烏絲闌翰墨收全，向一段腰身好處懸。

〔生〕小生這點心呵！

【玉山頹】你精神桃李，天生的溫香膩綿，惹嬌音春思無邊，倚纖腰著處堪憐。佳期正展，為甚的顰輕笑淺？教青帝〔66〕長如願，鎮無言，一春心事，輕可的〔67〕付啼鵑！

〔旦拜介〕李郎有此心，奴家謝也。

【川撥棹】情何限〔68〕，為弱柳，擡青眼〔69〕。怕只怕篆煤字殘，怕只怕篆煤字殘，道得個海枯石爛〔70〕。囑付你輕休趄〔71〕，好花枝留倚闌。

李郎，看看日勢〔72〕向晚。〔回介〕

【憶多嬌】〔合〕春色黯，香徑晚，怯栖鴉啼向鳳城〔73〕單，乘倒景暮光殘，染殘霞衣袖彈。春興闌珊〔74〕，春興闌珊，忙歸去階苔翠班〔75〕。〔旦作跌介〕

【月上海棠】〔合〕蓮三寸〔76〕，重臺小樣紅偏綻，怕逗〔77〕了朱門，半約〔78〕花關。這一番遊滿春山，較〔79〕添得許多嬌眼。人影散，秋韆外花陰裏扣響銅環。〔浣紗〔80〕持燭上，開門介〕

【尾聲】一簾春色如雲彈，咱高燒銀燭〔81〕到更殘，怎說起送你個趁春風遊上苑〔82〕。

銀缸斜映晚妝紅，且照離情今夜中；

夫唱婦隨長自好，青春明月不曾空。

## 校　注

〔1〕意態——神情姿態。宋·王安石《明妃曲二首》之一：「意態由來畫不成，當時枉殺毛延壽。」

〔2〕實個——實在。「個」為語助詞，無義。

〔3〕團欒——團圓、團聚。宋‧陸游《冬日》詩：「堪笑此翁幽獨慣，卻嫌兒女話團欒。」

〔4〕銀甲——銀製的假指甲，套在指上供彈箏或琵琶等絃樂器之用。隋煬帝《湖上酒樂府》詩：「檀板輕聲銀甲緩，醅浮香米玉蛆寒。」唐‧杜甫《陪鄭廣文遊何將軍山林》詩之五：「銀甲彈箏用，金魚換酒來。」元‧喬吉《揚州夢》一〔青歌兒〕：「銀甲輕掐，《金縷》低謳。」

〔5〕香米——發酒香之米。

〔6〕玉蛆（qū）——酒面上的白色浮沫。唐‧韓偓《海山記》：「醅浮香米玉蛆寒，醉眼暗相看。」宋‧梅堯臣《至靈璧鎮得杜挺之書及詩》詩：「酒上玉蛆如笑花，一日倒空罌與缶。」

〔7〕烏——繼志、柳浪、竹林本俱誤作「鳥」。

〔8〕櫻桃——果木名。

〔9〕鎮日——常日。

〔10〕「乖的走碌碡」四句——係當時俗語。意指乖覺的人像碌碡那樣轉來轉去，忙個不停，只不過討得眼前熱鬧；愚笨的人，像夫妻那樣廝守在一起，反而得到好處。碌碡，農具，用以平場圃或碾禾麥的圓柱形石滾。詳見《宋金元明清曲辭通釋‧轆軸》。

〔11〕罇——盛酒器。晉‧陶潛《歸去來辭》：「攜幼入室，有酒盈罇。」

〔12〕剖——劃破。

〔13〕筆床——放筆之具。猶今云筆架。

〔14〕巾箱——古時置頭巾的小箱，後來盛文具筆墨或書籍的小箱。《太平御覽》卷七一一引《漢武內傳》：「武帝見西王母巾箱中有一卷書。」小版本的古書，因其形制不大，可放在巾箱中，便於攜帶，因稱這類小開本的書為巾箱本，亦簡稱巾箱。明‧郎瑛《七修類稿》卷十九「巾箱板」條：「今人以小板書冊為巾箱板，以其可置於巾箱也。」

〔15〕無那——無奈，無可如何。唐‧杜甫《奉寄高常侍》詩：「汶上相逢年頗多，飛騰無那故人何。」

〔16〕口——清暉、獨深、柳浪、竹林各本皆作「只」。

〔17〕香篆——一種篆文形的盤香。參見《宋金元明清曲辭通釋‧黃串餅》。

〔18〕氣——繼志、清暉、柳浪、竹林本俱誤作「風」。

〔19〕沉沉——繼志、清暉、柳浪、竹林本俱誤作「深深」。，與上句韻重。

〔20〕裙腰——古時婦女繫在腰部的裙子。見第十一齣〔番卜算〕注。

〔21〕燕尾——燕尾分叉像剪刀，因用以形容末端分叉的東西。《文選‧司馬相如〈子虛賦〉》：「蜚襳垂髾。」李善注：「司馬彪曰：『襳，袿飾也；髾，燕尾也。』」

襪與燕尾，皆婦人袿衣之飾也。」

〔22〕翠茸——翠色茸毛。宋·趙汝适《諸蕃志·翠毛》：「邕州右江，亦產一種翠茸，其背毛悉是翠茸，窮侈者多以撚織如毛段然。」唐·元稹《西涼伎》詩：「大宛來獻赤汗馬，贊普亦奉翠茸裘。」

〔23〕春攢——春日攢眉。攢，「攢眉」之略語，意指心中煩惱，眉頭攢蹙不舒。詳見《宋金元明清曲辭通釋·攢眉》。

〔24〕打秋韆——舊時一種遊戲活動。其法是把長繩懸掛在高樹或高架上，青年男女坐其上，東搖西擺上下晃蕩，以為宴樂。自六朝以來有之。詳見《宋金元明清曲辭通釋·秋韆》。

〔25〕擲金錢——是以金錢為遊戲。《開元天寶遺事·天寶上》「戲擲金錢」：「內庭嬪妃，每至春時，各于禁中結伴三人至五人，擲金錢為戲，蓋孤悶無所遣也。」又同書《天寶下》「投錢賭寢」：「明皇未得妃子，宮中嬪妃輩投金錢賭侍帝寢，以親者為勝。召入妃子，遂罷此戲。」在此，當以前說為是。又有投錢問卜說，與此亦合。唐·於鵠《江南曲》：「眾中不敢分明語，暗擲金錢卜遠人。」

〔26〕賭荔枝——唐·和凝《採桑子》詞：「竟學拇蒲賭荔枝。」（見《花間集》）

〔27〕拋紅豆——元·張憲《寄天香師》詩：「時拋紅豆粒，竹下喚頻伽。」以上「擲金錢」、「賭荔枝」、「拋紅豆」，均為當時的遊戲。

〔28〕敢自——猜度之詞，意為莫非、大概、恐怕、多半。

〔29〕浣紗——原誤作「春香」，據曲文改。清暉、獨深、柳浪、竹林各本，俱無此「春香呵」。

〔30〕自在——舒暢。唐·劉禹錫《和牛相公南溪醉歌見寄》：「唯公出處得自在，決就放曠辭炎炎。」

〔31〕夜遊宮——葉《譜》作「夜遊春」。

〔32〕罥（juàn）——牽繫，纏繞。唐·杜甫《茅屋為秋風所破歌》：「茅飛渡江灑江郊，高者掛罥長林梢，下者飄轉沈塘坳。」清·孔尚任《桃花扇》三十〔解三醒〕：「燕泥沾落絮，蛛網罥飛花。」

〔33〕花冠閑上午牆啼——花冠，雄雞的代稱。南朝陳·徐陵《鬥雞》詩：「花冠已衝力，芥爪復驚媒。」宋·孫光憲《浣溪沙》詞：「輕打銀箏墜燕泥，斷絲高罥畫樓西，花冠閑上午牆啼。」午，一縱一橫為「午」，午牆，指牆的拐角處。

〔34〕靨花——指婦女面部酒窩。

〔35〕個人何事——個人，這個人。「個」用作指示詞，猶「這」或「那」。何事，用作疑問詞，猶「為何」、「何故」。宋·劉過《水調歌頭》詞：「湖上新亭好，何事不曾來？」清·李漁《奈何天》十四〔二犯月兒高〕：「不解天公意，教人枉猜謎。何事癡呆漢，到處逢佳麗。」

〔36〕簏——竹編的盛器。方為筐，圓為簏。

〔37〕桃李能言——古諺語有云：「桃李不言，下自成蹊。」（見《史記・李將軍列傳論》）司馬貞索隱：「姚氏云：桃李不能言，但以華實感物，故人不期而往，其下自成蹊徑也。」比喻實至名歸。反其說而曰「能言」，蓋把桃李人格化也。

〔38〕平付與——平白地付與。

〔39〕捎——意猶「拂」、猶「掠」、猶「掃」。漢・司馬相如《上林賦》：「拂翳鳥，捎鳳凰。」清暉、竹林本俱誤作「箱」；繼志、獨深、柳浪本誤作「梢」。

〔40〕一遭——一次、一趟。

〔41〕宜春院——唐長安宮內官妓的住所名宜春院。

〔42〕折——損也。清暉、竹林本均誤作「圻」。

〔43〕流霞茜——意言花色如同流霞那樣紅豔美麗。茜，絳紅色。

〔44〕糝——見第六齣「迎風糝落梅」注。

〔45〕拈——拿、持。宋・劉克莊《念奴嬌・菊》詞：「餐飲落英並墜露，重把《離騷》拈起。」

〔46〕尊——繼志本作「仙」。

〔47〕窣地——突然、忽地。

〔48〕晴絲——晴空的遊絲，即蟲類所吐之絲，在空中飄蕩。南朝梁・沈約《會圃臨春風》詩：「遊絲曖如煙，落花雰似霧。」《牡丹亭》十〔步步嬌〕：「嫋晴絲吹來閒庭院，搖漾春如線。」

〔49〕拚嬌——撒嬌。唐・李商隱《又效江南曲》：「乖期方積思，臨醉欲拚嬌。」按：嬌，原誤作「驕」，據清暉、柳浪、竹林本改。

〔50〕玉交枝——此曲牌，葉《譜》作「玉嬌枝」。

〔51〕一字肩——謂並肩。

〔52〕同心扇——扇名。晉・張敞《東宮舊事》：「皇太子納妃，供同心扇三十。」

〔53〕折桂——見第十三齣「好韶華」三句注。

〔54〕餞程——謂以酒筵送別起程。

〔55〕放參——謂接見僚屬。宋・無名氏《張協狀元》四十八、白：「吾今已到梓州，諸衙人從，並未放參，只接見任文武官員。」

〔56〕京兆——漢代京畿內的行政區域，為三輔之一。在今陝西省西安以東至華縣之間，下轄十二縣。後因以泛稱京都。

〔57〕宮樣——指皇宮中流行的式樣、妝束和打扮。一作「宮妝」、「宮扮」。

〔58〕替——衰敗、衰落。《漢書・敘傳下》：「上替下陵，姦軌不勝，猛政橫作，刑罰用興。」

〔59〕女蘿——植物名，即松蘿，多附生在松樹上，成絲狀下垂。古詩文中多以喻婦女對男人的依附關係。參見《宋金元明清曲辭通釋・結絲蘿》。

〔60〕秋扇見捐——秋涼季節扇子就棄置不用了。捐，棄置。比喻婦女年老色衰，

就被男子所拋棄。漢・班婕妤《怨歌行》:「新裂齊紈素,皎潔如霜雪;裁成合歡扇,團團似明月;出入君懷袖,動搖微風發。長恐秋節至,涼飆奪炎熱;棄捐篋笥中,恩情中道絕。」

〔61〕縑——《漢書・外戚傳上・史皇孫王夫人》:「媼為翁須作縑單衣。」顏師古注:「縑,即今之絹也。」

〔62〕烏絲闌——同「烏絲欄」,本指上下以烏絲織成欄,其間用朱墨界行的絹素,這裏是指有墨線格子的箋紙。

〔63〕心字香——一種形似心字的香篆。宋・蔣捷《一翦梅・舟過吳江》詞:「何日歸家洗客袍,銀字笙調,心字香燒。」明・楊慎《詞品・心字形》:「范石湖《驂鸞錄》云:『番禺人作心字形,用素馨茉莉半開者著淨器中,以沉香薄劈層層相間,密封之,日一易,不待花蔫,花過香成。』所謂心字香者,以香末縈篆成心字也。」

〔64〕便——愜也、適也。

〔65〕偎——緊貼著、緊靠著。唐・溫庭筠《南湖》詩:「野船著岸偎春草,水鳥帶波飛夕陽。」

〔66〕青帝——我國古代神話中的司春之神。唐・黃巢《題菊花》詩:「他年我若為青帝,報與桃花一處開。」

〔67〕輕可的——輕易的。

〔68〕限——清暉、柳浪、竹林本俱誤作「恨」。

〔69〕青眼——指對人喜愛或垂愛的眼色。亦作「青目」、「青盼」。詳參《宋金元明清曲辭通釋・青眼》。

〔70〕海枯石爛——意為大海枯乾,岩石風化成土。形容經歷時間長久。多用於男女間永遠忠於愛情的誓言。金・元好問《西樓曲》:「海枯石爛兩鴛鴦,只合雙飛便雙死。」

〔71〕趙——走開、躲開。《墨娥小錄》卷十四「行院聲嗽・人事」:「走,趙過。」明・王驥德注《西廂》謂:「北方方言謂走為趙。」

〔72〕日勢——猶「天色」。唐・無名氏《玉泉子》:「此去人家極遠,日勢已晚,固不可前去也。」

〔73〕鳳城——京城的代稱。詳見《宋金元明清曲辭通釋・鳳城》。

〔74〕闌珊——衰敗、將盡。南唐・李煜《浪淘沙》詞:「簾外雨潺潺,春意闌珊。」

〔75〕班——葉《譜》作「斑」。

〔76〕蓮三寸——即三寸金蓮,形容婦女的足小僅有三寸。

〔77〕逗——透露、顯露,引申為開放。

〔78〕約——掩也。阻攔的引申義。宋・楊萬里《晚望》詩:「萬松不掩一楓舟,煙怕山狂約住山。」

〔79〕較──猶「差」也。

〔80〕浣紗──按：浣紗何時下場，上文並無交待。《紫簫記》伴遊者爲櫻桃，開門
　　　者爲浣紗；今以浣紗伴遊，自以櫻桃開門爲是。故這裏「浣紗」應改爲「櫻桃」。

〔81〕高燒銀燭──《漢宮秋》三〔收江南〕：「美人圖今夜掛昭陽，我那裏供養，便
　　　是我高燒銀燭照紅妝。」宋·蘇軾《海棠》詩：「只恐夜深花睡去，故燒高燭
　　　照紅妝。」

〔82〕遊上苑──見第二齣注〔45〕。遊上苑，就是考中了進士，到上苑去遊賞。

# 第十七齣　春闈〔1〕赴洛

〔秋鴻上〕日暖鶯聲麗，風輕馬足先；主人能及第，童僕也登天。昨日
相公分付今日赴科，這早還未起來，叫浣紗，〔浣上、鴻〕請相公起程，
京兆府有人伺候〔2〕。正是才子功名易，佳人離別難。〔下、旦上〕

【十二時】何事〔3〕春草草，正銷凝〔4〕未了。燕爾〔5〕歡遲，鴛
班〔6〕赴早，枕屏山〔7〕夢斷魂遙，強起愁眉翠小。

銀瓶瀉水促朝裝，淚燭紅銷影曙光，卻怪滿身珠翠冷，無人偎暖醉紅
鄉。奴家與十郎爲夫婦幾日，不想行幸洛陽，彼中開選，李郎要赴京
兆府起送秀才。雖則半月之程，亦自牽人愁緒。早已拜辭了老夫人也。
〔生上〕

【繞池遊〔8〕】青雲〔9〕路有，賦就凌雲〔10〕奏，望朝雲徘徊意久。
〔旦〕李郎眞個起程也。

【黃鶯兒】紅袖濕夭桃〔11〕，乍驚回雲雨朝，浪桃香二月春雷早。
你去後呵，雲橫樹杪，雨餘〔12〕芳草，畫眉人去走章臺〔13〕道。望迢迢
〔14〕，金鞭〔15〕惜與，誰分玉驄〔16〕驕。

【前腔】〔生〕休恁淚鮫綃〔17〕，爲朝陽〔18〕停鳳簫〔19〕，乘龍人試
把龍門跳〔20〕。向黃金榜標，披香殿〔21〕朝，洛陽才子爭年少。望迢迢
〔22〕，歸來攜手，衫袖御香飄。

〔鴻上〕稟知船在渭河也。

【琥珀墜】〔旦〕年少，麗春園〔23〕接受了求賢詔〔24〕。飲御酒三杯

休醉了，也不管咱朱門俏待泥金報〔25〕。英豪，你趁著春水船兒天上坐〔26〕了。

【前腔】〔生〕韻高，多應〔27〕我詩成奪錦袍。沉香亭〔28〕捧硯寫《清平調》〔29〕，也則怕你愁望的酥胸〔30〕拍漸銷。多嬌，還你個夫人縣君〔31〕七香車〔32〕載了。

〔鴻上〕稟相公，京兆府催請餞程也。

【尾聲】〔旦〕去也呵，不多時斷續鶯聲小，還立盡暮雲芳草。李郎，你去京兆府呵，學一個京兆眉兒〔33〕向畫錦描。

遊子帶天香，閨人戀夕陽；

明知半月別，要使兩情傷。

## 校 注

〔1〕春闈——唐宋時禮部試士和明清時京城會試，均在春季。故稱春闈，猶春試。

〔2〕伺候——服侍、照料、供使喚的意思。《二刻拍案驚奇》卷十五：「須臾便有禮部衙門人來伺候，伏侍去到鴻臚寺報了名。」

〔3〕何事——爲何、何故。「事」字，原誤作「時」，據柳浪本改。

〔4〕銷凝——銷魂凝思。

〔5〕燕爾——指新婚夫婦歡樂親昵。《西廂記》五本二折〔二煞〕：「恰新婚，才燕爾，爲功名來到此。」

〔6〕鴛班——亦作鵷班，鵷行、鴛鷺班、鵷班鷺序。鵷、鷺在飛行時很有次序，因以喻朝官站班行列之整齊。詳參《宋金元明清曲辭通釋・鵷班》。

〔7〕屏山——指屏風。宋・歐陽修《蝶戀花》詞：「枕畔屏山圍碧浪，翠被華燈，夜夜空相向。」

〔8〕繞池遊——此曲應有六句，省略三句。又「池」，原誤作「地」，據葉《譜》改。

〔9〕青雲——喻高位。《史記・范雎蔡澤列傳》：「須賈頓首言死罪，曰：『賈不意君能自致於青雲之上。』」李白《與韓荊州書》：「而今君侯何惜階前盈尺之地，不使白揚眉吐氣激昂青雲耶？」

〔10〕淩雲——直上雲霄，形容志向遠大或意氣高超。《史記・司馬相如列傳》：「相如既奏《大人》之頌，天子大說，飄飄有淩雲之氣，似遊天地之間意。」《水滸傳》第三十九回：「他時若遂淩雲志，敢笑黃巢不丈夫。」

〔11〕夭桃——形容少女容顏之美似豔麗的桃花。

〔12〕餘——積也。《禮記・王制》：「以三十年之通，制國用。」孔穎達疏：「每年之率，入物分爲四分：一分擬爲儲積，三分而當年所用。二年又留一分，三年又留一分。是三年摠得三分，爲一年之蓄。三十年之率，當有十年之蓄。」

〔13〕章臺——古代長安的街名。《漢書・張敞傳》：「時罷朝會，過走馬章臺街，自以便面拊馬。」唐・李商隱《柳》詩：「柳映江潭底有情，望中頻遣客心驚；巴雷隱隱千山外，更作章臺走馬聲。」元・馬致遠《青衫淚》〔金盞兒〕：「我不曾流水出天台，你怎麼走馬到章臺？」

〔14〕迢迢——遠貌。清暉、柳浪、竹林本俱誤作「超超」。

〔15〕金鞭——華貴之鞭。唐・李白《相逢行》詩：「金鞭遙指路，玉勒近遲回。」

〔16〕玉驄——見第十三齣注〔37〕。

〔17〕鮫綃——一種非常細密的薄絹、輕紗。可做手帕、絲巾。宋・陸游《釵頭鳳》詞：「春如舊，人空瘦，淚痕紅悒鮫綃透。」

〔18〕朝陽——初升的太陽。這裏喻指前程。

〔19〕鳳簫——指弄玉向蕭史學吹簫事。

〔20〕龍門跳——即跳龍門。龍門，在山西河津縣西北、陝西韓城縣東北，分跨黃河兩岸，形如門闕，相傳是夏禹所鑿，故亦稱禹門。神話傳說，鯉魚跳過龍門，就可以變成龍。後來就藉以比喻赴京應考中第的人，謂之「跳龍門」。元明間・無名氏《破風詩》二〔梁州〕：「我今日個跳龍門，恰便似油甕裏的鮎魚，自家分福。」詳《宋金元明清曲辭通釋・跳龍門》。

〔21〕披香殿——漢代長安殿名。

〔22〕迢迢——見本齣前注〔14〕。

〔23〕麗春園——本爲名妓蘇卿的住處，後來便成爲一般妓院或藝妓、歌女住所的通稱。亦作「麗春院」，見明・王子一散套《集賢賓・鶯花寨近來誰戰討》：「麗春院萬馬蕭蕭，鳴珂巷眾口嗷嗷。」（見《詞林摘豔》卷七）

〔24〕求賢詔——這是古代帝王籠絡士子的一種方法。來源很久，漢朝有《高帝求賢詔》、《武帝求茂才異等詔》等。

〔25〕泥金報——唐代科舉會試得中，以泥金書帖寄回家中報喜。泥金，指塗上金粉顏料的信箚。見五代・王仁裕《開元天寶遺事下・泥金帖子》。

〔26〕春水船兒天上坐——指春試順利。唐・杜甫《小寒食舟中作》：「春水船如天上坐，老年花似霧中看。」

〔27〕多應——估量、推測之詞。意爲多半、大約、大概。

〔28〕沉香亭——唐代宮中的亭名。唐・李白《清平調詞》之三：「解釋春風無限恨，沉香亭北倚闌干。」

〔29〕《清平調》——此詞共三章，爲李白所寫。宋・樂史《楊太眞外傳》：「開元中，禁中重芍藥，即今之牡丹也。得數本紅紫淺紅通白者，上因移植於興慶池東，

沉香亭前……上曰：『賞名花，對妃子，焉用舊樂詞爲？』遂命李龜年持金花箋，宣賜翰林李白立進《清平調辭》三章。」

〔30〕酥胸——言胸部肌肉之白膩潤澤也，多用以形容婦女。《宣和遺事》前集：「一個粉頭酥胸，一個桃腮杏臉，天子觀之私事。」

〔31〕夫人縣君——封建時代婦女的封號，其級別與男人之官職相對應。唐制：四品官之母與妻爲郡君，五品官之母與妻爲縣君。見《通典·職官十六》

〔32〕七香車——舊時貴婦人所乘的用各種香木製造的美麗車子。《太平御覽》卷七七五引魏武（曹操）與楊彪書曰：「今贈足下畫輪四望通幰七香車二乘。」

〔33〕京兆眉兒——指張敞畫眉事。參看第十三齣注〔84〕。

# 第十八齣　黃堂言餞〔1〕

【番卜算】〔府尹〔2〕上〕黃屋〔3〕去東巡，紫詔〔4〕來西尹，桃花春月〔5〕起魚鱗，直上龍門峻〔6〕。

洛陽開榜喚群英，老拙承恩尹漢京，視草天書〔7〕中秘〔8〕出，插花〔9〕春酒秀才〔10〕行。下官京兆府尹是也，聖駕幸洛陽，開場選士，俺京兆府長安縣單起送李益秀才一人，早晚到也。

【好事近】〔生上〕京兆選才人，起送向長安灞津。飄飄獻賦欲凌雲，領取上林〔11〕春信。

〔報見介〕李益請拜見老先生。〔拜介〕披雲纔見日。〔尹〕翰墨久聞香。〔生〕雅度憐鸚鵡〔12〕。〔尹〕高飛看鳳凰。左右看酒。

【長拍】紫詔皇宣〔13〕，少年英俊，青衫上墨香成陣。李秀才，你此去呵，龍蛇硯影〔14〕筆生花〔15〕，繞殿晴熏〔16〕。今日呵，吉日良辰，醉你個狀元紅〔17〕浪桃生暈。只望你烏帽宮花斜插鬢，軟帶垂袍掛綠雲，臨上馬御酒三杯盡，喧滿六街塵〔18〕，香風細，妒殺遊人。

〔生〕小生量淺，告行。〔尹〕未也，少年中了探花郎〔19〕，還有好處哩。

【短拍】翰苑風清〔20〕，蓬萊天近〔21〕，御香浮滿眼氤氳〔22〕，視草玉堂人〔23〕，紫荷囊〔24〕金魚佩〔25〕那些風韻，到大來〔26〕管掌著紫薇〔27〕堂印。少不的人向鳳池〔28〕頭立穩，越富貴，越精神。〔尹送生介〕

【尾聲】俺京兆尹，送賢臣，送你上朝班玉筍〔29〕有精神，做得個〔30〕畫淩雲〔31〕第一人。

爐中九轉〔32〕煉初成，舉主〔33〕看時亦自驚；

唯有太平方寸血，今朝盡向隗臺〔34〕傾。

# 校 注

〔1〕黃堂言餞——黃堂，太守（即知府）的廳堂，塗以雌黃，故云。餞，餞行，謂以酒食送行也。柳浪本目錄作「吉餞」。

〔2〕府尹——官名。始於漢代的京兆尹。唐制：東都、西都、北都皆稱府、置尹，稱府尹。府尹即知州。

〔2〕黃屋——古代皇帝所乘之車，以黃繒爲裏，謂之黃屋車。《史記‧項羽本紀》：「紀信乘黃屋車，傅左纛，曰漢王降。」張守節正義引李斐曰：「天子車以黃繒爲蓋裏。」這裏代指皇帝。

〔4〕紫詔——即紫泥詔。皇帝的詔書，以紫泥緘封，故云。唐‧李白《玉壺吟》：「鳳凰初入紫泥詔，謁帝稱觴登御筵。」

〔5〕月——原誤作「片」，據繼志、柳浪、竹林本改。

〔6〕峻——高，陡峭。

〔7〕天書——皇帝的詔書。

〔8〕中秘——中書省和秘書省的合稱。珍藏宮廷圖書文物之所。

〔9〕插花——意即插戴宮花。科舉時代中第的士子，在赴御宴時，皆賜花插戴於鬢旁，以示優寵。參見《宋金元明清曲辭通釋‧宮花》。

〔10〕秀才——舉士科目之稱，始於漢代，見《史記‧儒林傳》。唐代通稱進士爲秀才，見《唐國史補》卷下。宋時凡應舉者通稱秀才。明清則以生員爲秀才。這裏是用宋以後的稱謂。

〔11〕上林——古宮苑名。所指不一。此指東漢光武時所建，故址在今洛陽市東，漢魏洛陽故城西。

〔12〕雅度憐鸚鵡——雅度，高雅的風度，對府尹的敬稱。憐，愛也。鸚鵡，指《鸚鵡賦》。漢末文學家禰衡作有《鸚鵡賦》，借物抒懷，辭氣慷慨。（見《後漢書‧禰衡傳》。）又《宋書‧謝莊傳》載，時袁淑與謝莊同作《鸚鵡賦》成。淑見莊賦而歎曰：「江東無我，卿當獨秀。我若無卿，亦一時之傑也。」遂自隱其賦。按此，是李益自指。

〔13〕紫詔皇宣——葉《譜》疊一句。

〔14〕龍蛇硯影——泛指書法。

〔15〕筆生花——猶夢筆生花，比喻文思敏捷，才情橫溢。語本《開元天寶遺事・夢筆頭生花》。

〔16〕晴曛——同「晴曛」，日光照射的意思。唐・杜甫《宣政殿退朝晚出左掖》詩：「天門日射黃金榜，春殿晴曛赤羽旗。」

〔17〕狀元紅——美酒名。《精注雅俗故事讀本上・飲食》：「竹葉青、狀元紅，俱爲美酒。」

〔18〕喧滿六街塵——唐宋時進士及第，往往賜馬遊街，因此蕩起六街塵土。唐・孟郊《登科後》詩：「春風得意馬蹄疾，一日看盡長安花。」

〔19〕探花郎——宋以後稱科舉考試中殿試一甲第三名。本於唐代的探花使。宋・吳自牧《夢梁錄》卷三：「士人赴殿試唱名」：「伺候上御文德殿臨軒唱名，進呈三魁試卷，天顏親睹三魁，排定名姓資次，然後宣喚三魁姓名——第一名狀元及第，第二名榜眼，第三名探花。」

〔20〕翰苑風清——葉《譜》疊一句。翰苑，猶云翰林院，風清，清閒之意。《寓圃雜記》：「翰林院官，職清務簡，優遊自如，世謂之玉堂仙。」

〔21〕蓬萊天近——蓬萊，唐時宮名，在陝西長安縣東，原名大明宮。杜甫《莫相疑行》：「憶獻三賦蓬萊宮，自怪一日聲烜赫。」

〔22〕氤氳——形容煙雲彌漫之狀。李白《搗衣篇》：「摘盡庭蘭不見君，紅巾拭淚生氤氳。」《西廂記》一本三折〔小桃紅〕：「又不是輕雲薄霧，都則是香煙人氣，兩般兒氤氳得不分明。」

〔23〕玉堂人——泛指顯貴的人物。金・元好問《息軒秋江捕魚圖》詩之三：「玉堂人物今安在？紙尾題詩一慨然。」

〔24〕紫荷囊——古時尚書令、僕射、尚書等高官朝服外負於左肩上的紫色囊。《宋書・禮志五》：「尚書令、僕射、尚書手板頭復有白筆，以紫皮裹之，名笏。朝服肩上有紫生夾囊綴之朝服外，俗呼曰紫荷。或云漢代以盛奏事，負荷夾以行，未詳也。」

〔25〕金魚佩——佩飾，即金魚符（金製的魚符），古代高官所佩帶，用以表示品級、身份。《新唐書・車服志》：「隨身魚符者，以明貴賤，應詔命……皆盛以魚袋；三品以上飾以金，五品以上飾以銀。」《宋史・輿服志五》：「魚袋，其制自唐始……宋因之。其制以金銀飾爲魚形，公服則繫於帶而垂於後，以明貴賤，非復唐之符契也。」金製：五品官以上佩帶。《金史・輿服志中》：「一品玉帶，佩金魚。二品笏頭球文金帶，佩金魚。三品、四品荔枝或御仙花金帶，並佩金魚。五品，服紫者紅鞓烏犀帶，佩金魚，服緋者紅鞓烏犀帶，佩銀魚，服綠者並皀鞓烏犀帶。」

〔26〕到大來——猶「到頭來」。「大」、「頭」音近通假。意爲最後、結果。參見第八

齣注〔85〕。

〔27〕紫薇──即紫薇省，官署名，即中書省之別稱，以署中多植紫薇花得名。宋・陸游《寄張真父舍人》詩之一：「天上紫薇省，鶯花繞直廬。」

〔28〕鳳池──鳳凰池的簡稱，即中書省所在地。詳參《宋金元明清曲辭通釋・鳳凰池》。

〔29〕玉筍──「玉筍班」之省文。比喻人才眾多秀美，如玉筍並列。《新唐書・李宗閔傳》：「俄復爲中書舍人，典貢舉，所取多知名士，若唐沖、薛癢、袁都等，世謂之『玉筍』。」

〔30〕做得個──意指得到好的結果。見《宋金元明清曲辭通釋・做的個》。

〔31〕畫凌雲──「凌雲」，乃「凌煙閣」也。「雲」爲誤字。《舊唐書・太宗紀下》：「（貞觀十七年戊申）召圖畫司徒、趙國公、無忌等勳臣二十四人於凌煙閣。」閣址在今陝西省長安縣。詳《宋金元明清曲辭通釋・凌煙閣》。疑此「凌雲」蓋湯氏誤記。

〔32〕九轉──道家語，即九轉丹，是道家煉的一種金丹。道家煉丹，有九轉之說。轉者，循環變化之謂。每九日一轉，到九九八十一天丹始煉成，亦稱九轉金丹。轉數越多，藥力越足。晉・葛洪《抱朴子內篇・金丹》云：「九轉之丹，服之三日成仙。」

〔33〕舉主──舊時科舉薦者，稱舉之人爲舉主。《舊唐書・魏玄同傳》：「今欲務得賢才，兼宜擇其舉主。」

〔34〕隗（wěi）臺──相傳爲戰國時燕昭王爲郭隗所築，故曰隗臺。《戰國策・燕策一》：「今王誠欲致士，先從隗始；隗且見事，況賢於隗者乎？豈遠千里哉？於是昭王爲隗築室而師之。樂毅自魏往，鄒衍自齊往，劇辛自趙往，士爭湊燕。」所以李白《行路難》詩之二說：「君不見昔時燕家重郭隗，擁篲折節無嫌猜。劇辛樂毅感恩分，輸肝剖膽效英才。」隗臺又稱「黃金臺」，故李白詩又說：「昭王白骨縈蔓草，誰人更掃黃金臺。」

# 第十九齣　節鎮登壇〔1〕

【點絳唇〔2〕】〔眾將官上〕塞草煙寒，旗門〔3〕天半，紅雲綻。疊鼓〔4〕凝幡〔5〕，大將人歡看。

　　塞上經春氣色新，關西纔換護羌〔6〕軍，堂堂上將登壇〔7〕日，笳鼓〔8〕驚飛一片雲。列位請了，咱們都係玉門關內將官，今日新節鎮劉爺升帳，伺候則個〔9〕。〔眾擁劉上〕

【西地錦】意氣鳳凰霄漢，身當虎豹雄關，坐擁貔貅〔10〕三十萬，錦袍玉帶朱顏。

【鷓鴣天】曉風蕭瑟〔11〕獵〔12〕旌竿，畫戟〔13〕油幢〔14〕劍氣攢〔15〕。九姓羌渾〔16〕隨漢節，六州〔17〕蕃落〔18〕拜戎鞍。穿塞尾，出雲端，二月天西玉帳〔19〕寒。何事連營歌吹發，漢家飛將〔20〕舊登壇。自家扶風〔21〕劉公濟〔22〕是也，叨〔23〕承將種，慣握〔24〕兵機，初當塞北擒胡，今拜關西節制，日吉魁罡〔25〕，走馬升帳，分付眾將官放參。
〔眾將官參見介〕恭賀老爺，封侯萬里。〔劉〕起來。關西事近日如何？
〔眾〕聖日長輝，邊塵不起，十分平安。漢家開四郡，斷匈奴右臂〔26〕；大唐分界西羌，為大河西小河西二國，近被吐番鈐哄〔27〕生心，兩面之羌，誠恐將來有妨邊計。〔劉〕如此，須當演兵征討。〔眾〕領鈞旨。
〔演兵介〕

【山花子】〔劉〕大唐朝素號天可汗〔28〕，河西〔29〕臂斷呼韓〔30〕，問何如參差〔31〕吐番，怒衝冠〔32〕帶挺獅蠻〔33〕。〔合〕點旌旗風傳玉關〔34〕，倚空同〔35〕長劍天山，外望河源〔36〕臨風把星宿〔37〕彈〔38〕。萬里封侯，圖畫淩煙〔39〕。

眾將官，俺關西鎮少個參軍〔40〕，如今吐番爭戰，河西軍書冗急。咱已寫下表文〔41〕，請一位新科翰林來作軍咨〔42〕，兼為記室〔43〕。河西一軍，旌旗生色矣。〔眾〕領鈞旨。

【前腔】〔劉〕長槍隊裏也要毛錐〔44〕站，軍咨記室優閒，羽書〔45〕飛奏檄凱還，須詞鋒筆陣瀾翻〔46〕。〔合前〕

【尾聲】眾將官，你豎牙旗〔47〕打點刀環〔48〕，轅門〔49〕外鼓角鳴霄漢，還看取投筆新參他做個定遠班〔50〕。

大將從天陣捲雲，虎符〔51〕初出塞西門；

參謀到日飛書去，定報生擒吐谷渾〔52〕。

# 校　注

〔1〕登壇——葉《譜》作「守塞」。

〔2〕點絳唇——此係北曲，這裏用以沖場，性質與引子相類。

〔3〕旗門——即牙門。古軍營前立大旗作軍門，故稱「旗門」。《孫子‧軍事》：「文和而舍。」三國魏‧曹操注：「軍門爲和門。左右門爲旗門。」

〔4〕疊鼓——謂小擊鼓。《文選‧謝朓〈鼓吹曲〉》：「凝笳翼高蓋，疊鼓送華輈。」李善注：「小擊鼓謂之疊。」《宋史‧樂志十六》：「疊鼓鳴鼉，更門夜如何？」

〔5〕幡——旗幟。《宋史‧儀衛志六》：「幡，本幟也。」

〔6〕護羌——漢代置護羌校尉。見《漢書‧趙充國辛慶忌傳》。羌，我國古代少數民族之一，分佈於甘、川、青一帶。

〔7〕登壇——漢王劉邦聽蕭何建議，「擇良日，齋戒，設壇場，具禮」（《史記‧淮陰侯列傳》），拜韓信爲大將軍。後世言登壇拜將本此。

〔8〕笳鼓——笳聲和鼓聲，借指軍樂。

〔9〕則個——見《宋金元明清曲辭通釋‧則個（一）》。

〔10〕貔貅——古代一種猛獸名，以喻勇猛的軍隊。《晉書‧熊遠傳》：「命貔貅之士，鳴橃前趨。」

〔11〕蕭瑟——形容風吹樹木的聲音。

〔12〕獵——經過，掠過。《文選‧宋玉〈風賦〉》：「獵蕙草，離秦衡。」李善注：「獵，歷也。」

〔13〕畫戟——戟，有枝的兵器，如枝杈狀。畫戟，戟上因有彩飾，故稱。唐‧王維《燕支行》詩：「畫戟雕戈白日寒，連旗大斾黃塵沒。」

〔14〕油幢——即碧油幢，營帳也。

〔15〕攢——簇聚、聚集。《文選‧張衡〈西京賦〉》：「攢珍寶之玩好。」薛綜注：「攢，聚也。」

〔16〕渾——全，整個。

〔17〕六州——此指唐時六個州郡。《新唐書‧突厥傳上》：「初，突厥內屬者分處豐、勝、靈、夏、朔、代間，謂之河曲六州降人。」唐‧薛逢《送靈州田尚書》詩：「九姓羌渾從漢節，六州蕃落從戎鞍。」此即指河曲六州。

〔18〕蕃落——古代少數民族部落。蕃，通「番」。唐‧劉言史《賦蕃子牧馬》詩：「蕃落多晴塵擾擾，天軍獵到鶺鴒泉。」

〔19〕玉帳——指主帥所居的軍帳。取其如玉之堅的意思。明‧焦竑《焦氏筆乘續集‧玉帳》：「玉帳乃兵家厭勝之方位，主將於其方置軍帳則堅不可犯，如玉帳然。」唐‧李商隱《重有感》詩：「玉帳牙旗得上游，安危須共主君憂。」

〔20〕飛將——飛將軍的省稱，指漢代李廣。《漢書‧李廣傳》：「李廣猿臂善射，結髮從征，大小七十餘戰，人莫敢敵，上拜廣北平太守，廣在郡，匈奴號曰漢飛將軍。」唐‧王昌齡《出塞》詩：「但使龍城飛將在，不教胡馬度陰山。」

〔21〕扶風——古郡名。舊爲三輔之地，轄境相當今陝西麟遊、干縣以西，秦嶺以北

地區。多豪邁之士。唐・李白《扶風豪士歌》：「扶風豪士天下奇，意氣相傾山可移。」

〔22〕劉公濟——新、舊《唐書》無傳，事迹不詳。

〔23〕叨——謙詞，如叨承、叨教。

〔24〕慣握——經常掌握。

〔25〕日吉魁罡（gāng）——魁罡，指北斗星的斗魁、天罡二星。按星相家的說法，日吉魁罡，乃掌握大權之象徵。釋見《神峰通考》。

〔26〕斷匈奴右臂——《漢書・西域傳贊》：「孝武之世，圖制匈奴……乃表河西，列四郡，開玉門，通西域，以斷匈奴右臂，隔斷南羌、月氏。」所謂「右臂」者，蓋就匈奴所處的地勢而言，北面以東爲左，南面以西爲右，河西、玉門位於匈奴南面以西，故曰「右臂」。

〔27〕鈐（qián）哄——威逼利誘。生心，變心。

〔28〕天可汗——是唐初西北迴紇各部酋長給唐太宗李世民上的尊號，稱爲「天可汗」，此後璽書賜西北酋長，皆用此稱。《舊唐書・太宗紀下》：「（貞觀）夏四月丁酉，御順天門軍吏執頡利以獻捷。自是西北諸蕃咸請上尊，號爲『天可汗』，於是降璽書冊命其君長，則兼稱之。」

〔29〕河西——泛指黃河以西一帶地方。

〔30〕呼韓——呼韓耶單于的略稱，這裏是匈奴的代稱。

〔31〕參差（cēn cī）——用作動詞。謂調和矛盾也。

〔32〕怒衝冠——即怒髮衝冠，盛怒的誇張詞。《史記・藺相如列傳》：「王授璧，相如因持璧卻立，倚柱，怒髮上衝冠。」宋・岳飛《滿江紅・寫懷》詞：「怒髮衝冠，憑欄處、瀟瀟雨歇。」

〔33〕帶挺獅蠻——即挺獅蠻帶，變動詞序，是爲修辭。獅蠻帶，古代高級武官所用，猶後來的武裝帶。因帶鈎上裝飾有獅子蠻王的形象，故云。《三國演義》第三回：「只見呂布……繫獅蠻寶帶，縱馬挺戟，隨丁建陽出到陣前。」

〔34〕玉關——玉門關的簡稱。北周・庾信《竹杖賦》：「玉關寄書，章臺留釧。」

〔35〕空同——即崆峒，山名，在今甘肅省平涼市西，險峻雄偉。唐・杜甫《壯遊》詩：「萬里遙相望，崆峒殺氣黑。」

〔36〕河源——古郡名。轄境相當今青海省共和、興海、同德、瑪沁等縣地。

〔37〕星宿——指列星。北齊・顏之推《顏氏家訓・歸心》：「天地初開，便有星宿。」郁達夫《蜃樓》：「白雲堆的缺處，偶而射出來幾顆星宿的光芒和幾絲殘月的灰線。」

〔38〕彈（tán）——謂轉動、搖動。《周禮・考工記・廬人》：「凡兵，句兵欲無彈，刺兵欲無蜎。」林尹注：「彈，先鄭云：『彈謂掉也。』《說文》：『掉，搖也。』按彈，轉動之意，若其刃偏轉，則不能中矣。」

〔39〕凌煙——見第十八齣注〔31〕。

〔40〕參軍——見第二十二齣注〔10〕。

〔41〕表文——上呈皇帝的文書。文，原誤作「榜」，據繼志、柳浪本改。

〔42〕軍咨——軍隊中的參謀。

〔43〕記室——官名。軍隊中掌管文書、表章的屬官，相當於今日秘書一類的幹部。

〔44〕毛錐——毛筆的代稱，取其形似。

〔45〕羽書——猶「羽檄」，古代軍事文書，插鳥羽以示緊急，必須迅速傳遞。今日的雞毛信似之。《後漢書·西羌傳論》：「傷敗踵係，羽書日聞。」李賢注：「羽書即檄書也。」

〔46〕瀾翻——言辭滔滔不絕的比喻詞。宋·蘇軾《戲用晁補之韻》詩：「知君忍饑空誦詩，口頰瀾翻如布穀。」

〔47〕牙旗——即軍前大旗，是集合軍隊發號施令的地方。

〔48〕刀環——刀頭上的環。清·方維儀《旅夜聞寇》詩：「生民塗炭盡，積血染刀環。」

〔49〕轅門——領兵將帥的營門。原意謂軍營出入之處，仰起兩車，車轅相向以表示門也。《周禮·天宮·掌舍》：「設車宮、轅門。」鄭玄注：「謂王行止宿阻險之處，備非常。次車以為藩，則仰車以轅表門。」

〔50〕定遠班——即定遠侯班超也。《後漢書》有傳。傳云：「班超字仲升，扶風平陵人，徐令彪之子也。為人有大志，不修細節。然內孝謹，居家常執勤苦，不恥勞辱……嘗廢書而歎曰：『大丈夫無他志略，猶當效傅介子、張騫立功異域，以取封侯，安能久事筆研硯間乎？』」後使西域，屢建大功，為西域都護，封定遠侯。

〔51〕虎符——古代君王授予臣下兵權和調動軍隊的憑證。製為虎形，故曰虎符。起初以玉為之，後改用銅，故又曰玉符、銅符。背有銘文，剖分為二；右半留中央，左半授予統兵將領，合之以為信驗。《漢書·文帝紀》：「銅虎符第一至第五，國家當發兵，遣使者至郡合符，符合乃聽受之。」

〔52〕吐谷渾——西北少數民族名。古時鮮卑族的一支。本居遼東，後西遷甘肅、青海一帶。在唐代，吐谷渾泛指侵擾邊境的酋領。唐·王昌齡《從軍行》之五：「前軍夜戰洮河北，已報生擒吐谷渾。」生擒吐谷渾，意即生擒其酋長也。

# 第二十齣　春愁望捷

【金瓏璁】〔旦浣上〕風日洗頭〔1〕天，綠影暗移鴛甃〔2〕。陡〔3〕陰餘薄衫寒透。泥香燕子柔，水碧鴉嬌皺〔4〕，一簾花雨濕春愁。

【惜分飛】春愁無緒拖金縷，夢媧〔5〕餘香不去。〔浣〕故故〔6〕驚人睡，悶來彈鵲心兒喜。〔旦〕飄飄奏就凌雲〔7〕賦，會是兒家夫婿〔8〕。〔合〕望極波〔9〕凝翠盼〔10〕花邊立馬泥金〔11〕字。〔旦〕浣紗，李郎赴舉，知得意何如？好悶也！

【傍妝臺〔12〕】傍妝樓，日高花榭〔13〕懶梳頭。咱不曾經春透，早則是被春愁。暈的〔14〕個臉兒烘〔15〕，哈〔16〕的個眉兒皺。鳴鳩〔17〕乳燕，青春正幽；遊絲落絮，東風正柔。這些時做不得〔18〕悔教夫婿覓封侯〔19〕。

【前腔】〔浣〕謾凝眸〔20〕，他可在杜鵑橋上數歸舟？你合的是夫妻樂，他分的是帝王憂。怎做得尋常般兒女儔〔21〕，蟲蟻樣雌雄守？他是西京才子，教他罷休；洛陽春老，知他逗遛〔22〕。只願他插花筵上，佔定酒頭籌〔23〕。

【前腔】〔旦〕錦袍穿上了御街遊，怕有個做媒人闌住紫驊騮〔24〕。美人圖開在手，央及煞〔25〕狀元收。等閒便把絲鞭〔26〕受，容易難將錦纜〔27〕抽。笙歌晝引，平康〔28〕笑留，煙花〔29〕夜擁，俺秦樓訴休。怎時節費人勾管〔30〕，爭似不風流。

【前腔】〔浣〕你好似一眉新月上簾鉤，百年人〔31〕帖不上半年週。雨雲香猶自〔32〕有，絲蘿契急難丟。你夜香不冷花前呪，他晝錦〔33〕還歸月下〔34〕遊。你花冠領取，因何恁憂？香車穩載，因何恁愁？少不的卿卿榮耀，佔住了小紅樓。

【尾聲】泥金喜，畫堂幽，印押的鸞封紅耀手，只這些時燈花閒弄玉釵頭。

長安此去無多地〔35〕，鬱鬱蔥蔥佳氣〔36〕浮；

良人〔37〕得意正年少，今夜醉眠何處樓〔38〕？

## 校 注

〔1〕洗頭——古代婚嫁習俗。新娘回門後返夫家時，娘家贈以禮物，謂之洗頭。宋·

吳自牧《夢粱錄》卷二十「嫁娶」條：「女家或於九朝內，移廚往婿家致酒，謂
之『暖女會』。自後迎女回家，以冠花、段匹、合食之類，送歸婿家，謂之『洗
頭』。」

〔2〕鴛甃──用對稱的磚瓦砌成的井壁。甃（zhòu），井壁。

〔3〕陡──猝然、突然。

〔4〕水碧鴉嬌皺──意言碧綠的水色就像烏鴉光澤的羽毛。嬌，謂色澤鮮明可愛。
唐・杜牧《偶遊石盎村舍》詩：「梟浴漲汪汪，雛嬌村幂幂。」

〔5〕嫋──同「裹」，謂繚繞、纏繞。楊朔《征塵》：「壁上掛的油燈嫋著青煙。」

〔6〕故故──猶云常常、頻頻。唐・杜甫《月》詩之三：「時時開暗室，故故滿青
天。」仇兆鰲注：「故故，猶云屢屢。」

〔7〕凌雲──見第十七齣注〔10〕。

〔8〕兒家夫婿──古時婦女自稱為「兒」或「兒家」，「兒家夫婿」即「兒夫」之意。
元・李直夫《虎頭牌》一、白：「若問兒家夫婿，腰懸大將金牌。」

〔9〕極波──水的盡頭。極，盡頭。

〔10〕凝翠盼──盼望。唐・王昌齡《閨怨》詩：「閨中少婦不知愁，春日凝妝上翠
樓。忽見陌頭楊柳色，悔教夫婿覓封侯。」

〔11〕泥金──見第十七齣注〔25〕。

〔12〕傍妝臺──葉《譜》作「傍羅臺」，謂「傍妝臺」犯「皂羅袍」。

〔13〕花榭──位於花木叢中的臺榭。榭，建在高臺上的木屋，多為遊觀之所。

〔14〕暈的──忽然。元・無名氏《馮玉蘭》一〔天下樂〕：「暈的呵眉黛顰，厭的呵
神思昏。」

〔15〕烘──燃燒。《詩・小雅・白華》鄭玄箋：「烘，燎也。」

〔16〕哈──用作歎詞，表示驚訝。《兒女英雄傳》第十五回：「（安學海）說了這句
話，只見他兩眼一怔，哈了一聲說：『你叫安學海？』」

〔17〕鳩──鴿子一類的鳥，常見有斑鳩、山鳩等。

〔18〕做不得──意為不可以做。見第三十二齣注〔31〕。

〔19〕悔教夫婿覓封侯──此句出自唐・王昌齡《閨怨》詩，全詩四句如下：「閨中
少婦不知愁，春日凝妝上翠樓。忽見陌頭楊柳色，悔教夫婿覓封侯。」

〔20〕謾凝眸──謾，用作否定詞：不要。凝眸，注視貌。

〔21〕女儔──女輩、女流。

〔22〕逗遛──停留。

〔23〕酒頭籌──酒籌，飲酒時記數的籌碼。頭籌，猶言第一名。

〔24〕驊騮──駿馬。《荀子・性惡》：「驊騮、騹驥、纖離、綠耳，此皆古之良馬
也。」楊倞注：「皆周穆王八駿名。」

〔25〕央及煞──苦苦哀求。元・關漢卿《謝天香》三〔滾繡球〕：「強何郎旖旎煞難

搽粉，狠張敞央及煞怎畫眉？」

〔26〕絲鞭——古時由女方遞給男方的訂婚禮物。如果男方接受了絲鞭，就表示同意這樁婚事。遞接絲鞭的儀式繁簡不同。詳參《宋金元明清曲辭通釋·接鞭》。

〔27〕纜——繫船的繩。「等閒便把絲鞭受，容易難將錦纜抽。」意言容易另結新歡而難於回家和原配夫人團聚。「抽」，收縮，代指抽身。

〔28〕平康——唐長安坊名，地近北門，故又稱北里，妓女所居之處。詳參《宋金元明清曲辭通釋·平康巷》。

〔29〕煙花——娼妓。

〔30〕勾管——管束。

〔31〕百年人——百年偕老之人。

〔32〕猶自——用作副詞，「還」的意思。詳參《宋金元明清曲辭通釋·猶自》。

〔33〕晝錦——見第十三齣注〔89〕。

〔34〕月下——清暉、獨深、柳浪、竹林各本俱作「故苑」。

〔35〕地——繼志、清暉、柳浪、竹林各本俱作「路」。

〔36〕佳氣——美好的雲氣，古代以爲是吉祥、興旺的象徵。《後漢書·光武帝紀》：「望氣者蘇伯阿爲王莽使，至南陽，遙望見舂陵廓，唶曰：『氣佳哉！鬱鬱葱葱然。』」唐·李白《明堂賦》：「含佳氣之青葱，吐祥煙之鬱葎。」宋·王安石《南鄉子》詞之二：「自古帝王州，鬱鬱葱葱佳氣浮。」

〔37〕良人——古代女子對丈夫的稱呼。《孟子·離婁下》：「齊人有一妻一妾而處室者，其良人出，則必饜酒食而後反。」趙岐注：「良人，夫也。」唐·沈佺期《雜詩》：「少婦今春意，良人昨夜情。」唐·李白《子夜吳歌》四首之三：「何日平胡虜，良人罷遠征。」

〔38〕「長安此去無多地」四句——見《全唐詩》卷七九九、趙氏（杜羔妻）《聞夫杜羔登第》詩。

## 第二十一齣　杏苑〔1〕題名

【天下樂】〔文武官上〕玉署〔2〕春光紫禁〔3〕煙，青雲有路透〔4〕朝元〔5〕，三天〔6〕日色黃圖〔7〕外，四海雲光綠字〔8〕前。

列位請了！今日殿試放榜，聖旨親點了隴西李益書判拔萃〔9〕，堪爲狀元，早到五鳳門〔10〕外恭候也。〔生上〕

【卜算子】鸞鳳繞身翻，奏徹祥雲見〔11〕。姓字香生紫陌〔12〕喧，日近君王面。

〔眾〕請狀元謝恩。〔生謝恩介〕

【滴溜子】聖天子，聖天子萬壽臨軒〔13〕；賢宰相，賢宰相八柱擎天〔14〕。人中選〔15〕出神仙，總送上蓬萊殿〔16〕。宮袍賜宴〔17〕，謝皇恩，今朝身惹御爐煙〔18〕。

〔眾〕請狀元赴宴。〔行介〕

【前腔】笑從前。笑從前文章幾篇；喜今日，喜今日笙歌上苑〔19〕。十里珠簾盡捲，才認得春風面。祥雲一片，浪桃香，曲江人醉杏花筵〔20〕。

【尾聲】鈴索一聲花滿院〔21〕，這清高富貴無邊，多和少留些故事與人傳。

紫陌萬人生喜色，曲江千樹發仙桃。

青雲已是酬恩處，莫惜芳時醉錦袍。

# 校　注

〔1〕杏苑——園名，即「杏園」。故址在今陝西西安市郊大雁塔南。唐代新科進士賜宴之處。唐・劉滄《及第後宴曲江》詩：「及第新春選勝遊，杏園初宴曲江頭。」

〔2〕玉署——玉堂署的簡稱，實指翰林院。《漢書・李尋傳》：「臣尋位卑術淺，過隨眾賢待詔，食太宮，衣御府，久污玉堂之署。」王先謙補注：「何焯曰：『漢時待詔於玉堂殿，唐時待詔於翰林院。』至宋以後，翰林遂並蒙玉堂之號。」唐・吳融《聞李翰林遊池上有寄》詩：「花飛絮落水如流，玉署詞臣奉詔遊。」元・鄧元原《賀聖節表》：「名叨玉署，目極璿霄。」

〔3〕紫禁——古以紫薇垣比喻皇帝的住處，因稱「宮禁」為「紫禁」。《文選・謝莊〈宋孝武宣貴妃誄〉》：「掩彩搖光，收華紫禁。」李善注：「王者之宮，以象紫微，故謂宮中為『紫禁』。」北京故宮，名紫禁城，亦此義也。

〔4〕透——通過、穿過。唐・韓愈《題木居士》詩：「火透波穿不計春，根如頭面幹如身。」

〔5〕朝元——唐代閣名。朝元閣之省文。在陝西臨潼縣驪山。唐・王建《華清宮感舊》詩：「塵到朝元天使急，千官夜發大龍回。」朝元者，古代臣下每年元旦賀見帝王也。閣，是指朝元的地方。

〔6〕三天——道教稱清微天、禹餘天、大赤天為三天。宋・張君房《雲及七籤》卷八：「三清境者，玉清、上清、大清也，亦名三天；其三天者，清微天、禹餘天、

大赤天是也。」

〔7〕黃圖——書名,《三輔黃圖》的略稱。《隋書・經籍志》卷二:「《黃圖》一卷,記三輔、宮觀、陵廟、明堂、辟廱、郊畤等事。」

〔8〕綠字——即綠圖,河圖也。綠字,河圖上的綠色文字也。《晉書・地理志序》:「昔大禹觀於濁河,而受綠字,寰瀛之內可得而言也。」(寰瀛,指天下、全世界。)

〔9〕書判拔萃——唐代科舉取士,有「書判拔萃」科。書判,指書法文理。《新唐書・選舉志下》:「凡擇人之法有四:一曰身,體貌豐偉;二曰言,言辭辯正;三曰書,楷法遒美;四曰判,文理優長。」拔萃,即選拔英才之意。唐・韓愈《李公墓誌銘》:「其後比以書判拔萃,選爲萬年尉。」

〔10〕五鳳門——飾有五鳳之門。古者以鳳爲祥瑞之征。

〔11〕見——同「現」。

〔12〕紫陌——舊時指京都郊野的道路。唐・李白《南都行》詩:「高樓對紫陌,甲第連青天。」

〔13〕臨軒——皇帝不坐正殿而御前殿殿前堂陛之間近簷處兩邊有檻楯,如車之軒,故稱。唐・王維《少年行》詩之四:「天子臨軒賜侯印,將軍佩出明光宮。」軒,窗檻。

〔14〕八柱擎天——形容地位重要。古代神話傳說,言地有八柱,可以撐天。戰國楚・屈原《天問》:「八柱何當?東南何虧?」王逸注:「言天有八山爲柱。」洪興祖補注:「《河圖》云:崑崙者,地之中也,地下有八柱,柱廣十萬里,有三千六百軸,互相牽制,名山大川,孔穴相通。」唐・張說《姚崇神道碑》:「八柱擎天,高明之位列;四時成歲,亭毒之功成。」

〔15〕選——獨深、柳浪、竹林三本俱誤作「遠」。

〔16〕蓬萊殿——唐代殿名,在蓬萊宮後,長安縣東。

〔17〕宮袍賜宴——指進士及第皇帝賜給宮袍並以筵席招待,以示優寵。宮袍,古代官員的禮服。唐・殷堯藩《登鳳凰臺》:「鳳凰臺上望長安,五色宮袍照水寒。」

〔18〕身惹御爐煙——化用唐・賈至《早朝大明宮》詩:「劍佩聲隨玉墀步,衣冠身惹御爐香。」

〔19〕上苑——見第二齣注〔45〕。

〔20〕曲江人醉杏花筵——唐代考中的進士,放榜後大宴於曲江池。曲江池,在今陝西西安市東南。秦爲宜春苑,漢爲樂遊原,有水曲折而流,故稱。隋文帝以曲名不正,更名芙蓉園,到唐代復名曲江。唐・鄭谷《曲江紅杏》詩:「遮莫江頭柳色遮,日濃鶯睡一枝斜。女郎折得殷勤看,道是春風及第花。」

〔21〕鈴索一聲花滿院——五代・王仁裕《開元天寶遺事・花上金鈴》:「天寶初,寧王日侍,好聲樂,風流蘊藉,諸王不如也。至春時,於後園中,紉紅絲爲

繩，密綴金鈴，繫於花梢之上，每有烏鵲翔集，則令園吏挈鈴索以驚之，蓋惜花之故也。」

# 第二十二齣　權嗔計貶

【一落索】〔盧上〕劍履〔1〕下朝堂，平步〔2〕星辰上。春風桃李遍門牆，敢有一枝兒直強〔3〕。

隻手擎天〔4〕勢獨尊，錦袍玉帶照青春。洛陽貴將多陪席，魯國諸生〔5〕半在門。自家盧太尉，長隨玉輦〔6〕，協理朝綱。聖駕洛陽開試，咱已號令中式〔7〕士子都來咱府相見。昨日開榜，有個隴西李益中了狀元。細查門簿〔8〕，並無此人姓名。書生狂妄如此，可惱！可惱！咱有一計，昨日玉門關節度〔9〕劉公濟一本奏討參軍〔10〕；我就奏點李益前去，永不還朝，中吾計也！堂候〔11〕那裏？〔堂候上〕玉班丞相府〔12〕，花事洛陽春。稟老爺，有何分付？〔盧〕天下士子俱到太尉府，可怪〔13〕新狀元李益獨不到吾門。俺有表薦他玉門關外參軍，你去文書房〔14〕說知。

【風帖兒】你說他書生筆陣〔15〕堪為將，編修院〔16〕無他情況〔17〕。那劉節鎮呵，表求個參軍選人望〔18〕。〔合〕須停當，奏兵機特地忙。

〔堂候〕知道了。〔盧〕還分付你。

【前腔】你說玉關西正干戈廝嚷〔19〕，寫敕書付他星夜前往。官兒催發，不許他向〔20〕家門傍。〔合前〕

堪笑書生直恁〔21〕愚，教他性氣〔22〕走邊隅〔23〕。

人從有理稱君子，自信無毒不丈夫。

# 校　注

〔1〕劍履——「劍履上殿」之省文。古時經帝王特許，重臣上朝可不解劍，不脫履，表示特榮。唐・錢起《陪郭常侍令公東亭宴集》詩：「盛業山河列，重名劍履榮。」

〔2〕平步——平常舉步，形容飛黃騰達，輕而易舉，不用費力。「平步星辰」，猶平步青雲。宋・袁文《甕牖閒評》卷三：「廉宣仲高才，幼年及第，宰相張邦昌納

為婿，當徽宗時自謂平步青雲。」

〔3〕直強——逞強。

〔4〕隻手擎天——極言權勢之盛。隻手，喻指一人之力。擎，舉也、托也。

〔5〕魯國諸生——魯國的儒生；亦泛指儒家學說的信奉者、儒派學者。《漢書·叔孫通傳》：「夫儒者難與進取，可與守成，臣願徵魯諸生，與臣弟子起朝儀。」諸生，意即儒生。

〔6〕玉輦——皇帝乘車的美稱，這裏代指皇帝。

〔7〕中式——謂科舉考試合格。中，讀去聲。

〔8〕門簿——古時晉謁權貴，入門時的登記簿叫門簿。《儒林外史》第二十七回：「若到揚州，只在道門口登記簿一查，便知道我的下處。」

〔9〕玉門關節度——玉門關，關名，漢武帝置。故址在今甘肅省敦煌西北。因西域輸入玉石取道於此而得名。節度，官名，節度使省稱。唐初沿舊制於重要地區設立的總管，總攬一方的軍事，後改稱都督。

〔10〕參軍——官名，東漢末始有「參謀某軍事」的名義，意謂參謀軍事，簡稱「參軍」。

〔11〕堂候——「堂候官」的簡稱，舊時供高級官員使喚的小吏。詳參《宋金元明清曲辭通釋·堂候官》。

〔12〕玉班丞相府——意言丞相府的隨班人員。玉，美稱也。

〔13〕可怪——令人詫異。《後漢書·光武帝紀上》：「劉將軍生平見小敵怯，今見大敵勇，甚可怪也。」

〔14〕文書房——掌管文件的單位。

〔15〕筆陣——比喻寫文章，謀篇佈局有如作戰布陣。

〔16〕編修院——官署名。編修，史官名。負責修撰國史。宋代有史館編修，明清屬翰林院。

〔17〕情況——意指情形。元·劉致散套《端正好·上高監司》詞：「痛分離是何情況，乳哺兒沒人要撇入長江。」

〔18〕人望——眾望所歸的人。

〔19〕廝嚷——意為吵嚷。《金瓶梅》第六十二回：「夜裏便要夢見他恰似好時的拿刀弄杖，和我廝嚷。」

〔20〕他向——葉《譜》無此二字。

〔21〕直恁——竟然如此。

〔22〕性氣——脾氣。《玉嬌梨》第二回：「白年兄性氣高傲，」又云：「白年兄性氣耿直。」義並同。

〔23〕邊隅——邊疆、邊境。《三國志·吳書·周魴傳》：「魴遠在邊隅，江汜分絕，恩澤教化，未蒙撫及。」

# 第二十三齣　榮歸燕喜 〔1〕

【喜遷鶯】〔旦浣上〕鵲語新晴，奈初分燕爾參差〔2〕，上苑〔3〕聞鶯。雲近蓬萊〔4〕，煙消洛浦〔5〕，正春風十里柔情。怎愁隨繡線〔6〕初迴，夢繞香絲〔7〕欲住。春困也，紅妝向晚〔8〕，歸來莫誤卿卿〔9〕。

蓋世文章金馬門〔10〕，京西才子洛陽春。東風不捲珠簾面，待向花邊得意人。昨夢兒夫洛陽中式〔11〕，奴家梳妝赴任，好喜也！

【二郎神〔12〕】憑闌定，正東風人在洛橋〔13〕花影。試著〔14〕春衫鬆扣頸，幾回纖手，薰〔15〕徹〔16〕金猊〔17〕爐〔18〕冷。好是〔19〕舊香荀令〔20〕，語偶停〔21〕，趁〔22〕新妝遊畫省〔23〕。夢忪惺〔24〕，背紗窗教人幾番臨鏡。

【前腔】重省，別時呵衫袖兒翠膩酒痕香迸〔25〕。〔浣〕十郎終日遊街耍子〔26〕哩！〔旦〕想應他也為我懨懨〔27〕病，日高慵起，長是託〔28〕春醒〔29〕未醒。〔浣〕蛛絲兒早喜也！〔旦〕恁雨絲煙映，弄蟢蛛兒〔30〕晴，逗〔31〕風光展翠眉相領〔32〕。正銷凝〔33〕，好流鶯數聲堪聽。〔老旦上〕

【玩仙燈】車馬正喧迎，新狀元花生滿徑〔34〕。

兒：京兆府接新狀元將至，說是李郎也，快備簫鼓迎宴。

【齊天樂〔35〕】〔眾擁生上〕御道〔36〕塵銷春晝永，彩雲蕭史〔37〕門庭。飛蓋〔38〕妨花，停驄〔39〕襯草〔40〕，此日風流獨勝。

〔見介〕獻賦已成龍化去〔41〕，除書〔42〕親得鳳銜〔43〕來。花明驛路〔44〕胭脂暖，山到秦樓〔45〕罨畫〔46〕開。〔老〕狀元及第，恭承晝錦〔47〕之榮，賀喜賀喜！〔生〕指日長安，關奉泥金〔48〕之報，慚愧慚愧！〔老〕浣紗看酒！〔浣上〕袍香宮裏綠〔49〕，春色狀元紅〔50〕。酒到。

【畫眉序】〔老〕花暖洛陽城，似獻賦河陽舊風景〔51〕。喜吹噓〔52〕送上，九天馳騁。探一枝春色歸來，帶五彩祥雲飛映。〔合〕跳龍門此日門楣〔53〕應，簫鼓畫堂歡慶。

【前腔】〔旦〕曾中雀金屏〔54〕，你是個入彀英雄〔55〕愛先逞。趁仙郎年少，把縣君〔56〕親領。舊相如有駟馬前言〔57〕，新京兆穩畫眉〔58〕清興。〔合前〕

【前腔】〔生〕曾傍玉梅〔59〕清，報春色江南未孤冷。喜素娥〔60〕親許，暗香相併，展漢宮帽壓花枝〔61〕，暎月殿釵橫梅影。〔合前〕

【前腔】〔浣鴻〕春滿玉蓬瀛〔62〕，寶燭籠紗篆煙鼎。看宮袍袖惹〔63〕，翠翹花勝〔64〕，雨露恩天上碧桃，春風燕日邊紅杏〔65〕。〔合前〕

〔使客上〕客路朝朝換，鶯啼處處闌〔66〕。報知金馬客，參佐〔67〕玉門關。下官盧太尉帳下，徑來報李狀元，除了劉節鎮關西府內參軍事，早晚催赴邊關，此處便是。〔通報見介、生〕久領朝命，容下官數日起程。〔使〕使得，咱在灞亭西相候也。〔下、旦驚問介〕門外那官兒，報狀元那裏去？〔生低云〕朝命催俺去玉門關，參謀劉節鎮軍事，不久便回。

【滴溜子】〔老〕謾說〔68〕道三千丈風雲路徑，乍歸來且把十二西樓〔69〕月映，趁韶華人〔70〕歡娛佳境。便似尋常喜氣近門闌〔71〕，也盼煞迴鸞影，兀的真個乘龍怎生不並。

〔生〕醉了也！

【鮑老催】〔旦扶遊介〕從天喜幸，綠衣郎近得紅妝敬。與郎醉扶起玉山〔72〕憑，休酩酊〔73〕，宜豪興，當歌詠。守得你〔74〕探花人〔75〕到留春剩。你向天街〔76〕上游衍〔77〕把香風趁。合歡樹〔78〕今端正。

【雙聲子】〔眾〕門庭興，門庭興；遊畫錦，春光凝。非僥倖，非僥倖；郎君福，夫人命。真相稱〔79〕，真相稱；皇恩盛〔80〕，皇恩盛。羨夫榮妻貴，永久歡慶！

【尾聲】從今後一對好夫妻出入在皇都帝輦〔81〕行，謝皇恩瞻天仰聖。〔生〕則怕〔82〕少不得綠暗紅稀〔83〕出鳳城〔84〕。

朱衣頭踏〔85〕引春驄〔86〕，歸到蓬壺〔87〕畫錦濃。

果稱屏開金孔雀，休教鏡剖玉盤龍〔88〕。

# 校　注

〔1〕燕喜——語出《詩經》。《詩·小雅·六月》：「吉甫燕喜，既多受祉。」箋：「吉甫既伐玁狁而歸，天子以燕禮樂之，則歡喜矣。」按：燕，古通「讌」，原謂讌飲而生喜，後來便借爲一般喜樂、歡樂之辭。

〔2〕燕爾參差——燕爾，指新婚。《西廂記》五本二折〔二煞〕：「恰新婚，才燕爾，爲功名來到此。」《歧路燈》第五十回：「倘再講譚紹聞與巫翠姐燕爾昵情，又落了小說家窠臼，所以概從省文。」見第十七齣注〔5〕參差，意指遠離、阻隔。元·鄧牧《寄友》詩：「我還吳，君適越，遙隔三江共明月。明月可望，佳人參差。」。

〔3〕上苑——見第二齣注〔45〕。

〔4〕蓬萊——指蓬萊山。古代傳說中的神山名。《史記·封禪書》：「自威、宣、燕昭使人入海求蓬萊、方丈、瀛洲，此三神山者，其傳在勃海中。」見第十八齣注〔21〕。

〔5〕洛浦——洛水之濱。漢·張衡《思玄賦》：「載太華之玉女兮，召洛浦之宓妃。」

〔6〕繡線——彩色的線。

〔7〕香絲——指美人頭髮。唐·李賀《美人梳頭歌》：「一編香絲雲撒地，玉釵落處無聲膩。」

〔8〕向晚——猶云「傍晚」。向，接近之意。唐·李商隱《登樂遊原》詩：「向晚意不適，驅車登古原。」

〔9〕卿卿——動賓短語。前一個「卿」字爲動詞，親愛之意；後一個「卿」字爲「你」的代詞。兩字連用，爲相互親昵之稱。南朝宋·劉義慶《世說新語·惑溺》：「王安豐婦常卿安豐，安豐曰：『婦人卿婿，於禮爲不敬，後勿復爾。』婦曰『親卿愛卿，是以卿卿；我不卿卿，誰當卿卿？』遂恒聽之。」

〔10〕金馬門——漢宮門名，在未央宮前。《史記·東方朔傳》：「金馬門者，官署門也，門旁有銅馬，故謂之金馬門。」此爲學士待詔之處，古人認爲待詔金馬門，是很榮耀的事情。

〔11〕中式——謂科舉考試合格。《明史·選舉志二》：「三年大比，以諸生試之直省，曰鄉試，中式者爲舉人。」中，讀去聲。式，獨深本作「試」。

〔12〕二郎神——葉《譜》題作「二賢賓」，謂「二郎神」犯「集賢賓」。

〔13〕洛橋——指洛陽市天津橋，因橋建在洛水之上，故稱洛橋。唐·祖詠《江南旅情》詩：「爲報空潭橘，無媒寄洛橋。」

〔14〕著——各本俱作「看」。「著」或「看」，義皆通。

〔15〕薰——用氣味或煙氣接近物品曰薰。聞一多《紅燭・劍匣》：「又在龍涎香上薰著他，薰去了他一切腥膻的記憶。」

〔16〕徹——盡、完。

〔17〕金猊——香爐的一種，爐蓋爲猊狻形，空腹，焚香時，煙從口出。明・陸容《菽園雜記》卷二：「金猊，其形似獅，性好火煙，故立於香爐蓋上。」宋・張元幹《花心動・七夕》詞：「綺羅人散金猊冷，醉魂到，華胥深處。」

〔18〕爐——物體燃燒後剩下的東西，如灰燼。宋・朱熹集傳：「爐，灰燼也。」

〔19〕好是——猶言「正是」。參見第九齣注〔3〕。

〔20〕荀令——即荀彧，字文若，舉孝廉。曹操任爲奮武司馬，軍國事悉以咨之，積功封爲萬歲亭侯。操征孫權時，官至侍中，持節參丞相軍。每至人家，坐處常三日香。故唐・李商隱《牡丹》詩云：「荀令香爐可待熏。」馮浩注：「習鑿齒《襄陽記》：『荀令君至人家，坐幕散三日，香氣不歇。』」

〔21〕俜停——姿態美好貌。這裏指美人。亦作「娉婷」，如《牡丹亭》十六〔駐馬聽・前腔〕：「因何瘦壞了玉娉婷，你怎生觸損了他嬌情性？」參見第八齣注〔73〕。

〔22〕趁——追求、追逐。

〔23〕畫省——指尚書省。省，意爲官署。因省中皆以胡粉塗壁，紫素界之，圖畫古烈士，故稱畫省。清・方文《喜從子密之京師歸》詩之二：「一官辭畫省，三載戀金門。」

〔24〕惺忪——多作「惺忪」，清醒、蘇醒、警覺貌。宋・潘汾《玉蝴蝶》詞：「醉眼羞瞪，嬌困猶自未惺忪。」

〔25〕迸（bèng）——爆開、濺射。

〔26〕耍子——猶云「玩耍」、「遊戲」。

〔27〕懨懨——病態的狀詞。

〔28〕託——憑藉、依靠。

〔29〕春酲——春天的酒病。酲，因飲酒致身體不適曰「酲」。唐・元稹《襄陽爲盧竇紀事》詩之三：「猶帶春酲懶相送，櫻桃花下隔簾看。」

〔30〕蟢蛛兒——俗呼爲「蟢子」，見第十一齣注〔7〕。

〔31〕逗——逗引。清暉、獨深、柳浪、竹林各本俱作「甚」。

〔32〕領——脖子、衣領。

〔33〕銷凝——銷魂凝神的意思。宋・柳永《夜半樂》詞：「對此佳景，頓覺銷凝，惹成愁緒。」元・趙善慶小令《水仙子・客鄉秋夜》：「捱長宵，何處銷凝。」

〔34〕花生滿徑——榮耀、美滿之意。此爲曲中常用語，亦作「花生滿路」。

〔35〕齊天樂——原誤作〔喜遷鶯〕，據葉《譜》改。

〔36〕御道——供皇帝車駕通行的道路。《後漢書・虞延傳》：「帝乃臨御道之館親錄

　　囚徒。」

〔37〕蕭史——相傳爲秦穆公時人，善吹簫，能招致孔雀、白鶴於庭，秦穆公以女弄
　　　　玉妻之。此處借指新狀元李益。蕭，原誤作「簫」，今正。

〔38〕飛蓋——高聳的車篷。《陳書·徐陵傳》：「高軒繼路，飛蓋相隨。」明·何景
　　　　明《觀春雪》詩：「佳人臨檻軒，上客倚飛蓋。」

〔39〕停驄——駿馬駐足。驄，青白色的馬。

〔40〕襯草——謂以草爲襯墊也。《西遊記》第六十九回：「那馬斜伏地下睡哩。呆子
　　　　一頓腳踢起，襯在肚下，等了半會，全不見撒尿。」

〔41〕龍化去——見第十七齣注〔20〕。

〔42〕除書——拜官的文書。除，謂拜官授職。唐·白居易《除蘇州刺史》詩：「老
　　　　除吳郡守，春別洛陽城。」

〔43〕鳳銜——喻美差。

〔44〕驛路——驛道，大道。唐·王昌齡《送吳十九往沅陵》詩：「沅江流水到辰陽，
　　　　溪口逢君驛路長。」

〔45〕秦樓——此指秦穆公爲其女弄玉所建之樓。比喻霍小玉居所。

〔46〕罨（yǎn）畫——色彩鮮明的繪畫。明·楊愼《丹鉛總錄·訂訛·罨畫》：「畫
　　　　家有罨畫，雜綵色畫也。」

〔47〕晝錦——見第十三齣注〔89〕。

〔48〕泥金——見第十七齣注〔25〕。

〔49〕袍香宮裏綠——舊時進士及第賜綠袍。下文「綠衣郎」亦指進士。

〔50〕狀元紅——見第十八齣注〔17〕。

〔51〕河陽舊風景——晉·潘岳任河陽（在今河南省孟縣西）縣令，在全縣遍種桃
　　　　李，號稱花縣。《白氏六帖·縣令》：「潘岳爲河陽令，樹桃李花，人號曰『河
　　　　陽一縣花』。」這是用以比擬洛陽花。

〔52〕吹噓——謂以美言助人成事也。參閱《宋金元明清曲辭通釋·吹噓》。

〔53〕門楣——楣，門上的橫梁，是支撐門戶的。舊時習用「門楣」作爲家庭地位的
　　　　象徵詞，猶云「門第」。

〔54〕中雀金屛——見第十三齣注〔75〕。

〔55〕入彀英雄——入彀，就範、受牢籠之意。五代·王定保《唐摭言》卷一「述進
　　　　士上篇」：「文皇帝（指唐太宗）修文偃武，天贊神授，嘗私幸端門，見新進士
　　　　綴行而出，喜曰：『英雄入吾彀中矣！』」

〔56〕縣君——見第十七齣注〔31〕。

〔57〕駙馬前言——見第八齣注〔62〕。

〔58〕畫眉——見第十三齣注〔84〕。

〔59〕玉梅——此當指白梅花。宋·蘇軾《六年正月二十日復出東門》詩：「長與東

風約今日，暗香先返玉梅魂。」

〔60〕素娥——嫦娥的美稱，此借喻霍小玉。

〔61〕帽壓花枝——比喻得志。科舉時考中狀元的人，帽簷上要插花，以示顯耀。曲中常見「花壓帽簷低」、「花壓帽簷偏」、「花壓帽簷歪」一類詞語。

〔62〕蓬瀛——蓬萊、瀛洲，二仙島名。見第十八齣注〔21〕。此處美譽小玉住所。

〔63〕宮袍袖惹——唐・賈至《早朝大明宮》詩：「劍佩聲隨玉墀步，衣冠身惹御爐香。」此言李益自皇帝身邊來，故言宮袍袖惹御爐香也。

〔64〕翠翹花勝——皆爲婦女的首飾。翠翹，古代婦女首飾的一種，狀似翠鳥尾上的長尾，故名。唐・白居易《長恨歌》：「花鈿委地無人收，翠翹金雀玉搔頭。」花勝，以剪綵爲之，見第五十齣注〔12〕。此處皆以指人（霍小玉）。

〔65〕雨露恩天上碧桃，春風燕日邊紅杏——此二句係化用唐・高蟾《下第後上永崇高侍郎》詩：「天上碧桃和露種，日邊紅杏倚雲栽。」按高詩原意是揭露科場上貧士不得第而達官貴族子弟賴託庇而高居榜首，憤憤不平。湯反其意而用之，表明自己是在春風化雨中，得沐聖恩，而得意洋洋。

〔66〕闌——將盡、將完。

〔67〕參佐——輔佐、輔助。唐・趙元一《奉天錄》卷四：「參佐帷幄，大興王師。」

〔68〕謾說——休說、莫說。唐・王昌齡《九日登高》詩：「謾說陶潛籬下醉，何曾得見此風流？」

〔69〕十二西樓——泛指高層樓閣。唐・王昌齡《放歌行》：「南渡洛陽津，西望十二樓。」

〔70〕韶華人——青年人。韶華，美好年華，指青年時期。唐・李賀《嘲少年》詩：「莫道韶華鎮常在，髮白面皺專相待。」

〔71〕門闌——借指門庭。唐・杜甫《李監宅》詩之一：「門闌多喜色，女婿近乘龍。」

〔72〕玉山——本喻容姿美好之詞，如《晉書・裴楷傳》：「楷風聲高邁，容儀俊爽，特精理義，時人謂之『玉人』。」南朝宋・劉義慶《世說新語・容止》：「嵇叔夜之爲人也，岩岩如孤松之獨立；其醉也，傀俄如玉山之將崩。」後因以形容醉倒者的樣子。

〔73〕酩酊——醉貌。

〔74〕守得你——葉《譜》作「守的個」。得、的異寫而音義同。

〔75〕探花人——指李益。參見第十八齣注〔19〕。

〔76〕天街——京都的街道，號爲天街。清・鈕琇《觚剩・燕京元夜詞》：「婦女連袂而出，踏月天街，必至正陽門下摸釘乃回。」

〔77〕遊衍——謂恣意遊逛。《詩・大雅・板》：「昊天曰旦，及爾遊衍。」毛傳：「遊，行；衍，溢也。」孔穎達疏：「遊行衍溢，亦自恣之意也。」

〔78〕合歡樹——即夜合花，屬木蘭科，葉作橢圓形，花帶黃白色，畫開夜合，故

云。元・吳師道《詞譜》：「按夜合花，合歡樹也。」晉・崔豹《古今注》下「草木第六」：「合歡樹，似梧桐，葉弱枝繁，互相交結，每一風采，輒自相解，了不相絆綴，樹之階庭，使人不憤。嵇康種之舍前。」

〔79〕眞相稱——葉《譜》不迭句。

〔80〕皇恩盛——葉《譜》不迭句。

〔81〕帝輦——皇帝坐的車。《史記・梁孝王世家》：「景帝益疏王，不同車輦矣。」

〔82〕則怕——葉《譜》無此二字。

〔83〕綠暗紅稀——指春末夏初。唐・韓琮《暮春滻水送別》詩：「綠暗紅稀出鳳城，暮雲樓閣古今情。」

〔84〕鳳城——指都城。

〔85〕朱衣頭踏——朱衣，下級侍從官。《翰林故事》：「學士以上，並有朱衣引馬。」元・武漢臣《老生兒》二〔滾繡球〕白：「頭上打一輪皁蓋，馬前列兩行朱衣。」頭踏，古時大官出行時，走在前面的儀仗隊。踏，清暉、獨深、柳浪、竹林俱作「沓」。

〔86〕春驄——春天的駿馬。

〔87〕蓬壺——即蓬萊，古代傳說的海中仙山。晉・王嘉《拾遺記・高辛》：「三壺，則海中三山也。一曰方壺，則方丈也；二曰蓬壺，則蓬萊也；三曰瀛壺，則瀛洲也。形如壺器。」

〔88〕玉盤龍——梁柱盤龍浮雕的美稱。南朝宋・鮑照《代陳思王京洛篇》詩：「秀桷金蓮花，柱柱玉盤龍。」唐・駱賓王《帝京篇》：「寶蓋雕鞍金絡馬，蘭窗繡柱玉盤龍。」

# 第二十四齣　門楣絮別

【步步嬌】〔老旦上〕彩雲欲散秦簫〔1〕徹，向御溝頭流水別〔2〕。嬌啼暗幽咽〔3〕，去馬驚香，征輪繞月。風暈〔4〕的塞塵遮，好門楣〔5〕作了《陽關疊》〔6〕。

【謁金門】留不得，留得也應無益。小玉窗前紅袖滴，鳳臺人〔7〕半刻。乍圍樂〔8〕，底〔9〕拋擲？柳色灞橋〔10〕。今日忍看鴛鴦三十六〔11〕，孤鸞還一隻。自家鄭六娘，女兒小玉，招得李十郎，名魁春榜，官拜翰林。便差去西鎭參軍，聽得關西吐番軍情緊急。〔悲介〕我的女兒也！

【醉扶歸】合歡衾〔12〕覆著縫停帖〔13〕，連心枕結得好周遮〔14〕。

踹〔15〕雙絲半步不離些，亂花風擺亞〔16〕金泥〔17〕蝶。郎馬兒站不了七香車〔18〕，關山點破香閨〔19〕月。

【前腔】〔浣〕恰好的〔20〕鳳鸞簫雙吹向漢宮闕，怎教他旗影裏把筆陣掃龍蛇〔21〕！小姐呵，昨宵燈兒下打貼〔22〕的翠波〔23〕斜，今朝車輪上蹍碎的柔腸絕。杜鵑〔24〕來了好咨嗟〔25〕，知後會甚時節？

〔鮑上〕乍雨乍晴春自老，閒愁閒悶日偏長。細聽鶯語移時〔26〕立，似怨楊花別路忙。聞得李十郎高中還鄉，從軍遠去，特取一分春色，相看〔27〕萬里征人。〔見介、鮑〕鄭夫人，你爲十郎遠征，眼梢兒〔28〕啼得好苦也！〔老〕咱娘兒命薄也！

【女冠子】〔生上〕離愁滿目，還雌雄劍〔29〕花偷覷。漸魂移帶眼〔30〕，夢飄旗尾〔31〕，玉驄嘶緊〔32〕，畫鸞〔33〕飛豎。〔旦上〕鏡臺紅淚雨，送江左參軍〔34〕，洛陽才子〔35〕。〔眾合〕繞屏山〔36〕舊路，幾許歡娛，少年羈旅〔37〕。

〔老見哭介〕李郎，眞個生別離呵！苦殺老娘也！〔生〕四娘也在此。

【古女冠子】〔老〕覷得著新狀元爲女婿，正喜氣門闌〔38〕歡聚，一杯春酒王孫〔39〕路，看不足怎教去？〔生〕便歸。好生護著家門也。〔老〕深閨淑女〔40〕，何須疑慮〔41〕，便待你侯封絕塞奇男子〔42〕，咱身〔43〕是當門〔44〕女丈夫。〔合〕別離幾許？省可也〔45〕薄情分付。

【前腔】〔生〕妻你須索〔46〕不捲珠簾人在深深處，踏著這老夫人行步。老夫人呵，愧仙郎傍不著門楣住，冷落你鳳將雛〔47〕。〔老〕李郎早回，妾身老年人也！〔生〕瑤池西母，把絳桃深護。咱把壽山的岳母向遙天祝，愛海〔48〕的闈娃〔49〕窨地〔50〕呼。〔合前〕

【前腔】〔旦〕人去也！知他此恨平分取，淚閣著〔51〕斷雲殘雨，更無言語空相覷。老夫人直恁苦。看女配夫，等閒離阻；咱夫妻覆不著桐花鳳〔52〕，子母空啼桂樹烏〔53〕。〔合前〕

【前腔】〔鮑〕畫堂前訴定個花無主〔54〕，似人家燕子妻夫〔55〕。儘

商量〔56〕止不住他鵬程路〔57〕，說得個儒冠誤〔58〕。便去待何如，留他怎住？怕猿聞離別堪腸斷，便螻大功名〔59〕也索拚命趨。〔合前〕

〔將官上〕上將程期〔60〕在，灞陵難久羈，快請參軍起行。〔生拜辭介〕老夫人呵！

【一撮棹】你慈闈冷，好溫存〔61〕你個鳳女孤。〔老〕李郎，你邊關苦，好將息〔62〕你化龍軀〔63〕。〔生〕鮑四娘，他娘女伊家早晚間〔64〕好看覷。〔鮑〕深領取，還是你早回車。〔旦〕眼見的拋人去，有訴不盡的長亭〔65〕語。〔合〕眞去也！早和晚索盼取幾行書。

〔老〕李郎幾時回來？〔生〕多則一年。

【哭相思〔66〕尾】最苦是筍條兒嬌婿〔67〕生離拆〔68〕，女娘們苦也！

〔老悶倒介、生旦下、鮑〕老夫人休憂，他萬里封侯，歸來正好。

門楣不久去關西，綠窗嬌女隱愁眉。

流淚眼隨流淚水，斷腸人折斷腸枝。

# 校　注

〔1〕秦簫——指傳說中的蕭史善吹簫作鳳鳴，秦穆公以女妻之，後兩人俱仙而去。參見第八齣注〔58〕。簫，繼志、柳浪、竹林三本俱作「笙」。

〔2〕御溝頭流水別——據《西京雜記》記載，司馬相如將聘茂陵女爲妾，卓文君作《白頭吟》曰：「今日斗酒會，明日溝水頭。躞蹀御溝上，溝水東西流。」本劇借用此詩意，言宴會才罷，又要在溝水上分手了。

〔3〕幽咽——形容哭泣聲低沉而輕微。唐・杜甫《石壕吏》詩：「夜久語聲絕，如聞泣幽咽。」

〔4〕風暈——指太陽、月亮周圍的光圈，是颶風的預兆。宋・蘇洵《辨奸論》：「月暈而風，礎潤而雨。」宋・范成大《中秋無月》詩：「澹澹白虹風暈壯，紛紛蒼狗雨雲高。」

〔5〕好門楣——指李益。門楣，見第二十三齣注〔53〕。

〔6〕《陽關疊》——指唐代詩人王維的《渭城曲》，詩曰：「渭城朝雨浥輕塵，客舍青青柳色新。勸君更盡一杯酒，西出陽關無故人。」後人歌以入樂，作爲送別的曲子，至「陽關」句，反覆詠之，謂之《陽關三疊》。

〔7〕鳳臺人——此指李益。鳳臺，古臺名。爲春秋時秦穆公爲女弄玉和蕭史所建。

見漢・劉向《列仙傳・蕭史》。

〔8〕團欒——團圓。

〔9〕底——用作疑問代詞，意爲「何」、「爲什麼」。《樂府詩集・清商曲辭一・子夜四時歌秋歌十三》：「寒衣尙未了，郎喚儂底爲？」唐・葛鴉兒《懷良》詩：「胡麻好種無人種，正是歸時底不歸？」

〔10〕柳色灞橋——灞橋在陝西長安東，又稱銷魂橋。古人常在此折柳惜別。此俗濫觴甚早，《詩・小雅・采薇》就有「昔我往矣，楊柳依依」之句。據《三輔黃圖》卷六記載：「灞橋，在長安東，跨水作橋。漢人送客至此，折柳贈別。」歷代相傳，隋唐最盛。

〔11〕鴛鴦三十六——比喻豔妓。清・王滔《淞隱漫錄・鴛鴦三十六譜下》：「露草忘塵事，風花暢豔懷，鴛鴦三十六，死便逐情埋。」

〔12〕合歡衾——即合歡被，織有對稱圖案花紋的聯幅被，象徵男女歡愛，爲夫妻共寢之被。《古詩十九首》之十八曰：「文采雙鴛鴦，裁爲合歡被。」

〔13〕停帖——寧貼。與本劇第九齣「停妥」義近。

〔14〕周遮——周全密實。

〔15〕踹——俗謂足踏曰踹。光緒年間修《米脂縣志・方言》：「踹，腳踏物也」

〔16〕擺亞——指稻穀。詳參《宋金元明清曲辭通釋・罷亞》。

〔17〕金泥——用以飾物的金屑。

〔18〕七香車——見第十七齣注〔32〕。

〔19〕香閨——舊指女子的內室。唐・陶翰《柳陌聽早鶯》詩：「乍使香閨靜，偏傷遠客情。」宋・柳永《臨江仙》詞：「香閨別來無信息，雲愁雨恨難忘。」

〔20〕恰好的——適當其可之意，猶云恰好、正好。湯顯祖《南柯記》十七〔繞池遊〕白：「恰好此本上去，正直公主入宮。」

〔21〕筆陣掃龍蛇——比喻筆勢。筆陣，比喻書法運筆如行陣。晉・王羲之《題〈筆陣圖〉後》：「夫紙者，陣也；筆，刀稍也。」龍蛇，指草書飛動圓轉的筆勢。唐・李白《草書歌行》：「怳怳如聞神鬼驚，時時只見龍蛇走。」

〔22〕打貼——猶「打點」，意爲準備。

〔23〕翠波——各本俱作「淚行」。

〔24〕杜鵑——鳥名，又名杜宇、子規。相傳爲古蜀王杜宇之魂所化。春末夏初，常晝夜啼鳴，其聲哀切。常用以形容生離死別的極度哀痛。

〔25〕咨嗟——歎息。

〔26〕移時——經過一段時間。《後漢書・吳祐傳》：「祐越壇共小史雍丘、黃眞歡語移時，與結友而別。」金・董解元《西廂記諸宮調》卷八〔大時調・玉翼蟬〕：「移時節，方認得兩個如花女。」

〔27〕相看——注視、觀看。與第四齣「相看」義別。參閱《宋金元明清曲辭通釋・相看》。

〔28〕眼梢兒——靠近兩鬢的眼角。明·吳炳《綠牡丹》二十一〔白練序換頭〕:「兒曹,次第高,丟人眼梢。喬妝做多般內家腔調。」

〔29〕雌雄劍——據唐·陸廣微《吳地記》載:春秋時吳人干將鑄成二劍,雄號干將,雌號莫邪。進雄劍於吳王,而自藏雌劍,雌劍時時悲鳴,憶其雄也。

〔30〕帶眼——腰帶上的孔眼。放寬或收緊腰帶時用。宋·王安石《寄余溫卿》詩:「平日離愁寬帶眼,訖春歸思滿琴心。」宋·陸游《新涼書懷》詩:「烏帽圍寬帶眼移,閉門慣忍日長饑。」

〔31〕旗尾——旗幟的尾端。唐·劉禹錫《飛鳶操》詩:「旗尾飄揚勢漸高,箭頭砉劃聲相似。」砉劃,象聲詞,箭破空聲。

〔32〕玉驄嘶緊——青白雜色的馬曰「驄」。玉驄,馬之美稱,泛指駿馬。見第十三齣注〔31〕。緊,急也。

〔33〕畫鷺——鷺,舊時傳說,鳳凰一類的鳥。《漢書·息夫躬傳》:「鷹隼橫厲,鷺俳佪兮。」顏師古注:「鷺,神鳥也。」畫鷺,言羽毛色雜如畫也。

〔34〕江左參軍——本指南朝宋文學家鮑照(做過參軍)。

〔35〕洛陽才子——本指賈誼(賈爲洛陽人)。按:江左參軍、洛陽才子,後泛指有才華的人,這裏均指李益。

〔36〕屏山——類似屏風之山。因以名之。明·高明《琵琶記》二十四〔喜遷鶯〕:「歸夢杳,繞屏山煙樹,那是家鄉?」

〔37〕羈旅——謂寄居異鄉。《左傳·莊公二十二年》:「齊侯使敬仲爲卿,辭曰:『羈旅之臣……敢辱高位?』」杜預注:「羈,寄;旅,客也。」

〔38〕門闌——門庭。見第二十三齣注〔71〕。

〔39〕王孫——帝王的子孫。後泛指貴族子弟。唐·杜甫《哀王孫》:「腰下寶玦青珊瑚,可憐王孫泣路隅。」

〔40〕深閨淑女——淑,賢惠美貌,舊時此語稱揚女人的品德。

〔41〕慮——各本俱作「誤」,非是。

〔42〕奇男子——特立獨行、超群出眾的男子。《後漢書·孔融傳》:「孔融魯國奇男子,明日便當拂衣而去,不復朝矣。」

〔43〕身——古代自稱(我)之詞,不限男女,後來方演變爲女人自我的專稱,如宋元以來戲曲中的「身」字用法。詳參《宋金元明清曲辭通釋·身》。

〔44〕當門——猶「當門戶」、「當門抵戶」,意爲支持門戶、主持家務。

〔45〕省可也——免得、休要。「可也」爲語助詞,無義。又作省可裏、省可的。

〔46〕須索——須應、須得。「索」也是「須」的意思。同義連文。元·鄭廷玉《後庭花》一〔混江龍〕:「何須發怒,不索生嗔。」

〔47〕鳳將雛——此謂母和女;非曲名。與第八齣〔鳳將雛〕義別。

〔48〕愛海——佛教用以稱「情」;海,極言愛之深也。

〔49〕閨娃——指女孩兒、姑娘，這裏代指小玉。娃，清暉、竹林本俱誤作「姓」。

〔50〕窄地——緊迫地。

〔51〕淚閣著——含著淚。閣，含也。元·孔文卿《東窗事犯》楔子〔仙呂賞花時·
么篇〕：「見太師閣著淚訴艱難。」

〔52〕桐花鳳——一種比燕子還小的鳥，春末飛來，棲集於桐花而得名。唐·李德裕
《畫桐花鳳扇賦序》：「成都夾岷江磯岸，多植紫桐，每至暮春，有靈禽五色，
小於玄鳥，來集桐花，以飲朝露。」

〔53〕子母空啼桂樹烏——化用白居易詩：「噴噴護兒雀，啞啞母子烏。」這裏是說
小玉母女不忍和李（益）郎分別。

〔54〕花無主——意指李益一走，剩下小玉，無依無靠。

〔55〕妻夫——即夫妻，當時稱謂習慣如此。

〔56〕盡商量——想盡辦法。盡，儘量（有多少用多少）。商量，辦法。見《宋金元
明清曲辭通釋·商量（四）》

〔57〕鵬程路——意言前程遠大。《莊子·逍遙遊》：「鵬之徙於南冥也，水擊三千
里，摶扶搖而上者九萬里。」後因以「鵬程萬里」比喻前程不可限量。

〔58〕儒冠誤——是說讀書人多不如意，耽誤了前程。唐·杜甫《奉贈韋左丞丈二十
二韻》：「紈袴不餓死，儒冠多誤身。」金·元好問《追錄舊詩二首》之二：「聞
君話我才名在，不道儒冠已誤身。」清·方丈《送蕭賡九北歸》詩：「長干一
見喜且悲，儒冠端被虛名誤。」

〔59〕功名——各本俱作「前程」。

〔60〕程期——猶云「期限」、「限期」。唐·杜甫《前出塞》詩之一：「戚戚去故里，
悠悠赴交河；公家有程期，亡命嬰禍羅。」「有程期」，謂有期限也。

〔61〕溫存——殷勤撫慰。

〔62〕將息——保重身體的意思。宋·楊萬里《寄題永新昊天觀賀之官方外軒》詩：
「若見君家兩仙伯，為儂寄聲好將息。」金·董解元《西廂記諸宮調》卷二〔大
石調·洞仙歌〕：「道得一聲『好將息』，早收拾琴囊，打疊文字。」「好將息」，
猶云善自保重也。

〔63〕化龍軀——比喻登第。古時以為魚乘著黃河桃花汛登龍門，就能化成龍了。李
益應試中第，故云。

〔64〕早晚間——猶云「一早一晚」。

〔65〕長亭——古時道路上每隔十里建一長亭，亦稱「十里長亭」，以供行旅休息，
或送別之處。北周·庾信《哀江南賦》：「十里五里，長亭短亭。」《白帖》：「十
里一長亭，五里一短亭。」清·龔自珍《摸魚兒》詞：「朝朝送客長亭岸，身
似蘆溝柳樹。」

〔66〕哭相思——此是引子作尾聲用。在劇情悲哀時有此用法。本調應有四句，這下
面刪去二句；又調名下原有「尾」字，依葉《譜》刪。

〔67〕筍條兒嬌婿──喻女婿李益的嬌嫩。筍條兒指尚未展放的新竹，比喻人年輕秀美。

〔68〕拆──清暉、竹林本俱作「折」，誤。

# 第二十五齣　折柳陽關

【金瓏璁】〔旦浣上〕春纖〔1〕餘幾許？繡征衫親付與男兒。河橋外香車駐，看紫驪開道路；擁頭踏〔2〕鳴笳〔3〕芳樹，都不是秦簫曲。

【好事近】〔旦〕腕枕怯〔4〕征魂，斷雨停雲時節。〔浣〕忍聽御溝殘漏，迸〔5〕一聲淒咽〔6〕。〔旦〕不堪西望卓香車〔7〕，相看去難說。〔合〕何日子規〔8〕花下，覷舊痕啼血！〔旦〕浣紗，這灞橋是銷魂橋也！

〔眾擁生上〕

【北點絳唇〔9〕】逞軍容出塞榮華，這其間〔10〕有喝不倒的灞陵橋接著陽關路。後擁前呼，百忙裏〔11〕陡的個〔12〕雕鞍住。

旌旗日暖散春寒，酒濕胡沙淚不乾；花裏端詳人一刻，明朝相憶路漫漫。左右，頭踏〔13〕停灞陵橋〔14〕外，待夫人話別也〔15〕！〔見介、生〕出門何意向邊州？〔旦〕夫，你匹馬今朝不少留！〔生〕極目關山何日盡？〔旦〕斷腸絲竹〔16〕為君愁。李郎，今日雖然壯行〔17〕，難教妾不悲怨。前面灞陵橋也，妾待折柳尊前，一寫陽關之思。看酒過來！

【北寄生草〔18〕】怕奏《陽關曲》，生寒渭水〔19〕都。是江干桃葉淩波渡〔20〕，汀洲〔21〕草碧黏雲漬，這河橋柳色迎風訴。〔折柳介〕柳呵！纖腰倩〔22〕作縮〔23〕人絲，可笑他自家飛絮渾難住！

〔生〕想昨夜歡娛也！

【前腔】倒鳳心無阻，交鴛畫不如。衾窩宛轉〔24〕春無數，花心歷亂〔25〕魂難駐。陽臺半霎〔26〕云何處？起來鸞袖〔27〕欲分飛，問芳卿為誰斷送春歸去？

〔旦〕有淚珠千點沾君袖也！

【前腔】這淚呵！慢頰垂紅縷，嬌啼走碧珠〔28〕；冰壺迸裂薔薇露，闌干碎滴梨花雨，珠盤濺濕紅銷霧；怕層波溜折海雲枯〔29〕。這袖呵，瀟湘染就斑文篰〔30〕。

〔生〕只恁啼得苦也！

【前腔】不語花含悴〔31〕，長顰翠怯舒。你春纖亂點〔32〕檀霞注〔33〕，明眸謾〔34〕蹙回波顧，長裙皺拂行雲步。便千金一刻待何如？想今宵相思有夢歡難做。

〔旦〕夫，玉關向那頭去？

【前腔】路轉橫波處，塵飄淚點初。你去呵，則怕芙蓉帳額〔35〕寒凝綠，茱萸〔36〕帶眼圍寬素，葉荷〔37〕燭影香銷炷。看畫屏山障〔38〕彩雲圖，到大來〔39〕蘼蕪〔40〕怕作相逢路。

李郎，你可有甚囑付？

【前腔】〔生〕和悶將閒度，留春伴影居。你通心紐扣蕤蕤束〔41〕，連心腰彩柔柔護，驚心的襯褥微微絮。分明殘夢有些兒，睡醒時好生收拾〔42〕疼人處。

〔旦〕聽這話，想不是輕薄的，只是眼下呵！

【解三酲〔43〕】恨鎖著滿庭花雨，愁籠著蘸水煙蕪〔44〕。也不管鴛鴦隔南浦〔45〕，花枝外影跼蹐〔46〕。俺待把釵敲側〔47〕喚鸚哥語，被疊慵窺素女圖〔48〕。新人故，一霎時眼中人去，鏡裏鸞孤。

〔生〕俺怎生便去也？再看酒！

【前腔】倚片玉生春乍熟，受多嬌密寵難疏。正寒食〔49〕泥香新燕乳，行不得話提壺〔50〕。把驕驄〔51〕繫軟相思樹〔52〕，鄉淚迴穿九曲珠〔53〕。鎖魂處，多則是人歸醉後，春老吟餘。

〔旦〕你去，教人怎生消遣？

【前腔】俺怎生有聽嬌鶯情緒，全不著整花朵工夫。從今後怕愁來無著處，聽郎馬盼音書。想駐春樓畔花無主，落照關西妾有夫。河橋路，

見了些無情畫舸，有恨香車。

〔生〕妻，則怕塞上風沙，老卻人也。

【前腔】比王粲從軍朔土，似小喬初嫁東吳；正才子佳人無限趣，怎棄擲在長途。三春別恨調琴語，一片年光攬鏡噓。心期負，問歸來朱顏認否，旅鬢何如？

〔旦〕李郎，以君才貌名聲，人家景慕，願結婚媾，固亦眾矣！離思縈懷，歸期未卜，官身轉徙，或就佳姻，盟約之言，恐成虛語。然妾有短願，欲輒指陳，未委君心，復能聽否？〔生驚怪介〕有何罪過，忽發此辭？試說所言，必當敬奉。〔旦〕妾年始十八，君才二十有二，逮君壯室之秋，猶有八歲，一生歡愛，願畢此期，然後妙選高門，以求秦晉，亦未爲晚，妾便捨棄人事，剪髮披緇〔54〕，夙昔之願，於此足矣。

【前腔】是水沉香〔55〕燒得前生斷續，燈花喜知他後夜有無。記一對兒守教三十許，盟和誓看成虛。李郎，他絲鞭陌上多奇女，你紅粉樓中一念奴〔56〕。關心事，省可的翠綃〔57〕封淚，錦字挑思。

〔生作涕介〕皦日之誓，死生以之，與卿偕老，猶恐未愜素志，豈敢輒有二三！固請不疑，端居相待。

【前腔】咱夫人城〔58〕傾城怎遇，便到女王國〔59〕傾國也難模。拜辭你個畫眉京兆府，那花沒豔酒無娛。怎饒他眞珠掌上能歌舞〔60〕，忘不了你小玉窗前自歎吁。傷情處，看了你暈輕眉翠，香冷脣朱。〔韋、崔上〕

【生查子】才子跨征鞍，思婦愁紅玉。芳草送鶯啼，落花催馬足。

早聞得李君虞起行，到日午還在紅亭儦儢也。〔見介、崔〕李君虞，軍中簫鼓喧嗔，良時吉日，早行早行！〔生〕實不相瞞，小玉姐話長，使人難別。〔韋〕昔人云：仗劍對尊酒，恥爲離別顏。李君虞，男兒意氣，一何留戀如此？郡主，俺兩人還送君虞數程，回來便有平安〔61〕寄上。軍行有程，未可滯他行色。正是：長旗掀落日，短劍割離情。〔下、內作簫鼓介、生〕妻，你聽笳鼓喧鳴，催我行色匆匆，密意非

言所盡，只索拜別也。

【鷓鴣天】掩殘啼回送你上七香車，守著夢裏夫妻碧玉居。〔旦〕李郎，不索回送。但願你封侯遊晝錦，不妨我啼鳥落花初。〔眾擁生下、旦〕他千騎擁，萬人扶，富貴英雄美丈夫。浣紗，送語參軍，教他關河到處休離劍，驛路逢人數寄書。

一別人如隔彩雲，斷腸回首泣夫君；

玉關此去三千里，要寄音書那得聞！

# 校　注

〔1〕春纖——形容美女的手指，言如春天新生的枝條一樣柔嫩。元・李壽卿《度柳翠》二〔感皇恩〕：「他用著春纖玉手忙抹這粉頸油頭。」

〔2〕頭踏——見第二十三齣注〔85〕。

〔3〕笳——即胡笳，古代管樂器，漢時流行於塞北和西域一帶傳說是春秋時李伯陽避亂西戎時所造，後形制遞變，名稱亦各異。

〔4〕怯——怕也。清暉、柳浪、竹林本俱作「恰」。

〔5〕迸——爆發、噴射。參見第二十三齣注〔25〕。

〔6〕淒咽——悲傷嗚咽。

〔7〕卓香車——卓，停留。香車，謂婦女所乘之車。唐・溫庭筠《思帝鄉》詞：「花花滿枝紅似霞，羅袖畫簾腸斷，卓香車。」

〔8〕子規——即杜鵑鳥。見第二十四齣注〔24〕。

〔9〕北點絳唇——葉《譜》無「北」字。

〔10〕這其間——猶云「在這個時候」。元・無名氏《碧桃花》一〔混江龍〕：「這其間可正是我愁時分，則見那巢空翡翠，家臥麒麟。」

〔11〕百忙裏——匆忙之間。

〔12〕陡的個——突然、頓時。的個，語助詞，無義。

〔13〕頭踏——各本俱作「前軍」。

〔14〕灞陵橋——獨深本作「灞橋驛」。

〔15〕別也——二字之下，各本俱有「行」字。

〔16〕絲竹——指音樂。「絲」指絃樂器，「竹」指管樂器。唐・白居易《琵琶行》：「潯陽地僻無音樂，終歲不聞絲竹聲。」

〔17〕壯行——壯，助、添、增的意思。行，指出行。清・積石山樵《奎星見・途憤》〔醉花陰〕白：「正行便道相訪，少壯行色。」「少壯行色」，謂略助出行的氣

派也。

〔18〕北寄生草——葉《譜》無「北」字。

〔19〕渭水——即渭河。黃河最大的支流，在陝西省中部流貫渭河平原，在潼關注入黃河。

〔20〕桃葉渡——渡口名。在今南京市秦淮河畔，相傳晉人王獻之在此送其愛妾桃葉而得名。宋·辛棄疾《祝英臺近·晚春》詞：「寶釵分，桃葉渡，煙柳暗南浦。」元·周德清小令《紅繡鞋·郊行》：「題詩桃葉渡，問酒杏花村，醉歸來驢背穩。」

〔21〕汀洲——水中小洲。《楚辭·九歌·湘夫人》：「搴汀州兮杜若，將以遺兮遠者。」

〔22〕倩——請、懇求。宋·姜夔《月下笛》詞：「多情須倩梁間燕，問吟袖，弓腰在否？」

〔23〕綰——繫也。宋·范成大《攬轡錄》：「惟婦人之服不甚改，而戴冠者絕少，多綰髻。」

〔24〕宛轉——翻轉，此處形容夫妻做愛時顛鸞倒鳳的情態。與第五齣「宛轉」義別。

〔25〕歷亂——紛亂、雜亂無序貌。唐·盧照鄰《芳樹》詩：「風歸花歷亂，日度影參差。」清·吳梅村《退谷歌》：「庭草彷彿江南綠，客心歷亂登高目。」

〔26〕陽臺半雲——陽臺，山名。宋玉在《高唐賦》裏，敘述楚襄王在高唐夢見一神女說：「妾巫山之女，朝爲行雲，暮爲行雨，朝朝暮暮，陽臺之下。」後來就用以比喻男女歡會的地方。半雲，形容時間之短。陽臺半雲，意即片時雲雨。

〔27〕鸞袖——繡鸞之袖。

〔28〕「慢頰垂紅縷」二句——慢頰，滿臉。慢，用同「漫」，遍、周遍。陸德明釋文：「漫，亡半反，猶徧也，徧音遍。」紅縷、碧珠，均指淚水。

〔29〕溜折海雲枯——各本俱作「溜溢粉香渠」。

〔30〕瀟湘染就斑文筯——各本俱作「輕胭染就湘文箸」。

〔31〕悴——憔悴。晉·潘岳《笙賦》：「於是乃有始泰終約，前榮後悴。」

〔32〕點——搽抹。葉聖陶《未厭集·小病》：「髮將怎樣梳掠，口脂將怎樣點抹。」

〔33〕檀霞注——檀霞，疑指口紅。注，謂塗抹。唐·白居易《時世妝》詩：「烏膏注唇唇似泥，雙眉畫作八字低。」

〔34〕謾——用同「慢」，謂緩慢。

〔35〕帳額——床帳前幅的上端所懸之橫幅，上有繪畫或刺繡，用爲床帳的裝飾。唐·盧照鄰《長安古意》詩：「生憎帳額繡孤鸞，好取門簾貼雙燕。」

〔36〕茱萸——植物名，香氣烈，可入藥。古俗及九月九重陽節，謂佩茱萸，能袪邪辟惡。《兩京雜劇》卷三：「九月九日，佩茱萸，食蓬餌，飲菊華酒，令人長壽。」茱萸帶，繪有茱萸圖案的腰帶。

〔37〕蕖（qú）荷——荷花。蕖，即「芙蕖」，荷花的別名。二字同義連文。

〔38〕山障——這裏指屏風。因繪有山形，故名。後蜀・顧夐《臨江仙》詞：「象床珍簟，山障掩，玉琴橫。」

〔39〕到大來——到頭來。「大」「頭」一聲之轉。參第八齣注〔85〕。

〔40〕蘼蕪——草名，芎藭的苗，葉有香氣。漢樂府《上山採蘼蕪》：「上山採蘼蕪，下山逢故夫，長跪問故夫：『新人復何如？』『新人雖言好，未若故人姝。顏色類相似，手爪不相如。』」

〔41〕蕤蕤束——蕤蕤，下垂貌。明・陳子龍《雜詩》之三：「蕤蕤桐花落，鬱鬱椒條衍。」束，栓、繫。《左傳・襄公二十八年》：「士皆釋甲束馬而飲酒。」杜預注：「束，絆之也。」

〔42〕收拾——謂領略。宋・文天祥《〈孫容庵甲稿〉序》：「求其領略江山，收拾風月。」元・鍾嗣成小令《凌波仙・弔施君美》：「吳山風月收拾盡，一篇篇字字新。」

〔43〕醒——各本俱誤作「醒」。

〔44〕蘸水煙蕪——蘸，將物浸水曰蘸。煙蕪，煙霧中草叢，亦指雲煙迷茫中的草地。宋・柳永《破陣樂》詞：「露草倒影，煙蕪蘸碧，靈沼波暖。」全句是說，一片煙霧迷茫的草地如浸水中。

〔45〕南浦——南面的水邊。《楚辭・九歌・河伯》：「子交手兮東行，送美人兮南浦。」王逸注：「願河伯送己南至江之涯。」後用為送別的地方。南朝宋・江淹《別賦》：「送君南浦，傷為之何。」

〔46〕躕——清暉、竹林本俱誤作「蹰」。

〔47〕敲側——即「敲」；「側」為語助詞，無義。元・無名氏《神奴幾》楔子〔仙呂賞花時〕：「我將這傀儡兒杆頭疾去買，哥哥你莫得胡行休動側。」《元曲選・音釋》：「側，齋上聲。」

〔48〕素女圖——素女，傳說中的古代神女，與黃帝同時。或言其善於絃歌（見《史記・孝武本紀》），或言其知天地陰陽之事（見漢・趙曄《吳越春秋・句踐伐吳外傳》），或言其善房中術。漢・王充《論衡・命義》：「素女對黃帝陳五女之法，非徒傷父母之身，乃又賊男女之性。」《素女圖》，大概是秘戲圖之類。南朝陳・徐陵《答周處士書》：「優遊俯仰，極素女之經文；陟降盈虛，盡軒皇之圖藝。」清・吳梅村《戲贈詩》之四：「仙家五老話驂鸞，素女圖經掌上看。」

〔49〕寒食——節名。南朝梁・宗懍《荊楚歲時記》十四：「去冬節一百五日，即有疾風甚雨，謂之寒食，禁火三日。」因又稱「禁煙節」。

〔50〕提壺——鳥名。即「鵜鴣」。《牡丹亭》八〔排歌〕：「提壺叫，布穀喳。」其鳴聲，類似「提壺」，故稱。唐・劉禹錫《和蘇郎中尋豐安里舊居寄主客張郎中》詩：「池看科斗成文字，鳥聽提壺憶獻酬。」亦稱提壺蘆、提葫蘆。

〔51〕驕驄——壯健的青白色相雜的馬，泛指駿馬。宋·辛棄疾《江神子·和人韻》詞：「何處踏青人未去，呼女伴，認驕驄。」

〔52〕相思樹——大樹也。相傳爲戰國時宋康王的舍人韓憑和他的妻子何氏所化生。據晉·干寶《搜神記》卷十一載：宋康王舍人韓憑妻何氏美貌，爲康王所奪，並囚憑。憑自殺，何氏投臺而死，遺書願以屍骨與憑合葬。王怒，弗許，使里人埋之，兩墳相望。不久二冢之頂端各生一大梓木，屈體相就，根交於下，枝錯於上，又有鴛鴦雌雄各一，常棲其上，交頸悲鳴。宋人哀之，遂號其木曰「相思樹」。後因以象徵忠貞不渝的愛情。

〔53〕九曲珠——一種珠孔曲折難通的寶珠。宋·蘇軾《祥符寺九曲觀燈》詩：「寶珠穿蟻鬧連朝。」王十朋注引宋·趙次公曰：「小說載有以九曲寶珠欲穿而不得，問之孔子。孔子教以塗脂於線，使蟻通焉。」《老殘遊記》第二十回：「這山裏的路，天生成九曲珠似的，一步一曲。」

〔54〕披緇——緇爲緇衣，僧徒的衣服。這裏是指小玉準備出家爲尼。

〔55〕水沉香——即沉香，言此香入水則沉。

〔56〕念奴——唐·元稹《連昌宮詞》自注：「念奴，天寶中名倡，善歌，每歲樓下酺宴，累日之後，萬衆喧隘，……衆樂爲之罷奏。玄宗遣高力士大呼於樓上曰：『欲遣念奴唱歌。』」

〔57〕翠綃——手帕。綃，原誤作「銷」，依柳浪本改。

〔58〕夫人城——有二：一在河北行唐縣北，相傳爲玉女神所築；一在湖北襄陽縣西北，爲朱序母韓氏禦敵處。這裏皆非實指。

〔59〕女王國——實際亦以男子爲王。倭國亂相攻伐，爲共主一女子爲王。見《三國志·魏志·東夷傳》。

〔60〕掌上能歌舞——漢趙飛燕體輕，能爲掌上舞。見《飛燕外傳》。

〔61〕平安——家信的代稱。

# 第二十六齣　隴上題詩

【金錢花】〔衆上〕渭城〔1〕今雨清塵，清塵。輪臺〔2〕古月黃雲，黃雲。催花羯鼓〔3〕去從軍，枕頭上別情人，刀頭〔4〕上做功臣。

列位請了！俺看參軍夫人離別，好不疼人也！一點紅幡〔5〕，參軍早上。〔生上〕

【滿庭芳】路糝長楊，魂銷折柳〔6〕，畫橋水樹陰勻。玉堂年少〔7〕，何事〔8〕拂征塵？爲問綠窗〔9〕紅淚，芳尊冷袍袖香分。留不得，灞陵

〔10〕**高處，猶自**〔11〕**帝城春。**

> 城頭日出使車〔12〕來，古戍〔13〕花深馬埒〔14〕開。忽聽鳴笳兼畫角，聲聲思入古輪臺。恨殺陌頭楊柳色〔15〕，綰定青衫〔16〕留不得。思婦空啼〔17〕渭水〔18〕南，征夫早向交河〔19〕北。昨去香閨，灞橋〔20〕折柳。非不縈我心曲〔21〕，其奈畏彼簡書〔22〕。只得收淚長辭，麾軍上路。左右起行！

**【朝元歌】**〔眾〕**風颭馬塵**〔23〕，**曉色籠驊騮**〔24〕。**河濱彩輪，綠水隨流軫**〔25〕。**黑隊奔蛇**〔26〕，**文旗畫隼**〔27〕，**電轉星流一瞬。疊鼓揚鉦**〔28〕，**南庭朔方知遠近。草色伴壬程**〔29〕，**皇華勞使臣**〔30〕。〔合〕**遊韁帶緊，早趁封侯鵲印**〔31〕。

**【前腔】**〔生〕**回首長安日**〔32〕**近，東方送使君**〔33〕，**南陌**〔34〕**恨閨人。雪嶺燕支**〔35〕，**陽臺翠粉，去住此情難問。短劍防身，胡沙雕顏**〔36〕**吹旅鬢。蕩子**〔37〕**去從軍，恩榮變苦辛。**〔合前〕

> 〔眾〕稟爺。前面隴頭水〔38〕，一支入漢，一支入胡。〔生〕這分流水是斷腸流也！隴上題梅〔39〕，杳無便使，咱口占一首：綠楊著水草如煙，舊是胡兒飲馬泉。幾處吹笳明月夜，何人倚劍白雲天？從來凍合〔40〕關山道，今日分流漢使前。莫遣行人照容鬢，恐驚憔悴入新年。

**【前腔】**〔眾〕**隴上謾**〔41〕**尋芳信，顧恩不顧身，還自想羅裙**〔42〕。**古戍**〔43〕**笳鳴，關山笛引，也不管梅花落盡。立馬逡巡，流水聲中無定準。飲馬斷腸津，思鄉淚滿巾。**〔合前〕

> 〔鎮西軍鼓吹上〕鎮西府官校迎接參軍。

**【前腔】**〔眾〕**落日長城隱隱，星芒拂陣雲，月點**〔44〕**照花門**〔45〕。**谷口旗迴，峰亭樹引，轉過西河上郡**〔46〕。**氣色河源**〔47〕，**天街旄頭猶未隕**〔48〕。**長笑**〔49〕**立功勳，邊城麯米春**〔50〕。〔合前〕

心期紫閣山中月，身過黃堆峰上雲。

年髮拚從書劍〔51〕老，戎衣今作李將軍〔52〕。

# 校 注

〔1〕渭城——指唐・王維《渭城曲》。此曲本於唐・王維《送人使安西》詩:「渭城朝雨浥清晨,客舍青青柳色新。勸君更盡一杯酒。西出陽關無故人。」後來譜入樂府,便以詩中「渭城」名曲,以爲送別之曲。唐・劉禹錫《與歌者何戡》詩:「舊人唯有何戡在,更與殷勤唱《渭城》。」(何戡,唐長慶間人,善歌)。郁達夫《湖上雜詠》之一:「如今劫後河山改,來聽何戡唱《渭城》。」亦作《陽關》,唐・白居易《對酒》詩:「相逢且莫推辭醉,聽唱《陽關》第一聲。」

〔2〕輪臺——西域地名,唐大曆六年始置縣,在今新疆維吾爾自治區庫車縣東。

〔3〕催花羯鼓——羯鼓,打擊樂器,形制如漆桶,兩頭俱擊,以出於羯中,故名「羯鼓。」也叫兩杖鼓。唐・南卓《羯鼓錄》云:「羯鼓出外夷,以戎羯之鼓,故曰羯鼓。」又云:「如漆桶,下以小牙床承之,擊用兩杖,故又名兩杖鼓。」又云:「上(明皇)洞曉音律……尤愛羯鼓玉笛……時宿雨初晴,景色明麗,小殿內庭,柳杏將吐,睹而歎曰:『對此景物,豈得不爲他判斷之乎?』左右相目,將命備酒。獨高力士遣取羯鼓,上旋命之臨軒縱擊一曲,曲名《春光好》。神思自得,及顧柳杏,皆已發拆,上指而笑謂嬪御曰:『此一事不喚我作天公,可乎?』嬪御侍官,皆呼萬歲。」

〔4〕刀頭——刀的尖端,猶云「刀尖」。「刀頭上做功臣」,意言憑著武器廝殺取勝建功立業。

〔5〕紅幡——彩色的長條形旗子。

〔6〕路糝長楊,魂銷折柳——離別之詞,即折柳表示惜別之意。此俗濫觴很早,《詩・小雅・采薇》就有「惜我往矣,楊柳依依」之句。

〔7〕玉堂年少——喻顯貴少年,此指李益。金・元好問《息軒秋江捕魚圖》詩之三:「玉堂人物今安在,紙尾題詩一慨然。」《西廂記》二本一折〔油葫蘆〕:「昨宵個錦囊佳製明勾引,今日個玉堂人物難親近。」玉堂,豪華宅第,玉堂人物泛喻顯貴文士。

〔8〕何事——爲何,何故。晉・左思《招隱》詩之一:「何事待嘯歌?灌木自悲吟。」宋・劉過《水調歌頭》詞:「湖上新亭好,何事不曾來?」

〔9〕綠窗——綠色紗窗,指女子(霍小玉)居室。前蜀・韋莊《菩薩蠻》詞:「勸我早歸家,綠窗人似花。」

〔10〕灞陵——古地名。本作「霸陵」,故址在今西安市東,漢文帝葬此,故稱。亦借指分別之地。唐・李白《憶秦娥》詞:「秦樓月,年年柳色,灞陵傷別。」

〔11〕猶自——用作副詞,「還」的意思。寫法很多,參見拙著《宋金元明清曲辭通釋・猶自》。

〔12〕使車——奉使之車。

〔13〕戍(shù)——防守,如云「衛戍」、「戍邊」。

〔14〕馬埒（liè）——習射的馳道，兩邊有短牆，使馬不致跑出道外。《世說新語·汰侈》：「（王）濟好馬射，買地作埒，編錢匝地竟埒，詩人號曰『金溝』。」《拾遺記》：「石虎於樓下開馬埒射場。」埒，庳（bì）垣也。

〔15〕陌頭楊柳色——陌頭，謂路上、路旁。陌頭楊柳色，親人惜別的象徵。唐·王昌齡《閨怨》詩：「忽見陌頭楊柳色，悔教夫婿覓封侯。」這裏借喻霍小玉的心情。

〔16〕綰（wǎn）定青衫——拽住、牽扯住青衫。青衫，古時學士所穿之服。泛指文人學子。宋·劉過《水調歌頭·壽王汝良》詞：「斬樓蘭，擒頡利，志須酬。青衫何事，猶在楚尾與吳頭。」這裏是指霍小玉牽掛著李益，表示依依不捨之情。

〔17〕思婦空啼——指霍小玉。啼，柳本作「題」。

〔18〕渭水——亦作「渭川」，水名。黃河最大支流，源出甘肅省鳥鼠山，橫貫陝西省中部，至潼關入黃河。明·莫止《潼關》詩：「隘地黃河吞渭水，炎天白雪壓秦山。」

〔19〕交河——古縣名。唐貞觀十四年（公元 640 年）滅曲氏、高昌置交河郡交河縣，治所在今新疆吐魯番西北部約五公里處。湯顯祖《邯鄲記》十五〔金瓏璁〕白：「前軍已戰交河北，直斬樓蘭報國恩。」

〔20〕灞橋——據《三輔黃圖》卷六記載：「灞橋在長安東，跨水作橋。漢人送客至此，折柳贈別。」隋朝的一首《送別》詩寫道：「楊柳青青著地垂，楊花漫漫攪天飛；柳條折盡花飛盡，借問行人歸不歸？」

〔21〕縈（yíng）我心曲——纏繞在我心中。縈，纏繞、掛懷的意思。心曲，內心深處。《詩·秦風·小戎》：「言念君子，溫其如玉。在其板屋，亂我心曲。」朱熹集注：「心曲，心中委曲之處也。」

〔22〕簡書——用於告誡、策命、盟誓、徵召等書的文書。亦指一般文牘。《詩·小雅·出車》：「豈不懷歸，畏此簡書。」朱熹集釋：「簡書，戒命也。」

〔23〕風氳馬塵——風吹動帶起的煙氣，馬奔跑揚起的沙塵。氳，氤氳，天地交合之氣，亦指煙氣，唐·張籍《宛轉行》詩：「爐氳暗裴徊，塞煙背斜光。」氳，一本作「氣」。

〔24〕驂靷（cān yǐn）——古代一車三馬，駕在兩側的馬叫驂。靷，繫於馬胸的皮帶，用以拉車前進。

〔25〕軫（zhěn）——車的通稱。

〔26〕黑隊奔蛇——指軍隊。唐制兵士穿皂衫，故曰黑隊。奔蛇，形容隊列很長，曲折前進，有如奔蛇。奔蛇，傳說中一種能騰飛的蛇。

〔27〕文旗畫隼（sǔn）——旗上畫著鷹隼叫文旗。隼，一種兇猛的鳥，上嘴鈎曲，背青黑色，尾尖白色，腹部黃色。唐·岑參《送羽林長孫將軍赴歙州》：「隼旗

新刺史，虎劍舊將軍。」

〔28〕鉦（zhēng）——古代一種樂器，形似鐘而狹長，擊之發聲，用銅製成。行軍
時用以節止步伐。

〔29〕壬程——壬，天干序數的第九位。《說文‧壬部》：「壬，位北方也。」壬程，
言在北行的路上。《宣和遺事》前集：「遠則三載，近則今歲，主有刀兵出於東
北坎方，旺壬癸之地。」

〔30〕皇華勞使臣——《詩‧小雅》有《皇皇者華》篇，爲稱頌使臣之詞。皇皇，猶
煌煌，顏色鮮明貌。華，同「花」。言使臣外貌，光豔如花。勞，慰勞，即用
語言或實物慰問。

〔31〕鵲印——晉‧干寶《搜神記》卷九：「常山張顥爲梁州牧。天新雨後，有鳥如
山鵲，飛翔入市，忽然墜地，人爭取之，化爲圓石。顥椎破之，得一金印，文
曰『忠孝侯印。』……顥後官升太尉。」後遂以「鵲印」（山鵲所化的金印）
爲得官的喜兆。明‧陳汝元《金蓮記》二〔一翦梅〕白：「李廣難封，豈忘情
於鵲印？」

〔32〕長安日——《晉書‧明帝紀》：「明皇帝……元皇帝長子也。幼而聰哲，爲元帝
所寵異。年數歲，嘗坐置膝前，屬長安使來，因問帝曰：『汝謂日與長安孰近？』
對曰：『長安近，不聞人從日邊來，居然可知也』。元帝異之。明日，宴群僚，
又問之。對曰：『日近。』元帝失色曰：『何乃異向者之言乎？』對曰：『舉頭
則見日，不見長安。』由是益奇之。」後因以「長安日」指長安。

〔33〕東方送使君——東方，古代指陝以東地區或封國爲東方。使君，是對太守或刺
史的稱呼。最早見於《後漢書‧寇恂傳》，這裏指李益，「東方送使君」，意言
在長安送李益北上赴任。

〔34〕南陌——南面的道路。南朝梁‧沈約《鼓吹曲同諸公賦‧臨高臺》：「所思竟何
在，洛陽南陌頭。」

〔35〕燕（yān）支——指美女。王闓運《哀江南賦》：「紅粉之樓遂圮，燕支之色無
多。」

〔36〕雕顏——謂胡沙撲面在額頭鬢角，刺上花紋。言胡地風沙之烈也。

〔37〕蕩子——遠行流蕩的人。《古詩十九首》之二：「昔爲娼家女，今爲蕩子婦。蕩
子行不歸，空床難獨守。」《列子》曰：「有人去鄉土遊於四方面而不歸者，世
謂之狂蕩之人也。」

〔38〕隴頭水——隴山頂上之流水。唐‧於濆《隴頭吟》：「借問隴頭水，終年恨何
事。」隴，甘肅省的簡稱。

〔39〕隴上題梅——南北朝詩人陸凱《贈范曄》詩云：「折花逢驛使，寄與隴頭人。
江南無所有，聊贈一枝春。」後來就用作贈別故事。這裏反其義而用之，說邊
地杳無便使，題詩難寄，更覺悵然。

〔40〕凍合——猶云「冰封」。唐·李益《鹽州過胡兒飲馬泉》詩:「從來凍合關山路,今日分流漢使前。」宋·蘇軾《雪》詩之一:「石泉凍合竹無風,夜色沉沉萬境空。」

〔41〕謾(màn)——用作否定詞,意為莫、不要。金·董解元《西廂記諸宮調》卷三〔雙聲疊韻〕:「謾歎息,謾悒怏,謾道不想,怎不想?空贏得肚皮兒裏勞攘。」

〔42〕羅裙——指霍小玉。修辭學上以「衣」代人一例。

〔43〕古戍——邊疆古老的城堡、營壘。明·劉基《古戍》詩:「古戍連山火,新城殷地笳。」

〔44〕點——依《柳浪館》本改,原作「羽」。「月點」,是火點、星點之意,與上文「星芒」相應。

〔45〕花門——迴紇的別名。《新唐書·地理志四》:「居沿海又北三百里有花門山堡,又東北千里至迴紇衙帳。」唐·杜甫《哀王孫》詩:「花門剺面請雪恥,慎勿出口他人狙。」又《留花門》詩:「花門天驕子,飽肉氣勇決。」

〔46〕西河上郡——郡名,漢置。今山西西北部一帶。

〔47〕氣色河源——意言一派黃河源頭的景色。氣色,指景色。河源,河流的源頭。古時特指黃河源頭。

〔48〕天街旄(máo)頭猶未隕——天街,京城的街道。唐高祖《酬裴員外以詩代書》詩:「自從拜郎官,列宿煥天街。」旄頭,指昴(mǎo)星,二十八星宿之一。《史記·天官書》:「昴曰髦頭,胡星也,為白衣會。」隕,謂墜落,本作「鄖」,依《柳浪館》本改。

〔49〕長笑——大笑也。唐·裴鉶《傳奇·孫恪》:「不如逐伴歸山去,長笑一聲煙霧深。」

〔50〕麴米春——酒名。以雲安產者為最著名。唐·杜甫《撥悶》詩:「聞道雲安麴米春,才傾一盞即醺人。」金·周昂《醉經齋為虞鄉麻長官賦》:「詩書讀破自融神,不羨雲安麴米春。」

〔51〕書劍——古時文人出行所帶之物。唐·許渾《別劉秀才》詩:「三獻無功玉有瑕,更攜書劍客天涯。」

〔52〕下場詩——用《全唐詩》卷283、李益《上黃堆峰》詩,只最末一句「戎衣更逐霍將軍」,湯顯祖改為「戎衣今作李將軍」。霍將軍指霍去病,李將軍指飛將軍李廣。


# 第二十七齣　女俠輕財

【月兒高】〔旦上〕嫌單愛偶,疊的〔1〕腰肢瘦;離愁動頭,正是愁時候。首夏如秋,這冷落誰生受〔2〕?君知否?池塘綠皺,雙鴛鎖〔3〕

並頭。

【卜算子】花月湊新歡，弄雨晴初愜〔4〕。夫婿不風流〔5〕，取次看承妾〔6〕。去去〔7〕怎回頭？路轉屏風折〔8〕。一點在眉心，懶蘸花黄〔9〕帖。浣紗，相公去了幾日也？〔浣〕好幾日了。〔旦〕崔韋二秀才說李郎出境回音，還不見來。想起當初呵。

【銷金帳】花燈會偶，驀地〔10〕情拋受。短金釵斜鬢溜，姻緣那般輻輳〔11〕，那般圓就〔12〕；不枉了一對靈心〔13〕兒聚頭。翠淺紅深，揉定花間手。看他取次，取次兒偎融個透〔14〕。〔浣背唱〕

【前腔】他雲嬌雨弱，倚定個陽臺岫〔15〕。唱陽關〔16〕春事休，看他那般迤逗〔17〕，那般僝僽〔18〕；逞纖腰暮雨，暮雨河橋折柳。帶結同心，翠濕了啼痕袖。少不得一聲去也，去也攛攢〔19〕的勾。

〔旦〕浣紗，咱夜夢見也。

【前腔】心情宛〔20〕舊，繞定咱身前後。咱低聲問還去否？問他這般不湊〔21〕，那般不抖〔22〕。〔低介〕便待窗前，窗前推枕兒索就〔23〕。呀！回首空床，斜月疎鐘後。猛跳起人兒不見，不見枕根底扣〔24〕。

〔浣〕小姐，且向相公書房中閒走散心。〔行介〕

【前腔】〔旦〕綠窗〔25〕塵覆〔26〕，硯中琉璃漚〔27〕。〔浣〕怎生秋鴻遺下這文房四寶〔28〕哩？〔旦〕行箱內他自有。瑣窗〔29〕兒都是嫩苔也！看他那邊鋪皺，這邊縈繡〔30〕；不信蒼苔，蒼苔比情較厚〔31〕。浣紗，想有人來也！〔低〕榻影明窗，曾和他書齋後。〔浣〕有人來！〔旦作慌介〕猛擡頭聽窗外，窗外啼鶯一晝。

浣紗，書窗外半枝青梅，好摘下也！〔虛避介、韋崔上〕

【前腔】長安盡頭，送別個儒林秀。怕斷腸人倚樓，兩個一時歡湊，一時愁就；則爲個些，個些兒〔32〕香溫膩柔〔33〕。呀！門兒裏可是小玉姐走閃〔34〕也？見客人來，襪剗〔35〕金釵溜。和羞〔36〕走也，走也撚青梅做嗅〔37〕。

〔旦〕浣紗，來的韋崔二先生，問他送李郎何處，有甚回言？

**【前腔】**知他去後，個底〔38〕思量否？長相見還怕舊，禁的〔39〕**真個開頭，真個丟手；便送了他幾個長亭**〔40〕，**出秦關**〔41〕訴休。有的情詞〔42〕，寄上俺妝臺右。這幾日孤單單教人快〔43〕瘦。

**【風入松】**〔韋崔〕浣紗，你聽俺道來：**俺送他一鞭行色**〔44〕**照河洲，伴皇華**〔45〕，**兩三宿。見他向彩雲斷處頻回首，青衫上閣**〔46〕**淚偷流。**拜上郡主〔47〕：**待寫萬金書**〔48〕**別來未久，囑付你千金體**〔49〕**免離憂**〔50〕。

〔浣〕還有甚話？〔崔〕秋鴻叫你個浣紗姐，不要胡行亂走。〔浣〕啐！帶腳的不飛勾了。〔旦歎介〕原來李郎回音，叫俺將息。俺霍府偌大家門〔51〕，李郎去了，他可有甚房分〔52〕在這長安？央他一個來看守家門到好。你請韋崔二先生〔53〕外坐，俺這裏問他。〔浣請韋崔外坐介、韋崔〕郡主欲問何事？〔旦〕李郎去住匆匆，妾身未得細詢家世。二位交遊既久，知他更有何人。〔崔〕郡主，敢是怕十郎有前夫人麼？

**【前腔】**他從來鰥處〔54〕，**比目**〔55〕不曾瞅。〔旦〕不為此，問他身傍帶有甚麼人？〔崔〕只有秋鴻小廝。**問前魚**〔56〕**何處有？**〔旦〕不為此，問他骨肉有何人？〔韋〕**他身星照定無骨肉，盡四海為家浪遊。**〔旦〕也可憐他，少年才子，恁的孤窮〔57〕！〔崔〕也是他奇遇，**看藍橋**〔58〕**遇仙是有。平白地顯風流。**

〔旦自云〕原來如此。且住！俺家也無以次人〔59〕丁，便要訪問李郎消息，也沒個人。前日李郎說，他與二人至厚。兼他客中貧窘，咱家少甚麼來？不如因而濟之，以收其用。浣紗，請二位秀才聽俺道來：

**【前腔】**鳳拋凰去，**孤冷了鵲巢鳩**〔60〕。既無眷屬，二位先生便是嫡親相看也。**緩急要個鶺鴒**〔61〕**兒答救。**〔崔〕二生客中貧忙〔62〕，怕沒工夫看管！〔旦〕這個不妨，衣食新舅〔63〕，咱家支分〔64〕。**尋常金幣不著你求，咱家私要的是有。**《毛詩》云：丈夫之友，將雜佩以贈之〔65〕。**雜佩因何贈投？望看承報瓊玖**〔66〕。

〔韋〕既承委託，凡有所聞，託崔兄轉聞。〔崔〕使得。〔韋〕

【前腔】你凝妝穩坐在鳳簫樓，有甚事，教浣紗姐傳示便了。〔崔〕付青雀傳言他即溜〔67〕。俺二人不便頻來，怕外觀不雅往來稠〔68〕，專打聽遠信邊州。〔韋〕是則是弟兄朋友，閨門裏要你自持籌〔69〕。

浣紗姐拜上郡主，咱二人去也。

【尾聲】生涯牢落〔70〕長安走，向朱門領取閒愁。這女子賢哉！女俠叢中他可也出的手。〔下〕

〔浣〕兩個窮酸〔71〕。貼他怎的。

只因夫婿遠參軍，急難之中也要人；

正是禮從人意起，何須財出嗇家門。

# 校　注

〔1〕疊的——猶「夠的」。元·岳伯川《鐵拐李》三〔梅花酒〕：「那婆娘人材疊七八分，年紀勾四十歲。」疊，勾互文爲義。

〔2〕生受——忍受。生，用作副詞，有強而致之的意思。

〔3〕鎮——常也。金·董解元《西廂記諸宮調》卷七〔仙呂調·別銀燈〕：「淚眼盈盈，眉頭鎮鎖。」元·石君寶《紫雲亭》二〔紅芍藥〕：「兀的那般惡緣惡業鎮相隨，好教人難摘難離。」三「鎮」字皆表時間「常」的意思。並可證。

〔4〕愜（qiè）——滿足、暢快。

〔5〕風流——此處指男女私情事，意猶「浪漫」。

〔6〕取次看承妾——取次，猶輕便、輕易。看承，謂看待。妾，霍小玉自指。

〔7〕去去——這裏「去」字，指過去，重言「去去」蓋強調之也。「去去怎回頭」，意言過去的事怎堪回憶也。三國魏·曹植《雜詩》七首之二：「去去莫複道，沉憂令人老。」清·李漁《巧團圓》三〔臨江仙〕白：「去去休留戀，回頭是戰場。」皆其義也。

〔8〕折——回轉、轉回。「路轉屏風折」，轉、折互文爲義。

〔9〕花黃——古時婦女化妝的面飾。以黃色塗額，故曰「帖花黃」北朝樂府民歌《木蘭詩》：「當窗理雲鬢，對鏡帖花黃」，唐·崔液《踏歌詞》之一：「鴛鴦裁錦袖，翡翠帖花黃。」

〔10〕驀（mò）地——突然、忽然地。清·段玉裁《說文解字注》：「驀，上馬必捷，故引申爲猝作之稱。」

〔11〕輻輳（fú còu）——謂集中、聚積。輻，車輪中直木；輳，聚也。「姻緣那般輻

轅」，意言姻緣的機緣，就像車輪的直木聚合於轂那樣。轂，車輪的中心。

〔12〕圓就——圓滿，成全，唐‧王梵志《詩》：「本自圓成，不勞機杼。」元‧李好古《張生煮海》二〔採茶歌〕白：「秀才，我如今圓就你這事。」

〔13〕一對靈心——指霍小玉和李益心心相映，到了一起。「一對」二字，葉《譜》重疊。

〔14〕看他取次，取次兒偎融個透——意謂：瞧他兩個一次次相依相偎，擁抱的那樣緊，像一個人似的。這裏取次，意指次第，與前者義別。

〔15〕岫（xiù）——指「山」。

〔16〕陽關——古曲《陽關三疊》的簡稱。亦泛指離別時唱的歌曲。唐‧李商隱《飲席戲贈同舍》詩：「唱盡《陽關》無限疊，半杯松葉凍頗黎。」《陽關》又稱《渭城曲》，因唐代王維《送元二使安西》詩而得名。

〔17〕迤逗——引惹、勾引。元‧王實甫《西廂記》一本二折〔醉春風〕：「迤逗得腸荒，斷送得眼亂，引惹得心忙。」迤逗、斷送、引惹並舉，可為證。

〔18〕僝僽（chán zhòu）——憂怨、煩惱、愁苦。清‧尤侗《鈞天樂》八〔懶畫眉‧前腔〕白：「你保全身子為重，切莫僝僽」。

〔19〕摧攢（cuī zan）——摧心攢眉，猶言「折磨」。「摧攢的勾」，意言折磨得也夠了。勾，用同「夠」。宋‧秦觀《滿園花》詞：「從今後，休道共我，夢見也不能勾。」

〔20〕宛——意猶「彷彿」。「心情宛舊」，言惜別之情，彷彿還像舊日。《詩‧秦風‧蒹葭》：「溯游從之，宛在水中央。」唐‧李公佐《南柯太守傳》：「生上車，行可數里，復出大城，宛是昔年東來之途，山川原野，依然為舊。」皆與上同例。「心情宛舊」以下寫的都是夢境。

〔21〕不湊——不湊合，猶今言「不配合」。

〔22〕不抖——不動彈，連上句言之，不湊，不抖，意即不聲不響，不理不睬。抖，動也，如振動、顫動、抖動等皆是。

〔23〕推枕兒索就——把枕頭推到一邊，以求（和李益）親近。索，求也。戰國‧屈原《離騷》：「路漫漫其修遠兮，吾將上下而求索。」「求索」同義連文。

〔24〕不見枕根底扣——意言：人兒（指李益）不見了，只是捶擊著枕頭，表示失望。扣，捶擊。《墨子‧公孟》：「譬若鐘然，扣則鳴，不扣則不鳴。」

〔25〕綠窗——見第二六齣注〔9〕。

〔26〕塵覆——言塵土覆蓋。

〔27〕琉璃漚（ōu）——浮生在玻璃容器中水面上的水泡。琉璃即指玻璃。《魏書‧西域傳‧大月氏》：「其國人商販京師，自云能鑄石為五色琉璃。於是採礦山中，於京師鑄之。即成，光澤乃美於西來者。」宋‧洪邁《夷堅志‧琉璃瓶》：「琉璃為器，豈復容堅物振觸？」清‧趙翼《陔餘叢考‧琉璃》：「俗所用琉

璃，皆消融石汁及鉛錫和以藥而成。其來自西洋者較厚而白，中國所製，則
脆薄而色微青。」

〔28〕文房四寶──紙、墨、筆、硯。

〔29〕瑣窗──鏤刻有連瑣圖案的窗櫺。元·周巽《玉堂梅》詩：「歸到瑣窗清不寐，
花邊呵凍寫鸞箋。」

〔30〕鋪皺、縈繡──都是對上文「綠苔」的狀語。

〔31〕不信蒼苔，蒼苔比情較厚──言蒼苔雖厚，比不上小玉對李益的感情深厚也。

〔32〕個些兒──一點點。

〔33〕香溫膩柔──形容男歡女愛、兩相昵就。猶云「玉軟香溫」。

〔34〕走閃──謂走避、逃掉。猶云「閃走」。閃，躲避也。與下文羞字相應。金·
董解元《西廂記諸宮調》卷五〔中古調·千秋節〕：「百般擲就十分閃。」

〔35〕襪剗──猶「剗襪」。謂以襪履地也。南唐·李煜《菩薩蠻》詞：「剗襪步香
階，於提金縷鞋。」

〔36〕和羞──帶著羞。和，帶也。清·無名氏《魚籃記》十九〔喜遷鶯〕白：「玉
樓深鎖薄情種，清夜悠悠誰共？羞見枕衾鴛鳳，悶則和衣擁。」言穿（帶）著
衣服睡也。

〔37〕「見客來」至「撚青梅作嗅」四句──化用宋·無名氏（一作李清照）《點絳唇》
詞：「見有人來，襪剗金釵溜，和羞走，倚門回首，卻把青梅嗅。」嗅，謂用
鼻子辨別氣味。《論語·鄉黨》：「子路共之，三嗅而坐。」邢昺疏：「嗅，謂鼻
歆其氣。」

〔38〕個底──倒底，究竟。

〔39〕禁（jīn）的──意即禁受的、能承當的。禁，《集韻》謂「勝」也。《廣韻》謂
「力所勝」也。元·關漢卿《竇娥冤》一〔仙呂點絳唇〕：「滿腹閒愁，數年禁
受，天知否？」

〔40〕長亭──古時在道路上每隔十里建一長亭，故亦稱「十里長亭」，供旅客休
息。近城者常為送別分手之處。北周·庾信《哀江南賦》：「十里五里，長亭
短亭。」「送了他幾個長亭」，言送了他很遠的路。

〔41〕秦關──指秦地（即陝西關中地區）關塞。唐·李白《登敬亭北二小山》詩：
「回鞭指長安，西日落秦關。」

〔42〕情詞──指情書。元·白樸《牆頭馬上》一〔後庭花·么篇〕：「情詞寄與誰？
我道來新詩權作媒。」

〔43〕快──能也，會也。「教人快瘦」，謂能教人或會教人身體消瘦也。宋·無名
氏《張協狀元》二〔燭影搖紅〕白：「小子最快說夢，又會解夢。」元·白
樸《梧桐雨》四〔滾繡球〕：「雖然是快染能描，畫不出沉香亭畔回鸞舞。」
例一「快」、「會」，例二「快」、「能」對應，並可證。

〔44〕行色——旅行出發前後的跡象、情狀和氣派的統稱。

〔45〕皇華——代指使臣、見第二十六齣注〔30〕。

〔46〕閣——含也。閣淚，謂含著淚，不使淚流出也。宋・范成大《八場坪聞猿》詩：「天寒林深山石惡，行人舉頭雙淚閣。」閣，一作「各」，明・無名氏《牧羊記》四、白：「各類汪汪趲去程。」

〔47〕郡主——即郡公主、始設於晉。唐制：「皇太子之女，封郡主，視從一品。王之女，封縣主，視正二品。」（見《舊唐書・職官志二》）宋以後因之。

〔48〕萬金書——指家信。唐・杜甫《春望》詩：「烽火連三月，家書抵萬金。」

〔49〕千金體——極言身體之寶貴，猶「千金軀」，這裏是對霍小玉的尊稱。

〔50〕離憂——憂傷。《楚辭・九歌・山鬼》：「風颯颯兮蕭蕭，思公子兮徒離憂。」馬茂元注：「離憂，就是憂愁的意思。楚地方言。」

〔51〕偌大家門——這麼大的家世、門第。

〔52〕房分——指家族中各房、各支。宋・吳處厚《青箱雜記》卷一：「凡子孫在京守官者，俸錢皆不得私用，與饒陽莊課並輸宅庫，月均給之，故孤遺房分，皆獲沾濟。」

〔53〕先生——柳浪本作「秀才」。

〔54〕鰥處（guān chǔ）——無妻獨居。

〔55〕比目——魚名。《爾雅・釋地》：「東方有比目魚焉，不比不行，其名謂之鰈。」

〔56〕前魚——指前妻。

〔57〕孤窮——孤寡貧寒。

〔58〕藍橋——橋名。在陝西藍田縣東南藍溪之上。相傳其地有仙窟，為唐代裴航遇仙女玄英處，後遂常用為男女約會之處。清・李漁《蜃中樓》六〔降黃龍〕：「今生合該相傍，若不是紅絲暗引，隔藍橋怎乞瓊漿？」

〔59〕以次人——喻指兄弟。次，清暉、獨深、竹林本俱作「下」，非是。

〔60〕鵲巢鳩（jiū）——「鵲巢鳩佔」的略文。《詩・召南・雀巢》：「維鵲有巢，維鳩居之。」朱熹集傳：「鵲善為巢，其巢最為完固。鳩性拙不能為巢，或有居鵲之成巢者。」喻言女子出嫁，住在夫家。

〔61〕鶺鴒（jí líng）——鳥名。《詩・小雅・常棣》：「脊令在原，兄弟急難。」陳奐疏：「脊令俗作鶺鴒。脊令喻兄弟，言飛行不捨。」這裏霍小玉把韋、崔二位朋友看作李益的親人，如兄弟一般。

〔62〕貧忙——猶「窮忙」。又本劇三十九齣〔眼兒媚〕白：「鮑：偶為貧忙，有乖清候。敢問十郎去幾年了？」

〔63〕新芻——指柴米牧草。《吳子・料敵》：「軍資既竭，新芻既寡，天多陰雨，欲掠無所。」

〔64〕支分——謂支付財物。唐・白居易《在家出家》詩：「衣食支分婚嫁畢，從今

家事不相仍。」

〔65〕將雜佩以贈之——語出《詩‧鄭風‧女日雞鳴》:「知子之來之,雜佩以贈之;知子之順之,雜佩以問之;知子之好之,雜佩以報之。」這是一首夫婦相警之詞。雜佩,毛詩注云:「雜佩者,珩、璜、琚、瑀、沖牙之類。」一說指佩玉的中綴,即琚瑀。

〔66〕瓊玖——泛指美玉。《詩‧衛風‧木瓜》:「投我以木李,報之以瓊玖。」毛傳:「瓊玖,玉名。」後世常用以美稱禮物。唐‧錢起《酬長孫繹藍溪寄杏》詩:「芳馨來滿袖,瓊玖願酬篇。」

〔67〕即溜——意謂精細、機靈、聰明、伶俐。寫法很多,有即留、唧嚙、唧溜、溹溜、吸嚙,皆字異音近而義同。詳參《宋金元明清曲辭通釋‧即留》條。

〔68〕稠——密也。引申爲「多」。「往來稠」,往來多也。

〔69〕持籌——手持算籌,謂籌劃也。《聊齋誌異‧雲夢公主》:「婦持籌握算日致豐盈。」

〔70〕牢落——冷落。

〔71〕窮酸——舊時用來譏諷窮書生的貧寒迂腐之詞。重言則謂「窮酸餓醋」、「窮酸餓儒」。


# 第二十八齣　雄番竊霸

**【點絳唇】**〔淨吐番將上〕生長番家,天西一架,撐犂〔1〕大。家世零逋〔2〕,番帳裏收千馬。

塞外陰風捲白蘆,金衣瑟瑟氣豪粗。邏娑〔3〕一望無邊際,殺氣飄番小拂廬〔4〕。咱家吐番大將是也。吐番熟路,穿心七千〔5〕餘里;生羌殺手二十萬人。橫行崑崙嶺西,片片雪花吹鐵甲;直透赤濱〔6〕河北,雄雄星宿〔7〕立鑌刀〔8〕。休在話下,所有小河西大河西二國,原屬咱吐番部下,近日唐憲宗〔9〕皇帝中興,與俺相爭,要彼臣服。那大河西出葡萄酒,小河西出五色鎮心瓜:正用〔10〕搔擾時節,不免喚集把都〔11〕們號令一會。〔眾上〕

**【水底魚】**白雁黃花,塵飛黑海涯。番家兒十歲,能騎馬鳴箶。皮帽兒夥著黑神鴉,風聲大。撞的個行家〔12〕,鐵里溫都答喇〔13〕。

〔見介、淨〕俺國年年收取大河西國葡萄酒,小河西國進五色鎮心瓜。如今正是時候,點起部落們去搶他一番。〔眾應介〕

【清江引】皮囊〔14〕氈帳〔15〕不著家〔16〕，四面天圍野。漢兒防甚秋〔17〕，塞草偏肥夏。一弄兒〔18〕把都們齊上馬。〔作嗅香介〕

【前腔】葡萄酒熟了香打辣〔19〕，凹鼻子寒毛乍〔20〕。醉了咬西瓜，劃〔21〕起雪山花。趲行程〔22〕番鼓兒好一會價打。

初夏草生齊，番家馬正肥。

射飛〔23〕清〔24〕海上，傳箭〔25〕玉關西。

# 校　注

〔1〕撑犂——《漢書‧匈奴轉上》：「匈奴謂天爲『撑犂』。」清‧錢謙益《再次茂之他字韻》：「地更區脫徒爲爾，天改撑犂可耐他。」

〔2〕零逋（bū）——吐蕃官名，職位甚高。《新唐書‧吐蕃傳上》：「又有大內相曰曩論掣逋，亦曰論莽熱。副相曰曩論覓零逋，小相曰曩論充，各一人。又有整事大相曰喻寒波掣逋，副整事曰喻寒波覓逋，小整事曰喻寒波充，皆任國事。」「零逋」，亦譯作「論逋」，《宋史‧外國傳八‧論逋》「論逋者，相也。」零、論聲母同，音近義同。

〔3〕邏娑——地名。唐時吐蕃的都城，即今西藏自治區首府拉薩市。《舊唐書‧吐蕃傳上》：「吐蕃，在長安之西八千里，本漢西羌之地也……其國人號其王爲贊普，其國都號爲邏些城。」按：邏娑、邏些，字異音近義同。《紫簫記》二十八〔一枝花〕曲又作「邏沙」。此語亦見於詩賦中，如唐‧周繇《送入蕃使》詩：「滹沱河東軍回探，邏娑城孤雁著行。」宋‧王禹偁《歸馬華山賦》：「芙蓉峰畔，爭翻歷決之蹤；邏娑城邊，詎見訪秋之事。」

〔4〕拂廬——指氈帳。小拂廬，小氈帳也。《舊唐書‧吐蕃傳上》：「其國都城號爲邏些城。屋皆平頂，高者至數十尺，貴人處於大氈帳，容數百人，衛候甚嚴，而牙門甚隘，部人處小拂廬。」又《元史語解》卷二（宮衛）：「古爾，帳房也。」可知拂廬的別名，又稱「古爾」。

〔5〕千——繼志、清暉、柳浪、竹林本皆作「百」。

〔6〕赤濱——濱，應作「賓」。

〔7〕星宿（xiù）——即星宿海，在青海省。古人以之爲黃河的發源地。

〔8〕鑌（bīn）刀——鋒利之刀。鑌，鐵之精錬者。

〔9〕唐憲宗——名李純，在位十五年（公元 806～820 年）。

〔10〕用——清暉、柳浪、竹林本俱作「要」。

〔11〕把都——蒙語，勇士的意思。

〔12〕行家——是對於某種技藝或學識擅長或出色之意，猶今云內行、裏手。明·朱權《太和正音譜·雜劇十二科》：「子昂趙先生曰：『良家子弟所扮雜劇，謂之行家生活，娼優所扮者，謂之戾家把戲。』」按：戾家，意即外行，正與內行相對應。

〔13〕鐵里溫都答喇——鐵里溫，蒙古人呼人的頭顱爲鐵里溫。《華夷譯語·身體門》、《韃靼譯語·身體門》均呼「頭」爲「帖里溫」，《至元譯語·身體門》呼「頭」爲「忒婁溫」。按：帖里溫、忒婁溫，均與「鐵里溫」字異音近而義同。答喇，謂殺死、砍掉。「鐵里溫都答喇」，謂把頭顱砍掉，意即把人都殺掉。答喇，一作「哈喇」。

〔14〕皮囊——皮制之袋，游牧民族盛水之具。《晉書·劉聰載記》：「約歸，置皮囊於機上，俄而蘇。」

〔15〕氈帳——《漢書·蘇武傳》「匿穹廬」注：「穹廬，氈帳也。」穹廬，也就是前注所說的「拂廬」。

〔16〕不著（zhāo）家——沒有固定的住所。著，依附，附著。宋·王安石《山中》詩：「春晨花上露，芳氣著人衣。」著人衣，附著在人的衣服上。與「著家」取義正同。

〔17〕防秋——古時，突厥、吐蕃等游牧民族，常常趁秋高馬肥時南侵，屆時邊防軍特加警衛，調兵防守，因稱「防秋」。《舊唐書·陸贄傳》：「又以河隴陷蕃已來，西北常以重兵守備，謂之防秋。」

〔18〕一弄兒——猶云所有、一切、一古腦，蓋合總數而言。「一弄兒把都們齊上馬」，意謂勇士們全都一塊乘上馬。

〔19〕香打辣——蒙語稱酒爲「打辣酥」，因稱美酒爲「香打辣」。

〔20〕乍——人受驚或惱怒時鬚髮聳立的樣子。元·白樸《梧桐雨》三〔撥不斷〕：「嚇的我戰欽欽遍體寒毛乍。」

〔21〕剗（chǎn）——同「鏟」。

〔22〕趲行程——趕路。

〔23〕射飛——謂用箭射飛鳥也。唐·李嶷《少年行》詩：「侍獵長楊下，承恩更射飛。」宋·王安石《胡笳十八拍》詩：「彎弓射飛無遠近，青冢路邊南雁盡。」

〔24〕清——應作「青」。

〔25〕傳箭——傳遞軍令，古代軍情緊急時用之。箭，令箭也。

# 第二十九齣　高宴〔1〕飛書

【一枝花】〔劉上〕牙旗翻翠葆〔2〕，彈壓燕支道〔3〕；轅門金甲偎〔4〕，

閒吟眺〔5〕。玄鬢〔6〕初驚，坐聽新蟬噪。大樹將軍〔7〕老，柳色槐陰，
偏稱羽扇綸巾〔8〕清嘯。

【臨江仙】河漢〔9〕千年鳳舞〔10〕，煙沙萬里龍荒〔11〕。封侯只愛酒泉
鄉。關山〔12〕瞻漢月，戈劍宿胡霜。紫塞〔13〕夜搖風角〔14〕，薇垣〔15〕
曉動星芒。翩翩書記〔16〕舊河梁，幕中邀謝鑒〔17〕，麾下得周郎〔18〕。
自家劉公濟是也。承天子命拜朔方河西二道節鎮；近移軍玉門關外。
奏准聖旨，親點狀元李益參軍〔19〕，乃吾故人也。報說今日到任，已
分付各邊城，旌旗號令，精整一番。堂候官〔20〕備酒。〔內鼓吹介〕

【滿江紅】〔生眾擁上〕寶馬嘶雲，青絲鞚〔21〕，籠鞭袖裊。河橋
聽鳴笳疊鼓〔22〕，暮山欲噪。玉帳〔23〕門前歌吹動，戍樓嶺上紅幡繞。
〔眾〕風煙河畔引王孫〔24〕，青青草〔25〕。

〔見介〕詞場〔26〕第一名。〔生〕軍事得參卿。〔劉〕客冠三臺〔27〕坐。
〔生〕人依萬里城。〔劉笑介〕李君虞，今日劉公濟可是喜也。左右看
酒！〔堂候〕日永篆香〔28〕宜畫軸〔29〕，風清繡幕好投壺〔30〕。酒到。

【梁州序】〔劉〕玉堂年少〔31〕，日華天表〔32〕，共仰雍容廊廟〔33〕。
何緣關塞，逢迎仙旆飄搖。似你三千禮樂〔34〕，十萬甲兵〔35〕，百二山
河〔36〕小。自來帷幄〔37〕裏，夢賢豪，萬里雲霄一羽毛〔38〕。〔合〕清和
〔39〕候，煙塵道，展營門細柳〔40〕平安報。軍中宴，鎮歡笑。

【前腔】〔生〕非熊奇貌〔41〕，臥龍風調〔42〕，綠鬢朱顏〔43〕榮耀。
長城萬里，君侯坐擁幢旄〔44〕。快睹軍容出塞，將禮登壇，冠世英雄表。
金湯〔45〕生氣象，迥銅標〔46〕。圖畫在麒麟〔47〕第一高。〔合前〕

〔劉〕參軍到此。即有軍中一大事請教：玉關之外，有小河西大河西二
國。自漢武皇開西域四郡，隔斷匈奴，這兩國年年貢獻大漢。大河西獻
葡萄酒，送在酒泉郡賜宴；小河西獻五色鎮心瓜，送在北瓜州犒賞。到
大唐初年，舊規不改。近自吐番挾制，貢獻全疏：意欲興兵、相煩草奏
〔48〕。〔生〕容下官措思〔49〕。

【前腔】〔劉〕碧油幢〔50〕燕雀風高，金字旗〔51〕龍蛇雲繞。聽單

于吹徹〔52〕，平安烽早。深感主恩鄭重，軍令分明，你筆陣狼煙掃〔53〕。
試揮毫，倚馬〔54〕西飛插羽翹〔55〕。〔合前〕

〔生〕老節鎮在上，河西貢獻不至，興兵主見不錯〔56〕。但是四五月間
晴雨不常，天氣未便。下官叨〔57〕以筆墨從事，願草咫尺之書〔58〕，先
寒二國之膽；更容下官分兵，戍守回中受降城〔59〕外，綴〔60〕吐番之路。
使他不敢空國而西〔61〕；則酒泉不竭於唐，甘瓜〔62〕復延於漢矣！〔劉〕
參軍高見，此乃王粲登樓〔63〕之才，李白嚇蠻〔64〕之計也！左右取大觥
〔65〕進酒！

【前腔】〔生〕染宮袍來附金貂〔66〕，總〔67〕戎陣未妨魚鳥。拚花邊
簇馬〔68〕，風前欹〔69〕帽。憶西清〔70〕別騎，東府〔71〕君侯，不信邊頭
好。侍雄豪，書劍從軍敢告勞〔72〕？〔合前〕

〔眾上〕整頓舞衣雲出塞，動搖歌扇月臨邊。〔眾旦樂介〕

【節節高】金花貼鼓腰，一聲敲，紅牙〔73〕歌板齊來到。龜茲樂
〔74〕，于闐操〔75〕，花門笑〔76〕。怕人間譜換伊梁調〔77〕，甘州入破〔78〕
橫雲叫。〔合〕酒灑西風茜征袍，軍中且唱《從軍樂》〔79〕。

【前腔】〔眾旦舞介〕裁〔80〕停碧玉簫，陣花飄，河西〔81〕錦帶翩
翻耀。風前掉，掌上嬌，盤中俏〔82〕。胭脂山〔83〕下人年少，紅氍隊〔84〕
裏華燈照。〔合前〕

【尾聲】聽鳴笳芳樹〔85〕篇篇好，小梁州〔86〕宴罷人長嘯，單則是
玉門關外老班超。

軍中高宴夜堂開，城上烏〔87〕驚探馬來；

火照墨花飛草檄〔88〕，眾傳君負佐王才〔89〕。

〔劉吊場〔90〕〕叫中軍官，明早到參軍府領下檄文二道，矯詔〔91〕宣諭
大小河西，責其貢獻；不服之時，興兵未遲。正是：鞍馬不教生髀肉〔92〕，
檄書端可愈頭風〔93〕。〔下〕

# 校　注

〔1〕高宴——見本劇第三十一齣注〔7〕。葉《譜》作「軍宴」。

〔2〕牙旗翻翠葆——牙旗，多為主將、主帥所建，亦用作儀仗。《文選·張衡〈東京賦〉》：「戈予若林，牙旗繽紛。」薛綜注：「兵書曰，牙旗者，將軍之旌。謂古者天子出，建大牙旗，竿上以象牙飾之，故云牙旗。」翻，飄揚也。翠葆，以翠羽為旗上葆。葆，謂「蓋」也。《禮記·雜記下》：「匠人執羽葆御柩。」孔穎達疏：「羽葆者，以鳥羽注於柄頭，如蓋，謂之羽葆，葆，謂蓋也。」

〔3〕彈壓燕支道——彈壓，猶「鎮壓」。清·洪昇《長生殿》二十五〔紅芍藥〕：「陛下呵，聽軍中恁地喧嘩，教微臣怎生彈壓！」燕支，山名，一作「胭脂」，又作「焉支」，在今甘肅山丹縣東。

〔4〕偃——放倒。

〔5〕吟眺（tiào）——吟詠眺望。從高處遠望曰眺，《禮記·月令》：「可以居高明，可以遠眺望。」

〔6〕玄鬢——黑色鬢髮。

〔7〕大樹將軍——典出《後漢書·馮異傳》：「諸將並坐論功，異常獨屏樹下，軍中號曰大樹將軍。」屏（bǐng），隱藏、掩蔽。

〔8〕羽扇綸（guān）巾——羽扇，用長羽毛做的扇子。綸巾，用細絲織成的頭巾，一名諸葛巾。《太平御覽》卷七〇二引晉·裴啓《語林》：「諸葛武侯與宣王在渭濱將戰，武侯乘素輿，葛巾，白羽扇，指揮三軍。」後因以「羽扇綸巾」形容大將軍指揮若定瀟灑從容。此寫盧太尉宅第氣派。

〔9〕河漢——黃河與漢水並稱，意指中原富庶之區，下與龍荒貧寒之地相應。

〔10〕鳳舞——《焦氏易林》：「龍遊鳳舞，歲樂民喜。」

〔11〕龍荒——指漠北荒遠的地方。清·蔡應龍《紫玉記》二四〔一枝花〕白：「河漢千年鳳舞，煙沙萬里龍荒，封侯只愛酒泉鄉。」酒泉，郡名，在今甘肅省酒泉縣。後漢·應劭《地理風俗記》：「酒泉郡其水若酒，故曰酒泉。」唐·顏師古注《漢書》曰：「舊傳城下有金泉，泉味如酒。」這裏表示封侯只喜封在酒泉，大概是由於嗜酒之故。

〔12〕關山——意指塞外的關隘山嶺。南朝樂府民歌《木蘭詩》：「萬里赴戎機，關山度若飛。」

〔13〕紫塞——指長城。晉·崔豹《古今注上·都邑第一》：「秦築長城，土色皆紫，漢亦然，故云紫塞也。」

〔14〕角——古樂器名，出西北游牧民族，鳴角以示晨昏。軍中多用作軍號，如云「號角長鳴」。

〔15〕薇（wēi）垣——即紫薇垣，星名。《宋史·天文志》：「紫薇垣在北斗北，左右環列，翊衛之象也。」

〔16〕翩翩書記——翩翩，舊時對風流美貌有文采者的贊詞。三國魏·曹植《侍太子坐》詩：「翩翩我公子，機巧忽若神。」書記，指負責書牘奏記的人。

〔17〕幕中邀謝鑒——《晉書·謝玄傳》：「於時苻堅強盛，邊境數被侵寇，朝廷求文武將可以鎮禦北方者，安乃以玄舉。中書郎郗超素與玄不善，聞而歎曰：『安違眾舉親，明也。玄必不負舉才也。』時咸以爲不然。超曰：『吾嘗與玄共在桓公府，見其使才，雖履屐間亦得其任，所以知之。』」這裏是以謝安有識鑒推舉其侄謝玄，比之盧太尉薦舉李益。邀，謂邀請、招致。「邀謝鑒」，即謂舉薦謝玄之識鑒也。

〔18〕麾下得周郎——麾下，即部下。《後漢書·滕撫傳》：「撫所得賞賜，盡分於麾下。」周郎，指三國吳周瑜，這裏劉公濟以李益比周瑜，以孫權自比。

〔19〕參軍——官名。以參謀軍事，簡稱「參軍」。東漢末始出現此名義。

〔20〕堂候官——舊時供高層官員使喚的小吏。宋制：宰相有「隨身」七十人，由政府發給衣糧薪俸。「堂候官」就是屬於「隨身」的一種差役。

〔21〕青絲鞚（kòng）——用青色絲繩做的馬絡頭。南朝梁元帝《紫騮馬》詩：「宛轉青絲鞚，照耀珊瑚鞭。」鞚，馬絡頭。

〔22〕疊鼓——謂小擊鼓、急擊鼓。《文選·謝眺〈鼓吹曲〉》云：「凝笳翼高蓋，疊鼓送華輈。」李善注云：「小擊鼓謂之疊。」

〔23〕玉帳——美稱主帥所居的帳幕，取如玉之堅的意思。北齊·顏之推《觀我生賦》：「守金城之湯池，轉絳宮之玉帳。」

〔24〕王孫——泛指貴家子弟。

〔25〕青青草——形容草色很青。《古詩十九首》之二：「青青河畔草，鬱鬱園中柳。」隋樹森注引李因篤曰：「起二句，意徹全篇，蓋閨情惟春獨難遣也。」

〔26〕詞場——科場、考場。唐·白居易《喜敏中及第偶示所懷》詩：「自知群從爲儒少，豈料詞場中第頻。」

〔27〕三臺——星名，即上臺、中臺、下臺，共六星兩兩相比，位斗魁下。借喻輔佐天子的三公或大臣。詳參《宋金元明清曲辭通釋·三臺（二）》。

〔28〕篆香——篆香之煙。篆香，猶盤香，亦即串香。篆、串、盤，以香之形言之也。香，以香之味言之也。宋·李清照《滿庭芳》詞之一：「篆香燒盡，日影下簾鈎。」詳參《宋金元明清曲辭通釋·黃串餅》。

〔29〕畫軸——裱畫後帶軸的圖畫。《初刻拍案驚奇》卷六：「那娘子一手好針線繡作，曾繡一幅觀音大士……裱成畫軸，取回來掛在一間潔淨房裏。」

〔30〕投壺——我國古代貴族宴飲時娛樂的一種禮制。玩法是：賓主依次投矢壺中，勝者斟酒，負者飲之，謂之投壺。

〔31〕玉堂年少——玉堂，豪貴宅第的美稱。唐·張柬之《東飛伯勞歌》：「窈窕玉堂褰翠幕，參差繡戶懸珠箔。」年少，指李益年富力強。

〔32〕日華天表——太陽的光輝照耀著俊美的儀容。這裏形容李益年輕美貌。明·葉憲祖《素梅玉蟾》二〔二犯桂枝香桂枝香頭〕：「朱樓雲渺，玉人天表，終朝掐損情腸，何意得諧歡好。」

〔33〕雍容廊廟——雍容，形容華貴、富有威儀。廊廟，爲廊廟材、廊廟具、廊廟器之省文，謂堪任朝廷重任。廊廟，喻指朝廷。

〔34〕三千禮樂——孔子弟子三千人，皆習禮樂。《史記·孔子世家》：「孔子以詩書禮樂教，弟子蓋三千焉。」這裏因以「三千禮樂」，喻指李益是個儒士。

〔35〕十萬甲兵——宋代范仲淹守西夏，知延州，精鍊州兵，使出禦賊，賊相戒曰：「小范老子腹中有數萬甲兵，不比大范老子可欺也。」見《歷代名臣言行錄》、《類說·名臣傳·范仲淹》。這裏喻指李益入參戎幕，破賊胸有成竹。

〔36〕百二山河——形容秦地山河險固。《史記·高祖本紀》：「秦形勢之國，帶河山之險，縣隔千里，持戟百萬，秦得百二焉。」唐·盧宗回《登長安慈恩寺塔》詩：「九重宮闕參差見，百二山河表裏觀。」元·馬致遠《蟾宮曲·歎世》：「咸陽百二山河，兩字功名，幾陣干戈。」皆言中之地，形勢險固。

〔37〕帷幄——軍營中將帥決策的幕府。《史記·太史公自序》：「運籌帷幄之中，制勝於無形。」《漢書·張良傳》：「運籌帷幄中，決勝千里外，子房功也。」三國魏·曹操《請增封荀彧表》：「古人尚帷幄之規，下攻拔之力。」

〔38〕萬里雲霄一羽毛——語出唐·杜甫《詠懷諸葛武侯》詩，意謂高不可及。

〔39〕清和——四月天氣清明和暖，故俗稱四月爲清和月。前蜀·韋莊《和同年韋學士華下途中見寄》詩：「正是清和好時節，不堪離恨劍門西。」宋·司馬光《客中初夏》詩：「四月清和雨乍晴，南山當戶轉分明。」

〔40〕細柳——地名。在今陝西省咸陽西南，漢周亞夫爲防胡人南侵，曾屯兵於此，因稱細柳營。

〔41〕非熊奇貌——指姜太公呂望。雄奇，雄偉奇特。《史記·齊太公世家》：「西伯將西獵，卜之，曰『所獲非龍非彲（chǐ，傳說中的一種蛟龍），非虎非羆，所獲霸王之輔。』於是西周伯獵，果遇太公於渭之陽。」

〔42〕臥龍風調——臥龍，指諸葛亮。風調，風度格調。《三國志·蜀志·諸葛亮傳》：「徐庶謂先主曰：『諸葛孔明，臥龍也，將軍宜枉駕顧之。』」以上兩句，是說迎接到來的不是姜太公，而是諸葛亮。意指李益。

〔43〕綠鬢朱顏——青年容貌。

〔44〕君侯坐擁幢旄（chuáng máo）——君侯，對尊貴者的泛稱。唐·李白《與韓荊州書》：「君侯不以富貴而驕之，寒賤而忽之，則三千之中有毛遂，使白得穎脫而出，即其人焉。」幢旄，旌旗之類。

〔45〕金湯——謂金城湯池，喻其牢固。

〔46〕迥（jiǒng）銅標——迥，高也。南唐·馮延巳《應天長》詞：「重簾靜，層樓

迴。」銅標，謂以銅柱為標誌也。《後漢書・馬援傳》注引《廣州記》曰：「援到交趾，立銅柱為漢之極界。」唐・宋之問《韶州》詩：「朱崖天外郡，銅柱海南標。」

〔47〕麒麟——閣名。漢於未央宮建麒麟閣，曾圖畫功臣霍光、張安世、韓增、趙充國、魏相、丙吉、杜延年、劉德、梁丘賀、蕭望之、蘇武等十一人於閣上，以示褒獎。

〔48〕草奏——草擬奏章。唐・戴叔倫《贈司空拾遺》詩：「陳琳草奏才還在，王粲登樓興不賒。」

〔49〕措思——構思，猶今云考慮。

〔50〕碧油幢——青綠色的油車篷，顯貴者所乘。《南齊書・輿服志》「輦車」注：「二公御車，皆綠油幢，絳繫絡，御所乘雙棟；其公主則碧油幢雲。」碧、綠，字殊義同。

〔51〕金字旗——用黃粉末書寫之旗，以示顯貴。

〔52〕聽單于吹徹——此「單于」，非少數民族，對國君的稱呼，乃是用作曲調名。《樂府詩集》卷二四橫吹曲：「唐大角曲有大單于、小單于……今其聲猶有存者。」宋・秦觀《阮郎歸》詞：「麗譙吹罷小單于，迢迢清夜徂。」是其證。吹徹，吹完。

〔53〕筆陣狼煙掃——筆陣，比喻寫作文章。狼煙，古時烽燧所燒的煙，比喻禍亂。連起來是說，憑文才平定禍亂。

〔54〕倚馬——形容文思敏捷，下筆千言，倚馬可待。唐・李白：《與韓荊州書》：「請日試萬言，倚馬可待。」

〔55〕插羽翹——古時檄書，軍情告急時則加插鳥的羽毛。羽翹，翹起的硬羽。

〔56〕不錯——意為請求明白裁奪。

〔57〕叨（tāo）——猶「忝」，表示承受之意，常用作謙詞。

〔58〕咫尺之書——古代書寫用木簡，信箚之簡長盈尺，故云。

〔59〕受降（xiáng）城——城名，接受敵人投降的地方，故以名之。漢故城，在今內蒙古烏拉特旗北，唐築有三城，中城在朔州；西城在靈州；東城在勝州。（見《新唐書・張仁願傳》）唐・李益《夜上受降城聞笛》詩：「回樂峰前沙似雪，受降城外月如霜。」

〔60〕綴（chuò）——拘束。《禮記・士喪禮》：「綴足用燕幾。」鄭玄注：「綴，猶拘也。」

〔61〕空國而西——意言發全國之兵去西征。

〔62〕甘瓜——地名，不見載籍，當為「甘谷」，在今甘肅省東部、渭河流域，今隴海鐵路通過境內。

〔63〕王粲登樓——王粲字仲宣，漢末山陰人。漢獻帝西遷，粲跟從到長安，以長安擾亂，又去荊州依附劉表。劉表未予重用，遂登當陽縣城樓作賦，以抒發其懷

才不遇及鄉關之思（見《三國志・魏志・王粲傳》）。此賦表現出王粲才華橫溢，為後世所傳誦。

〔64〕李白嚇蠻——李白，字太白，唐代大詩人。傳說李白曾為唐玄宗起草答覆勃海國可毒書，後世稱為「嚇蠻書」。《警世通言・李謫仙醉草嚇蠻書》：「李白左手將須一拂，右手舉起中山兔穎，向五花箋上，手不停揮，須臾，草就嚇蠻書。」以上用登樓賦、嚇蠻書讚譽李益的才幹。

〔65〕觥（gōng）——古代一種飲酒器皿，猶今之酒杯。

〔66〕金貂（diāo）——皇帝左右侍從貴臣的冠飾。《漢書・谷永傳》：「戴金貂之飾，執常伯之職者，皆使學先王之道。」《後漢書・輿服志》：「武弁大冠，諸武官冠之，侍中中常侍加黃金璫，附蟬為文，貂尾為飾。」（璫，漢代武職宦官帽子上的裝飾品）

〔67〕總——統領、統率。唐・楊炯《中書令汾陰公薛振行狀》：「吐蕃不庭，詔英王為元帥，總戎西封。」

〔68〕拚（pīn）花邊簇馬——拚，豁出去。簇，用同「促」，連起來是說：拚著在花旁促馬前進。

〔69〕敧（qī）——用同「攲」，傾斜貌。

〔70〕西清——指帝王宮禁內燕閒之地。《漢書・司馬相如傳上》：「青龍蚴蟉於東箱（廂），象輿婉僤於西清。」顏師古注：「西清者，西箱清靜之處也。」後因稱帝王宮內遊宴之處。南朝陳・徐鉉《茱萸詩》：「長和菊花酒，高宴奉西清。」

〔71〕東府——唐宋時指宰相府。唐・王勃《常州刺史平原郡開國公行狀》：「高祖勳逾黜夏，業擅戡黎，置酒醴於南宮，揚旌旆於東府。」宋・陸游《投梁參政》詩：「回首長安城，未忍便萬里。袖詩叩東府，再拜求望履。」

〔72〕敢告勞——言不敢向上訴說自己的勞苦。此處「敢」字反用其義。

〔73〕紅牙——樂器。紅牙板的簡稱，指調節樂器節奏的拍板，多用檀木製成，色紅，故名。

〔74〕龜茲（qiū cí）樂——傳自漢西域龜茲國，故名。其樂器以羯鼓為主，盛行隋唐。

〔75〕于闐（tián）操——漢西域于闐國的樂曲。操，曲名。《史記・宋微子世家》：「紂為淫泆，箕子諫，不聽……乃被發伴狂而為奴，遂隱而鼓琴以自悲，故傳之曰《箕子操》。」裴駰集解引應劭《風俗通》曰：「其道閉塞憂愁而作者，命其曲曰操。」

〔76〕花門笑——花門，見本劇二十六齣注〔45〕。笑，上與「樂」、「操」連舉，當亦與樂曲有關，但不詳所本。

〔77〕伊梁調——《伊州》、《梁州》兩曲調。《新唐書・禮樂志十二》：「天寶樂曲，皆以邊地名，若《涼州》、《伊州》、《甘州》之類。」唐・白居易《伊州》詩：「老去將何散老愁，新教小玉唱《伊州》。」唐・杜牧《河湟》詩：「唯有涼州

歌舞曲，流傳天下樂開人。」

〔78〕甘州入破——《甘州》，即《甘州曲》，唐教坊曲名。入破，音樂術語，意謂促節繁聲。《新唐書·五行志二》：「至其曲遍繁聲，皆謂之『入破』……破者，破碎云。」宋·張端義《貴耳集》卷上：「天寶後，曲遍繁聲，皆名入破。破者，破碎之義也。」唐·元稹《琵琶》詩：「學語胡兒撼玉玲，《甘州破》裏最星星。」

〔79〕從軍樂——樂府曲名。唐·李益從司空魚公北征時作有《從軍有苦樂行》詩。其中有句云：「從軍有苦樂，此曲樂未央。」

〔80〕裁——用同「才」。

〔81〕河西——古代泛指黃河以西地區。相當今寧夏回族自治區及甘肅省一帶。又稱河右。見《三國志·魏志·無丞》。

〔82〕「風前掉」以下三句——形容趙飛燕輕作掌上舞的情狀。《楊太眞外傳》說：「漢成帝獲飛燕，身輕欲不勝風，恐其飄着，帝爲造水晶盤，令宮人掌之而歌舞。又製七寶避風臺，間以諸香，安於上，恐其不禁。」掉、嬌、俏，都是美的意思。

〔83〕胭脂山——即燕支山，古在匈奴境內，以產燕支（胭脂）草而得名。

〔84〕紅氍（qú）隊——即舞隊。紅氍，紅色的毛織地毯。古代跳舞，多在地毯上。

〔85〕芳樹——樂曲名。《芳樹》篇，爲漢鐃歌十八曲之一。

〔86〕小梁州——曲調名。明·彭大翼《山堂肆考》：「《小梁州》，乃西音也。」

〔87〕城上烏——不祥的象徵。《左傳·襄公十八年》：「晉侯伐齊，齊師夜遁……叔向告晉侯曰：『城上有烏，齊師其遁。』」《後漢書·五行志》：「京都童謠曰：『城上烏，尾畢逋。』」

〔88〕草檄——起草的檄文，古時用以徵召或聲討的文件。

〔89〕佐王才——輔佐帝王的才能。《後漢書·董仲舒傳》：「劉向稱董仲舒有王佐之才，雖伊、呂亡以加。」

〔90〕弔場——戲劇術語。戲劇分場的標準，是以全部演員進入後臺、前臺沒有演員爲斷；如果前臺還有一兩個演員，不使演出中斷，以過渡到另一場面，此謂之弔場。

〔91〕矯詔——僞託詔命。

〔92〕髀肉——自歎久逸之意。劉備嘗如廁，見髀裏肉生，慨然流涕，劉表怪問之，備曰：「吾常身不離鞍，髀肉皆消，今不復騎，髀裏肉生。日月若馳，老將至矣，而功業不建，是以悲耳。」（見《三國志·蜀志·先主紀》）

〔93〕檄書端可愈頭風——《三國志·魏志·陳琳傳》注引《典略》曰：「琳作諸書及檄草成，呈太祖，太祖先苦頭風，是日疾發，臥讀琳所作，翕然起曰：『此愈我病。』」

# 第三十齣　河西款檄 [1]

【粉蝶兒】〔大河西回回粉面大鼻鬍鬚上〕撒採天西，泥八喇相連葛刺 [2]，咱佔定失鑾田地 [3]。馬辣酥 [4]，拌飲食，人兒肥美。花蕊布 [5] 纏匣胸臍，骨磔磔眼凹兒 [6] 滴不出胡桐半淚 [7]。

自家大河西國王是也。天時葡萄正熟，束風起釀酒，貢獻吐番。今又聞得大唐天子起兵把定玉門關，要咱國伏降。咱國無定，先到者為大；咱便釀下葡萄酒，看大唐吐番誰先到也。〔番卒上〕報報報！大唐使臣到。〔內呼介〕使臣到！大唐皇帝詔諭大河西王跪聽宣讀：昔漢西域說開葡萄歸漢，今遣劉節鎮李參軍鎮定大河西，可從節制，不服者興兵誅之。叩頭謝恩！〔番王起介〕請大唐使臣喫馬桐宴 [8]。〔內應介〕即往小河西，不可久停。請了！〔番王〕俺國降唐也。自古河西稱大國，從今北斗向中華 [9]。〔下、小河西回回青面大鼻鬍鬚上〕

【新水令】火州 [10] 西撒馬兒 [11] 田地，大狨猊降伏了覆著氍毹兒做坐席 [12]。恰咬了些達郎古賓 [13] 蜜，澡了些火敦惱兒 [14] 水；鑌鐵 [15] 刀活伶俐，燒下些大尾子羊好不擾 [16] 人的鼻。

自家小河西國王是也。先年臣伏大唐，近來貢奉吐番。到瓜熟時吐番便來蹂踐一番，若再來擾，到不如降了大唐也。〔內呼介〕詔使到，大唐皇帝詔諭小河西王跪聽宣讀：皇帝念小河西絕遠，今遣劉節鎮李參軍撫之：逆者興兵誅討。叩頭謝恩！〔番王起介〕請大唐使臣喫了燒羊尾巴去！〔內應介〕使臣便往回中受降城，斷絕吐番西路，不得遲留。請了。〔番王〕咱降唐罷！正是詔從天上下，嚇殺小河西。〔下〕

【一枝花】〔吐番將黑臉領眾上〕當風白蘭路 [17]，避暑黃楊渡 [18]，槍槊兒剔透 [19] 在三門豎。閃閃風沙，陣腳紅旗布，打一聲力骨磔 [20]。俺帽結朝霞 [21]，袍穿氈魯 [22]，劍彈金縷 [23]。

天西靠著悶摩黎 [24]，回鶻龜茲 [25] 拜舞齊。只有河西雙鷝子 [26]，西風吹去向南飛。自家吐番大將，起了部落，搔擾大小河西，好景致也！〔行路打圍 [27] 介〕

【端正好】旗面日頭黃，馬首雲頭綠 [28]。草莘 [29] 迷遮不斷長途，

大打圍領著番土魯〔30〕，繞縈定黃花谷〔31〕。

【滾繡球】風吹的草葉低，甚時節青疏疏柳上絲？聽的咿呀呀〔32〕雁行鴉侶，吱晰晰〔33〕野雉〔34〕山狐；急張拘勾〔35〕的捧頭〔36〕獐，赤溜出律〔37〕的決〔38〕口兔；戰篤速〔39〕驚起些窣格落的豪豬〔40〕，咭叭喇〔41〕喝番了黑林郎雕虎〔42〕；急迸咯咮〔43〕的順邊風，幾捧攔腰鼓；濕溜颯喇〔44〕的是染塞草雙鵰濺血圖，錦袖上模糊。

　　呀！到大河西了。問葡葡酒熟麼？〔內應介〕大唐使臣到此，俺國降唐了。〔番將怒云〕呀！大河西降了唐也！

【倘秀才】呆不鄧〔45〕的大河西受了那家們制伏，滿地上綻葡萄亂熟，醞就了打辣酥〔46〕兒香碧綠。你獻了呵三杯和萬事〔47〕，降唐呵也依樣畫葫蘆〔48〕，罵你個醉無徒〔49〕。

　　把都〔50〕們，且搶殺他一番！〔作走殺介〕呀！前面小河西了。問他鎮心瓜熟麼？〔內應介〕大唐使臣到此，已降唐了。〔番將怒介〕呀，小河西又降了唐也！

【么篇〔51〕】些娘大〔52〕的小河西生性兒撇古〔53〕，東瓜大的小西瓜瓤紅子烏〔54〕，刺蜜樣香甜冰雪髓〔55〕。小河西，你獻咱瓜呵省可〔56〕了咱心煩暑〔57〕；不獻呵瓜分你國土，敢待〔58〕何如。

　　〔內〕大唐分兵去截你歸路了，你國敢怕唐朝也。〔番將〕說大唐麼？

【尾聲】暫回去放你一線降唐路，咱則怕大唐家做不徹拔刀相助，咱不道決撒〔59〕了呵，有日和你打幾陣戰河西得勝鼓。

　　番家射獵氣雄粗，去向河西嘴骨都〔60〕。

　　似倚南朝做郎主〔61〕，可知西域怕匈奴？

# 校　注

〔1〕款檄——收留檄文。款，留住也。宋‧楊萬里《夜宿王才臣齋中睡覺聞風雪大作》詩：「終年才小款，明日又言歸。」清‧林之松《念奴嬌》詞：「柳帶青鼕，桃含紅淚，難款流年住。」

〔2〕葛剌──多年生草本植物，莖蔓生。

〔3〕田地──意指地方。唐・陸龜蒙《幽居有白菊一叢因而成詠呈知己》詩：「月中若有閒田地，爲勸嫦娥著意栽。」「閒田地」，謂閒地方。

〔4〕馬辣酥──中國北方少數民族飲料。胡士瑩注謂「馬乳酒」，其說是也。《牡丹亭》四七〔北夜行船〕白：「（老旦：）克老克老。（貼：）說走渴了。（老旦手足做忙介：）兀該打剌。（貼：）叫馬乳酒。」是其證。按：克老克老，「渴」的意思。「兀該打剌」，意謂沒有酒。「叫馬乳酒」，意思是說，喝點馬乳酒飲料吧。

〔5〕花蕊布──布名，產於西域龜茲國。《宋史・外國傳六・龜茲》：「國城有市井而無錢貨，以花蕊布博易。」

〔6〕眼凹兒──即眼窩。

〔7〕胡桐半淚──即胡桐淚，指胡楊樹脂。唐・劉恂《嶺表錄異》卷中：「胡桐淚，出波斯國，是胡桐樹脂也，名胡桐淚。」《爾雅翼》：「西域鄯善國有胡桐，蟲食其木，則沫出，其下流者，俗名爲胡桐淚，言如目中淚也。」半淚，喻淚之少也。

〔8〕馬桐宴──查無據。胡士瑩疑「馬桐」爲「桐馬」之誤，謂「古以馬乳釀酒」，叫「桐馬酒」。

〔9〕北斗向中華──意言河西大國歸順大唐。北斗，《晉書・天文志上》：「北斗七星在太微北……斗爲人君之象，號令之主也。」後世因以喻帝王。明・梅鼎祚《玉合記》四、白：「願陛下永固南山，億萬歲遙承露掌；祈海內常依北斗，三千界盡上春臺。」

〔10〕火州──古城名，在嘉峪關外，本漢魏以來的高昌城。西州回鶻時音訛爲火州，故址在今新疆吐魯番東南哈拉和卓堡西南，約在元明之際，遷建於今哈拉和卓。居民以維吾爾族爲主。十五世紀中葉，爲西鄰吐魯番所併。

〔11〕撒馬兒──即撒馬兒罕，古國名，或作薛米斯幹，即唐代西域的康國，今烏茲別克一帶。《明史・西域傳四・撒馬兒罕》：「撒馬兒罕，即漢罽（ji）賓地，隋曰漕國，唐復名罽賓，皆通中國。元太祖蕩平西域，盡以諸王、駙馬爲之君長，易前代國名以蒙古語，始有撒馬兒罕之名。」《元史》又稱之爲「尋思幹」。尋思幹者，肥也。以其地土壤肥饒，故以名之。詳見《元史譯文證補》卷二十六上。

〔12〕大狻猊降伏了覆著氈㲪（die zhān）兒做坐席──狻猊，謂獅子。《爾雅・釋獸》郭璞注「狻猊」曰：「即師子也，出西域。」「師子」，「獅子」的簡寫。氈㲪、就是白氈布所製的氈毯。「㲪」通「氈」，連起來是說：把白氈毯覆蓋在降服了的獅子的脊背上當做坐席。

〔13〕達郎古賓──當是少數民族地區地名，位置不詳。

〔14〕火敦惱兒──蒙語，意譯爲星宿海，《至元譯語》、《華夷譯語》中的《天文門》

皆呼「星」爲「火敦」。《至元譯語‧地理門》呼「海」爲「答來」，《登壇必究》卷二二所載蒙語《地理門》呼「海」爲「打來」，「答來」、「打來」都是「惱兒」的不同譯音。合起來，火敦惱兒，即星宿海之意。《諸史夷語音義》曰：「河源在吐蕃朵思甘西鄙，有泉百餘泓，沮洳散渙，弗可逼視。方可七八十里，登高山下瞰，燦若列星，故名火敦惱兒。火敦者，華言星宿也；惱兒者，華言大澤也。是爲星宿海。」

〔15〕鑌鐵——鐵之精鍊者，即精鐵。明‧曹昭《格古要論‧鑌鐵》：「鑌鐵出西番。面上有旋螺紋者，有芝麻雪花者。凡刀劍器打磨光淨，用金絲礬礬之，其花則見。價值過於銀。古語云：『識鐵強如識金。』假造者是黑花。」

〔16〕攙——同「嗆」，指一種有刺激性的氣味，衝進鼻子或嗓子，使人感到不舒服。這裏是指羊的腥臊氣味，薰的人難以忍耐。元雜劇《盆兒鬼》二〔醉春風〕：「似這般腥臊臭穢怎存活？」

〔17〕當風白蘭路——當風，迎著風，正對著風。唐‧陸龜蒙《春思》詩之二：「江南酒熟清明天，高高綠旆當風懸。」白蘭，山名。在青海省西寧縣外圍。又其地爲羌族所居，故羌族中的一支，亦稱白蘭。分佈於青海省南部及四川省西部地區。《周書‧異域傳上‧白蘭》：「白蘭者，羌之別種也。其地東北接吐谷渾，西北至利模徒，南界那鄂。」

〔18〕黃楊渡——地名。地址不詳，當亦在西北少數民族地區。

〔19〕槍槊兒剔透——槍、槊，皆武器名。長杆一頭有尖頭的刺擊武器曰槍，槊指長矛。剔透，謂通徹透亮，形容槍槊的光亮。

〔20〕力骨碌——象聲詞。

〔21〕朝霞——西域布的一種。《舊唐書‧南蠻、西南蠻傳‧陀洹國》：「土無蠶桑，以白疊朝霞布爲衣。」

〔22〕氌魯（pū lǔ）——藏語音譯，是我國西藏地區和西北地區少數民族手工業生產的羊皮織品，質地細密柔軟，可做床毯、衣服等。明‧羅日褧《咸賓錄》卷五「吐蕃」條：「物產甚多……天鼠皮（可爲裘）、氌魯（五色、如氈）……。」《正字通》：「中天竺有罽氈，今曰氌魯。」

〔23〕金縷——曲調名。《金縷曲》、《金縷衣》的省稱。宋‧張元翰《賀新郎‧送胡邦衡待制》詞：「舉大白，聽《金縷》。」

〔24〕悶摩黎——即「悶摩山」，少數民族地區山名，疑作「閻摩山」、「焰摩山」。一說即「積石山」，在青海省境內。

〔25〕回鶻龜茲——皆我國古時的少數民族名。回鶻，一作「迴紇」。

〔26〕雙鷂（yào）子——喻指大河西、小河西國王。鷂，猛禽，通稱雀鷹、鷂鷹。這裏用作狀詞。

〔27〕打圍——即打獵。因須多人合圍，故稱。

〔28〕馬首雲頭綠——意言馬首飾有綠色的雲狀花紋。

〔29〕萋迷——草木茂盛貌。

〔30〕番土魯——疑爲人名。

〔31〕黃花谷——地名。

〔32〕咿呀呀——雁和鴉的鳴聲。

〔33〕吱唽唽（zhā）——象聲詞。形容聲音細碎、模糊不清。

〔34〕雉（zhì）——通稱「野雞」，雄的羽毛很美，尾長。雌的淡黃褐色，尾較短。
　　　善走，不能久飛。

〔35〕急張拘勾——狀詞。形容緊張慌亂、局促不安或身體蠕動或氣脈衝動的樣子。
　　　有急張拘諸、急獐拘豬、急章拘諸、急張拘逐、急張拘住、急張菊主等多種寫
　　　法，皆字異音近義同。參看《宋金元明清曲辭通釋·急張拘諸》。

〔36〕捧頭——猶「抱頭」，逃竄貌。宋·陸游《聞虜酋遁歸漠北》詩：「天威在上賊
　　　膽破，捧頭鼠竄籲可哀。」

〔37〕赤溜出律——狀詞。形容行動敏捷。《詞林摘豔》卷六，無名氏散套《韓元帥
　　　偷營劫寨·堯民歌》：「又見靈鵲兒赤綠綠蹤赤溜出力，一來一往，一上一下，
　　　轉過花稍。」

〔38〕決——謂張開。《周禮·考工記·梓人》：「銳喙決響。」孫詒讓正義：「謂口銳
　　　利而唇開張也。」

〔39〕戰篤速——狀詞。形容驚慌、發抖、顫動。有多種寫法。參看《宋金元明清曲
　　　辭通釋·戰篤速》。

〔40〕窣格落的豪豬——窣格落，狀詞。豪豬，哺乳動物，全身黑色。體長二三尺，
　　　頭大眼小耳短，穴居，晝伏夜出。體上長滿長而大的棘毛，堅硬如刺，俗稱箭
　　　豬。

〔41〕喈叭喇——大呼大喝聲。

〔42〕黑林郎雕虎——林郎，謂森林。字亦作林瑯、林榔、林浪、林琅等，皆字異音
　　　近義同。詳參《宋金元明清曲辭通釋·林浪》。雕虎，虎身毛紋，如雕畫，故
　　　名。

〔43〕急迸咯邦——象聲詞。字亦作急颩各邦、急並各邦、急進各邦等，分別形容風
　　　吹聲、拉弓聲、踏折聲、搗碓聲⋯⋯。

〔44〕濕溜颯喇——象聲詞。形容風聲、雨聲、水聲或對象飄落聲。寫法很多，有
　　　失留疏刺、失溜疏刺、失流疏刺等多種。詳參《宋金元明清曲辭通釋·失流
　　　疏刺》。

〔45〕呆不鄧——呆癡貌。又作呆不騰。按：詞尾「不鄧」、「不騰」，原無定字，各
　　　就土音而書，無義理可尋。

〔46〕打辣酥——蒙古語指酒。譯文又作打剌蘇、打蠟酥、答剌蘇、答剌孫、打剌

孫，俱字異音近義同。詳參《宋金元明清曲辭通釋‧答刺孫》。

〔47〕三杯和萬事──成語，意言喝酒可以化解糾紛。

〔48〕依樣畫葫蘆──比喻單純模仿，沒有改變和創新。亦作「依本畫葫蘆」。《朱子語類》卷四二：「仲弓卻只是據見成本子做，只是依本畫葫蘆。」

〔49〕醉無徒──潑皮無賴的醉鬼。無徒，無賴之徒也。近代北京的青皮混混、上海的白相人，均屬其類。

〔50〕把都──蒙古語謂勇士。又作把都兒、把都孩、都把兒、巴都兒等。

〔51〕么篇──原仍題「倘秀才」，據葉《譜》改。

〔52〕些娘大──一點點的意思，專形容小事物時用之。娘，用作詈詞，表示藐視。宋‧趙師俠《蝶戀花》詞：「茶飯不忺猶自可，臉兒瘦得些娘大。」《金瓶梅》第八回：「似藕生芽，汝蓮卸花，怎生纏得些兒大。」

〔53〕撇古──指人的性格偏拗、古板、不合時宜。倒作「古撇」、「古懺」，義同。

〔54〕瓤紅子烏──瓤是紅色，瓜子是黑色。

〔55〕刺蜜樣香甜冰雪髓──刺蜜，即刺莓，亦即草莓，野生植物，花呈紅色，肉質酸甜。言瓜瓤就像草莓那樣香甜可口。

〔56〕省可──免掉，「可」為語助詞，無義。

〔57〕煩暑──因暑熱而煩躁。

〔58〕敢待──謂恐怕，表示擔心的意思。

〔59〕決撒──決裂、破裂。清‧嵇永仁《雙報應》十三〔三春柳‧前腔〕白：「你可曾聽見好事要決撒？」

〔60〕嘴骨都──撅著嘴，鼓著腮，形容不高興的樣子。

〔61〕郎主──我國古代外國和我國少數民族對其君主的敬稱。

# 第三十一齣　吹臺避暑

　　【西地錦】〔劉上〕西地涼州無暑，有中天〔1〕冰雪樓居。一時勝事〔2〕誇河朔，看他小飲如無。

　　【一落索】畫戟垂楊〔3〕吹幕府，臺館新成，燕雀窺簷語。珠簾暮，涼州〔4〕唱徹人無暑。參佐〔5〕風流時一聚，闊學如才鸚鵡。雨洗燕支路〔6〕，且須高宴〔7〕凝〔8〕歌舞。俺劉公濟鎮守關西，李君虞參吾軍事，可謂翩翩記室〔9〕。且喜征塵路淨，避暑筵開；近報得河西納款〔10〕，早則喜也！〔內作樂介、生上〕

　　【番卜算】六月罷西征，燕幙風微度。雅歌金管按投壺〔11〕，將軍

多禮數〔12〕。

〔相見介、劉〕避暑新成百尺臺。〔生〕軍中高宴管絃催。〔劉〕知君不少《登樓賦》〔13〕。〔生〕正爾初逢袁紹杯〔14〕。〔劉〕參軍：俺二人以八拜之交〔15〕，同三軍之事，西事匆匆，未遑高宴。今茲天氣炎暑，小飲涼臺〔16〕。左右看酒！〔堂候上〕臺高欲下陰山〔17〕雪，晝永堪銷沉水香〔18〕。酒到！

【惜奴嬌〔19〕】〔劉〕萬里長驅，喜軍中高宴，正屬吾徒。邊塵靜，日永放衙休務〔20〕。正午，槐展油幢〔21〕，苔臥沈槍〔22〕，花催羯鼓〔23〕。難度〔24〕，六月裏染征雲，怎不向吹臺〔25〕歌呼？

【前腔】〔生〕男兒坐擁銅符〔26〕，喜繡旗風偃〔27〕，晝桨雲舒。涼州路，日遠炎蒸〔28〕不住。正爾，羽扇綸巾〔29〕，據床清嘯〔30〕，圍棋賭墅〔31〕。凝佇〔32〕，看燕寢〔33〕恁幽香，時裊〔34〕碧窗煙霧。

〔卒捧酒甖上〕水色清浮竹葉〔35〕，霧華香沁〔36〕葡萄。稟老爺，酒泉郡獻大河西國葡萄酒。〔劉〕此酒參軍之功也。堂候行酒！

【鬥寶蟾】香浮，頓遜醍醐〔37〕，鎮葡萄亂潰〔38〕，鴨頭新綠〔39〕。也索向酒泉移封〔40〕，把涼州換取。〔生〕清醑〔41〕，想一〔42〕年風色〔43〕阻，千日凍花敷。暈〔44〕珍珠〔45〕，醉〔46〕盡酸甜，留下水晶〔47〕天乳。

〔卒捧瓜上〕北斗高如南斗，西瓜大似東瓜。稟老爺，瓜州獻小河西國鎮心瓜。〔劉〕此亦參軍之功也。堂候進瓜！

【前腔】清虛〔48〕，冰井〔49〕沈餘。等半輪青破，一襟涼貯。鎮紫瓤浮動，素津〔50〕流注。〔生〕冰筯〔51〕，甘垂承掌露〔52〕。寒濺泣盤珠〔53〕，沁〔54〕肌膚。迸玉綻紅〔55〕，跳顯出個人風度。

〔劉〕好上望京樓一望也。〔生〕望京有甚好處？

【錦衣香】〔劉〕關樹鋪，濃陰護。水萍紆〔56〕，微風度〔57〕。飛樓外望京何處？〔生〕怕乘鸞煙去鳳臺孤，邊聲似楚，雲影留吳。據胡床三弄〔58〕影扶疏〔59〕，嘯歈〔60〕樓柱。聽胡笳悲切訴，似訴年光流欲去。正繞鵲休枝〔61〕，驚蟬墜露。

【漿水令】〔合〕家何在畫屏煙樹？人一天關山夢餘，冴光〔62〕杯影醉蟾蜍〔63〕。便待敲殘玉唾〔64〕，擊碎珊瑚〔65〕。心未愜〔66〕鬢先素，慢尋河影斷長安路〔67〕。樽俎〔68〕內，樽俎內風雲才聚；旗門外，旗門外河漢〔69〕星疏。

【尾聲】〔劉〕參軍呵，和咱沉李浮瓜〔70〕興不俗，你要受降城去〔71〕也。早則秋風別哨〔72〕關南路，則怕你要喻檄〔73〕還朝賦《子虛》〔74〕。

〔生〕下官感公侯知遇。口占一詩。〔劉笑介〕請教。〔生吟介〕

日日醉涼州，笙歌卒未休；

感恩知有地，不上望京樓〔75〕。

## 校　注

〔1〕中天——猶「參天」。《文選·班固〈西都賦〉》：「樹中天之華闕，豐冠山之朱堂。」周翰注：「中天，高及天半。」

〔2〕勝事——美好之事。唐·劉長卿《送孫逸歸廬山》詩：「常愛此中多勝事，新詩他日佇開緘。」

〔3〕畫戟垂楊——畫戟，古代兵器名，有彩飾，故稱之。垂楊，即垂柳，古詩文中楊柳常通用。

〔4〕涼州——樂府曲名。唐·杜牧《河湟》詩：「唯有《涼州》歌舞曲，流傳天子樂閑人。」

〔5〕參佐——指參謀輔佐人員，即指部下、僚屬。

〔6〕燕支路——見本劇二十九齣注〔3〕。

〔7〕高宴——盛大的宴會。南朝梁·沈約《八詠詩·解佩去朝市》：「充待詔於金馬，奉高宴於柏梁。」

〔8〕凝——徐緩貌。清·捧花生《畫舫餘談》卷二：「漫舞凝歌，足壓江城絲管已。」

〔9〕記室——官名，掌管章表、書記、文檄等。東漢置。《後漢書·百官志一》：「記室令史，主上表章，報書記。」後世因之，或稱記室督、記室參軍等。清·袁昶《挽沈縣丞》詩：「翩翩記室牘，戢戢猶滿筒」

〔10〕納款——歸順、降服。

〔11〕投壺——見本劇第二十九齣注〔30〕。

〔12〕禮數——禮節、規矩。

〔13〕知君不少《登樓賦》——這裏劉公濟用王粲登樓作賦故事讚揚李益的才華。

〔14〕正爾初逢袁紹杯——這裏是李益以袁紹故事恭維劉公濟，而以儒生自比。《後漢書・鄭玄傳》：「袁紹總兵冀州，遣使要（邀）玄，大會賓客，玄最後至，乃延升上座。」正爾，正是如此（這樣）。爾，謂如此、這樣。清・洪昇《長生殿》二十四〔北上小樓〕白：「唉，正爾歡娛，不想忽有此變，怎生是了也。」

〔15〕八拜之交——結拜兄弟或姐妹，俗稱「八拜交」。

〔16〕涼臺——供乘涼用的平臺。《舊唐書・裴度傳》：「又於午橋創別墅，花木萬株，中起涼臺暑館，名曰綠野堂。」

〔17〕陰山——山脈名。即橫亙於內蒙古自治區南境，東北接內興安嶺的陰山山脈。

〔18〕沉水香——即沉木香，亦即沉香。《太平御覽》卷九八二引三國・吳萬震《南州異物志》：「沉木香出日南。欲取，當先斫壞樹著地，積久，外皮朽爛，其心至堅者，置水則沈，名沉香。」

〔19〕惜奴嬌——葉《譜》作〔夜行船序〕。

〔20〕放衙休務——謂下班休息。

〔21〕槐展油幢——謂槐樹的陰涼伸展開去像油布帳幕一樣。

〔22〕苔臥沉槍——沉槍，爲「綠沉槍」之省寫。所謂綠沉槍，是指把綠漆塗在槍桿上，其色深沉，因名綠沉槍或沉槍。唐・杜甫《重過何氏五首》之一：「雨抛金鎖甲，苔臥綠沉槍。」綠沉槍，亦作六沉槍、湛盧槍。

〔23〕花催羯鼓——見第二十六齣注〔3〕。

〔24〕度——改變、改易。《宋書・沈攸之傳》：「父叔仁，爲衡又隨義季鎮彭城，度征北府。」「度征北府」，改征北府也。

〔25〕吹（chuī）臺——古迹名。在今河南省開封市東南禹王臺公園內。相傳爲春秋時師曠吹樂之臺。漢梁孝王增築曰明臺。因梁孝王常案歌吹於此，故亦稱吹臺。《孔帖》：「杜甫、李白過沛州，酣酒登吹臺，慷慨懷古。」杜甫《懷古》詩曰：「氣酣登吹臺，懷古視平蕪。」後多借爲一般性的名稱。明・張煌言《祭延平王文》：「吹臺寂寞，疑冢淒涼。」

〔26〕坐擁銅符——謂安坐而擁有銅虎符。言牢牢掌握軍權也。銅符，即指「銅虎符」。《史記・孝文本紀》：「九月，初與郡國守相爲銅虎符。」裴駰集解引應劭曰：「銅虎符第一至第五，國家當發兵，遣使者至郡合符，符合乃聽受之。」

〔27〕偃——止息。《荀子・儒效》：「反而定三革，偃五兵，合天下，立聲樂。」

〔28〕炎烝——暑熱薰蒸，言熱得很。烝，熱氣上陞貌。北周・庾信《奉和夏日應令》詩：「五月炎烝氣，三時刻漏長。」烝，烝音義同。

〔29〕羽扇綸巾——見本劇第二十九齣注〔8〕。

〔30〕據床清嘯——據床，係桓伊爲王徽之吹笛故事。伊善吹笛，王徽之要求奏與他聽。《晉書・桓伊傳》：「伊是時已貴顯，素聞徽之名便下車，踞胡床，爲作三調，弄畢，便上車去，客主不交一言。」床，是指可以折疊的坐具，猶今馬札，

因來源於胡，都呼作胡床。清嘯，乃劉琨用清越悠長的嘯鳴聲退賊的故事。《晉書・劉琨傳》：「（琨）在晉陽，嘗為胡騎所圍數重，城中窘迫無計，琨乃乘月登樓清嘯。賊聞之，皆淒然長歎。中夜奏胡笳，賊又流涕噓唏，有懷土之切。向曉復吹之，賊並棄圍而走。」二事並見《世說新語》。

〔31〕圍棋賭墅——意謂下圍棋定輸贏賭別墅。這裏用謝安善於處理軍機大事而從容不迫的故事。《晉書・謝安傳》：「（苻）堅後率眾，號百萬，次于淮肥，京師震恐。加安征討大都督。玄入問計，安夷然無懼色，答曰：『已別有旨。』既而寂然。玄不敢復言，乃令張玄重請。安遂命駕出山墅，親朋畢集，方與玄圍棋賭別墅，安常棋劣於玄，是日玄懼，便為敵手而又不勝。安顧謂其甥羊曇曰：『以墅乞汝。』安遂遊涉，至夜乃還，指授將帥，各當其任。」

〔32〕凝佇——凝望佇立。金・董解元《西廂記諸宮調》卷七〔越調・水龍吟〕：「一自才郎別後，盡日家憑欄凝佇。」

〔33〕燕寢——即小寢，本指帝王居息的宮室或貴族休息之所。這裏只取休息的意思。

〔34〕嬝——煙霧繚繞上陞貌。

〔35〕竹葉——酒名，即「竹葉青」，亦泛指美酒。金・董解元《西廂記諸宮調》卷一〔般涉調・哨遍〕：「著甚消磨永日？有掃愁竹葉，侍寢青奴。」

〔36〕沁（qìn）——謂滲入、浸潤。如言「沁人心脾」。「沁人心腑」、「沁人肺腑」。

〔37〕醍醐（tí hú）——美酒的喻詞。唐・白居易《將歸一絕》：「更憐家醞迎春熟，一甕醍醐待我歸。」「一甕醍醐」，一甕美酒也。

〔38〕亂潰——混亂潰散。

〔39〕鴨頭新綠——古人習慣於以鴨頭綠形容葡萄酒色。如唐・李白《襄陽歌》：「遙看漢水鴨頭綠，恰似葡萄初釅醅。」

〔40〕封——分界。

〔41〕清醑（xǔ）——酒名。宋・吳曾《能改齋漫錄》卷十三「御賜酒名清醑」條：「政和三年六月，鄭紳奏以『皇后帝許造酒，元名坤儀，欲乞別賜酒名。』奉御筆賜名清醑。」

〔42〕一——獨深本、柳浪本俱作「十」。

〔43〕風色——風勢，風向。唐・韓偓《江行》詩：「舟人偶語憂風色，行客無聊罷晝眠。」

〔44〕暈（yùn）——謂泛起淡紅色，形容醉酒。宋・李居仁《水龍吟・白蓮》詞：「酒暈全消，粉痕微漬。」《花月痕》第五十二回：「這好似醉朱顏、羞暈生。」

〔45〕珍珠——「珍珠紅」的省寫，美酒名。

〔46〕醡（zhà）——壓酒之具。即把物體中的汁液壓擠出來。同「榨」。

〔47〕水晶——形容酒無色透明。

〔48〕清虛——謂清潔、虛空。宋・羅大經《鶴林玉露》卷十一：「若蔬食菜羹，則腸胃清虛，無滓無穢，是可以養神也。」

〔49〕冰井——藏冰的地窖。宋・陳懷道《魏衍見過》詩：「灑然墮冰井，起粟豎寒毛。」此言瓜藏冰窖之後會使口感清涼。

〔50〕素津——指潔淨的瓜的津液。

〔51〕筯——同「箸」，俗稱筷子。郁達夫《北國的微言》：「舉起箸來取菜，提起杯來喝酒。」

〔52〕甘垂承掌露——言瓜味甘甜，像仙人掌中所承接的甘露。《漢書・郊祀志上》：「（武帝）其後又作柏梁、銅柱、承露、僊人掌之屬矣。」蘇林注曰：「僊人以手掌擎盤承甘露。」師古注曰：「《三輔故事》云建章宮承露盤高二十丈，六七圍，以銅為之，上有僊人掌承露，和玉屑飲之。」

〔53〕寒濺泣盤珠——言從冰井中取出的瓜，寒冰四濺宛如跳盤的珠。

〔54〕沁（qìn）——滲入、浸潤。

〔55〕迸（bèng）玉綻紅——迸、綻，用作動詞。玉、紅。形容瓜瓤的顏色。

〔56〕紆（yū）——迂迴、曲折、縈繞。「水萍紆」，言水中萍草迂迴漂流也。

〔57〕度——送也。

〔58〕據胡床三弄——見本齣注〔30〕。

〔59〕扶疏——形容枝葉繁茂、紛披交錯貌。

〔60〕攲（qī）——用同「敧（qī）」，倚也。

〔61〕繞鵲休枝——語本於三國魏・曹操《短歌行》：「月明星稀，烏鵲南飛。繞樹三匝，何樹可依？」

〔62〕研（yà）光——碾磨物體，使緊密光亮，常用作調情戲謔的喻詞。

〔63〕蟾蜍——月亮的代稱。《後漢書・天文志上》：「言其時星辰之變。」南朝梁・劉昭注：「羿請無死之藥於西王母，姮娥竊之以奔月……姮娥遂託身於月，是為蟾蜍。」後用為月的代稱，唐・杜甫《八月十五夜月》詩之二：「刁斗皆催曉，蟾蜍且自傾。」

〔64〕敲殘玉唾——用王敦欲問鼎朝廷事。《晉書・王敦傳》：「（敦）素有重名，又立大功於江左，專任閫外，手控強兵，群從貴顯，威權莫貳，遂欲專制朝廷，有問鼎之心……每酒後輒詠魏武帝樂府歌曰：『老驥伏櫪，志在千里。烈士暮年，壯心不已。』以如意打唾壺為節，壺邊盡缺。」

〔65〕擊碎珊瑚——用石崇與王愷以奢靡相尚事。《晉書・石崇傳》：「（崇）與貴戚王愷、羊琇之徒以奢靡相尚……武帝每助愷，嘗以珊瑚樹賜之，高二尺許，枝柯扶疏，世所罕比。愷以示崇，崇便以鐵如意擊之，應手而碎。」

〔66〕愜（qiè）——滿足、暢快。

〔67〕長安路——長安，古都城名。唐以後詩文中常用作都城的通稱。「夢斷長安

路」，意言拋掉飛黃騰達的夢想。

〔68〕樽俎——古代盛酒食的器皿。樽以盛酒，俎以盛肉。因借指宴席。

〔69〕河漢——指銀河。《古詩十九首·迢迢牽女星》：「河漢清且淺，相去復幾許。」

〔70〕沉李浮瓜——三國魏·曹丕《與朝歌令吳質書》：「浮甘瓜於清泉，沉朱李於寒水。」意謂天熱把瓜果浸入冷水後食用。後遂以「沉李浮瓜」借指消夏樂事，亦泛指消夏果品。

〔71〕去——原缺，據獨深本補。

〔72〕哨——用作動詞，吹也。

〔73〕喻檄——謂曉諭檄文。漢·司馬相如有《喻巴蜀檄》。

〔74〕賦《子虛》——言司馬相如作《子虛賦》。「子虛」意謂虛構、不存在的事。《漢書·司馬相如傳》：「相如客遊梁，得與諸侯遊士居，乃著《子虛》之賦。」

〔75〕下場詩——後二句見《全唐詩》卷283、李益《獻劉濟》詩：「草綠古燕州，鶯聲引獨遊。雁聲天北畔，春盡海西頭。向日花偏落，馳年水自流。感恩知有地，不上望京樓。」當時，李益作幽州劉濟營副使，受劉濟提拔，故有感恩之言。

# 第三十二齣　計局〔1〕收才

【夜行船】〔盧上〕一品當朝橫玉帶〔2〕，嬋連外戚，勢遊中貴〔3〕。世事推呆，人情起賽，可嗔〔4〕那書生無賴。

兵權掌握勢為尊，奉詔移軍鎮孟門〔5〕。獨倚文章傲朝貴，貫生〔6〕空遇聖明君。自家盧太尉。三年前因李益恃才氣高〔7〕，計遣參軍西塞，聽見李生有詩獻劉鎮帥：感恩知有地，不上望京樓。即當奏知，怨望〔8〕朝廷。只是一件，咱方奉命把守河陽孟門山外，召回劉節鎮暫掌殿前諸軍，咱將計就計，今早奏准聖人〔9〕，加李君虞秘書郎，改參孟門軍事，不必過家；看他到咱軍中，情意如何。招他為婿，如再不從，奏他怨望未晚。已遣人請他朋友京兆人韋夏卿商量，早來也。〔韋上〕

【薄倖】暑色初分，秋聲一派〔10〕。看長安馳道〔11〕，秋風冠蓋〔12〕。天涯有客，幾時能會？俺消停〔13〕處見畫棨朱門〔14〕橋外，好參謁〔15〕中朝太尉〔16〕。

〔見介、盧〕好客勞西笑〔17〕。〔韋〕人雄鎮北軍。〔盧〕折簡求三益〔18〕。〔韋〕旌旄謁使君〔19〕。〔盧〕韋先生，你是李君虞好友，俺今移鎮孟門，奏改他參吾軍事，可好麼？〔韋〕李君虞三年在邊，資當內轉。今又參

卿軍事，恐非文人所堪。〔盧〕他有詩〔20〕獻劉鎮帥，怨望朝廷。又何必強他入朝。咱招賢館勝如望京樓也。

【鑼鼓令】他朝中文章後輩，曾喜他相見只尋常到來，知他性兒那些尷尬〔21〕？〔韋〕都是些少年情態，怎知的千金賦〔22〕今人不買！枉了筆生災，「題鸚鵡〔23〕」教誰喝綵？〔盧〕咱無文的太尉何禁怪，只可惜賈長沙幹死了〔24〕洛陽才。〔合〕他鄉歲月，遠水樓臺。今朝領旨，知他便回。相逢到此好佳懷，秋江寂寞也自放花開。

【前腔】〔盧〕當初也浪猜〔25〕，咱移軍把著孟門去來，參軍事請他優待。〔韋〕文章士自有廟堂〔26〕除拜，作參軍知幾載？〔盧〕孟門喜非邊塞也。〔韋〕便做道〔27〕非邊塞，曾如站立在白玉階〔28〕！〔盧〕咱軍容將禮好不雄哉！早難道〔29〕古來書記都不是翰林才？〔合前〕

〔韋〕既將軍厚待，李君虞自有國士〔30〕之報。小生告行。

【餘文】為交情一笑來。〔盧〕須知吾意亦憐才。韋先生，休道俺少禮數的將軍做不的〔31〕招賢宰。

〔韋下、盧弔場〔32〕〕可笑可笑！韋生豈知俺計也！候旨官兒怎的不見到來？〔堂候上〕微聞禁漏穿花遠。獨詔邊機出殿遲。稟爺。聖旨已下。李益以秘書郎改參孟門軍事。即日離鎮。不許過家。〔盧笑介〕書記在吾算中矣！分付諸軍起行。

孟門關外擁羆貅〔33〕，打鳳撈龍〔34〕意不休。

但得他來府門下，那時誰敢不低頭？

# 校　注

〔1〕計局——指用計設圈套。

〔2〕玉帶——飾玉的腰帶，古代高官所用。唐·韓愈《示兒》詩：「開門問誰來，無非卿大夫，不知官高低，玉帶懸金魚。」明制：一品官服玉帶。

〔3〕中貴——指朝廷中的高官。唐·李白《古風》之二四：「中貴多黃金，連雲開甲宅。」楊齊賢注：「中貴，中都貴人也。」

〔4〕可嗔（chēn）——可氣、可恨。

〔5〕孟門——山名，在今陝西省宜川東北，山西省吉縣西綿亙黃河兩岸，因位於龍門之北，故又稱龍門上口。

〔6〕賈生——即西漢初的賈誼，年少有爲，漢文帝欲重用，遭忌被黜，出爲長沙王太傅，抑鬱而死，卒年三十三歲。實際漢文帝亦未能眞正發揮賈誼的政治才能。唐·李商隱《賈生》詩云：「宣室求賢訪逐臣，賈生才調更無倫。可憐夜半虛前席，不問蒼生問鬼神。」言文帝只和賈誼討論荒唐無稽的鬼神之事，而不涉及國計民生的大問題。

〔7〕氣高——謂高傲、倔強、不肯屈從於人。亦作「氣傲」。

〔8〕怨望——抱怨、心懷不滿。

〔9〕聖人——指皇帝。

〔10〕一派——形容景色，猶言「一片」。明·沈君謨《一合相·琴讚》〔懶畫眉·前腔〕白：「月色裝成銀世界，好一派風光。」

〔11〕馳道——古時供君王車馬行駛的道路。泛指供車馬馳行的大道。這裏即指後者。

〔12〕冠蓋——冠指禮帽，蓋指車蓋。冠服車蓋，爲官員所享用，因用爲仕宦者的代稱。漢·班固《西都賦》：「冠蓋如雲，七相五公。」唐·杜甫《夢李白》詩之二：「冠蓋滿京華，斯人獨憔悴。」

〔13〕消停——謂停留、停歇。

〔14〕畫棨（qǐ）朱門——棨即棨戟，畫棨，言有繪衣或油漆的木戟，古代官員所用的儀仗，或出行作爲前導，或列於門。西漢時已有此制。唐制三品以上，門列棨戟。（見《舊唐書·張儉傳》）朱門，朱漆之門，表顯貴。唐·杜甫《自京赴奉先縣詠懷五百字》詩：「朱門酒肉臭，路有凍死骨。」貧富貴賤對比強烈。

〔15〕參謁——敬詞。晉見上級或所尊敬的人。瞻仰偉人遺容或陵墓等，均謂之參謁。

〔16〕中朝太尉——朝廷中的太尉。太尉，高官名。秦漢時設置，爲全國軍政首腦，與丞相、御史大夫並稱三公。東漢時與司徒、司空並稱三公。歷代多曾沿置，但漸變爲加官，沒有實權。一般常用爲對武官的尊稱。

〔17〕西笑——謂出門向西而笑，喻羨慕之意。語本漢·桓譚《新論·祛蔽》：「人聞長安樂，則出門西向而笑。」意謂渴慕帝都也。

〔18〕三益——指三類（直、諒、多聞）益友。《論語·季氏》：「孔子曰：益者三友，損者三友。友直、友諒、友多聞，益也。」

〔19〕使君——漢稱刺史爲使君，漢樂府《陌上桑》云：「使君從南來，五馬立踟躕。」後亦用以尊稱州郡長官。

〔20〕有詩——「有詩」下疑缺「獻」字，依曲意補。詩即指李益《獻劉濟》詩。見本劇三十一齣注〔75〕。

〔21〕尷尬——謂處境困難或遇事棘手，難以應付。《說文》段注：「今蘇州俗語謂事乖剌者曰尷尬。」鄒韜奮《萍蹤憶語》三四：「他說在這樣尷尬的時代，哪裏顧得許多？」

〔22〕千金賦——指漢武帝陳皇后千金買賦的故事。漢·司馬相如《長門賦》序云：「孝武皇帝陳皇后，時得倖，頗妒，別在長門宮，愁悶悲思。聞蜀郡成都司馬相如，天下工爲文，奉黃金百斤，爲相如、文君取酒，因於解悲愁之詞。而相如爲文以悟主上，陳皇后復得親幸。」唐·李白《白頭吟》之二：「聞道陳嬌失恩寵，千金買賦要君王。」

〔23〕鸚鵡——比喻有才之士。唐·紀唐夫《送溫庭筠尉方城》詩：「鳳皇詔下雖沾命，鸚鵡才高卻累身。」

〔24〕幹死了——白費了。

〔25〕浪猜——胡亂猜測。清·李漁《風箏誤》八〔歸朝歡〕下場詩：「和詩非顯內家才，寄與旁人草浪猜。」

〔26〕廟堂——指朝廷；亦作帝王的代稱。

〔27〕便做道——用作連詞，多爲假設口氣，意謂即使、縱然。

〔28〕白玉階——喻指皇宮之臺階。

〔29〕早難道——反問口氣，意即「難道」。「早」字只起加強語氣作用，無義。

〔30〕國士——一國家推爲的最優秀人才。《戰國策·趙策一》：「知伯以國士遇臣，臣故國士報之。」宋·黃庭堅《書幽芳亭》：「士之才德蓋一國則曰國士。」

〔31〕做不的——不可以做。

〔32〕弔場——見第八齣注〔39〕。

〔33〕羆（pi）貅——猶「貔貅」，古代一種猛獸名，比喻勇猛的軍隊。

〔34〕打鳳撈龍——做圈套，使詭計的意思。

# 第三十三齣　巧夕驚秋

【念奴嬌序】〔旦同浣上〕梧桐乍雨，正碧天秋色，霧華煙暝〔1〕。浴罷晚妝凝望〔2〕立，簾漾〔3〕玉鉤風定。〔浣〕別院吹笙，高樓掩鏡〔4〕，泛灧〔5〕銀河影。〔合〕幽期〔6〕無限，佩環〔7〕聲裏人靜。

【臨江仙】〔旦〕炎光〔8〕初洗輕塵雨，飛星〔9〕寄恨迢迢。〔浣〕金風玉露翠華〔10〕搖，暫停鮫泣翠〔11〕，相看鵲填橋。〔旦〕占得歡娛今夜好，一年幽恨平消。〔浣〕綵樓〔12〕人語暗香飄，〔合〕不知誰得巧，空度可憐宵。〔旦〕浣紗，今當七月七夕〔13〕，織女渡河，香燭瓜果，已備樓中，去請老夫人、鮑四娘，同會綵筵，可早到也。〔老旦上〕

【似娘兒】閨閣露華零〔14〕，感佳期愁絕〔15〕惺惺〔16〕。聽機中織女啼紅迸〔17〕，望牽郎河漢，烏飛涼夜，鬢染秋星〔18〕。

兒請俺怎的？〔旦〕母親萬福〔19〕！今逢巧夕，母親同鮑四娘消遣一回。〔老〕鮑四娘可待來麼？〔鮑上〕

【繞池遊】綵樓清迴〔20〕，燭閃紅妝靚〔21〕，笑年年乞巧誰剩〔22〕？

〔見介〕鄭夫人、郡主萬福！今夕香燭果筵，莫非穿鍼故事乎？〔老〕咱老人家乞巧何用，正爲兒女相邀，四娘同此。〔鮑〕從來乞巧，凡有私願，只許在心，不許出口；但看蟢子縈盤〔23〕，便是人間巧到。老夫人，你我心中暗祝，同拜雙星〔24〕便了。〔拜介〕烏鵲橋成上界通，千秋靈會此宵同。綵盤花閣無窮意，只在遊絲一縷中〔25〕。〔老〕此夕真佳景也！

【念奴嬌】人間天上，數佳期新近，秋容太液〔26〕波澄。院宇黃昏，河正上，幾看清淺〔27〕閒庭。輝映，雲母屏〔28〕開，水晶簾捲，月微風細淡煙景。〔合〕同看取，千門影裏，誰似雙星？

【前腔】〔旦〕河影，層波夜炯〔29〕。怕空蒙〔30〕霧染機絲，翠花寒凝。一水仙郎，遙望處，脈脈此情誰證？倏幸〔31〕，喜極慵妝，歡來罷織，倚星眸曾傍暗河行。〔合前〕

【前腔】〔鮑〕還倩〔32〕，那些縹緲〔33〕銀鷥〔34〕，參差〔35〕烏鵲，斷虹低處翠橋成。清佩〔36〕隱，似濕雲含雨流聲。清興，按戶斜窺，凌波微步，一天秋色今宵勝。〔合前〕

【前腔】〔浣〕端正，步障〔37〕停雲，眉梁瀉月，一年情向此中傾。清盧處，微茫香霧盈盈。私聽，百子池〔38〕邊，長生殿〔39〕上，〔內作笑介〕便風中微雨笑分明。〔合前〕

【古輪臺】〔老〕夜雲輕，秋光銀燭畫圍屏，水沉細縷香生鼎。〔鮑〕綵樓低映，問誰許宵征〔40〕？鈿合金釵〔41〕私慶，似恁幽歡十分清，把人間私願一時並。〔旦〕商量不定，暗風吹羅帶輕縈。柔情

似水，佳期如夢，碧天瑩淨，河漢已三更。〔浣〕良宵耿〔42〕，算此時誰在迴廊影？

【前腔】〔鮑〕含情，若是長久似深盟，又豈在暮暮朝朝，歡娛長並。〔旦悲介〕玉漏無聲，恨泹〔43〕西風不盡。忍顧河西人遠，斷河難倩。重歸向舊鴛機上，拂流螢殘絲再整。〔合〕想牽郎還望偶停〔44〕，鮫綃幾尺，淚花猶瑩。臨河私贈，時有墮釵橫。便道是天河永，他年年風浪幾時生？

【意不盡】明朝烏鵲到人間境，試說向青樓薄倖，你可也臥看牽牛織女星？

阿母天孫恨幾端，九微燈影佇青鸞。

誰尋仙客乘槎路，且伴佳人乞巧盤。

## 校 注

〔1〕霧華煙暝（míng）——物之光華與黃昏之煙霧交織。
〔2〕凝望——注目遠望，凝，聚精會神之謂也。
〔3〕漾——謂飄動；晃動。明·陳汝元《金蓮記》四〔貓兒墜〕：「細雨花村漾酒旗，破除萬事是心知。」
〔4〕掩鏡——遮蓋住鏡臺。
〔5〕泛灩——水流動貌。
〔6〕幽期——幽會期約。唐·盧綸《七夕》詩：「涼風吹玉露，河漢有幽期。」《紅樓夢》第二十八回：「想昨宵幽期私定在荼蘼架。」
〔7〕佩環——指玉質佩飾物。唐·柳宗元《小石潭記》：「隔篁竹聞水聲，如鳴佩環，心樂之。」後多指婦女所佩戴的飾物。
〔8〕炎光——指暑氣。宋·柳永《二郎神》詞：「炎光謝，過暮雨，芳塵輕灑。」宋·李清照《採桑子》詞：「晚來一陣風兼雨，洗盡炎光。」
〔9〕飛星——指命運。《西遊補》第一回：「行者道：『……今日只是我的飛星好，不該受念咒之苦。』」這裏霍小玉自指。
〔10〕翠華——皇帝儀仗以翠羽為飾物。唐·白居易《長恨歌》：「翠華搖搖行復止，西出都門百餘里；六軍不發無奈何，宛轉蛾眉馬前死。」
〔11〕鮫泣翠——相傳鮫人泣珠故事，出《洞冥記》：「（吠勒國人）乘象入海底尋

寶，宿於鮫人之舍，得淚珠，則鮫所泣之珠也，亦曰泣珠。」小玉僕浣紗把「泣珠」變通爲「泣翠」，勸說小玉不要過於傷感，和李郎相會的日子不遠了，「相看鵲塡橋」就是這個意思。

〔12〕綵樓——此特指七夕乞巧樓。南唐‧李中《七夕》詩：「星河耿耿正新秋，絲竹千家列綵樓。」宋‧孟元老《東京夢華錄》卷八「七夕」條：「至初六日七日晚，貴家多結綵樓於庭，謂之乞巧樓。」

〔13〕七夕——即農曆七月七日。南朝梁‧宗懍《荆楚歲時記》：「七月七日爲牽牛、織女聚會之夜。」又云：「是夕，人家婦女結綵樓穿七孔針，或以金銀鍮石爲針，陳瓜果於庭中以乞巧，有蟢子網於瓜上，則以爲符應。」所謂「乞巧」，即指婦女在「七夕」於庭院向織女星乞求智巧。

〔14〕露華零——露水滴落，形容小玉在閨房內流淚有如露水的滴落。零，泛指雨雪霜露等降落及眼淚的滴落。

〔15〕愁絕——意謂愁罷。「絕」有竭、盡、終了之意，凡言愁絕，觀絕，聽絕，皆有罷、完、終止之意。

〔16〕惺惺——清醒貌。唐‧杜甫《喜觀即到復題短篇》詩之二：「應論十年事，愁絕始惺惺。」

〔17〕啼紅迸——啼紅，猶「啼血」，本指杜鵑哀鳴，這裏借喻織女想念牛郎而哭啼出血。迸，意爲湧出噴射，言哭之甚也。

〔18〕秋星——馬額上的白毛。這裏藉以形容鬢髮花白。

〔19〕萬福——唐宋以來婦女相見行禮，爲表達祝願，口稱「萬福」，類乎男子相揖時口稱「唱喏」。

〔20〕清迴（jiǒng）——清明曠遠貌。唐‧張九齡《秋夕望月》詩：「清迴江城月，流光萬里同。」

〔21〕靚（jing）——妝飾豔麗。

〔22〕剩——多也。金‧元好問《鷓鴣天》詞：「還家剩買宜城酒，醉盡梅花不要醒。」

〔23〕蟢子縈盤——蟢子，喜蛛兒。古人認爲喜蛛出現、喜鵲叫喚、燈花爆裂，都是有喜事的徵兆。唐‧權德輿《玉臺體》詩云：「昨夜裙帶解，今朝蟢子飛，鉛華不可棄，莫是槁砧（丈夫）歸？」縈盤，迴旋纏繞貌。

〔24〕雙星——指牽牛、織女二星。神話中傳說是一對恩愛的夫妻。每年七月七日喜鵲搭橋，讓他們渡過銀河相見。唐‧杜甫《奉酬薛十二丈判官見贈》詩：「相如才調逸，銀河會雙星。」

〔25〕只在遊絲一縷中——只要蟢子結網於瓜上，就以爲乞得巧也。

〔26〕太液——唐宮內池名，在大明宮（咸寧縣東）含涼殿後面。唐‧白居易《長恨歌》：「歸來池苑皆依舊，太液芙蓉未央柳。」

〔27〕清淺——指銀河。唐‧李白《遊太山》詩之六：「舉手弄清淺，誤攀織女機。」

〔28〕雲母屏——用雲母製作的屏風。雲母，礦石名，俗稱千層紙，半透明，有光澤。

〔29〕炯（jiǒng）——明亮、光明。

〔30〕空蒙——迷茫貌、縹緲貌。亦作「空濛」。宋・蘇軾《湖上初雨》詩：「水光瀲灩晴方好，山色空濛雨亦奇。」

〔31〕傒幸——表有望、慶幸之意。清・蔡應龍《紫玉記》三十二〔會河陽〕：「全憑著千里名驥，早夜飛騰，離陷阱，眞傒幸。」

〔32〕倩——美好也。

〔33〕縹緲——高遠隱約貌。

〔34〕銀鸞——銀白色的鸞鳥。鸞，傳說中鳳凰一類的鳥。《舊唐書・文苑傳上・楊炯》：「鸞者，太平之瑞也。」

〔35〕參差——不齊貌（即不一致、不整齊）。

〔36〕清佩——鮮明之佩。清，鮮明、光潔貌。

〔37〕步障——古代貴顯者出行用以遮蔽風塵或視線的一種屏幕。三國魏・曹植《妾薄命》詩之二：「華燈步障舒光，皎若日出扶桑。」

〔38〕百子池——古代宮中池名。《三輔黃圖・池沼》：「七月七日（高祖）臨百子池，作于闐樂。」

〔39〕長生殿——唐宮名，天寶元年造。唐明皇與楊貴妃七夕宣誓於此。見唐・陳鴻《長恨傳》。

〔40〕宵征——夜行。《詩・召南・小星》：「肅肅宵征，夙夜在公。」毛傳：「宵，夜；征，行。」

〔41〕鈿合金釵——盟誓的信物。唐・白居易《長恨歌》：「惟將舊物表深情，鈿合金釵寄將去。」

〔42〕耿——光明貌。宋・王安石《示張秘校》詩：「佇子終不來，青燈耿林壑。」耿林壑，照耀林壑也。

〔43〕浥（yì）——浸潤。唐・王維《送元二使安西》詩：「渭城朝雨浥輕塵，客舍青青柳色新。」

〔44〕偋（pīng）停——猶娉婷。姿態美好貌。漢・辛延年《羽林郎》詩：「不意金吾子，娉婷過我廬。」同見第八齣注〔73〕。


# 第三十四齣　邊愁寫意

　　【北點絳唇】〔眾邊將上〕紫塞〔1〕飛霜，平沙月上，旌旗晃。劍戟排牆，擁定銅符帳。

一聲參佐〔2〕發蘭州，萬火屯雲映綠油〔3〕。邊鋪恐巡旗盡換，山城欲過館重修。咱們是朔方劉節鎮部下，因李參軍分兵回樂峰〔4〕受降城，斷截吐蕃西路，今夜巡塞各城堡。守瞭軍人嚴緊伺候。〔眾應介、眾鼓吹燈籠擁生上〕

【金瓏璁】萬里逐龍荒〔5〕，擁弓刀千騎成行。刁斗〔6〕韻悠揚，畫角〔7〕聲悲壯。錦盤花袍袖生涼，纔起點報星霜。

邊霜昨夜墮關榆〔8〕，吹角當城〔9〕片月孤。無限塞鴻飛不度，秋風吹入小單于。自家本用文墨起家，翻以弓刀出塞，既有三軍之事，豈無一夕之勞。分付將官軍士，用心巡守。〔眾應介、生〕將帳門捲上，一望塞外風煙。

【一江風】碧油幢，捲上牙門〔10〕帳，步上嚴城壯〔11〕。漢旌旗數點燈前，掩映紗籠絳〔12〕。遠望火光，可是胡兒夜獵也？〔眾〕非關獵火光，〔又〕是平安報久常。玉門關〔13〕守定這封侯相。回樂峰前了。

【前腔】〔生〕那邊廂，淡素鋪平敞〔14〕，堆積的淒寒狀。敢是下雪也？〔眾〕是沙也。〔生〕〔15〕是氤氳〔16〕幾垛平沙，似雪紛彌望〔17〕。瑤池在瀚海〔18〕傍，〔又〕〔眾〕梁園〔19〕在古戰場。築沙堤等不得沙河將。

是受降城也。

【前腔】〔生〕冷清光，氣色霏微〔20〕漾，暈影兒〔21〕朦朧晃。敢是霜也？〔眾〕是月亮。〔生〕步寒宮〔22〕認得分明，不道昏黃相。衣痕上辨曉霜，〔又〔23〕〕〔眾〕是嫦娥在女牆〔24〕。照愁人白髮三千丈。

俺坐一會也。

【前腔】據胡床，沙月浮清況。〔內吹笛介〕猛聽的音嘹亮。〔眾〕何處吹笛也？這吹的是《關山月》〔25〕也，是《思歸引》〔26〕也。〔眾作回頭望鄉介，指云〕那不是俺家鄉洛陽？那不是俺家鄉長安？那不是他家鄉隴頭？〔生亦作望鄉掩泣〔27〕、眾〕被關山橫笛驚吹，一夜征人望。家山在那方？〔又〔28〕〕離情到此傷，斷腸聲淚譜在羅衫上。

〔王哨上〕龍吟〔29〕塞笛空橫淚，雁足吳箋〔30〕好寄書。稟參軍爺，小卒是京師盧太尉府中王哨兒便是。因來劉節度軍中探取軍情回京，可〔31〕有平安書寄。〔生〕正好相煩，情書不盡，暫將屏風數摺，對此清光〔32〕，畫出邊城夜景，見咱淒涼也。秋鴻，取畫筆丹青〔33〕聽用！〔鴻上〕王會圖〔34〕中開粉本，《陽關曲》〔35〕裏寄丹青。紙屏風蛾墨〔36〕在此。〔生做畫介〕

【三仙橋】陽關〔37〕落照，儘斷煙衰草；河流一線，那更〔38〕鴻縹緲〔39〕。邊城上著幾點漢旌搖，盼胡天恁遙。呀！俺提起潤生絹〔40〕，拂拭些情淚落。還倚著路數〔41〕分標斜〔42〕，隨著素毫〔43〕，展風沙蘸的個墨花淡了。屏風呵，一遞遞〔44〕短長城，做不出疊巫山清曉。

待畫這沙似雪，月如霜。

【前腔】卻怎生似雪樣偎沙迴杳〔45〕，一抹兒峰前回樂。則道是拂不去受降城上清霜，看則是永夜征人，沙和月長恁照。也影飄颻碧濛濛〔46〕把關河罩，幕寒生夜悄〔47〕。四下裏極目暗魂銷，清寒似寂寥。這幾筆兒輕勾淡繞，撇綽〔48〕的暮光浮，隱映的朦朧曉。屏風呵，恁路數兒是分明，可引的夢沙場人到。

待畫著征人聞笛望鄉也。

【前腔】一笛關山韻高，偏起著月明風裊〔49〕，把一夜征人，故鄉心暗叫。齊回首鄉淚閣〔50〕，並城堞〔51〕兒相偎靠，望眼兒直恁喬〔52〕。想故園楊柳，正西風搖落；便做洗〔53〕邊城霜天乍曉，也心似嘹雲飄〔54〕，衝入遍梁州〔55〕未了。屏風呵，比似俺吹徹《梅花》〔56〕，怎遞送〔57〕的倚樓人知道？

畫完，題詩一絕：回樂峰前沙似雪〔58〕，受降城外月如霜。不知何處吹蘆管〔59〕，一夜征人盡望鄉。詩已題下，王哨兒寄去也。〔哨〕自有回報。

【尾聲】做不得〔60〕李將軍畫漢宮春曉，俺這裏捲不去的雪月霜沙映白描。趁著這一天鴻雁秋生早。

〔哨下、走報人上〕烏鵲南飛〔61〕終是喜，馬首西來知爲誰？自家長安

門走報的便是。來報李參軍轉官，不免徑入。〔見介〕恭喜老爺，新奉聖旨，加秘書省清銜。改參盧太尉孟門軍事，即日起程。〔生〕何因有此？先賞報人去，便寫書謝了劉節鎮起程。〔報〕節鎮劉爺也欽取還朝，總管殿前諸軍事。〔生〕呵，原來如此！

**西塞東歸總戰塵，畫屏風裏獨沾巾。**

**閨中只是空相憶，若見沙場愁殺人。**

## 校 注

〔1〕紫塞——指長城。晉·崔豹《古今注上·都邑第一》：「秦築長城，土色皆紫，漢亦然，故云紫塞也。」

〔2〕參佐——部下；僚屬。

〔3〕綠油——「綠油幢」的簡稱，即軍幕。唐·張仲素《塞下曲》：「獵馬千群雁幾雙，燕然山下碧油幢。」幢，張掛在軍營的帷帳。碧、綠，義同字異。

〔4〕回樂峰——回樂縣內的一個山峰。唐屬靈州，在今甘肅靈武西南。唐·李益《夜上受降城聞笛》詩：「回樂峰前沙似雪，受降城外月如霜。」

〔5〕龍荒——龍，指龍城，匈奴祭天處。荒謂荒服，指邊遠之地。龍荒，一般用來泛指塞北荒漠之地。清·張海鵬《曲洧舊聞·跋》：「漢蘇子卿齧雪龍荒，圖形麟閣，奇節卓乎千古。」

〔6〕刁斗——古代軍中用具，銅質，形狀似盆，有柄，能容一斗，故名。軍中白天用以燒飯，夜晚用作更鼓敲。唐·高適《燕歌行》：「殺氣三時作陣雲，寒聲一夜傳刁斗。」

〔7〕畫角——古管樂器，傳自西羌，形如竹筒，以竹木或皮革等製成，以表面有彩繪，故曰畫角。發聲哀厲高亢。古時軍中多用以警昏曉，振士氣，肅軍容。

〔8〕關榆——疑指地名。

〔9〕當城——在城。當，用作介詞。唐·賈島《三月晦日送春》：「三月正當三十日，風光別我苦吟身。」

〔10〕牙門——古代駐軍，主帥或主將在帳前樹立牙旗以為軍門，謂之牙門。

〔11〕嚴城壯——嚴城，戒備森嚴的城池。南朝梁·何遜《臨行公車》詩：「禁門儼猶閉，嚴城方警夜。」壯，堅實、牢固。元·無名氏《馬陵道》楔子、白：「他頭裏未曾過去時，這橋還壯哩，則怕他踹損了，則除是恁的。」

〔12〕紗籠絳（jiàng）——絳紗籠也。意即深紅色的紗製燈籠。絳，為叶韻而倒置。

〔13〕玉門關——漢武帝置。故址在今甘肅省敦煌西北小方盤城，關城方形如盤，故云。

〔14〕平敞——平坦寬闊。明‧徐弘祖《徐霞客遊記‧遊太和山日記》:「騎而南趨，石道平敞。」

〔15〕生——原缺此字，據獨深本補。

〔16〕氤氳（yīn yūn）——迷茫貌，彌漫貌。

〔17〕彌望——謂滿眼、充滿視野。彌，遍也，滿也，廣也。

〔18〕瀚（hàn）海——大沙漠，古稱「瀚海」。明‧周祁《名義考》:「以沙飛若浪，人馬相失若沉，視猶瀚海然，非真有水之海也。」唐‧陶翰《出蕭關懷古》詩:「孤城當瀚海，落日照祁連。」

〔19〕梁園——漢文帝之子劉武，封為梁孝王，生活非常奢侈，在其封地建造了一座巨大、豪華的花園和賓館，以供自己遊賞和招待賓客，名曰梁園，又叫兔園或梁苑。故址在今河南開封市東南。

〔20〕霏（fēi）微——雨雪細小貌（承前句「敢是雪也」）。元‧劉伯亨《朝元樂》曲:「這雪他初下霏微則是後漸急，赤緊的風趄的雪急。」

〔21〕暈（yùn 或讀 yūn）影兒——模糊不清的影像。

〔22〕寒宮——冷宮。《三俠五義》第十八回:「陛下見了寒宮母親落淚，才引起劉後疑忌。」

〔23〕又——表示「衣痕上辨霜曉」疊一句。上〔一江風〕曲「又」字同。

〔24〕女牆——城牆上呈凹凸形的小牆。又叫「女垣」。清‧朱駿聲《說文通訓定聲》:「古城用土，加以磚牆，為之射孔，以伺非常曰女垣。」亦曰「睥睨」。漢‧劉熙《釋名‧釋宮室》:「城上垣曰睥睨，言於其孔中睥睨非常也。」

〔25〕《關山月》——漢樂府橫吹曲名，內容多表傷別之情，如唐‧王昌齡《從軍行》之一:「更吹羌笛關山月，無那金閨萬里愁。」

〔26〕《思歸引》——琴曲名。相傳春秋時邵王聘衛侯女，未至而王死，太子留之，不聽，拘於深宮，思歸不得，遂援琴而歌。曲終，自縊而死。此曲，亦名《離拘操》。見漢‧蔡邕《琴操‧思歸引》。

〔27〕掩泣——掩面而泣。泣者，無聲或低聲落淚而哭也。

〔28〕又——表「家鄉在那方」疊一句。

〔29〕龍吟——形容簫笛類管樂器聲音響亮。唐‧李白《宮中行樂詞》之三:「笛奏龍吟歌，簫鳴鳳下空。」

〔30〕吳箋——吳地所產之箋紙，常借指書信。宋‧陸游《風入松》詞:「欲寄吳箋說與，這回真個閒人。」

〔31〕可——恰。

〔32〕清光——清亮的光輝。多指月光、燈光。

〔33〕丹青——將繪畫所用的丹沙、青䕅（hù），泛指顏料。後來亦稱「畫」為「丹青」。

〔34〕王會圖——圖冊名，唐代畫家閻立本所畫的朝會圖。《舊唐書·南蠻西南蠻傳·東謝蠻》：「貞觀三年，元深入朝，冠烏熊皮冠，若今之髦頭，以金銀絡額，身披毛帔，韋皮行縢而著履，中書侍郎顏師古奏言：『昔周武王時，天下太平，遠國歸款，周史乃書其事爲《王會篇》。今萬國來朝，至於此輩章服，實可圖寫，今請撰爲《王會圖》。從之。』」後用爲泛指朝會之典。

〔35〕《陽關曲》——古曲名，又稱《渭城曲》。因唐·王維《送元二使安西》詩而得名，後入樂府，以爲送別之曲，反覆誦唱，故又稱《陽關三疊》。

〔36〕蛾墨——畫眉的墨。蛾，蛾眉的省稱。三國魏·曹丕《答繁欽書》：「於是振袂徐進，揚蛾微眺，芳聲清激，逸足橫集。」

〔37〕陽關——古關名。

〔38〕那更——猶云況更、兼之。「那」字無義。

〔39〕縹緲——高遠貌。《文選·木華〈海賦〉》：「群仙縹眇，餐玉清涯。」李善注：「縹眇，遠視之貌。」眇、渺，音義同。

〔40〕潤生綃——生綃，未漂煮過的絲織品。潤生綃，是指加過工的生綃。古時多用以作畫，因亦以指畫卷。

〔41〕路數——「數」原作「敷」，據獨深本改正。下調中有「路數兒」一詞可證。

〔42〕分標斜——原無「標」字，據葉《譜》補。

〔43〕素毫——指毛筆。清·吳偉業《永和宮詞》：「上林花鳥寫生綃，禁本鍾王點素毫。」

〔44〕一遞遞——猶云「一段段」。不連續貌。

〔45〕偎沙回杳——偎依塵沙，迴環纏繞，望不到邊。杳，遠貌。

〔46〕濛濛——迷茫貌。

〔47〕悄（qiāo）——寂靜。

〔48〕撇綽——繪畫中一種技法，疑是輕描似棄之意。

〔49〕嫋——微風吹拂貌。宋·蘇軾《水龍吟》詞：「雨晴雲夢，月明風嫋。」

〔50〕淚閣——即閣淚，含淚也，見本劇二十七齣注〔46〕。

〔51〕城堞——城上如齒狀的短牆。泛指城牆。唐·白居易《大水》詩：「閭閻半飄蕩，城堞多傾墜。」

〔52〕喬——高也。《書·禹貢》：「厥草惟夭，厥木惟喬。」孔傳：「喬，高也。」《詩·小雅·伐木》：「伐木丁丁，鳥鳴嚶嚶。出自幽谷，遷於喬木。」喬木，高大之樹也。後遂以「喬遷」喻遷居或升職，皆喻「高升」的意思。

〔53〕洗——風霜雨雪使草木零落淨盡之謂也。唐·王昌齡《秋興》詩：「日暮西北堂，涼風洗脩水。」

〔54〕也心似嘹雲飄——「心」原作「星」，據清輝、獨深、柳浪、竹林各本改，「嘹」原作「嘹」，嘹的俗寫；據獨深、柳浪、竹林本改。葉《譜》此句作「聲逐零

雲飄」。

〔55〕衠（zhūn）入遍《梁州》——衠，眞、盡。入遍，曲遍之意。《梁州》，即《涼州》，曲名，爲西涼所獻。參見本劇第三十一齣注〔4〕。

〔56〕《梅花》——《梅花落》的省稱。唐·李白《觀胡人吹笛》詩：「十月吳山晚，梅花落敬亭。」宋徽宗《眼兒媚》詞：「家山何處，忍聽羌笛，吹徹梅花。」

〔57〕遞送——傳送。

〔58〕回樂峰前沙似雪——見唐·李益《夜上受降城聞笛》詩。

〔59〕蘆管——一名「蘆笳」，古代一種管樂器，以蘆葉爲管，與觱篥相類。見陳暘《樂書》。

〔60〕做不得——猶做不成，做不了，意言不可以做也。參見第三十二齣注〔31〕。

〔61〕烏鵲南飛——句見三國魏·曹操《短歌行》。

# 第三十五齣　節鎭還朝

【寶鼎兒】〔眾擁劉節鎭上〕旗門占氣色，鳳尾〔1〕雲飄，旄頭〔2〕宿落。匣劍老轆轆繡澀〔3〕，邊烽冷〔4〕兜鍪苔臥〔5〕。共仰清時〔6〕留節鎭，萬里關河紫邐〔7〕。〔合〕正簫鼓鳴秋，牙幢〔8〕清晝，貂蟬〔9〕繞座。

獨攜堂印〔10〕坐西州，一劍霜飛雁影秋。卻笑班超〔11〕容易老，爲知李廣〔12〕不封侯。自家劉公濟，鎭守玉門關外。推轂〔13〕幾年，拓地千里。落日已收番帳盡，長河流入漢家清。昨奉聖旨，著下官還朝，總管殿前諸軍事。李君虞加秘書郎，改參盧太尉孟門軍，早晚〔14〕參軍書到也。〔辛持書上〕雲沈老上〔15〕飛鴻去，日落回中〔16〕探馬還。〔叩頭介〕參軍爺有書，〔劉笑念書介〕參軍李益頓首劉節鎭開府〔17〕麾下：愚生書劍西征，拜瞻臺座，三載於茲，恩禮兼至。袁本初書記〔18〕，時有優渥〔19〕之言；王仲宣〔20〕從軍，不無思鄉之感。意難遙別，道阻回長〔21〕。所深幸者，君侯膺歸哀〔22〕之期，賤子〔23〕附〔24〕邊鶯〔25〕之役。風期未遠，存問非遙，虎變龍蒸〔26〕，風雲自愛。不宣。益再頓首。呀！李君虞早向孟門去也。下官既受君命，不俟駕行〔27〕。堂候官〔28〕，請征西大將軍金印出來，交與副將軍權領，即日起行。〔副將領眾上〕關西諸將謁容光，曾入甘泉侍武皇〔29〕。今日路傍誰不羨，功業汾陽異姓王〔30〕。恭賀老爺還朝！〔劉〕老夫有何功

績，得此皇宣？

【啄木兒】心雖赤，鬢欲皤〔31〕，意氣當年漢伏波〔32〕。念少游〔33〕歸興如何？相憐我得逐婆娑〔34〕。〔舉手介〕忝〔35〕元戎多暇勞參佐。甚西風別去情無那〔36〕？〔淚介〕吹起袍花淚點多。

〔眾〕老爺呵！

【前腔】你倚天劍〔37〕，迴日戈〔37〕，一卷《陰符》〔39〕萬揣摩。洗兵〔40〕風坐挽銀河，比陵煙漢將功多。〔跪拜〕詔東歸少不的齊聲賀。〔眾淚介〕這歡聲有淚向悲笳墮，再不見尊俎投壺〔41〕聽雅歌。

〔劉〕就此別了！〔眾〕願攀留信宿〔42〕而行，盡邊關父老降附〔43〕蕃戎之意。〔劉〕京營務重，不敢稽延〔44〕。俺所佩平西大將軍金印，權交副將軍收掌，好珍重也。〔交印介〕

【三段子】〔劉〕黃金斗大〔45〕，肘間懸龜紋綬花〔46〕。權時未掛，臥內〔47〕前床兒護他。有如姬要不的他閒偷把，朱司農用不著那橫文打〔48〕。怕漏使模行，軍機怎耍。

〔將〕敢問老爺，軍機那一件最大？〔劉〕漢置四郡，斷匈奴入羌之路，今當護羌，使吐番不得連和，陽關內外可無事矣！

【前腔】甘涼以下，望長安天涯海涯。爲甚屯田建牙〔49〕，斷番戎羌家漢家。〔將〕兵法願一指授〔50〕。〔劉〕聽老夫八個字兵法。銷兵日久休頹塌〔51〕，生羌歲久防奸詐。八個字：柰苦同甘，信賞必罰。

起行，諸軍將不許離信地〔52〕遠送。〔內報介〕受降城外諸夷長送老爺。
〔劉〕不須遠送，只一心事唐便了。〔行介〕

【歸朝歡】歸朝去，歸朝去，萬里胡沙，秦川雨，杜陵花。關山路，關山路，畫角鳴笳，送將歸，兩鬢華。秋光塞上人如畫，黃宣去把團營押〔53〕，看細柳春風大將牙〔54〕。

秦時明月漢時關，繡纛〔55〕人看上將還。

但使龍城〔56〕飛將在，不教胡馬度陰山〔57〕。

# 校　注

〔1〕鳳尾——指旗上裝飾鳳凰的尾羽。

〔2〕旄（máo）頭——古代用氂牛尾做竿飾的旗子。《詩·鄘風·干旄》：「孑孑干旄，在濬之郊。」毛傳：「孑孑，干旄之貌。注於干首，大夫之旃也。」以上「鳳尾雲飄」二句，形容劉節鎮旗門的氣色，非同一般。

〔3〕轆轤繡澀——轆轤，劍名。《宋書·符瑞志》：「宋太宗爲徐州刺史，出鎮彭城，昭太后賜以大珠轆轤劍。」唐·常建《張公子行》詩：「俠客白雲中，腰間懸轆轤。」繡澀，應作「鏽澀」，謂鐵生銹也。唐·李白《獨漉篇》：「雄劍掛壁，時時龍鳴，不斷犀像，鏽澀苔生。」

〔4〕邊烽冷——邊烽，邊疆報警的烽火。冷，言未舉烽，表示邊疆平靜。

〔5〕兜笭（líng）苔臥——兜笭即兜籠，運送舉烽用料的工具。《史記·魏公子列傳》：「公子與魏王博，而北境傳舉烽。」裴駰集解引漢·文穎曰：「作高木櫓，櫓上作桔槔，桔槔頭兜笭，以薪置其中，謂之烽。」苔臥，言棄置兜笭於地而不用也。

〔6〕清時——意指太平盛世。《文選·李陵〈答蘇武書〉》：「勤宣會德，策名清時。」張先注：「清時，謂清平之時。」

〔7〕紫邏——山名。唐·杜甫《送賈閣老出汝州》詩：「宮殿青門隔，雲山紫邏深。」

〔8〕牙幢（chuáng）——即牙旗。旌旗之類。《三國志·吳志·陸遜傳》：「遜乃益施牙幢，分佈鼓角。」宋·程大昌《演繁錄·牙旗牙門旗鼓》：「《黃帝出軍》曰：『有所征伐，作五采牙幢……。』」

〔9〕貂蟬——古時冠飾。貂尾和附蟬爲古代侍中、中常侍等貴官的冠飾。《後漢書·輿服志下》：「侍中、中常侍加黃金璫，附蟬爲文，貂尾爲飾，謂之『趙惠文冠』。」劉昭注引應劭《漢官》曰：「說者以金取堅剛，百鍊不耗。蟬尾高飲絜，口在掖下。貂內勁捍而外溫潤。此因物生義也。」在此以冠飾借指顯貴大臣。

〔10〕堂印——宰相居政事堂所用之官印，這裏泛指官印。

〔11〕班超——班彪之子，班固之弟，出使西域，平亂，保衛了西域的安全。在西域活動共達三十一年，以功封定遠侯。公元前 102 年回到洛陽，年已七十旋即病死，所以說「班超容易老」。

〔12〕李廣——西漢名將，前後與匈奴作戰大小七十餘役，以勇敢善戰著稱，任右北平太守時匈奴數年不敢進犯，被號爲飛將軍，然終身不得封侯，所以說「李廣不封侯」。事見《史記·李將軍列傳》。

〔13〕推轂——轂是車轂，推則前進，因引申爲推薦之意。引進人才，助人成事。《史記·荆燕世家》：「今呂氏雅故，本推轂高帝就天下。」《新唐書·裴寂傳》：「朕有天下，公推轂成之也。」

〔14〕早晚——隨時、時刻。唐·白居易《花下醉中聯句》：「我輩尋常有，佳人早晚

來。」

〔15〕老上——本漢初匈奴單于名號。《漢書·匈奴傳上》:「冒頓死,子稽粥立,號曰『老上單于』。」後泛指北方少數民族首領,這裏指匈奴。

〔16〕回中——古地名,在今甘肅省固原縣境。

〔17〕開府——謂開建府署,因亦指有權開府的官員。唐·杜甫《春日憶李白》詩:「清新庾開府,俊逸鮑參軍。」漢制,惟三公得開府,後代則稱外省督撫爲開府。

〔18〕袁本初書記——袁本初,袁紹之字,東漢汝陽(今河南省商水縣西南)人,出身於四世三公的大官僚家庭。曾號召起兵攻董卓,後在各地方勢力混戰中,成爲當時地廣兵多的割據勢力。但在官渡(今河南中牟東北)一戰爲曹操大敗,不久病死。書記,指文字、書籍、文章等。《後漢書·梁鴻傳》:「鴻常閉口吟詠書記,遂潛思著書十餘篇。」

〔19〕優渥(wò)——謂優厚、善待。晉·李密《陳情表》:「過蒙拔擢,寵命優渥。」

〔20〕王仲宣——即王粲,字仲宣,山陽高平(今山東鄒縣)人,漢末文學家。以博洽著稱。《登樓賦》是他代表作。

〔21〕道阻回長——道路崎嶇迴環遙遠。

〔22〕君侯膺歸袞(gǔn)——君侯,指劉節鎮。膺,懷抱。歸袞,謂還朝。袞,袞職,指皇帝。

〔23〕賤子——對自己的謙稱。唐·杜甫《奉贈韋左丞丈二十二韻》:「丈人試靜聽,賤子請具陳。」

〔24〕附——隨著。

〔25〕遷鶯——語出《詩·小雅·伐木》:「伐木丁丁,鳥名嚶嚶。出自幽谷,遷於喬木。」《禽經》:「鶯鳴嚶嚶。」這裏是陞官之意。

〔26〕虎變龍蒸——意謂乘時變化而飛黃騰達。虎變,語見《易·革》九五:「大人虎變,未佔有孚。象曰:『大人虎變,其文炳也。』」龍蒸,指升騰的雲氣。南朝宋·鮑照《喜雨》詩:「河井起龍蒸,日魄斂遊光。」

〔27〕不俟駕行——言不等駕車而行。語出《孟子·公孫丑下》:「禮曰:父召,無諾;君命召,不俟駕,因將朝也。」

〔28〕堂候官——見本劇二十九齣注〔20〕。

〔29〕曾入甘泉侍武皇——意言曾在宮廷中侍奉過皇帝。甘泉,漢宮名,故址在今陝西省淳化縣西北甘泉山上。本秦宮,漢武帝擴建。武皇,指漢武帝。

〔30〕功業汾陽異姓王——意指唐代名將郭子儀平定安史之亂功冠諸將,封汾陽王。汾陽,在今山西省中部汾水流域。

〔31〕皤(pó)——白。

〔32〕伏波——指馬援,東漢初扶風茂陵人,以戰功卓著、特別是遠征交趾、立銅柱

做漢南邊界標誌，拜伏波將軍、封新息侯。

〔33〕少游——少年旅遊。

〔34〕婆娑——逍遙，閒散自得。《文選·班彪〈北徵賦〉》：「登障隧而遙望兮，聊須與以婆娑。」李善注：「婆娑，容與之貌也。」

〔35〕忝（tiǎn）——自稱謙詞，羞辱、有愧於的意思。

〔36〕別去情無那——別去，別處。元·秦簡夫《東堂老》四〔喬牌兒〕白：「你別去尋個人罷。」義同。無那，無奈、無可如何也。

〔37〕倚天劍——指長劍。語出戰國楚·宋玉《大言賦》：「方地爲車，圓天爲蓋，長劍耿耿倚天外。」唐·李白《大獵賦》：「於是擢倚天之劍，彎落月之弓。」

〔38〕回日戈——比喻戈之威力。語出《淮南子·覽冥訓》：「魯陽公與韓拘難，酣戰日暮，援戈而揮之，日爲之反三舍。」按三舍，九十里也。

〔39〕《陰符》——古兵書名，有《周書陰符》和《黃帝陰符》兩種。《隋書·經籍志·兵家類》有《太公陰符鈐錄》一卷、《周書陰符》九卷。《戰國策·秦策一》：「（蘇秦）乃夜發書，陳篋數十，得太公陰符之謀，伏而誦之，簡練以爲揣摩。」唐·杜甫《哭台州鄭司戶蘇少監》詩：「從容詢舊學，慘淡閱陰符。」

〔40〕洗兵——言淨洗甲兵，藏之府庫，永不復用。唐·杜甫《洗兵馬》：「安得壯士挽天河，淨洗甲兵長不用。」古代傳說：武王伐紂，遇大雨，武王曰：此天洗甲兵。洗兵之說，蓋源於此。

〔41〕尊俎投壺——尊俎，見本劇三十一齣注〔68〕。尊，盛酒器；俎，置肉之幾。《禮記·樂記》：「鋪筵席，陳尊俎。」投壺，見本劇二十九齣注〔30〕。

〔42〕信宿——再宿，過兩夜。《詩·豳風·九罭》：「公歸不服，於女信宿。」毛傳：「再宿曰信；信，猶處也。」

〔43〕降附——投降、歸附。《後漢書·伏隆傳》：「隆招懷綏緝，多來降附。」

〔44〕稽延——拖延。

〔45〕黃金斗大——言黃金印如斗之大也。

〔46〕龜紋綬花——指印綬。龜指印紐（器物上用以提攜懸繫的攀紐）。綬（絲帶）爲承受印環之用。龜紋綬花，言印紐和絲帶，皆有花紋也。《後漢書·西域傳論》：「先馴則賞，贏金而賜龜綬。後服則係頭顙而釁北闕。」注曰：「龜謂印文也。《漢舊儀》曰：銀印皆龜紐，其文刻曰『某官之章。』」

〔47〕臥內——謂寢室、內室。《史記·魏公子列傳》：「嬴聞晉鄙之兵符常在王臥內。而如姬最幸，出入王臥內，力能竊之。」

〔48〕朱司農用不著那橫文打——胡士瑩注曰：「司農，官名。唐朝涇原兵變，姚令言遣韓旻急迫德宗，段秀實命人竊令言印不及，乃倒用司農陰符，追回韓旻兵。時秀實以司農留長安，曾爲朱泚脅迫入夥，故得有此事。見《舊唐書·段秀實

傳》。」這裏是說劉公濟交印給副將軍，囑他好好收掌。用此語叮囑他，擔心他疏忽，會弄出司農假傳號令、貽誤軍機的事件來。但湯氏誤用段司農爲朱司農，又以「倒用」爲橫打耳。

〔49〕屯田建牙——屯田，使戍卒開墾田畝。建牙，古時謂出師前樹立軍旗。《晉書·姚興載記下》：「建牙誓眾，將赴長安。」

〔50〕一指授——一次指點。

〔51〕頹塌——頹廢疲塌。《朱子語類》卷一二一：「先生因言：『學者平居議論多頹塌，臨事難望它做得事。』」

〔52〕信地——屯駐重兵邊防要地。元·無名氏《謝金吾》楔子〔仙呂賞花時〕白：「奏過聖人，責他擅離信地，私下三關之罪。」

〔53〕黃宣去把團營押——黃宣，古時皇帝文書用黃紙書寫宣示，故曰黃宣。團營，就是軍營。明代自土木之變後，京軍三大營損失殆盡。景泰中，於謙從三營中選精兵十萬，分十營集中訓練，稱作團營。《隋書·禮儀志》：「軍將發，候大角一通，步卒第一團出營東門東向陣，第二團出營南門南向陣，第三團出營西門西向陣，第四團出營北門北向陣。陣四面團營，然後諸團嚴篤立。」（按，文中所謂「大角」指樂器。一通，表功量，謂一次、一遍或一陣。）

〔54〕牙——牙門，即軍門，紮營、駐軍之處。《新唐書·突厥傳上》：「靖進屯惡陽嶺，夜襲頡利，頡利驚，退牙磧口。」

〔55〕纛（dào）——古時軍隊或儀仗隊的大旗。

〔56〕龍城——漢時匈奴地名。《晉書·張軌傳》：「姑臧城本匈奴所築，南北七里，東西三里，地有龍形，故曰龍城。」

〔57〕下場詩——用唐·王昌齡《出塞》詩，只第二句「萬里長征人未還」置換湯氏改句「繡纛人看上將還。」

# 第三十六齣　淚展〔1〕銀屏

【菊花新】〔旦浣上〕舉頭驀見〔2〕雁行單，無語秋空頻倚闌。寒花蘸雨班〔3〕，應將我好景摧殘。

【河滿子】露冷蓮房〔4〕墜粉，霜清竹院餘香。偏照畫堂秋思朗〔5〕，垂簾半捲瀟湘〔6〕。幾回斷鴻影裏，無言立盡斜陽。奴家自別李郎，三秋杳無一字，正是叢菊兩開人不至，北書不寄雁無情也！〔浣〕早晚〔7〕佳音，不須煩惱。

【桂枝香】〔旦〕水雲天淡，弄妝晴晚。映清虛〔8〕倚定屏山〔9〕，

暢好〔10〕處被閒愁占斷〔11〕。減香溫一半，減香溫一半，洞房清歡。影闌珊〔12〕，幾般兒〔13〕夜色無人玩，著甚秋光不奈〔14〕看。

〔浣〕上鳳簫樓望一回也。

【前腔】〔旦〕捲簾無限，山明水遠。殘霞外煙抹晴川，淡霜容葉橫清漢〔15〕。正關山一點，正關山一點，遙望處平沙落雁。倚危闌，淚來濕臉還誰見？愁至知心在那邊？〔哨持小屏風上〕

【賺】塞上飛馳，報與朱門〔16〕人自喜。〔旦〕試聽晚妝慵，那重門深閉。知他甚底，悶把珠簾輕揭起。〔哨叫介、浣〕寂靜堂前，數聲兒客至，迴廊半倚閒窺覷。是誰？〔哨〕陽關哨卒來傳示〔17〕。〔旦驚喜介〕你可曾從事〔18〕李參軍？俺這裏寒衣未寄。〔哨出屏介〕怕寄平安書不的，小屏風上傳詩意。〔旦〕這書封幾夜霜華脆〔19〕，雁足〔20〕寒飛繞月枝，黃花酌酒〔21〕相勞你。〔浣出酒飲哨介、哨〕主公〔22〕威令難遲滯。〔浣〕夫人鄭重〔23〕留人醉。〔旦〕主公是誰？〔哨〕盧太尉。〔旦〕太尉何人？〔哨〕乃當朝丞相盧杞之弟，穿宮盧中貴老公公〔24〕之兄，第一富貴人家也。〔旦〕且問你，參軍甚時可回？〔哨〕小的在關西聽的參軍爺題詩與劉節鎮說，不上望京樓了。〔旦惱介、哨〕不須煩惱。俺歸到中途聞聖旨，別有差除〔25〕疾和遲，少不得榮歸故里，咱階前拜酒忙回去。〔下、旦〕三年一字三千里，非同容易，非同容易！

【金索掛梧桐】寒鴉帶晚暉，喜鵲傳新霽〔26〕。遠水凝晬，折〔27〕盡層波翠。〔開屏風介〕夫，你三年沒紙書，難道短相思〔28〕！屏風呵，為甚封了重封〔29〕出落的呈妝次〔30〕！李郎，你感劉君恩遇，不上望京樓呵！你只知紅妝夜宴軍中美，可也回首望京樓上覷。風塵起，千尋落葉離不的花根裏〔31〕。〔合〕知他是何日歸期，且接著平安喜。

歸意可知，且展畫屏詩句一玩。呀！原來十郎手自丹青也！〔詠詩介〕回樂〔32〕峰前沙似雪，受降城外月如霜。不知何處吹蘆管，一夜征人盡望鄉。你看幾疊〔33〕屏山，詩中有畫，畫中有詩〔34〕，滿目邊愁也！

【前腔】沙如雪霭〔35〕微，月似霜華積。月杳〔36〕沙虛，冷淡傳蹤

跡。俺不曾到萬里短長城，這幾疊畫屏兒，寫陽關只少個瀟湘對。夫，俺這裏平沙瀚海〔37〕把圍屏指，你那裏落月關山橫笛吹。心兒記，夢魂中有路透河西。〔合前〕

〔浣〕小姐，三年李郎不歸，家門漸次零落也。

【梧桐花】是綺羅叢春富貴，儘花月無邊受用美。如今金谷田園誰料理，把這舊家門戶空禁持〔38〕！老夫人一段傷心難寄與。〔合〕算只有歸來是。

〔旦〕道甚家資。可惜秋光也！

【前腔】你道爲甚呵，勾引的黃昏淚？向蓮葉寒塘秋照裏，偷把胭脂勻注〔39〕喜。這其間芳心泣露許誰知！俺待寫半幅秋光還寄與。〔合前〕

【意不盡】連天衰草砧聲起。〔浣〕他還鄉早晚不索寄寒衣。〔合〕盼得他錦繡團欒〔40〕眞是美。

邊月胡沙泣向君，畫屏紅粉漬〔41〕氤氳。

明年若更陽關戍，化作西飛一片雲。

# 校 注

〔1〕展——謂沾濕。晉·陶淵明《搜神後記》卷九：「廣陵人楊生，養狗一，甚憐愛之，行止與俱。後生飲酒醉，行大澤草中，眠不能動。時方冬日，燎原，風勢極盛。狗乃周章號喚，生醉不覺。前有一坑水，狗便走往水中，還以身灑生左右草上，如此數次，周旋跬步，草皆沾濕，火至免焚，生醒方見之。」

〔2〕驀（mò）見——忽見。驀，用作動作副詞，意爲忽然、突然。清·段玉裁《說文解字注》：「驀，上馬必捷，故引申爲猝乍之稱。」

〔3〕班——用同「遍」。《國語·晉語四》：「車班內外，順以訓之。」韋昭注：「班，遍也。」「寒花蘸雨班」，意言寒花被雨水打個通透，故下文說「將我好景摧殘」。

〔4〕蓮房——即蓮蓬，蓮花開過後的花托。倒圓錐形，裏面有蓮實。

〔5〕朗——解悟。漢·楊雄《方言》卷一：「楚謂之黨。」晉·郭璞注：「黨，朗也。解悟貌。」

〔6〕瀟湘——湖南的瀟水與湘江並稱。多以指湖南地區。「垂簾半卷瀟湘」，言半卷

著垂下的湖南簾也。

〔7〕早晚——見本劇三十五齣注〔14〕。

〔8〕清虛——指太空、天空。清・李漁《蜃中樓》十五、白：「若使清虛無障礙，無孫不合阻銀河。」

〔9〕屏山——喻指屏風。唐・溫庭筠《南歌子》詞：「撲蕊添黃子，呵花滿翠鬟，鴛枕映屏山。」

〔10〕暢好——正好、眞好。元・孟漢卿《魔合羅》四〔鮑老兒〕：「你暢好會使拖刀計。」元・無名氏《抱妝盒》三〔梅花酒〕：「你暢好有上梢，無下梢。」

〔11〕占斷——占盡。全部佔有。唐・秦韜玉《牡丹》詩：「圖把一春皆占斷，固留三月始教開。」宋・林逋《梅花》詩：「眾芳搖落獨鮮妍，占斷風情向小園。」

〔12〕闌珊——衰歇、將盡之意。南唐・李煜《浪淘沙》詞：「窗外雨潺潺，春意闌珊。」

〔13〕幾般兒——用作驚歎詞、感歎副詞，意爲多麼的、何等的。元・關漢卿《玉鏡臺》二〔牧羊關〕：「幾般兒窄窄狹狹，幾般來周周正正！」幾般兒、幾般來義同。

〔14〕奈——通「耐」。意爲禁得起，受得住。

〔15〕清漢——指天空。唐・李商隱《安平公》詩：「仰看樓殿撮清漢，坐視世界如恒沙。」

〔16〕朱門——喻指富貴之家。唐・杜甫《自京赴奉先縣詠懷五百字》詩：「朱門酒肉臭，路有凍死骨。」

〔17〕傳示——傳送口信或書信。

〔18〕從事——追隨、奉事。唐・牛僧孺《玄怪錄・張佐》：「嚮慕先生高躅，願從事左右耳。」

〔19〕霜華脆——霜華，猶「霜花」，即「霜」。脆，言易折斷破損也。

〔20〕雁足——指書信。語出《漢書・蘇武傳》：「昭帝即位。數年，匈奴與漢和親。漢求武等，匈奴詭言武死。後漢使復至匈奴，常惠請其守者與俱，得夜見漢使，具自陳道。教使者謂單于，言天子射上林中，得雁，足有係帛書，言武等在某澤中。使者大喜，如惠語以讓單于。單于視左右而驚，謝漢使曰：『武等實在。』」

〔21〕黃花酒——菊花酒的別稱。唐・杜甫《九日登梓州城》詩：「伊昔黃花酒，如今白髮翁。」宋・王十朋《九日寄昌齡弟》詩之三：「此日黃花酒，深期酌弟兄。」

〔22〕主公——僕役對其主人的尊稱。遲滯，謂緩慢、延遲。

〔23〕鄭重——謂殷勤懇切。唐・白居易《庚順之以紫霞綺遠贈以詩答之》：「千里故人心鄭重，一端香綺紫氛氳。」

〔24〕中貴老公公——中貴，見本劇三十二齣注〔3〕。公公，對宮中太監的稱呼。

〔25〕差（chāi）除——官職任命。

〔26〕霽（jì）——雨、雪停止，天放晴之謂。

〔27〕折——斷也。「折盡層波翠」，謂極目（望斷）層層翠波也。

〔28〕短相思——缺少思念。

〔29〕封了重封——言把屏風包裹了又包裹。封，封緘、包裹。《東觀漢記・鄧訓傳》：「知訓好以青泥封書。」宋・蘇舜卿《答范資政書》：「家兄封到閏月所賜手教一通。」

〔30〕出落的呈妝次——意言（把屏風）擺在梳妝的地方。出落，有陳列、顯現、擺放等意。妝次，婦女梳妝打扮的地方。

〔31〕千尋落葉離不的花根裏——葉落歸根的意思。比喻事物有一定的歸宿，多指客居異鄉的人，終究要回到故鄉。《荀子・致仕篇》：「水深則回，葉落糞本。」宋・道原《景德傳燈錄・慧能大師》：「眾曰：『師從此去，早晚卻回。』師曰：『葉落歸根，來時無日。』」皆為此句所本。尋，古代長度單位。八尺為尋。千尋，極言其長也。

〔32〕樂——原作「雁」，依李益《夜上受降城聞笛》原詩改。

〔33〕壘——古代軍中作防守用的牆壁。

〔34〕詩中有畫，畫中有詩——這是對唐詩人王維創作的讚語。宋・蘇軾《書摩詰〈藍關煙雨圖〉》：「味摩詰之詩，詩中有畫；觀摩詰之畫，畫中有詩。」摩詰，唐王維的表字。

〔35〕靄（ǎi）——雲氣，煙霧。

〔36〕杳（yǎo）——高遠貌。《漢書・揚雄傳上》：「上天之縡，杳旭卉兮。」顏師古注：「杳，高遠也。」

〔37〕瀚海——見本劇三十四齣注〔18〕。

〔38〕禁（jīn）持——忍耐、禁受。明・陸采《懷香記》二四〔畫堂春〕白：「隔池相會，各道衷曲，彼此不能禁持。」

〔39〕勻注——均勻地化妝。宋・王易簡《水龍吟・白蓮》詞：「西子殘妝，環兒初起，未須勻注。」

〔40〕團巒——團圓。

〔41〕漬（zì）——浸、泡。


# 第三十七齣　移參孟門〔1〕

【番卜算】〔盧上〕秋草塞門煙，河上西風偃〔2〕。洛陽才子〔3〕赴招賢，鼓吹〔4〕軍中宴。

一家何止十朱輪〔5〕，兄弟雙飛秉大鈞〔6〕。獨向河陽〔7〕征戰淨，今朝開閣引詞人〔8〕。自家盧太尉，鎮守孟門關外，奏准李君虞參我軍事，報說今日走馬到任，左右營門伺候！〔生眾上〕

【神仗兒】河西〔9〕路轉，〔又〔10〕〕赴河陽幕選。〔又〔11〕〕〔王哨叩頭〕參軍爺到來，前日萬金〔12〕家報，是小軍送上夫人。〔生〕勞你，夫人安否？〔哨〕平安，只是望爺過家〔13〕。〔生〕取一錠花銀賞他。哨兒，你是咱故人，以後太尉爺差你長安帶書往來，也不慢你。〔哨〕當得當得！〔生〕報平安陣前飛雁，便玉人無恙，怎生排遣？只怕這磨旗〔14〕門盼不到吹笙院。

〔見介、盧〕聞君西域奏詞鋒〔15〕，〔生〕天柱山高大華東。〔盧〕鴛鷺〔16〕好歸仙仗〔17〕裏，〔生〕熊羆〔18〕還在禁庭中。〔盧〕參軍，洛下一見，至今懷仰，何幸得參吾軍。看酒！〔堂候〔19〕上〕幕府求才子，將軍作主人。酒到。

【瑣寒窗】〔盧〕倚風塵萬里中原，大將登壇尺五〔20〕天。孟門關外，少華峰〔21〕前，繞旌旗萬點，河流一線，還倚仗詞鋒八面。〔合〕難言，人生遇合總情緣，且須高宴留連〔22〕。

【前腔】〔生〕筆花梢慣掃狼煙〔23〕，誰待吹噓送上天。改河陽贊佐〔24〕，塞上迴旋。便相如喻檄〔25〕，終軍乘傳〔26〕，也不似恁般蓬轉〔27〕。〔合前〕

〔盧〕聞參軍有詩，不上望京樓。然否？〔生〕醉後餘談，何勞遠聽。〔淨笑介〕

【前腔】你佩〔28〕恩華意氣成篇，不把望長安心事懸，君虞，休嫌文官武職，看參軍楚楚〔29〕，書記翩翩〔30〕。有賦《河清》鮑照〔31〕，《登樓》王粲，總不礙禁庭清選。〔合前〕

〔盧〕參軍，可有夫人在家？〔生〕秀才時已贅霍王府中。〔盧〕原來如此！古人貴易妻〔32〕，參軍如此人才，何不再結豪門，可為進身之路。〔生〕已有盟言，不忍相負。

【前腔】淚花彈〔33〕袍袖香殷〔34〕，數遍秋花人少年。〔盧〕可有平安信？〔生〕下官進轅門〔35〕時，老太尉麾下一人，三年纔傳得一信。〔盧〕受命在君，何戀戀兒女乎！〔生〕晚風砧杵〔36〕，夜月刀環〔37〕。正尋常歸燕，幾行征雁，怎隔斷關河〔38〕別怨。〔合前〕

〔生〕請罷酒。〔盧〕軍中一日一宴也。

【尾聲】為憐才子聲光遠，〔生〕自是將軍禮數〔39〕寬。〔合〕指日呵文武朝班歸漢苑。

〔生下、盧弔場〔40〕〕眾將官，查那一個傳李參軍家信！〔哨〕是小的。
〔盧〕拿去綁下！〔哨乞饒介、盧〕且記著，許你將功贖罪，差你京師慶賀劉節鎮還朝，便到參軍家，說他咱府招贅，好歹氣死他前妻，是你功也。〔哨〕理會得。

八柱擎天起畫樓，一般才子要低頭。

非關鬼蜮含沙〔41〕影，自要蛟龍〔42〕上釣鉤。

## 校　注

〔1〕孟門——地名。見本劇第三十二齣注〔5〕。
〔2〕偃——止息。見本劇第三十一齣注〔27〕。
〔3〕洛陽才子——指李益。
〔4〕鼓吹——謂演奏樂曲。《東觀漢記・段熲傳》：「熲乘輕車，介士鼓吹。」
〔5〕朱輪——古代高官顯宦所乘坐的車子，因用朱紅漆輪，故稱。漢・楊惲《報孫會宗書》：「惲家方隆盛時，乘朱輪者十人。位在列卿，爵為通侯。」南朝梁・丘遲《與陳伯之書》：「朱輪華轂，擁旄萬里，何其壯也。」
〔6〕秉大鈞——謂執掌大權。秉，謂主持、掌握。大鈞，本指天或自然，引申指政權。《文選・賈誼〈鵩鳥賦〉》：「大鈞播物兮，塊圠無垠。」李善引如淳曰：「陶者作器於鈞上，此以造化為大鈞。」比喻操盤政治，如陶者運器於鈞也。鈞，製陶器所用的轉輪。
〔7〕河陽——古縣名。春秋時晉邑，漢置縣，治所在今河南省孟縣西。北齊廢，隋開皇時復置，移治今孟縣南。
〔8〕詞人——指詞章作者，凡吟詩作賦等文人皆屬之。
〔9〕河西——見本劇第二十九齣注〔81〕。
〔10〕又——表示「河西路轉」疊一句。

〔11〕又——亦表示「赴河陽幕選」疊一句。

〔12〕萬金——指家書。語本唐・杜甫《春望》詩:「烽火連三月,家書抵萬金。」

〔13〕過家——回家、還鄉。宋・曾鞏《瞿秘校新授官還南豐》詩:「佩印自茲始,過家當少留。」

〔14〕磨旗——揮動旗幟,有時是爲表示某種號令。元・楊景賢《西遊記》五本十九齣〔古鮑老〕:「狂磨旗,戰鼓敲,妖兵和。」

〔15〕詞鋒——意言文章立論銳利無比。南朝陳・徐陵《與楊僕射書》:「足下素挺詞鋒,兼長理窟,匡丞相解頤之說,樂令君清耳之談,向所咨疑,誰能曉喻。」

〔16〕鴛鷺——比喻朝臣。宋・龔鼎臣《東原錄》:「太宗曰:『卿狀元及第,朕用卿作宰相,今日可謂榮歸鄉里。』因有詩曰:『滿朝鴛鷺醉中別,萬里煙霧遊子歸。』」這裏盧太尉以之比李益。

〔17〕仙仗——即儀仗。

〔18〕熊羆——指帝王得賢良輔佐。典出《史記・齊太公世家》:「西伯將出獵,卜之,所獲非龍非螭,非虎非羆,所獲霸王之輔。於是周西伯獵,果遇太公於渭之陽,與語大悅……載與俱歸,立爲師。」西伯,指周文王,這裏是李益以熊羆自比,表示在盧太尉領導下做好工作。

〔19〕堂候——堂候官之簡稱。見本劇第二十九齣注〔20〕。

〔20〕尺五——表距離之近也。唐・杜甫《贈韋七贊善》詩:「時論同歸尺五天。」自注:「俚諺曰:『城南韋、杜,去天尺五。』」意言韋氏、杜氏,世爲貴族,地位高貴,接近帝王之居也。

〔21〕少(shào)華峰——即少華山,一稱小華山,在今陝西省華縣東南。

〔22〕留連——謂挽留。宋・梅堯臣《翠羽辭》:「主人重客苦留連,急走鈿車令去取。」

〔23〕狼煙——比喻戰亂。古時邊防用燃狼糞升起的煙作報警的信號,故云。唐・杜牧《邊上聞笳》詩之一:「何處吹笳薄暮天?塞垣高鳥沒狼煙。」

〔24〕贊佐——輔助。贊,亦「佐」也。《書・大禹謨》:「益贊於禹曰:『惟德動天,無遠弗屆。』」孔傳:「贊,佐。」

〔25〕喻檄——見本劇第三十一齣注〔73〕。

〔26〕終軍乘傳——終軍,西漢濟南人,字子雲。年十八被選爲博士弟子,上書武帝,請受長纓,誓必羈南越頸致之闕下。後被越殺害,死時年僅二十多歲,時稱「終童」,頗著影響。唐・王勃《滕王閣序》:「無路請纓,等終軍之弱冠。」乘傳,猶「馳驛」。傳,驛也。

〔27〕蓬轉——蓬草隨風飛轉。喻人流離轉徙,四處飄零,居無定所。

〔28〕佩——佩帶、佩掛。

〔29〕參軍楚楚——參軍,官名。意即參謀某軍事,簡稱參軍。楚楚,鮮明整潔貌。

《北史・祖瑩傳》：「瑩與陳郡袁翻齊名，時人爲之語曰：京師楚楚袁與祖，洛中翩翩祖與袁。」

〔30〕書記翩翩——見本劇第二十九齣注〔16〕

〔31〕《河清》鮑照——鮑照，南朝宋東海（郡治今山東蒼山縣南）人，工詩文，長於樂府，也擅賦及駢文。賦有《蕪城賦》、《河清頌》等。《河清頌》序云：「歲宮乾維，月遭蒼陸，長河巨濟，異源同清。」

〔32〕貴易妻——意謂富貴以後拋棄糟糠，另結新歡。《後漢書・宋弘傳》：「諺言『貴易交，富易妻』，人情呼？」《宋史・烈女傳・劉氏》：「劉留北方，音問不通，或語之曰：『人言易貴交，富易妻』今陳己貴，必他娶矣，盍改適？」此「貴易妻」與「富易妻」提法略異，實質則同。

〔33〕彈——對淚水而言，意指揮灑。後蜀・歐陽炯《菩薩蠻》詞之四：「特地氣長吁，倚屏彈淚珠。」今仍有「男兒有淚不輕彈」之語。

〔34〕殷（yān）——用同「淹」。

〔35〕轅門——領兵將帥的營門。稱營門爲轅門，原於古帝王巡守、田獵止宿處，以車爲藩，出入之處，仰起兩車，車轅相向以表示門也。

〔36〕砧杵（chǔ）——砧指搗衣石，杵指棒槌。砧杵，亦專指搗衣。南朝宋・鮑令暉《題書後寄行人》詩：「砧杵夜不發，高門晝常關。」元・商正叔散套《新水令》：「愁聞砧杵敲，倦聽賓鴻叫。」

〔37〕刀環——刀頭上的環，寓回歸之意。《後漢書・李陵傳》：「立正等見陵，未得私語，即目視陵，而數數自循其刀環，握其足，陰喻之，言可歸還也。」環、還同音，後因以「刀環」爲「還歸」的隱語。

〔38〕關河——泛指關山河川。宋・陳師道《送內》詩：「關河萬里道，子去何當歸？」

〔39〕禮數——指禮貌、禮節的等級。在封建社會時，對人施禮，因人的名位而異。《左傳・昭公十八年》：「名位不同，禮亦異數。」亦見第三十一齣注〔12〕。

〔40〕弔場——戲劇術語。戲劇分場的標準，是以全部演員回到後臺，前臺沒有演員爲斷；如果前臺還有一兩個人物，就不能當做兩場看待。這一兩個演員或念下場詩，或說白打諢，不使演唱中斷，以過渡到另一個場面，這就叫「弔場」。

〔41〕鬼蜮（yù）含沙——《詩・小雅・何人斯》：「爲鬼爲蜮，則不可得。」鬼和蜮是兩種能使人害病的精怪，相傳蜮還能含沙射影使人得病。《說文》：「蜮，短狐也。」王注：「蜮，一名射工，一名射影，一名祝影蟲，背有甲，頭有角，有翼能飛，無目而利耳，口中有橫物如角弩，聞人聲以氣爲矢，因水而射人。或曰含沙射人，中人即發瘡，中影者亦病。」因此後人便以「鬼蜮」比喻用心險惡、暗中傷人的小人。

〔42〕蛟龍——比喻才子李益。

# 第三十八齣　計哨訛傳

【薄倖】〔鮑上〕翠館〔1〕雲開，陽臺〔2〕雨過。正夕陽閃淡，秋光無那〔3〕。鏡中略約〔4〕，年華多大，君知麼？夢不斷梧桐金井〔5〕，雨偏打閒愁獨坐。

【西江月】舊日長裙廣袖，如今窄襪弓鞋〔6〕。朝花冷落暮花開，不唱賣花誰買！時學養娘〔7〕催繡，閒陪幼婦題詞〔8〕。春絲盡也絡〔9〕秋絲，心緒啼痕似此。俺鮑四娘，數日伴小玉姐消遣，聞道朝廷將取李郎回家，竟無消息，終日翠減香消〔10〕，俺因自想青樓時節，伴著五陵年少〔11〕，今日獨自，好恓惶〔12〕也呵。

【羅江怨】無奈這秋光老去何，香消翠僞〔13〕。聽秋蚤度枕沒膽那〔14〕，數秋螢〔15〕團扇暗消磨，也怎生個芭蕉夜雨閒吟哦〔16〕？燈兒和咱麼，影兒和咱麼，好一個恓惶的我！

〔王哨兒上〕去爲撈酒客，來作拗〔17〕花人。小軍〔18〕王哨兒便是。主公盧太尉差往長安霍府行事，只說俺老爺招贅李參軍，要暗死〔19〕那前位夫人。太尉不將心比心，小子待將計就計。前日與李爺寄書，那夫人待我不輕，正要說知，未可造次〔20〕。打聽得這曲頭〔21〕有個鮑四娘，走動〔22〕他家。且向他一問。〔見介〕老娘，有漿水喫一碗與行路人。〔鮑〕客官何來？〔哨〕李參軍帳下。〔鮑驚介〕參軍在那裏？〔哨〕正待朝廷取歸，被當朝盧太尉奏點〔23〕孟門關外參軍去了。〔鮑〕可就回來？〔哨〕早哩，敢要就了盧太尉小姐也！〔鮑〕怎麼說？〔哨〕敢招贅〔24〕在盧家了，〔鮑〕十郎好薄倖〔25〕也。

【香遍滿】秀才無賴，死去也不著骸〔26〕。越樣〔27〕風流賽，眞個難猜，不道將人害。是佳人命薄，慣了些呆打孩〔28〕。咱橫枝兒〔29〕聽著，也不分〔30〕把闌干拍。

你同俺去他家說個端詳，定不慢你。〔哨〕使得。

【前腔】〔鮑〕幾分消息，輕可〔31〕的泄漏些。帶的個愁來也，怎一個愁字兒了得。今番夜，倩你教喫敲才〔32〕，好歹將意兒團弄〔33〕他，歸來時待扭碎花枝打。

【尾聲】這段情詞真也假？〔哨〕不假。你為咱順西風傳與小窗紗。〔合〕只怕斷腸人聽不起這傷情話。

秋風遠信雁鴻低，春色天邊鶯燕疑；

雪隱鷺鷥飛始見，柳藏鸚鵡語方知。

# 校　注

〔1〕翠館——猶青樓、妓院。清·孔尚任《桃花扇》二〔梧桐樹·前腔〕白：「閒來翠館訓鸚鵡，懶去朱門看牡丹。」

〔2〕陽臺——樓上房間外面的小平臺。

〔3〕無那（nuò）——無奈，無可奈何。見本劇三十五齣注〔36〕。

〔4〕略約——「約略」的倒文，彷彿的意思。

〔5〕梧桐金井——喻指往日愛戀的生活環境。

〔6〕弓鞋——舊時纏腳婦女所穿的鞋子。宋·黃庭堅《滿庭芳·妓女》詞：「直待朱幡去後，從伊便窄襪弓鞋。」清·趙翼《土歌》：「長裙闊袖結束新，不睹弓鞋三寸小。」

〔7〕養娘——指婢女、丫頭，亦泛指女僕。宋·黃庭堅《宴桃源·書趙伯充家小姬領巾》詞：「生受生受，更被養娘催繡。」

〔8〕幼婦題詞——亦簡稱「幼婦詞」。南朝宋·劉義慶《世說新語·捷悟》：「魏武嘗過曹娥碑下，楊脩從，碑背上見題作『黃絹幼婦外孫韲臼』八字，魏武謂脩曰：『解不？』答曰：『解。』……脩曰：『黃絹，色絲也，於字為絕；幼婦，少女也，於字為妙；外孫，女子也，於字為好；韲臼，受辛也，於字為辭，所謂『絕妙好辭也』。」後泛指較好的詩文。清·黃遵憲《己亥續懷人》詩：「平生著述老經師，絕妙文章幼婦詞。」

〔9〕絡——纏繞、捆縛。《楚辭·招魂》：「秦篝齊縷，鄭綿絡些。」王逸注：「絡，縛也。」

〔10〕翠減香消——喻指身體消瘦、精神憔悴。

〔11〕五陵年少——舊時豪俠少年居住處的代稱。五陵年少，即指豪華公子。詳參《宋金元明清曲辭通釋·五陵》。

〔12〕恓惶——冷落、悲傷而無依的樣子。明·梅鼎祚《三合記》二十四〔縷縷金〕：「含顰何處問輕蛾，恓惶獨留我？」字亦作「棲遑」，如北周·庾信《和裴儀同秋日》詩：「棲遑終不定，方欲涕沾袍。」恓惶、棲遑，字異而音義同。

〔13〕香消翠謿——意同上注「翠減香消」。謿，與「消」互文為義。柳浪本作「翠減香消」，同上文。

〔14〕秋蛩（qióng）度枕沒膽那——蛩，昆蟲名，即蟋蟀。雄的好鳴，好鬥。也叫促織。《詩・豳風・七月》：「十月蟋蟀，入我床下。」南朝宋・鮑照《擬古》詩之七：「秋蛩扶戶吟，寒婦成夜織。」膽那，同「騰那」，意謂消遣，沒膽那，即無聊賴，無法排遣也。

〔15〕秋螢（yíng）——飛來飛去螢火蟲。《禮記・月令》：「（季春之月）腐草爲螢。」鄭玄注：「螢，飛蟲，螢火也。」唐・杜牧《七夕》詩：「銀燭秋光冷畫屏，輕羅小扇撲流螢。」

〔16〕吟聒（guō）——言諸聲嘈雜也。

〔17〕拗（ǎo）——折也。《尉繚子・制談》：「將已鼓，而士卒相囂，拗矢，折矛，拖戟。利後發，戰有此數者，內自敗也。」

〔18〕小軍——指兵卒。亦作「小作軍」。元・南仲賢《三奪槊》三〔七弟兒〕：「我好煞則是階下的小作軍，也是癡呆老子今年命。」

〔19〕暗（yīn）死——飲泣過甚曰暗。漢・楊雄《方言》卷一：「啼極無聲，齊宋之間謂之暗。」

〔20〕造次——謂倉促、匆忙、魯莽、輕率。造次亦稱草次，見清・蔡應龍《紫玉記》三十五〔大聖樂・前腔〕：「破隴西，他草次馳驅。」

〔21〕曲頭——謂卷頭、街頭。唐・蔣防《霍小玉傳》：「明日午時，但至曲頭覓桂子，即得矣。」

〔22〕走動——謂人際關係間的交往、活動。

〔23〕點——指派。元・孟漢卿《魔合羅》三、白：「聖人親筆點差老夫爲府尹。」

〔24〕招贅——意即男子就婚於女家，就是俗語所說的「入贅女婿」，也叫「養老女婿」。《漢書・賈誼傳》：「家貧子壯則出贅。」顏師古注：「謂之贅婿者，言其不當出在妻家，亦猶人身體之有肬贅，非應有也。」

〔25〕薄倖——薄情。

〔26〕死去也不著骸（hái）——詈語，謂死無葬身之地也。

〔27〕越樣——出眾、越格、特殊、不同一般。宋・辛棄疾《永遇樂・賦梅雪》詞：「細看來，風流添得，自家越樣標格。」清・洪昇《長生殿》十九〔南雙聲子〕：「看了你這顰眉淚眼，越樣生嬌。」

〔28〕呆打孩——發呆、發癡貌。字也作呆打頦、呆答孩，字異音近而義同。詳參《宋金元明清曲辭通釋・呆答孩》。

〔29〕橫枝兒——謂旁出，非正枝也。喻指局外人、不相干者。

〔30〕不分（fèn）——不服氣、不平。

〔31〕輕可——即「輕」，輕易也。引申之，有隨便、等閒、不在乎等義。

〔32〕吃敲才——詈詞，意即該打的東西。亦作吃敲材、吃敲賊。詳參《宋金元明清曲辭通釋・吃敲才》。

〔33〕團弄──耍弄、擺佈。趙樹理《李有才板話》八:「章工作員倒是個好人,可惜沒經過事,一來就叫人家團弄住了。」

# 第三十九齣　淚燭裁詩

【望遠行】〔旦上〕寒鬢寶釵猶掛,倚秋窗數點黃花。扶頭酒〔1〕醒爐香焫〔2〕,墮淚妝〔3〕殘柳暈斜,西風涼似〔4〕夜來些。

【好事近】簾外雨絲絲,淺恨輕愁碎滴〔5〕。玉骨西風添瘦,趁相思無力。小蟲機杼〔6〕隱秋窗,黯淡煙紗碧。落盡紅衣〔7〕池面,苦在蓮心蒻〔8〕。自從十郎屏風寄後,轉忽經秋。欲寄迴文〔9〕,曾無便使,好不傷感人也!浣紗,這幾日鮑四娘都不見來,卻為何的?正是秋風滿院無人見,怕到黃昏獨倚門。

【眼兒媚】〔鮑上〕匆匆消息報君家,繡鞋兒陡的〔10〕未寬些。想他暮雲樓畔,悶拈〔11〕簫管,憔悴煙花〔12〕。

〔見介、旦〕幾日不來隨喜〔13〕,卻是因何?〔鮑〕偶為貧忙〔14〕,有乖〔15〕清侯。敢問十郎去幾年了?〔旦〕將次〔16〕三秋。〔鮑〕如今早則喜也!〔旦驚介〕知他甚喜。〔鮑〕你猜來。

【紅衲襖】〔旦〕莫不是掃南蠻把謫仙才御筆拿〔17〕?莫不是定西番〔18〕把洛陽侯金印掛?莫不是虎頭牌〔19〕先寫著秦關驛駐皇華〔20〕?莫不是鳳尾旗〔21〕緊跟上他渭河橋敲駿馬?得他個俊參軍功級多〔22〕,少不得把咱小縣君〔23〕封號加。可知是〔24〕喜早些兒傳下也,這些時挑燈衡弄花〔25〕。

【前腔】〔鮑〕則道他〔26〕顯威風拄倒了崑崙北海〔27〕涯;則道他凱歌聲喧動了長安西日下;則道他覓封侯時運底〔28〕有甚巧爭差〔29〕;受皇宣道途中有些閒蹭蹬〔30〕。怎知他做官兒不著家〔31〕;比似你做縣君喬坐衙〔32〕。其間就裏〔33〕有話難提也;則怕你猜得來愁悶煞。

〔旦〕你怎生又道是喜也?

【前腔】莫不是玉門關〔34〕拘的俊班超青鬢華〔35〕?莫不是望鄉

臺〔36〕站的個老蘇卿紅淚灑？莫不是他戰酣了落日攦寒甲？莫不是客犯了災星墜漢槎〔37〕？十郎夫。若是你走陰山〔38〕命不佳，俺拚了壞長城〔39〕哭向他。不然你死丟下了玉鏡臺〔40〕也，恁孤鸞〔41〕偏照咱。

【前腔】〔鮑〕你怕他胭脂山〔42〕血淚花，你怕他拂雲堆〔43〕魂墜馬，他原來斷腸流別賺了個香羅帕〔44〕，磨旗峰〔45〕轉添上些紅臂紗。他則待要豔湖陽窺宋家〔46〕，你拚了個錦迴文學竇娥〔47〕，待不信呵，有個人兒傳示〔48〕也，慢消詳〔49〕尋問咱。

〔哨兒上〕好作事因〔50〕尋浪子〔51〕，怕將消息惱山兒〔52〕。夫人叩頭！〔旦〕是去歲寄屏風的王哨兒？〔哨〕夫人眼裏出水。〔鮑〕胡說！〔哨〕是是是秋波！秋波！〔旦〕太尉爺幾個女兒，招了參軍爺做女婿？〔哨〕只是這個小姐，十分才貌。參軍爺相隨太尉爺移鎮孟門，郎才女貌，四眼相顧，因此上商量這門親事。〔旦〕就了麼？〔哨〕敢待就也。〔旦泣〕李郎薄倖呵！

【泣顏回】提起淚無涯，憶相逢淡月梅花。天應錯與〔53〕，風萍露柳榮華〔54〕。等閒〔55〕招嫁，劣身奇〔56〕賺上了他虛脾〔57〕話。便今朝死待何如，分薄〔58〕書生奚落〔39〕奴家。

〔老旦上〕無事護窗紗，嬌看萼綠華〔60〕。沉香熏小像，楊柳伴啼鴉。原來鮑四娘在此。這個軍兒何處來？為甚小姐悲啼不止？〔鮑〕這是前度寄屏的王哨兒。報說李郎議親盧府，因此傷心。〔老〕那個盧府？李郎好不〔61〕小覷了人家哩！

【前腔】如花，俺幾年培養出牡丹芽〔62〕。春風一度〔63〕，有甚年華〔64〕！幾曾消乏〔65〕，恁般時節滿堂如畫。做門楣不成低亞〔66〕，待餘生分付青鸞〔67〕，你玉鏡臺〔68〕又過送了誰家？

〔哨〕天晚告行。〔旦〕浣紗，張上燈來。俺寄一詩去也！〔浣持燈上旦寫介〕

【榴花泣】驚魂蘸影飛恨繞嫘蛾〔69〕，咱也曾記舊約〔70〕，點新霜〔71〕被冷餘燈臥。除夢和他，知他們和夢呵，也有時不作。這答兒心情你不著些兒個〔72〕，是新人容貌爭多，舊時人嫁你因何？

〔老〕詩可寫就了？〔作看詩介〕藍葉鬱重重〔73〕，藍花石榴色；少婦歸少年，光華自相得〔74〕。愛如寒爐火，棄若秋風扇；山嶽起面前，相看不相見。春至草亦生，誰能無別情？殷勤展心素〔75〕，見新莫忘故。遙望孟門山，殷勤報君子〔76〕：既爲隨陽雁〔77〕，勿學西流水〔78〕！

【么篇】你可非煙染筆是那畫眉螺〔79〕，蘸〔80〕的秋痕淚點層波，佩香囊〔81〕剪燭〔82〕親封過。〔鮑〕你端詳待他，望夫臺詩句〔83〕也則斟量和。〔老〕便分明說與如何？雨雲場〔84〕幾大風波！

【漁家犯】〔旦〕俺爲甚懶腰肢似楊柳線敧斜〔85〕？暈〔86〕眉窩似紅蕉〔87〕心窄狹？有家法拘當〔88〕得才子天涯，沒朝綱對付的宰相人家。比似〔89〕你插金花招小姐，做官人自古有偏房正楊。也索是從大小那些商度〔90〕，做姊妹大家歡恰。

【么篇】〔老〕你則待錦迴文煙冷了窗紗，淚封書烘〔91〕破了銀蠟，是他弄簫臺把雲影重遮。〔指鮑介〕你個定昏店〔92〕把月痕偷招。〔鮑〕只怪得定雙飛釵燕插，便和那引同夢的花燈恰。知他厭了家雞挑鳳〔93〕，背了鴛鴦打鴨〔94〕。

【撲燈蛾】〔旦〕書生直恁〔95〕邪，見色心兒那〔96〕。把他看不上早則吞他不下，也是風流儒雅。沒禁持〔97〕做出些些，也則索〔98〕輕憐輕罵。說他知咱小膽兒見了士女爭夫怕。

【前腔】〔老〕天教有日逢，不道無言罷。〔鮑〕他當初相見咱直恁眉梢眼抹，也等閒回話，費了幾餅香茶。又不是路牆花朵〔99〕，則問他怎生奚落好人家的女嬌娃？

〔哨叩頭作去介、旦〕哨兒。

【意不盡】你說與他把烏絲闌〔100〕詩句冷吟哦，從今後悶增多，長則是鬼胡由〔101〕摸不上心頭可。

雖言千騎上頭居〔102〕，一世生離恨有餘；

葉下綺窗銀燭冷，含啼自草錦中書。

# 校　注

〔1〕扶頭酒——易醉之酒也。扶頭，狀醉態。唐·白居易《早飲湖州酒寄崔使君》詩：「一榼（kē）扶頭酒，泓澄泄玉壺。」

〔2〕炧（xiè）——同「炒」，指香火熄滅。宋·陳亮《眼兒媚·春愁》詞：「扶頭酒醒爐香炧，心緒未全灰。」

〔3〕墮淚妝——古時婦女面妝的一種，薄施素粉，有如啼哭。《後漢書·五行志一》：「桓帝元嘉中，京都婦女作愁眉啼妝……啼妝者，薄施目下，若啼處。」五代·王仁裕《開元天寶遺事》卷下（天寶下）：「宮中嬪妃輩，施素粉於兩頰，相號為淚妝。」

〔4〕似——比也。用作比較，表示程度更甚。宋·劉克莊《浪淘沙》詞：「短髮蒼華，今年衰似去年些。」

〔5〕淺恨輕愁碎滴——言愁緒雖不重但時時來襲，猶細小的水珠不斷滴落也。碎滴，細小的水珠。「碎滴」在這裏用作狀語。

〔6〕機杼——織機。杼，織梭。唐·李白《贈范金鄉》詩之二：「百里雞犬靜，千廬機杼鳴。」

〔7〕紅衣——荷花瓣的別稱。唐·趙嘏《長安晚秋》詩：「紫豔半開籬菊靜，紅衣落盡渚蓮愁。」

〔8〕菂（dì）——蓮子之實。漢·王延壽《魯靈光殿賦》：「綠房紫菂，窊託垂珠。」明·魏學濂《阮郎歸》詞：「去年拋菂種池塘，今年墜粉香。」

〔9〕迴文——修辭手法之一。某些詩詞字句，迴環往復，皆能成誦，起源說法不一：一說起於道原（說見南朝梁·劉勰《文心雕龍》）；一說起源於前秦·竇滔妻蘇蕙（說見宋·嚴羽《滄浪詩話》）。這裏代指書信。

〔10〕陡的——突然、猛然、立時。《洪武正韻》：「陡，頓也。」「頓」有頓時、立刻之意。寫法很多，詳參《宋金元明清曲辭通釋·兜地》。

〔11〕拈（niān）——習弄、擺弄。元·關漢卿《金線池》二〔牧羊關〕：「你怪我依舊拈音樂，則許你交錯勸觥籌？」

〔12〕煙花——指霍小玉。

〔13〕隨喜——謂因別人歡喜而歡喜也。《西遊記》第94回：「此時長老見那國王敬重，無計可施，只得勉強隨喜，誠是外喜而內憂也。」俗云：湊趣，聊天是也。

〔14〕貧忙——見本劇第二十七齣注〔62〕。

〔15〕乖——違也。

〔16〕將次——將要、快要、就要的意思。清·劉淇《助字辨略》卷二：「將次，幾欲之辭，凡云次者，當前舍止之處，言行且及之也。將欲及之而猶未及之，故雲將次。」

〔17〕掃南蠻把謫仙才御筆拿——此指李白草擬嚇蠻書意，見本劇第二十九齣注

〔64〕。謫仙,意指謫居世間的僊人。常用以喻指才學優異的人。唐・孟棨《本事詩・高逸》:「李太白初自蜀至京師,舍於逆旅。賀監知章聞其名,首訪之。既奇其姿,復請所爲文。出《蜀道難》以示之。讀未竟,稱歎者數四,號爲『謫仙』。」

〔18〕定西番——此指班超使西域,平服五十餘國,封定遠侯事,參見本劇第三十五齣注〔11〕。

〔19〕虎頭牌——古代武官佩戴的金牌之一。按元代規定:萬戶(武官名)佩戴金虎符,符跌(足)爲伏虎形,故稱爲虎頭牌。其首飾有明珠,牌上刻有「長生天氣力裏,蒙古汗福蔭裏,不奉命者死」等字。

〔20〕皇華——《詩經》篇名,稱頌使臣之詞。參見本劇第二十六齣注〔30〕。

〔21〕鳳尾旗——飾有鳳凰羽尾之旗。出行打鳳尾旗,顯示尊貴。以上「莫不是」四句,大意都是霍小玉在猜想李益建功立業,得到皇帝恩遇,封侯掛印,奉使回來,快進入秦關,跨著駿馬到達渭河橋邊。前兩句借用典故,後兩句直白。

〔22〕功級多——功勞大。

〔23〕縣君——古代婦女的封號,其封號級別,要與男人的官職相應。魏已有此稱(見《晉書・后妃傳上》)。唐代四品官之母與妻封郡君,五品官之母與妻封縣君(見《通典・職官十六》)。

〔24〕可知是——原來是。參見《宋金元明清曲辭通釋・可知(四)》。

〔25〕挑燈衙弄花——俗謂燈花爆,喜鵲叫,都是喜事要來臨的兆頭。元・王實甫《西廂記》五本一折〔掛金索〕白:「你幾時來?可知道昨夜燈花報,今朝喜鵲噪?」衙(zhūn)弄,謂老是擺弄。花,指燈花。

〔26〕則道他——只說他。

〔27〕拄倒了崑崙北海——拄,捅也,戳也。《初刻拍案驚奇》卷三一:「賽兒隨光將根竹杖頭兒拄將下去,拄得一拄,這土就似虛的一般,脫將下去,露出一個小石匣來。」崑崙,即崑崙山,在新疆、西藏之間,勢極高峻。北海,古代泛指北方最遠僻之地。一說指渤海,《孟子・梁惠王上》:「故王之不王,非挾太山以超北海之類也。」

〔28〕時運底——葉《譜》作「時運低」、「低」比「底」較妥。

〔29〕巧爭差——不湊巧。爭差,同義連文,爭亦差也。

〔30〕閒蹭答——想不到的麻煩。「蹭答」與「蹭蹬」義同。參見《宋金元明清曲辭通釋・蹭蹬》。

〔31〕不著(zhuó)家——見本劇第二十八齣注〔16〕。

〔32〕喬坐衙——意即假裝坐堂問案子。喬,裝假、玩虛的。

〔33〕就裏——內情、底細。《三國志平話》卷上:「卿不知就裏之事。」《水滸傳》第九回:「林沖見柴進說開就裏,方才放心。」

〔34〕玉門關——見本劇第三十四齣注〔13〕。

〔35〕鬢華——鬢毛花白,喻年老。

〔36〕望鄉臺——說法不一。此指李陵臺。《一統志》:「李陵臺在大同城西北,陵望鄉於此,亦名望鄉臺。」這裏言「望鄉臺站的個老蘇卿」。乃借用也。蘇卿,即蘇武,字子卿,故稱。西漢功臣。唐·李商隱《茂陵》詩:「誰料蘇卿老歸國,茂陵松柏雨蕭蕭。」

〔37〕槎(chá)——木筏。

〔38〕走陰山——謂赴陰司,指死亡。

〔39〕壞長城——謂哭壞長城,借用民間傳說孟姜女尋夫哭損長城的故事,表達小玉的悲痛。相傳秦築長城,孟姜女因丈夫范喜良被迫去修長城,為丈夫萬里送寒衣,及至,丈夫已死,孟姜女痛哭於城下,城為之崩塌,其屍骸始現。

〔40〕玉鏡臺——玉製的鏡臺,晉·溫嶠曾用為定婚的信物。唐·張紘《行路難》詩:「君不見溫家玉鏡臺,提攜抱握九重來。」

〔41〕孤鸞——孤單的鸞鳥,這裏用作失去配偶的比喻。《白帖》:「孤鸞見鏡睹其影謂為雌,必悲鳴而舞。」後因藉以比喻人之失偶者。以上三句「莫不是」、一句「若是你」,都是霍小玉對情郎李益遭遇不利的推想,且越想越壞,一直想到他死。

〔42〕胭脂山——山名。見本劇第二十九齣注〔3〕。

〔43〕拂雲堆——古地名。在今內蒙古包頭西北。唐·李益《拂雲堆》詩:「漢將新從虜地來,旌旗半上拂雲堆。」金·元好問《醉中送陳季洲》詩:「隴頭地寒無草芽,拂雲堆邊春更晚。」

〔44〕別賺了個香羅帕——言李益另結新歡。香羅帕,絲織品做的羅帕,古時婦女常用送手帕表示愛情。《警世通言·王嬌鸞百年長恨》:「看時,乃是侍兒來尋香羅帕的。生見其三回轉,意興已倦,微笑而言:『小娘子,羅帕入人手,何處尋覓?』」

〔45〕磨旗峰——山名,另有一名磨旗山者,在山東省。

〔46〕豔湖陽窺宋家——這裏借用宋弘故事,表示李益欲移情盧府。《後漢書·宋弘傳》:「帝姊湖陽公主新寡,帝與共論朝臣,微觀其意。主曰:『宋公威容德器,群臣莫及。』帝曰:『方且圖之。』後弘被引見,帝令主坐屏風后,因謂弘曰:『諺云貴交易,富易妻,人情乎?』弘曰:『臣聞貧賤之交不可忘,糟糠之妻不下堂。』帝顧謂主曰:『事不諧矣。』」豔,豔麗也。《左傳·桓公元年》:「宋華父督見孔父之妻於路,目遊而送之,曰:『美而豔。』」杜預注:「色美曰豔。」「豔陽湖」,言湖陽公主色美而豔也。

〔47〕錦迴文學竇娥——迴文,見本齣前注〔9〕。竇娥,即指竇滔妻蘇蕙也。娥,指美女,竇娥,美稱竇滔之妻也。

〔48〕傳示——見本劇三十六齣注〔17〕。

〔49〕消詳——謂端詳、審度、揣摩。宋·朱熹《答朱飛卿書》：「子細消詳，反覆玩味，應不枉費工夫也。」

〔50〕事因——事情的因由，謂事情的發生總有原因。《官場現形記》第四回：「郭道臺就替他洗刷清楚，說了些『事出有因，查無實據』的話頭，稟復了制臺。」

〔51〕浪子——指遊蕩沒有固定宿止的人。這裏指浪子燕青，見元·李文蔚《燕青博魚》。

〔52〕山兒——指李逵。元劇中李逵的小名叫山兒，見元·康進之《李逵負荊》。

〔53〕錯與——交往錯了。與，謂交往。

〔54〕風萍露柳榮華——言榮華富貴如風萍露柳很不可靠。

〔55〕等閒——隨便、輕易、不慎重。

〔56〕劣身奇——孽身體。孽者，言造罪也。此乃自怨自艾的話。身奇，即指身體。與身起、身己、身肌，字異音近義同。詳參《宋金元明清曲辭通釋·身己》。

〔57〕虛脾——虛情、假意。明·徐渭《南詞敘錄》：「虛脾，虛情也。五臟惟脾最虛。」故以為喻。

〔58〕分（fèn）薄——緣分薄也。

〔59〕奚落——戲弄、捉弄。元·鄭光祖《㑳梅香》三〔雪裏梅〕：「（帶云：）俺小姐，道來，（唱：）只教你把心兒放長。（白敏中云：）小姐既有此心，休奚落我也。」傒落，音義同「奚落」。以上〔泣顏回〕曲數句，都是霍小玉自怨自責，悔恨當初與李郎相好。

〔60〕萼（è）綠華（huā）——傳說中女仙名，自稱是九嶷山中得道女子羅郁。南朝梁·陶弘景《真誥·運象》：「萼綠華者自云是南山人，女子，年可二十許，顏色絕整，以晉穆帝昇平三年十一月降羊權家，授權尸解藥，隱景化形而去。」

〔61〕好不——多麼、何等，表示強調否定。「好不小覷了人家」，意謂「多麼地小看我們！」人家，非指別人，指自家。

〔62〕牡丹芽——形容霍小玉年輕美貌。

〔63〕春風一度——比喻開始領略男歡女愛的情趣。

〔64〕年華——年歲、年紀。「有甚年華」，意言年歲沒多大也。

〔65〕消乏——疲倦。

〔66〕做門楣不成低亞——意言霍小玉必能高就使門戶光彩，不會淪落下層。門楣，門上橫梁，比喻門第。唐·陳鴻《長恨歌傳》：「男不封侯女作妃，看女卻為門上楣。」唐·白居易《長恨歌》：「姊妹弟兄皆列土，可憐光彩生門戶。」低亞，謂低矮，清·吳梅村《通天台》一〔哪吒令〕：「看他住的低亞，沒長楊廣廈。」這裏引申為下層、底層。

〔67〕青鸞——古代傳說中鳳凰一類飛鳥。唐·王昌齡《蕭駙馬宅花燭》詩：「青鸞飛入合歡宮，紫鳳銜花出禁中。」這裏喻指霍小玉。

〔68〕玉鏡臺——見本齣注〔40〕。

〔69〕螓蛾——「螓首蛾眉」的縮寫，語出《詩‧衛風‧碩人》。螓，蟲名，似蟬而小，額廣而方正。蛾，蠶蛾，其觸鬚細長而彎。因用以形容女子的美貌。

〔70〕舊約——舊時的約言。從前的盟約。南唐‧馮延己《採桑子》詞：「如今別館添蕭索，滿面啼痕，舊約猶存。」

〔71〕點新霜——指舊約的時令。新霜，初降雪時也。

〔72〕著些兒個——用些兒個。

〔73〕「藍葉鬱重重」以下十六句詩——皆摘錄自《全唐詩》卷282、李益《雜曲》詩。小玉借用李益詩批評李益「愛如寒爐火，棄若秋風扇」，心情何等沉痛。

〔74〕光華自相得——言少年青春煥發、榮光滿面，自然彼此投合。三國魏‧阮籍《詠懷》詩之七十四：「色容豔姿美，光華耀傾城。」

〔75〕心素——心意、心願。唐‧李白《寄遠》詩之八：「空留錦字表心素，至今緘愁不忍窺。」

〔76〕君子——指李益。舊時妻對夫之稱。《詩‧召南‧草蟲》：「未見君子，憂心忡忡。」

〔77〕隨陽雁——指候鳥。它隨著太陽秋去春歸，故云。唐‧李冶《送閻伯均往江州》詩：「惟有隨陽雁，年年來去飛。」

〔78〕西流水——言河水倒流也。

〔79〕畫眉螺（luó）——描飾眉毛曰畫眉。螺，畫眉所用之墨。唐‧段公路《北戶錄‧米餅》：「前朝短書雜說，即有呼墨為螺。」

〔80〕蘸（zhàn）——在汁液裏沾一下就拿出來。下文「點」字，意同「蘸」。唐‧寒山《詩》之二六：「蒸豚搵蒜醬，炙鴨點椒鹽。」

〔81〕香囊——舊時女子常用作表示愛情的信物。

〔82〕剪燭——謂剔燭芯。剪燭親封過，意言熬夜親自把信封緘好。

〔83〕望夫臺詩句——指霍小玉所寫「藍葉鬱重重」等詩句。

〔84〕雨雲場——指情場。舊時詩文中，凡出現「雨雲」字眼，多涉男女關係，如雲鄉（男歡女戀處所），雨雲牆（阻礙男歡女戀的障物）等。

〔85〕欹（qí）斜——歪斜不正貌。

〔86〕暈——俊俏的形容詞。元‧白樸《梧桐雨》一〔天下樂〕：「一個暈龐兒，畫不就，描不成。」

〔87〕紅蕉——指紅色美人蕉。宋‧孫道絢《如夢令‧宮詞》：「翠柏紅蕉影亂，月上朱欄一半。」

〔88〕拘當（dǎng）——拘束阻擋。

〔89〕比似——表示假設的讓步，有即使、即或、即便的意思。湯顯祖《牡丹亭》七〔掉角兒‧前腔〕：「比似你懸了梁、損頭髮；刺了骨，添疤痕。有甚光華？」

〔90〕商度（duó）——商討。

〔91〕烘——燃燒。《詩‧小雅‧白華》：「樵彼桑薪，卬烘於煁。」鄭玄注：「烘，燎
也。」近人高亨注：「卬，我也。煁（shēn），行竈也。」

〔92〕定昏店——決定婚姻的處所。唐‧李復言《續玄怪錄》卷四「定婚店」條說：
韋固旅次宋城南店，與客期於店西龍興寺門，議婚潘昉女。固以求之甚切，明
且往焉。遇一老人向月檢書云：此幽冥之書，主天下之婚。囊中之物，赤繩子
也。此繩一繫，雖仇敵之家，貴賤相隔，天涯從宦，吳楚異鄉，終不可易。君
妻，乃此店北，賣菜陳婆女耳，後果為其妻。因名其店為「定婚店」。

〔93〕厭了家雞挑鳳——喻指棄妻室喜外遇。家雞，用庾翼《與都下書》「小兒輩厭
家雞愛野雉」語（見晉《中興書》），湯顯祖改「雉」為「鳳」。「鳳」指新歡。

〔94〕背了鴛鴦打鴨——意指喜新厭舊。典出《魏泰詩話》：「呂士隆知宣州，好笞官
妓。會杭州一妓到，士隆喜之。一日，郡妓犯小過欲笞之。妓曰：不敢辭，但
恐杭妓不安，呂捨之。梅聖俞作《打鴨》詩：『莫打鴨，莫打鴨，打鴨驚鴛鴦。
鴛鴦新向池中落，不比孤州老鴝鵒。鴝鵒向欲遠飛去，何況鴛鴦羽翼荒。』」

〔95〕直恁——猶言「竟然如此」。宋‧袁去華《金蕉葉》詞：「舊日輕憐痛惜。卻如
今怨深恨極。不覺長籲歎氣，使直恁下得。」下「直恁」同。

〔96〕那（nuó）——同「挪」，移也。

〔97〕禁持——忍耐、忍受。

〔98〕則索——只須，只得，只好。

〔99〕路牆花朵——指娼妓或不被人尊重的女子。

〔100〕烏絲闌——指上下以烏絲織成闌，其間用朱墨界行的絹素。後亦指有墨線格
子的箋紙。唐‧李肇《國史補》卷下：「宋亳間有織成界道絹素，謂之烏絲欄、
朱絲欄。」

〔101〕鬼胡由——謂像鬼一樣飄忽不定，難以捉摸。詳參《宋金元明清曲辭通釋‧
鬼胡由》。

〔102〕千騎上頭居——千騎，言人馬眾多。上頭，謂前頭。漢樂府《陌上桑》：「東
方千餘騎，夫婿居上頭。」


# 第四十齣　開箋〔1〕泣玉

〔生上〕幾樹好花開〔2〕白晝，滿庭芳草易黃昏。心隨嶽色〔3〕留秦地，
夢逐河聲出禹門〔4〕。自家一從玉關〔5〕移鎮，參軍孟門，聽的盧太尉有
招親之意，俺這裏只作不知。呀，怎忘的我小玉妻也！

**【刮鼓令】**開想意中人，好腰身似蘭蕙〔6〕薰。長則是香衾睡懶，

斜粉面玉纖〔7〕紅襯。和嬌鶯〔8〕枕上聞，乍起向鏡臺新。似無言桃李，相看片雲。春有韻月無痕〔9〕，難畫取容態盡天眞！

【前腔】無事愛嬌嗔〔10〕，況〔11〕伊邊少個人。當初擬畫屏深寵，又誰知生暗塵〔12〕！他獨自個易〔13〕黃昏，將咱身心想伊情分〔14〕，則他遠山樓上費精神，舊模樣直恁翠眉顰〔15〕。

〔王哨上〕愁眠客舍衣香滿，走渡河橋馬汗新。俺王哨兒，奉太尉命，去傳播招親之事與李參軍前妻，到替他梢一首詩來。此是參軍別館，不免進見。〔生〕是王哨兒，從何而來？〔哨〕俺前日爲帶夫人平安信，太尉惱了，近遣俺京中慶賀，間到霍府中看看，悄的帶有夫人家信也。〔叩頭送詩上介、生〕原來是小玉姐詩也。〔作念詩介〕藍葉鬱重重，藍花石榴色。少婦歸少年，光華自相得。愛如寒爐火，棄若秋風扇。山嶽起面前，相看不相見。春至草亦生，誰能無別情？殷勤展心素，見新莫忘故。遙望孟門山，殷勤報君子：既爲隨陽雁，勿學西流水。

【三換頭】鶯猜燕忖〔16〕，疊就〔17〕彩鸞〔18〕清韻。稱吳箋〔19〕膩粉〔20〕，啼紅嬌暮雲。雁來成陣，這其間訴不盡，有片影橫秋〔21〕雙未穩。一種心頭悶，書中說幾分。〔合〕且報平安，怎只把閒愁來殢〔22〕人！

哨兒你敢在夫人前講甚話來？〔哨〕沒有！〔生〕詩意蹺蹊〔23〕！〔哨〕是是是！那日遞家報與參軍爺，太尉要拷打小的，說俺府裏待招贅參軍，你敢再傳他家信！小的見夫人，依實說了。〔生〕好不胡說也！

【前腔】太尉呵！他杯中笑言，花邊閒論，尋常風影〔24〕。你怎生偏認眞，無端要人生分〔25〕？夫人呵。這其間也索問個詳因〔26〕，難憑口信；一摺詩兒也，九迴腸〔27〕怕損。〔合前〕

河陽不似舊關西，夜夜城南夢故妻；

坐想寒燈挑錦字，紅綿粉絮裹妝啼！

## 校 注

〔1〕箋——指信箚。

〔２〕閟──閉也。漢・揚雄《太玄・閟》：「閟其藏，因珍寶。」范望注：「閟，閉也。」

〔３〕嶽色──山色也。古代指有名的高山，如「四嶽」或「五嶽」。《詩・大雅・崧高》：「崧高維嶽，駿極於天。」毛傳：「岳，四嶽也。」東嶽岱，南嶽衡，西嶽華，北嶽恒。西嶽華山在秦地，正是霍小玉在的地方，所以說「心隨嶽色留秦地」，以表懷念之情。

〔４〕禹門──地名。在山西河津縣西北、陝西韓城縣東北。相傳為夏禹所鑿，故名。前蜀・韋莊《柳谷道中作卻寄》詩：「心如嶽色留秦地，夢逐河聲出禹門。」湯氏襲用前人名句，只改「如」為「隨」。

〔５〕玉關──玉門關之簡稱。見本劇第二十二齣注〔９〕。

〔６〕蘭蕙──蘭和蕙，皆香草。多連用以喻賢者，這裏美稱霍小玉。

〔７〕玉纖──形容美女之手細而麗也。漢代《古詩十九首》之二：「娥娥紅妝女，纖纖出素手。」

〔８〕嬌鶯──形容美女說話有如幼鶯之柔媚。宋・辛棄疾《滿江紅》詞：「乳燕引雛飛力弱，流鶯喚友嬌聲怯。」

〔９〕春有韻月無痕──氣韻、神韻似像春天明月，又了無痕迹。

〔１０〕嬌嗔──佯裝生氣的嬌態。五代・無名氏《菩薩蠻》詞：「一面發嬌嗔，碎挼花打人。」（挼，揉搓也）

〔１１〕況──原作「沒」，據柳浪本改。

〔１２〕暗塵──積纍的塵埃。這裏比喻誤會。

〔１３〕易──換也，引申為「度」。「易黃昏」。即謂度過一個個黃昏也。

〔１４〕將咱身心想伊情分──葉《譜》作「想伊情分念咱子身。」

〔１５〕翠眉顰──翠眉，古代女子用青黛畫眉，故稱。顰，謂皺眉。翠眉顰，意即皺眉。

〔１６〕鶯猜燕忖──比喻猜疑很深。

〔１７〕疊就──積纍成。就，成也。《詩・周頌・敬之》：「日就月將。」孔穎達疏：「日就，謂學之使每日有成就。月將，謂至於一月則有可行。」

〔１８〕彩鸞──即鸞鳥，傳說中的神鳥。「彩鸞清韻」，比喻詩文優美，音韻鏗鏘。

〔１９〕吳箋──吳地所產之紙箋，這裏代指書信。宋・陸游《風入松》詞：「欲寄吳箋說與，這回真個閒人。」

〔２０〕膩粉──猶脂粉。

〔２１〕橫秋──比喻女子的雙眼。秋，秋水，比喻眼神。明・汪廷訥《獅吼記》二〔臨江梅〕：「臉似芙蓉腰似柳，眼波湛湛橫秋。」

〔２２〕殢──困擾。

〔２３〕蹺蹊（qiāo qī）──奇怪、可疑。明・陸采《明珠記》三十四〔菊花新・前腔〕白：「這天使莫不有詐，為何說話蹺蹊？」

〔24〕風影——「捕風捉影」的縮寫詞。意謂風不可捕，影不可捉，沒有根據的話，不可輕信。

〔25〕無端要人生分（fèn）——無緣無故叫人關係疏遠、感情冷淡。

〔26〕詳因——詳細因由。

〔27〕九迴腸——意言有愁事在懷反覆旋轉於腸中。蓋極喻心不安也。漢·司馬遷《報任少卿書》：「是以腸一日而九回，居則忽忽若有所云，出則不知所往。」

# 第四十一齣　延媒勸贅

【字字雙】〔堂候官上〕陞官圖上沒行頭〔1〕，堂候。鬍鬚上掛鼻臕頭〔2〕，怪臭。老爺說話耳根頭，最厚。精銅響鈔〔3〕尋事頭〔4〕，儘勾。

自家太尉府中堂候官便是。官雖無一品二品，錢到有九分十分。俺太尉爺在京管七十二衛〔5〕，在外管六十四營。每日各衛府營討些分例〔6〕，私衙買辦刻些等頭〔7〕，說事過錢〔8〕，偷功摸賞〔9〕。從早到夜，爛鐵精銅，約有一紗帽回去。〔內〕可不發迹〔10〕了你？〔堂〕你不知紗帽破了，漏去了些。遠遠聽得傳呼，太尉爺升帳。〔盧上〕

【一定布】倚君王，為將相，勢壓朝綱。三臺〔11〕印信都權掌，誰敢居吾上！

身居太尉勢傾朝，有女盧家字莫愁〔12〕；選得鳳凰飛不偶，可堪鴛鴦意難投！盧太尉〔13〕，從孟門召取還都，仍管太尉府事。又賜俺勢刀銅鍛〔14〕一副，凡都城內外著俺巡緝，有不如意的，都許先斬後奏。單生一女，未逢佳婿，我一心看上了李參軍，可恨此人性資奇怪，一味撇清〔15〕，在孟門關外年餘，都未通說。昨日還朝，恐他回去，安置他招賢館內，分付把門官校，不許通其出入，要他慣見俺家威勢，自然從允。雖然如此，還須請他朋友韋夏卿勸他，可知來也。

【寶鼎兒】〔韋上〕太尉勢傾朝堂，何事書生相訪？

〔見介韋〕寒儒久別威嚴〔16〕，復睹臺顏，拜揖！〔盧〕秀才暫須免禮，近前有事端詳〔17〕。〔韋〕老太尉有何分付？〔盧〕

【瑣窗兒】李參軍蓋世文章，俺家中有淑女〔18〕正紅妝。夏卿呵，你和他好友，藉重你商量，要他坦腹〔19〕不須強項〔20〕。夏卿知俺家威

勢否？**俺撈龍打鳳**〔21〕**由他撞，怎脫得這羅網！**

〔韋背介〕原來太尉要招贅李君虞，怕不孤了那小玉姐一段心事？俺且告稟他知。

**【前腔】論攀高貴婿非常，有一言須代稟試參詳**〔22〕**。他有了頭妻小玉，盟誓無雙，怕做不得**〔23〕**負心喬樣**〔24〕。〔盧笑嗔介〕說甚麼小玉，便大玉要粉碎他不難。〔韋背介〕李郎，這太山只好作冰山傍〔25〕，怕難做這冰相〔26〕！

〔堂候低云〕韋先生，俺太尉爺小姐招人，託先生贊相，誰敢不從！

**【前腔】他領鴛班勢壓朝廊，招女婿要才郎。威籠翡翠，勢鎖鴛鴦，你把絲鞭**〔27〕**領取美言加上。**〔韋〕也不須領絲鞭作官媒〔28〕，只用朋情勸他便好。〔回身合〕**婚姻簿上看停當，但勸取由他想。**

**金屋藏嬌錦繡叢，定須才子作乘龍；**

**饒他別插鴛鴦翅，難出天羅地網中！**

# 校 注

〔1〕陞官圖上沒行頭——陞官圖，舊時博戲之具。玩法是在紙上畫京都以外的文武大臣官位，以骰子擲之。以第一擲為進身之始，其後計點數、彩色，以定陞降。以四為德，以六為才，以二三五為功，以麼為贓。遇德則超遷，才次之，功亦陞轉，遇麼則降罰，此法因亦稱彩選格，宋時又稱選官圖。據稱起於唐人李郃。後世倣之者，皆取一時官制為之。見宋·徐度《卻掃編》。行頭，戲曲演員演出時用的服裝道具，統稱為行頭。見清·李斗《揚州畫舫錄》卷五：「行頭分衣、盔、雜、把四箱。」這裏說的「沿行頭」，就是說官職小得連陞官圖上也沒有份兒。

〔2〕鼻膿頭——指鼻孔流出的黏液。

〔3〕精銅響鈔——成色高的銅質硬幣。元代發行的紙幣舊鈔，硬幣曰響鈔。精者，言無雜質也。

〔4〕尋事頭——惹是生非。事頭，謂事由、情由。《古今小說·沈小霞相會出師表》：「嚴嵩父子深以為恨，商議要尋個事頭殺卻沈鏈。」

〔5〕衛——明代軍隊編制名，清初曾沿用。於要害地區設衛，如威海衛、金山衛、天津衛等皆是。

〔6〕分（fèn）例——照規定按月分到的錢叫分例。《紅樓夢》第三十六回：「如今太太屋裏有四個大的，一個月一兩銀子的分例。」

〔7〕刻些等頭——刻些，剋扣些。刻，通「剋」。等頭，猶今云回扣、傭金。

〔8〕過錢——代他人收受賄賂而從中獲利。《水滸傳》第二十四回：「近來暴發迹，專在縣裏管些公事，與人放刁把濫，說事過錢，排陷官吏。」

〔9〕偷功摸賞——冒他人之功偷他人之賞。偷、摸互文為義。摸本身亦有「偷」意。《兒女英雄傳》第四回：「我們這行呵，全仗的是……摸點兒賺點兒，才剩的錢呢！」

〔10〕發迹——舊謂由貧賤而富貴。此處用作動詞。「可不發迹了你？」意言豈不使你闊起來啦。

〔11〕三臺——本星名，即上臺、中臺、下臺。後轉為官名，借喻輔佐天子的三公或大臣。漢因秦制，設置尚書為中臺，御史為憲臺，謁者為外臺，合稱三臺，亦稱三公。詳參《宋金元明清曲辭通釋・三臺》。

〔12〕莫愁——古代傳說中女子。說法不一。一說為洛陽人，為盧家少婦。南朝・梁武帝《河中之水歌》：「河中之水向東流，洛陽女兒名莫愁……十五嫁為盧家婦，十六生兒字阿侯。」

〔13〕盧太尉——按照語氣「盧太尉」三字前似應加「我」字，方搭配得攏。

〔14〕勢刀銅鍘（shā）——同「勢劍銅鍘」，意指尚方劍和銅鍘，表示皇帝授權，可以先斬後奏。鍘，長刃刀矛之類。

〔15〕撇清——裝作置身事外，與己無關，而以花言巧語為掩飾，表示自己清白。這裏是指李益心裏想做盧府新郎而表面又設辭推脫。

〔16〕嚴——原作「岩」，據獨深本改。

〔17〕端詳——商量、討教。

〔18〕淑女——賢良、美貌之女。

〔19〕坦腹——南朝宋・劉義慶《世說新語・雅量》：「郗太傅在京口，遣門生與王丞相書，求女婿。丞相與郗信：『君往東廂，任意選之。』門生歸，白郗曰：『王家諸郎，亦皆可嘉。聞來覓婿，咸自矜持。唯有一郎在東床上坦腹臥，如不聞。』郗公曰：『正此好。』訪之，乃是逸少，因嫁女與焉。」後人稱人婿為「令坦」或「東床」本此。「要他坦腹」意即叫他做女婿。

〔20〕強項——秉性倔強，不肯順從。語出《後漢書・董宣傳》詳參《宋金元明清曲辭通釋・強項》。

〔21〕撈龍打鳳——見本劇第三十二齣注〔34〕。

〔22〕參詳——參酌詳審。

〔23〕做不得——謂不可以做。

〔24〕喬樣——罵詞，意謂惡劣相。

〔25〕冰山傍——冰山，冰凍形成的山。冰山遇天氣轉暖，便熔化爲水。傍，謂倚
靠、依傍，比喻權勢不可長久依靠。《開元天寶遺事》卷上：「楊國忠權傾天
下，四方之士，爭詣其門。進士張彖者，陝州人也，力學有大名，志氣高大，
未嘗低折於人。人有勸彖令修謁國忠，可圖顯貴。彖曰：『爾輩以謂楊公之
勢，倚靠如泰山，以吾所見，乃冰山也。或皎日大明之際，則此山當誤人耳。』
後果如其言。」

〔26〕冰相——猶儐相，舊指舉行婚禮時陪伴新郎、新娘的人。男伴客稱男儐相，女
伴客稱女儐相。

〔27〕絲鞭——古俗招親時，女方送給男方的絲鞭，如男方接了絲鞭，就表示同意這
椿婚事，反之則否。

〔28〕官媒——宋元習俗，介紹婚姻的媒人，由政府選任，故凡常以做媒爲業的婦
女，謂之官媒。

# 第四十二齣　婉拒強婚

【小蓬萊】〔生上〕憔悴尋常風月〔1〕，甚拘留咫尺〔2〕關山。花無
人問，酒無人勸，醉也無人管。

【南鄉子】一去幾驚秋，淚老〔3〕西風只暗流！夢裏也知歸去好，遲留。
咫尺秦簫〔4〕不自由！準上望京樓〔5〕，望得伊家見始休。還怕那人知道
了，悠悠！自鎖重門一段愁。自家李十郎，從孟門關外還朝，即擬還家，
與小玉姐歡聚，不料太尉倚著威權，館俺別宅，不放閒遊；知他主甚意
兒？早晚堂候官來，探知分曉也。

【喜相逢】〔韋同堂候上〕風流誰絆〔6〕，知他相府池蓮，怕無端引
起綠窗〔7〕紅怨。

〔見介、生〕別館驚逢韋夏卿。〔韋〕參軍此日見交情。〔生〕歸心紫塞
〔8〕三千里。〔韋〕君虞，你薄倖〔9〕青樓第一名。〔生〕夏卿，怎說俺
青樓薄倖也？〔韋〕且住，有堂候〔10〕在此。〔堂候見介、生〕夏卿，
說俺薄倖何事？〔韋〕君虞，今日全不想著賀新郎席上情詞〔11〕？〔生〕
怎生忘了！

【雁魚錦】俺想風前月下人倚闌，這些時秋色芙蓉綻〔12〕。恨造次
〔13〕春殘香夢遠，家在秦樓，人上雕鞍。〔韋〕有書報平安否？〔生〕俺

寫雲屏好寄平安，他也回文〔14〕淚錦斑。〔韋〕今日早已雁來也！〔生〕早難道〔15〕俺獨館孤眠慣。雁兒呵，恰正恁時尋伴好愁煩！

　　〔韋〕今日送個伴來。〔生驚問〕送誰？

　　【前腔】〔韋〕朱顏，有分〔16〕孤單，怎把雲雨騰那〔17〕再勻香汗。〔生〕誰家有此？〔韋〕太尉有一小姐，央小弟為媒。你可把東床再坦，做嬌賓貴婿，也無輕慢。〔生歎介〕罷了！這恩愛前慳〔18〕後慳，這姻緣〔19〕左難右難，我就裏好胡顏〔20〕！〔韋低問〕你就此親受用〔21〕也。〔生低語〕夏卿，李君虞何處不討得受用，豈須於此？只此人兄弟將相，文武皆拜其下風〔22〕，既有此情，不可驟然觸忤〔23〕。承顧眷〔24〕，只說俺多愁緒成病。看看，堂候官，看俺出塞星霜鬢影殘。盧小姐呵，他正是畫梁〔25〕曉日朝雲盼，肯向咱客舍秋風暮雨闌〔26〕！

　　【前腔】〔堂〕丘山〔27〕，他勢壓朝班，只為憐才肯把仙郎〔28〕盼。你怎推辭？只怕就裏〔29〕一段風波，到為雲雨摧殘。〔低語云〕參軍爺，豈不知太尉威福齊天？你且從權機變〔30〕，暫時應諾，再取次支吾脫綻〔31〕。〔韋〕堂候此言有理也。你不是倦遊司馬〔32〕朝參懶，俺只怕丞相嗔來炙手難〔33〕。

　　【前腔】〔生〕無端，宦興歸期晚，沒緣故掙著雙眼，自投羈絆〔34〕。〔悲介〕誤嬋娟〔35〕幾年，俺萬千相思，重門阻人離恨關。堂候，你為我多多拜上老太尉呵，中情一點愁無限，全仗你這其間作方便〔36〕，看天上人間。〔堂〕俺小人自能回話，參軍不可固辭。〔生〕怎忘得他探燈醉玉釵頭暖〔37〕，誓枕餘香袖口寒。

　　【前腔】〔堂〕愁煩，待把佳期緩，也須咱言語轉旋〔38〕。〔韋〕此事堂候回報，不須小生再行。〔對堂候低介〕天賜好姻緣，看仙郎有意，和俺對腹〔39〕難言。〔生〕撥不斷的紅絲怎纏？這紅鸞〔40〕且求他寬限。〔堂辭介、生〕堂候且住呵，逢好事望周全。夏卿兄，俺在此花陰月色難驅遣；你去呵，柳影風聲莫浪傳！

〔韋〕可知道〔41〕。請了。〔生〕故人相見話匆匆。〔韋〕自有新人富貴
叢。〔堂〕有緣千里能相會。〔生〕無緣對面不相逢。〔下、韋弔場〕嫦
娥〔42〕不見影沉沉，儘把閒愁占伏吟〔43〕。畫虎畫皮難畫骨，知人知面
不知心！俺夏卿怎生道這幾句？當初李十郎花燈之下，看上鄭家小玉
姐，拾釵定盟，拈香發誓，擬待雙眠雙起，必須同死同生；一旦征驂〔44〕，
三年斷雁，現留西府，還推無可奈何，聽說東床，全不見有些決斷〔45〕，
言來語去，盡屬模糊，移高就低，總成繾綣〔46〕。看來世間癡心女子，
反面男兒也！我且在此評跋〔47〕他一番：

【金井梧桐】才子忒多才，才子多人愛。插上了短金釵，又襯〔48〕
上個同心帶。看他呵，心兒裏則弄乖，口兒裏則道白。李生一句分明罷了，
卻又囑付我柳影風聲莫浪傳，呀，**這段風聲也不索燕猜鶯怪**。待說與崔允
明去。小玉姐呵，**送紅顏這一段醃臢害**〔49〕。

**半吞半吐話周章**〔50〕，**定是青樓薄倖郎**。

**大鵬飛上梧桐樹，自有傍人說短長**〔51〕。

# 校 注

〔1〕風月——指男女間情愛之事。前蜀·韋莊《多情》詩：「一生風月供惆悵，到處
  煙花恨別離。」
〔2〕咫尺——周制八寸為咫，十寸為尺。「咫尺關山」，形容關山距離很近。
〔3〕老——盡也。
〔4〕秦簫——傳說蕭史善吹簫作鳳鳴，秦穆公以女弄玉妻之，後兩人俱仙去（見
  漢·劉向《列仙傳》）。李益用以自比。參見第二十四齣注〔1〕。
〔5〕望京樓——地名，見李益《獻劉濟》詩：「感恩知有地，不上望京樓。」「準上
  望京樓」，表示一定回到京都到小玉身邊也。
〔6〕絆——牽制。元·鄭光祖《王粲登樓》四〔折桂令〕白：「不想令尊生下元帥，
  丞相所生一女，因為官守所絆，彼各天涯，間隔親事。」
〔7〕綠窗——見本劇第二十六齣注〔9〕。
〔8〕紫塞——見本劇第二十九齣注〔13〕。
〔9〕薄幸——薄情。青樓，妓院。
〔10〕堂候——堂候官的簡稱。堂候官，見本劇第二十九齣注〔20〕。
〔11〕情詞——陳情之詞。

〔12〕芙蓉綻——芙蓉，荷花的別稱。亦稱蓮花。綻，花蕾開放。北周‧庾信《杏花》詩：「春色方盈野，枝枝綻翠英。」

〔13〕造次——謂須臾、片刻、言時間之短也。《魏書‧禮志四》：「治身不得以造次忘，治國庸可以須臾忽也。」造次、須臾互文爲義。

〔14〕回文——指書信。

〔15〕早難道——反問口氣，意即難道。「早」字只起加強語氣作用，無義。

〔16〕分（fèn）——指天數、命分。唐‧杜甫《飛仙閣》詩：「浮生有定分，饑飽豈可逃？」《古今小說‧沈小官一鳥害七命》：「遠遠望見一個箍桶擔兒來，有分直教此人償了沈秀的命，明白了李吉的事。」

〔17〕騰那（nuó）——謂調換。《醒世姻緣傳》第六十一回：「何必嗟歎？這是前生造就，騰那不得的！」

〔18〕慳（qiān）——謂乖舛、不好。明‧楊珽《龍膏記》十七〔金蕉葉〕：「時慳運慳，恨無端囹圄屈陷。」

〔19〕姻緣——各本俱作「婚姻」。

〔20〕胡顏——丟臉、獻醜，不知羞臊。

〔21〕受用——享用，享受。

〔22〕下風——言處於下位、卑位，喻傾倒之意。《左傳‧僖公十五年》：「晉大夫三拜稽首曰：『君履后土而戴皇天，皇天后土，實聞君之言，群臣敢在下風。』」

〔23〕觸忤——冒犯。亦作「觸迕」，《晉書‧唐彬傳》：「鄧艾忌克詭狹，矜能負才，順從者謂爲見事，直言者謂之觸迕。」

〔24〕顧眷——意謂關愛、關注。亦作「眷顧」，如明‧梁辰魚《浣紗記》九〔祝英臺慢〕白：「奴家自浣紗溪邊遇著那人之後，感其眷顧，贈彼溪紗。」

〔25〕畫梁——謂有彩繪裝飾的屋梁，言盧府建築之闊氣。

〔26〕闌——阻攔、阻隔。《戰國策‧魏策三》：「無河山以闌之……禍必由此矣。」

〔27〕丘山——這裏用作重大的比喻詞，形容盧太尉的權勢。

〔28〕仙郎——指李益。

〔29〕就裏——內中、內情。詳參《宋金元明清曲辭通釋‧就裏》。

〔30〕機變——謂機智、權變、巧詐。《孟子‧盡心上》：「恥之於人大矣，爲機變之巧者，無所用恥焉。」注：「機變，巧詐也。」

〔31〕再取次支吾脫綻——取次，依次、逐漸；支吾，應付、應對、敷衍；脫綻，脫卸、脫身。

〔32〕倦遊司馬——司馬，指漢代司馬相如。倦遊，厭倦遊宦生活。《史記‧司馬相如列傳》：「長卿（司馬相如字）故倦遊。」裴駰集解引郭璞曰：「厭遊宦也。」

〔33〕丞相嗔來炙手難——嗔，發怒。炙手，燙手，比喻權勢熾盛。唐‧杜甫《麗人

行》詩：「慎莫近前丞相嗔，炙手可熱勢絕倫。」《新唐書‧崔鉉傳》：「時語曰：鄭、楊、段、薛，炙手可熱。」「炙手可熱」（接近之便燙手），已成唐代長安人口頭成語。

〔34〕自投羈絆——自投羅網的意思。

〔35〕嬋娟——指霍小玉。

〔36〕方便——謂給予便利和幫助。宋‧王明清《春娘傳》：「若得姐姐爲我方便，得脫此一門路，也是一段陰德事。」

〔37〕他探燈醉玉釵頭暖——他，指霍小玉。探燈醉玉釵頭暖，指當初李十郎在花燈之下，看上霍小玉，拾釵定盟，拈香發誓事。

〔38〕轉旋——扭轉、挽回。

〔39〕對腹——胸腹相對，也就是兩心相對。

〔40〕紅鸞——舊時星命家所說的吉星，主婚配等喜事。這裏即指婚配。

〔41〕可知道——意爲當然。湯顯祖《邯鄲記》四〔不是路‧前腔〕白：「（老：）要饒麼？（生：）可知道要饒。」

〔42〕嫦娥——神話傳說中的月中女神。詩文中常用以指美女。此處指霍小玉。

〔43〕占伏吟——占卦的意思。伏吟，卦名。舊時星命家認爲占得此卦是婚姻不順的象徵。明‧王伯良注《西廂記》引《命書》云：『年頭爲伏吟，對宮爲反吟。』云：『伏吟反吟，涕淚淫淫。』術家占婚姻遇此，亦有遲留之恨。」

〔44〕征驂（cān）——駕車遠行。唐‧王勃《餞韋兵曹》詩：「征驂臨野次，別袂慘江垂。」

〔45〕決斷——做決定，拿主意。《呂氏春秋‧決勝》：「勇則能決斷。」「全不見有些決斷」，言李益在舊戀新婚問題上，看不出一點果斷的表現。

〔46〕繾綣（qiǎn quǎn）——形容兩性之間情意綿綿，感情好得離不開。

〔47〕評跋——意爲評論、評議、評說。明‧徐渭《南詞敘錄》：「以言論人曰評，以文論人曰跋。」

〔48〕襂（shān）——同「衫」，單衣。《儀禮‧既夕禮》：「設中帶。」鄭玄注：「中帶若今之褌襂」，這裏用作動詞，猶「束」。

〔49〕醃臢害——害相思也。《正字通》：「俗呼物不潔曰醃臢。」

〔50〕周章——驚恐、惶遽貌。《文選‧左思〈吳都賦〉》：「輕禽狡獸，周章夷猶。」劉良注：「周章夷猶，恐懼不知所之也。」

〔51〕「大鵬飛上梧桐樹」二句——此係宋元時諺語。意言事情發生以後總會有人評長論短、論是說非、意見不一。多見於宋元以來戲劇小說中。寫法不一，取義則同。

## 第四十三齣　緩婚收翠

【望江南】〔盧太尉上〕倚天家甲第擬雲臺〔1〕，有女如花新粉黛〔2〕。向朝班玉筍〔3〕選多才，紅葉〔4〕上秋階。

> 劍佩秋風擁漢宮，芙蓉吹綻錦雕闌。生成女子爲蛇虺〔5〕，配得才人似鳳鸞〔6〕。俺盧太尉，富貴已足，只少個佳婿，已央韋夏卿同堂候官去，招轉李參軍爲婿。衙門多遠，還不見到來。〔堂候上〕聽罷紫鸞〔7〕人縹緲〔8〕，語傳青鳥〔9〕事從容。稟老爺，小的與韋秀才同去招賢館說親，李參軍不敢推辭，只說從容〔10〕再論，韋秀才著小的稟覆。

【剗鍬兒】說他有恩山義海朝花〔11〕在，盟山誓海曾把夜香排。〔盧笑介〕他知俺愛他麼？〔堂〕感得相公愛，紅蓮〔12〕命乖。〔合〕佳期要諧，合婚有待。到裏團欒〔13〕，從頭插戴。

【前腔】〔盧〕少甚麼相門出相男文采，他敢道俺將門出將女麤材〔14〕。〔堂〕他怎敢！〔盧〕怎不低眉拜？辱沒〔15〕他鏡臺。〔合前〕

【前腔】〔堂〕驚風鳥去辭林快，慢水魚終自上鉤來。好事須寬耐，嗔他秀才。〔合前〕

〔盧〕俺看中了他，少不得在俺門下。小姐將次〔16〕上頭，五色玉釵齊備方好。

【前腔】那小姐呵，如花早晚要頭花蓋，上頭時幾對鳳頭釵。好玉多收買，憑他價裁〔17〕。〔合前〕

〔堂〕稟老爺，有個老玉工侯景先鋪，常有人將珠翠現成寄買。〔盧〕有精巧的著他進來！

美玉釵頭珠翠濃，紅絲繫足好從容；

羈縻〔18〕鸞鳳青絲網，牢落〔19〕鴛鴦碧玉籠。

## 校　注

〔1〕倚天家甲第擬雲臺——天家，指天子、皇帝。漢·蔡邕《獨斷》:「天家，百官

小吏之所稱。天子無外，以天下爲家，故稱天家。」甲第，舊時豪門貴族的宅第。《史記・孝武本傳》：「賜列侯甲第。」裴駰集解引《漢書音義》：「有甲乙第次，故曰第。」甲，言第一也，故稱頭等的宅第爲甲第。擬，比也。雲臺，漢代臺名。以其高大，故曰雲臺。永平中，漢明帝追感前世功臣，乃圖畫鄧禹等名將二十八人於南宮雲臺。「擬雲臺」，言甲第之壯麗。可以和雲臺相比也。

〔2〕粉黛——喻指美女。唐・白居易《長恨歌》：「回眸一笑百媚生，六宮粉黛無顏色。」

〔3〕玉筍——比喻人才眾多秀美，如玉筍並列。《新唐書・李宗閔傳》：「俄復爲中書舍人，典貢舉，所取多知名士，若唐沖、薛庠、袁都等，世謂之『玉筍』。」

〔4〕紅葉——唐代有「紅葉題詩」的佳話。後因以「紅葉」爲傳情的媒介。

〔5〕蛇虺（huī）——泛指蛇類。《詩・小雅・斯干》：「維熊維羆，男子之祥；維虺維蛇，女子之祥。」熊羆是猛獸，古人以之比擬男子，蛇虺是陰類，古人以之比擬女子。虺，毒蛇。

〔6〕鳳鷟——鳳凰和鷟鳥，比喻佳偶。清・李漁《風箏誤》十三〔麻婆子〕：「主婚作伐兩憑誰？如何擅把鳳鷟締？」

〔7〕紫鸞——笙名。李白《古風》：「兩兩白玉童，雙吹紫鸞笙。」

〔8〕縹緲——遠視之貌。《文選・木華〈海賦〉》：「群仙縹緲，餐玉清涯。」

〔9〕青鳥——舊題漢・班固《漢武故事》：「七月七日，上（漢武帝）於承華殿齋，正中，忽有一青鳥從西方來，集殿前。上問東方朔，朔曰：『此西王母欲來也。』有頃，王母至，有兩鳥如烏，俠持王母旁。」後遂以「青鳥」爲信使的代稱。隋・薛道衡《豫章行》詩：「願作王母三青鳥，飛去飛來傳消息。」

〔10〕從容——悠閒舒緩，不慌不忙的意思。《書・君陳》：「寬而有制，從容以和。」

〔11〕朝花——早晨開的花朵。比喻已有愛妻。

〔12〕紅蓮——「紅蓮幕」的簡稱，謂幕客依附之意。《南史・庾杲之傳》：「（王儉）用杲之爲衛將軍長史。安陸侯與蕭緬書與儉曰：『盛府元僚，實難其選，庾景行汎淥水，依芙蓉何其麗也。』時人以入儉府爲蓮花池，故緬書美之。」後因以「紅蓮幕」爲幕府的美稱。這裏「紅蓮命乖」，意言幕客李益命壞，不敢就婚於盧府。

〔13〕團欒——團聚。

〔14〕麤材——粗俗之材。

〔15〕辱沒——謂玷污、屈辱。

〔16〕將次——將要、就要、快要。清・劉淇《助字辨略》卷二：「將次，幾欲之辭，凡云次者，當前舍止之處，言行且及之也。將欲及之而猶未及之，故雲將次。」

〔17〕憑他價裁——任憑他要價。裁，裁斷、裁決。

〔18〕羈縻——謂繫聯。《漢書・郊祀志下》：「天子猶羈縻不絕。」顏師古注：「羈縻，繫聯之意。馬絡頭曰羈也。牛靷曰縻。」

〔19〕牢落——謂籠絡。元·尚仲賢《氣英布》二〔煞尾〕白：「待他回歸營，自有牢落之術。」

# 第四十四齣　凍賣珠釵

【薄倖】〔旦上〕虛閣籠〔1〕煙，小簾通月。倚香篝清絕〔2〕，弄梅花寒玉〔3〕。稱〔4〕黃沙雁影，寄來橫幅〔5〕。愁凝眺〔6〕，秦〔7〕雲黯待成飛絮，誰說與玉肌生粟〔8〕。

【訴衷情】捲簾呵手拂煙霜，病起怯殘妝〔9〕。一段梅花幽意，雲和雪，費商量〔10〕。催短影，念餘香，病成傷。寒鴉色斂，凍雁聲淒，一寸柔腸。奴家府中，一自李郎去後，家事飄零〔11〕。望他回來，從新整理，誰知他議婚盧府，一去不還。我展轉尋思，懷疑未信，知他還歸京邸？還在孟門？已曾博求師巫〔12〕，遍詢卜筮〔13〕，果有靈驗，何惜布施。一向賒遺〔14〕親知，使求消息，尋求既切，資用屢空〔15〕，前著浣紗將篋中服玩之物，向鮑四娘家寄賣，還未到來。天呵，苦〔16〕自愁煩，有何音耗！〔尼持籤筒〔17〕上〕

【水底魚】一點凡胎，到了九蓮臺〔18〕。相思打乖〔19〕，救苦的那些來？

自家水月院中小尼姑便是。久聞鄭小玉姐為夫遠離，祈求施捨，不免奉此靈籤，哄他幾貫鈔使。又一道姑來也。〔道姑拿畫軸小龜〔20〕上〕

【前腔】冠兒正歪，人道小仙才，這龜兒俊哉，前去打光〔21〕來。

〔尼惱介〕光頭儘你打！〔道〕不是。吾乃王母觀道姑，聞得鄭小玉姐尋夫施捨，要去光他一光。〔尼〕要龜兒畫軸何用？〔道〕畫上有悲歡離合故事，看龜兒所到，定其吉凶。〔尼〕這等，同進去。〔旦見介〕姑姑何來？〔尼〕水月觀音院小尼便是。〔道〕小尼住持〔22〕西王母觀。兩人聽得夫人為官兒遠去，尋訪祈求，各請神香〔23〕，來憑信願。〔旦〕既蒙神香下降，奴家敬求籤卦，少效虔誠。〔尼〕請先拜了觀世音〔24〕。〔道惱介〕我西王母娘娘〔25〕有丈夫，絕會保得夫妻相見。你觀世音一個赤腳老寡婦，有甚神通？〔尼惱介〕呸！你西王母有了東王公〔26〕，又搭上個周穆王〔27〕老頭兒，這等做神道不識羞，拜他怎的？〔旦〕一

樣西方美人，還讓觀音居長。〔拈香拜觀音介〕

【江兒水】十指纖纖拜，白蓮花根裏來。離恨天〔28〕看不見人兒在，相思海摸不著鍼兒怪，救苦的慈悲活在〔29〕。

〔尼請抽籤介〕好好，得夫妻會和〔30〕上籤，討〔31〕緣簿來。〔旦寫介〕水月道場〔32〕助三十萬貫，信女鄭小玉為求見夫主拜施。〔合〕說甚凡財，早償了尊神願債。〔道〕也到俺王母娘娘顯靈顯聖了。

【前腔】〔旦拈香拜王母介〕青鳥〔33〕銜書去，他何曾八駿〔34〕來，怎得似東王公相守到頭花白；怕李夫人〔35〕看不見蟠桃核？誤了俺少年顏色。

〔道〕沒籤，看這畫軸上龜兒卦。〔捉龜兒錯走譚介〕好好，龜兒走在破鏡重圓〔36〕故事上，不久團圓。請寫施簿！〔旦寫介〕瑤池〔37〕會香錢三十萬貫，信女鄭小玉拜題。〔合前、尼〕俺們謝了。〔旦〕有勞了。但得兒夫意回，還有報心在後。正是題緣簿證煙花簿〔38〕，頂禮香催盟誓香。〔尼道下、旦弔場〕好也。兩位娘娘都許我夫妻團圓，待浣紗賣錢來也。〔浣上〕白玉郎君連歲去，珍珠小娘何處來？郡主〔39〕，賣錢得七十餘萬在此。〔旦〕好了，就將六十萬貫了其香願。留餘以度歲寒。春來李郎回也，金界〔40〕暫酬香火祝，門楣還望檽砧〔41〕歸。
〔崔允明上〕

【亭前柳】半壁舊樓臺，風裏畫屏開。凍雲飛不去，長自黯青苔。俺傳消遞息須擔帶〔42〕，把從頭訴與那人來。

〔敲門相見介、浣〕崔秀才，這幾時可聽得十郎消息？〔崔〕正來傳與郡主知道。

【一封書】曾經打聽來，他離孟門好一回。〔浣〕可徑到〔43〕這裏來。〔崔〕他何曾徑歸，到盧家居外宅〔44〕。〔浣驚介〕回在太尉府了，同在都城中，怎不回步？是誰見來？〔崔〕是韋夏卿見來。報道青娥〔45〕有意相留待，則怕烏鵲傳言也浪猜。〔浣〕當真了？〔合〕怪從來，心性乖，餂病難醫是這窮秀才。

〔浣說與旦驚介〕王哨兒傳言，尤恐未的，聽崔君之談，他真個有了人

家也！〔崔〕夫人且休惱，盧太尉高拱〔46〕侯門，十郎深居別宅，夏卿傳言，仍恐未的，爲感夫人看禮，故此報知。〔旦〕更煩到盧府求一眞信。〔崔〕寒酸〔47〕如何去得？〔旦〕適繞浣紗賣典，餘有青蚨〔48〕三百，少佐君酒，日後諸費，更容賣釵相補。〔崔〕惟憐十二金釵客〔49〕，剩有三百青銅錢。〔下、旦〕浣紗，薄倖郎到了太尉府，容易打聽，只是少賫財央及人也。看妝臺摘下玉燕釵去，賣百萬錢，盡用爲尋訪之費。〔浣〕這是聘釵，如何頓賣？〔旦〕他既忘懷。俺何用此？

【羅江怨】提起玉花釵，羞臨鏡臺。內家〔50〕好手費雕排〔51〕，上頭〔52〕時候送將來也，落在天街〔53〕，那拾的人何在？今朝釵股開，何年燕尾回？鎖雙飛閃出這妝奩外。

【前腔】知他受分該，纖纖送來。舊人頭上價難裁，新人手裏價難擡也，落在誰邊，他笑向齊眉戴。將他去下財〔54〕，將他去插釵〔55〕，知他後來人不似俺前人賣。

〔浣〕俺去也。〔旦哭介〕

【香柳娘】看釵頭玉燕，〔又〔56〕〕嘴翅兒活在，銜珠點翠堪人愛。雙飛玉鏡臺，〔又〕當初爲此諧，一旦將他賣。〔合〕好擎奇〔57〕此釵。〔又〕裏定紅絲，還把香奩〔58〕試蓋。

〔浣〕俺去也。〔旦〕俺再囑付你，燕釵呵！

【前腔】燕釵梁乍飛，〔又〕舊人看待你，休似古釵落井差池〔59〕壞。倘那人到來，〔又〕百萬與差排〔60〕，贖取你歸來戴〔合前〕

【尾聲】少錢財使費恨多才，玉釵無分有分戴荊釵〔61〕，俺只怕沒頭興的〔62〕東西遇不著個人兒買。

從此賣花釵，蛛絲罥〔63〕鏡臺；

憑誰招薄倖，還與拾釵來。

## 校　注

〔1〕籠——籠罩、遮蔽。

〔2〕香篝（gōu）清絕——香篝，猶薰籠。《太平御覽》卷七一一引《東宮舊事》：「太子納妃，有漆畫手巾薰籠二，絛被薰籠三。」清絕，凄清至極之謂也。

〔3〕弄梅花寒玉——梅花，雪花名色的一種，以形似梅花，故稱。寒玉，指玉石，以玉質清涼，故稱。

〔4〕稱（chèn）——通「趁」，利用時機之意。

〔5〕橫幅——橫寫的字畫。宋·陸游《夜飲即事》詩：「更作茶甌清絕夢，小窗橫幅畫江南。」

〔6〕眹（lù）——指眼睛。

〔7〕秦——指關中長安一帶。陝西省的簡稱。

〔8〕玉肌生粟——因寒冷而肌肉毛孔聳起之謂也。玉肌，謂白潤的肌膚，對美人肌膚之美稱。

〔9〕殘妝——指女子殘褪的化妝。

〔10〕商量——謂估量。

〔11〕家事飄零——家事，指家產、家業。元·王曄《桃花女》二、白：「他家事又富，女婿又生的俊。」飄零，謂衰敗、破敗。元·秦簡夫《趙禮讓肥》一、白：「爭奈家業飄零，無升合之粟。」

〔12〕師巫——即巫師，謂資深之巫也。古代從事祈禱、卜筮、星占，併兼用藥物為人求福、卻災、治病的人。

〔13〕卜筮（shī）——古以蓍草卜問禍福，後亦泛指占卜活動。

〔14〕賂遺（wèi）——謂以財務贈送或買通別人為自己辦事。唐·蔣防《霍小玉傳》：「雖生之書題竟絕，而玉之想望不移，賂遺親知，使通消息。」

〔15〕屢空——謂經常窮困。《論語·先進》：「回也其庶乎！屢空。」何晏集解：「言回庶幾聖道，雖數空匱而樂在其中。」

〔16〕苦——獨深本作「只」。

〔17〕籤筒——寺廟中裝盛籤詩牌的竹筒。《花月痕》第五回：「癡珠磕了頭，跪持籤筒，默禱一番，將籤筒搖了幾搖，落下第十三籤，重又復磕起頭來。」

〔18〕九蓮臺——佛家說法，九蓮臺即九品蓮臺，謂修清淨善業（一般指修淨土宗之業）者，修善程度有高下淺深之別，故往生極樂世界時所託之蓮花臺座，亦有上上乃至下下九品之差別，故謂之九品蓮臺。

〔19〕打乖——賣弄聰明。明·金白嶼散套《點絳唇·八十自壽》：「不是我占場兒慣打乖，試看取傍清溪蕭爽齋，指桃原有路通，認天台無藥採。」

〔20〕龜——古時用以占卜吉凶的工具。

〔21〕打光——討些好處，撈點便宜。

〔22〕住持——佛家語，意為寺院的主僧（道），謂居住寺中，總持事務也。《禪院清規》：「續佛慧命，斯曰住持。」清·無名氏《雙錘記》十九〔虞美人〕白：「老

尼白雲庵中住持了悟是也。清修既久，已悟無生。」

〔23〕神香——供神時所用的薰香。

〔24〕觀世音——舊時迷信傳說，稱觀音菩薩爲觀世音或觀自在。據說他住咯伽山，掌持楊柳，以救苦救難爲己任。

〔25〕西王母娘娘——神話傳說中最高女神。《後漢書・張衡傳》：「聘王母於銀臺兮，羞玉芝以療饑。」李賢注：「王母，西王母也。」

〔26〕東王公——亦作「東皇公」，神話中僊人名，掌管男仙名籍。與西王母並稱。《神異經・東荒經》：「東荒山中有大石室，東王公居焉。長一丈，頭髮皓白，人形鳥面而虎尾，載一黑熊，左右顧望。」

〔27〕周穆王——周昭王之子，名滿，曾乘八駿馬西征，死後諡曰穆。《列子・周穆王》：「（穆王）肆意遠遊，命駕八駿之乘……遂賓於西王母，觴於瑤池之上。西王母爲王謠，王和之。」

〔28〕離恨天——民間傳說中三十三天中最高一層天。明・無名氏《桃符記》一、白：「三十三天，離恨天最高；四百四病，則被相思病害殺人也。」

〔29〕在——用作語助詞，猶今之「著」字。「活在」，意即活著。

〔30〕和——繼志、獨深、柳浪、竹林四本作「合」。

〔31〕討——「討」字下，獨深本有「募」字。

〔32〕道場——舊時和尚、女姑、道士誦經禮拜的場所。

〔33〕青鳥——見本劇第四十三齣注〔9〕。

〔34〕八駿——相傳是周穆王的八匹名馬，八駿之名，說法不一。《穆天子傳》卷一：「天子之駿：赤驥、盜驪、白義、踰輪、山子、渠黃、華騮、綠耳。」此皆以毛色以爲名號。晉・王嘉《拾遺記・周穆王》：「王馭八龍之駿；一名絕地，足不踐土；二名翻羽，行越飛禽；三名奔霄，夜行萬里；四名越影，逐日而行；五名踰輝，毛色炳耀；六名超光，一形十影；七名騰霧，乘雲而奔；八名挾翼，身有肉翅。」明・胡應麟則認爲王嘉所載，皆一時私意詭撰，不足爲證（見《少室山房筆叢》卷三十四）。

〔35〕李夫人——漢武帝夫人。以妙麗善舞得倖，早卒。「看不見蟠桃核」，言其不壽。霍小玉用以自比。

〔36〕破鏡重圓——五代時徐德言尙陳後主妹樂昌公主，後亂，離敢。別前，徐謂妻曰：「以君之才容，國破必入權豪之門，斯永絕矣，倘情緣未斷，尙冀相見，宜有以信之。」乃破鏡各執其半，約他年以正月望日賣於都市。陳亡，妻爲楊素所得。德言至京，遂以正月望日訪於都市，有蒼頭賣半鏡，德言出半鏡合之，題破鏡詩一絕曰：「鏡與人俱去，鏡歸人不歸，無復嫦娥影，空留明月輝。」公主得詩，悲泣不食，素知之，召德言至，還其妻，並與共飲，令公主爲詩，詩曰：「今日何遷次，新官對舊官；笑啼俱不敢，方驗作人難。」（見唐・孟棨《本事詩・情感》）後因以「破鏡重圓」比喻夫妻離散後又得

以團圓。

〔37〕瑤池——傳說中崑崙山的池名，西王母所居。

〔38〕煙花簿——妓女的名籍冊。元・戴善夫《風光好》〔中呂粉蝶兒〕：「一自當時，向煙花簿豁除了名氏，打迭起狂蕩心兒，去等那七香車，五花誥。」

〔39〕郡主——即郡公主。唐制：「皇太子之女，封郡主，視從一品；王之女，封縣主，視正二品。」（見《舊唐書・職官志》）。

〔40〕金界——指佛地、佛寺。源於印度佛教故事傳說。參見《宋金元明清曲辭通釋・金界》。

〔41〕槁砧——古代隱語，妻對夫的稱謂。唐・權德輿《玉臺體》詩：「昨夜裙帶解，今朝蟢子飛。鉛華不可棄，莫是槁砧歸？」

〔42〕擔帶——擔當責任之意。

〔43〕徑到——一直到。

〔44〕外宅——此處意指別宅，與正室以外，別營以貯外婦之外宅不同。

〔45〕青娥——美貌少女。此指小玉。唐・王建《白紵歌》之二：「城頭烏棲休擊鼓，青娥彈瑟白紵舞。」

〔46〕高拱——高高凸起貌。明・徐弘祖《徐霞客遊記・滇遊日記七》：「正殿之後，層臺高拱，上建法雲閣。」

〔47〕寒酸——寒士的窮酸表態。

〔48〕青蚨——錢的別稱。參見《宋金元明清曲辭通釋・青蚨》。

〔49〕金釵客——本指妓女，因其頭戴金釵，故名。此處指霍小玉。

〔50〕內家——指宮內。

〔51〕雕排——對玉的精治。

〔52〕上頭——見本劇第八齣注〔65〕。

〔53〕天街——京城中的街道，以皇帝住在京城故稱。金・元好問《京都元夕》詩：「炫服華妝著處逢，天街燈火鬧兒童。」

〔54〕下財——「下財禮」之簡稱。舊時聘婚，男方向女方贈送實物以及錢財，謂之「下財禮」。

〔55〕插釵——即將釵插入髮髻中，宋元時風俗，議婚時，兩親相見，如新人中意，即將金釵插入冠髻中，謂之「插釵」。

〔56〕又——表示疊一句，下同。

〔57〕擎奇——亦作「奇擎」，捧托、高舉之意。「擎」是「奇」聲母，助音無義。

〔58〕香奩——指婦女妝具。盛放香粉、鏡子等物的匣子。南唐・李煜《挽詞》：「玉笥猶殘藥，香奩已染塵。」

〔59〕差池（chā chí）——意為意外。

〔60〕差排（chāi pái）——差遣、安排。

〔61〕荊釵——言婦女裝束儉樸。《烈女傳》：「梁鴻妻孟光常荊釵裙布。」
〔62〕沒頭興的——意爲倒楣的。
〔63〕罥（juàn）——纏繞。

# 第四十五齣　玉工傷感

【縷縷金】〔浣紗捧盒盛釵上〕螺髻點〔1〕，畫眉纖〔2〕。衣衫氣〔3〕，脂粉麝〔4〕，醋茶鹽。玉釵金盒子，絨絲襯坫〔5〕。向誰家妝閣〔6〕燕穿簾！做不出牙婆〔7〕臉。

擅〔8〕薪斜皓腕，吹火弄朱唇；可憐羅襪步，更作賣釵人。且看前面來的，像是玉工侯景先老兒，咱且在勝業坊裏隱〔9〕著，待他商量，俺女丫頭怎去賣釵也！〔侯上〕

【番卜算】切玉小刀銛〔10〕，刻盡崑山琰〔11〕。年來袖手粲〔12〕霜髯，眼看繁華厭。

眼復幾時暗？耳從前月聾。平章金落索〔13〕，編檢玉玲瓏〔14〕。〔浣〕老侯那裏來？〔侯〕小娘子有幾分面善〔15〕，到忘了。可是誰家？〔浣〕我且把一件東西來你認。〔出釵介、侯〕這是紫玉釵一雙，俺曾那裏見來？〔細看介〕

【太師引】把水色觇〔16〕雙鉤兒咭〔17〕，玲瓏煞〔18〕珠嵌翠黏〔19〕。呀，是俺老侯做就的。曾記取玉雞冠豔，倍工夫〔20〕碾琢操箝〔21〕。〔浣〕老侯，你那討這手段？〔侯〕是老手擅場〔22〕非僭〔23〕，你看穿花鳥分明堪驗〔24〕。〔浣〕你做的釵，可記得爲誰？〔侯〕這到忘了。敢問小娘子誰家出來的？〔浣〕霍府出來的。〔侯〕是了，昔歲霍王小姐將欲上鬟〔25〕，令我做此，酬我萬錢，可得〔26〕忘懷。長留念春寒玉纖，釵頭上那般喜愜〔27〕紅暈翠眉尖。

〔浣〕著了，俺小姐即霍王女也。〔侯〕此玉釵價值萬鎰〔28〕，怎生把出街來？〔浣〕要賣。〔侯〕帝種王孫，芳年豔質，何至賣此？〔浣〕家事破散，迥不同前了！〔侯〕小玉姐敢配人了？

【前腔】〔浣〕招的個秀才欣將風月佔。〔侯〕好了，嫁得個秀才！

〔浣〕誰知他形飄影潛。〔侯〕呀，丟他去了！〔浣〕孤另的青樓冷冷。〔侯〕門戶大。〔浣〕折倒盡朱戶炎炎 [29]。〔侯〕守麼？〔浣〕他心字香誓盟無玷 [30]。〔侯〕還奢華麼？〔浣〕怎奢華十分寒儉 [31]。〔侯〕還待怎生？〔浣〕還在賣珠典衣，略遺 [32] 於人，使求音信。贊妝欠 [33] 珠釵賣添。〔侯〕小姐訪得到那人時罷了，若訪不得時，可知道紅顏薄命都則是病懨懨 [34]。

〔作泣介〕貴人男女，失機落節 [35]，一至於此。我殘年向盡，見此盛衰，不勝感傷也！

【鑷鍬兒】你王家貴嚴，生長在花濃酒釅 [36]；少甚朝雲畫棟，暮雨珠簾。因何自掘斷煙花塹 [37]，把長籌短簽 [38]？小娘子，俺老侯看盡許多豪門，似小玉姐這般零落呵！〔合〕窮不贍 [39]，病怎兼！提起賣釵情事淚痕淹 [40]，想的他啼紅 [41] 萬點。

小娘子請行，小老兒去哩！〔浣歎〕少不得女兒家沿街撞戶，送此輕華之物也！

【前腔】把金釵盒掩，捧起意慵心歉 [42]。怎走的街塵鬧雜，有甚觀瞻。怯生生 [43] 抱玉向重門險 [44]，高低遠嫌 [45]。〔住介〕老侯，賠你個小心 [46] 也！〔拜介〕非笑謟，有事沾 [47]。提起賣釵情事淚痕淹，好看承俺雙尖半點 [48]。

〔侯〕老人家看你鞋尖兒中甚用？〔浣〕腳小，走不得也那！

【前腔】〔侯〕看你眉低意甜，會打價彈牙笑掂 [49]。〔浣〕非掂，說小玉姐賣釵，也辱沒 [50] 了王家體面。〔侯〕動說到王家體面，教俺好會沉潛 [51]。〔背介〕到好一個丫頭！小妮子非拋閃 [52]，知羞識廉。也罷，領了去把妝盒檢 [53]，繡線撏 [54]。提起賣釵情事淚痕淹，略效驅勞 [55] 半點。

〔浣〕老侯，休貶了價也！

【前腔】你看珠釵點染，燕雙雙棲香鏡奩。好飛入阿嬌金屋，頭上

窺覗〔56〕。老侯，便要交錢過手也。怕煞干風欠〔57〕，要青蚨〔58〕白拈〔59〕。老侯著緊些！**離寶店，向畫簷。提起賣釵情事淚痕淹，望斷他愁眉一點。**

俺去也，賣價回來相謝。〔侯〕且住！說與俺那薄倖是誰，俺一面賣釵，一面尋訪，可不兩便！〔浣〕你這老兒，俺教你出個招子〔60〕，帖在長安街上：某年某月某日，有霍王府小玉姐，走出漢子一名，李益派行十郎，隴西人也，官拜參軍，年可二十多歲，頭戴烏紗冠帽，身穿紫羅袍，腰繫鞓金寶帶〔61〕，腳踏倒提雲一線粉朝靴，身中材，面團白，微鬚，有人收得者，謝銀一錢，報信者銀二錢。〔侯〕忒輕薄了！〔浣〕俺浣紗昔年跟人走失了一次，也是這般招帖，酬謝也只是一錢二錢。〔侯〕骨頭輕重不同。〔浣〕儘〔62〕這釵兒贖〔63〕了他罷。憑在玉人雕說去，但求金子倒迴來。〔下、侯弔場〕獻玉要逢知玉主，賣金須遇買金人。小玉姐託身非人，家門零落，不惜分釵之費，求全合璧〔64〕之歡。只是一件，紫玉釵工費價須百萬，急節〔65〕難遇其人。尋思起來，誰家最好？有了，數日前盧太尉堂候哥來說，盧小姐成婚，要對紫玉釵。舉頭一望。朱門畫榮〔66〕，便是他府。堂候哥有〔67〕麼？〔堂候上〕不畏金吾杖〔68〕，誰敲銅獸環〔69〕。原來是老侯，紫玉釵有麼？〔侯〕恰好一對，小姐早則喜也。〔堂〕誰家之物？〔侯〕不好說。〔堂〕來處不明，別衙去！〔侯〕實不相瞞，霍王府中之物。〔堂〕是他家小姐出賣？〔侯〕怪事怪事！你怎得知？〔堂〕老侯，你一向夢裏。他先招了俺府裏參軍李爺，新近李爺招在俺府，正是俺家太尉小姐新婚，要紫玉釵用，你今日來得正好得價也。〔侯〕敢別是一人？〔堂〕是隴西人，叫做李十郎。〔侯〕是了是了！他家到處找尋，怎知在這裏做女婿，央你引我見那喬才〔70〕一面。〔堂〕府門深遠，怎生見的？他也發誓不歸了。〔侯〕聽得他和前妻也發了誓。〔堂〕你休要閒管，在此待俺取錢還他。〔侯〕一對釵兒百萬錢。〔堂〕牙錢〔71〕要分取十三千。〔侯歎介〕這般一個薄情人，也唱個曲兒罵他。

**【清江引】**籠花撇柳不透風兒颭〔72〕，知他火死要絕了焰。逐廟裏討靈籤，卦上早陰人〔73〕占。李十郎！李十郎！怕你一處無情處處情兒欠。

〔堂捧錢上〕這百萬釵價，這十萬牙錢。快去！太尉爺升帳了。〔侯〕

這也罷了！俺且閒問，李參軍怎生發付〔74〕那前妻？〔堂〕有甚發付，教他生賽不成！

秦樓咫尺似天涯，雙雙釵燕落誰家？

寄語紅顏多薄命，莫怨東風當自嗟。

# 校　注

〔1〕螺髻點──螺殼形狀的髮髻曰「螺髻」。「點」謂點綴。

〔2〕纖（xiān）──謂細長。敦煌變文《伍子胥變文》：「手垂過膝，拾指纖長」。

〔3〕氣──謂氣派，這裏指衣衫穿的講究。

〔4〕麝（shè）──指麝香，泛指香氣。「脂粉麝」，謂脂粉香也。唐・張鷟《遊仙窟》：「裙前麝散，髻後龍盤。」

〔5〕坫（diàn）──襯也。襯坫，同義連文。葉《譜》作「墊」。

〔6〕妝閣──婦女的居室。唐・白居易《兩朱閣》詩：「妝閣伎樓何寂靜，柳似舞腰池似鏡。」

〔7〕牙婆──謂買賣居間的人。《水滸傳》第二十四回：「王婆笑道：『老身爲頭是做媒，又會做牙婆。』」

〔8〕搢──捋袖露臂曰搢。這裏意謂「掀」，《二刻拍案驚奇》卷十四：「恨不得走過去，搢開簾子一看。」「搢薪」，謂掀開柴禾。

〔9〕隱──隱蔽、隱藏。

〔10〕銛（xiān）──謂鋒利。漢・賈誼《弔屈原賦》：「莫邪爲頓兮，鉛刀爲銛」。

〔11〕崑山琰（yàn）──崑山，崑崙山的省稱；以產玉著稱。《書・胤征》：「火炎昆岡。」蔡傳：「昆，出玉山名；岡，山脊也。」《史記・李斯列傳》：「今陛下致崑山之玉，有隨和之寶。」琰，美玉。《龍龕手鑒・玉部》：「琰，玉名也。」

〔12〕粲（càn）──鮮明貌。本劇第四十八齣〔鎖南枝〕：「風光粲，雲影搖，矮帽輕衫碧玉縧。」「粲霜髯」，言鬍鬚如霜，白的很了。

〔13〕平章金落索──品評金鏈子。平章，謂品評。清・楊棨《出圍城記》：「錢升之子途遇一小白夷，誘與嬉戲，將臂上大金條脫，項下金絡索攫去。」

〔14〕編檢玉玲瓏──編檢，編輯審定。玉玲瓏，玉飾品。元・王實甫《麗春堂》一〔鵲踏枝〕：「衲襖子繡攙絨，兔鶻碾玉玲瓏。」

〔15〕面善──面熟。

〔16〕把水色覘（chān）──水色，謂淡青色，接近白色。陳澄之《慈禧西幸記・沐猴而冠》：「珍珠也帶到了，奶奶要的是一百零八顆，現在一式一樣大小，滴溜滾圓，一般水色的帶來了一百二十一顆。」覘，察看。

〔17〕唸（dian）——北語謂念叨曰「唸」，從口作「唸題」，從心作「惦題」，意即嘴裏念叨、心中掛念也。字又作「掂題」，「顛題」。掂題之「掂」，顛題之「顛」，皆以同音借用。此外還作「佔俤」，亦係同音借用，取義並同。詳參《宋金元明清曲辭通釋·唸題》。

〔18〕玲瓏煞——精巧得很。

〔19〕黏（nián）——用橡膠或糨糊性質的液體膠附之、黏合之。

〔20〕倍工夫——增加一倍時間。

〔21〕碾琢操箝——碾謂碾壓，琢謂琢磨，操謂操弄，箝謂夾住。皆指打造「玉雞冠豔」的勞動。

〔22〕擅場——技藝超群之謂。唐·杜甫《冬日洛城北謁玄元皇帝廟》：「畫手看前輩，吳生遠擅場。」注：「廟有吳道子畫。」吳道子即吳生也。明·唐順之《卓小仙草書歌》：「古來草書誰擅場？酒旭僧素頗中選。」

〔23〕僭（jiàn）——舊時指位卑者冒用在上者的名義或器物等，皆謂之僭越。「非僭」，謂沒有僭越本分也。

〔24〕堪驗——可以驗證。

〔25〕上鬢——意即上頭。見本劇第八齣注〔65〕。

〔26〕可得——豈能。

〔27〕喜愜——喜相。

〔28〕鎰（yì）——古代重量單位，一鎰合古代的二十兩，一說是二十四兩。

〔29〕炎炎——灼熱貌。《詩·大雅·雲漢》：「赫赫炎炎，雲我無所。」毛傳：「炎炎，熱氣也。」這裏喻指家勢盛貌。

〔30〕玷（diàn）——白玉上的污點，這裏引申爲缺失。《詩·大雅·抑》：「斯言之玷，不可爲也。」

〔31〕寒儉——貧寒。

〔32〕賂遺——見本劇四十四齣注〔14〕。

〔33〕貲妝欠——貲妝，資財，貲通「資」。欠，缺少。

〔34〕懨懨——精神萎靡貌。形容病態。唐·劉兼《春晝醉眠》詩：「處處落花春寂寂，時時中酒病懨懨。」元·王實甫《西廂記》二本一折〔仙呂·八聲甘州〕：「懨懨瘦損，早是傷神，那值殘春。」

〔35〕失機落節——失機，謂錯過時機。落節，謂敗落門第。鮑彪注《戰國策·齊策五》：「節，猶等。」

〔36〕醶——同「釅」凡形容味道厚、密度濃的液體，均謂之「釅」《廣韻·釅韻》：「釅，魚欠切，酒醋味厚也。」《增韻·豔韻》：「釅，醲也。」此用法，今仍通行，如說釅酒，釅醋，釅茶。

〔37〕塹（qiàn）——坑。

〔38〕長籌短算——長計劃、短打算。

〔39〕贍（shàn）——足也。足部充足、富足之意。《管子‧禁藏》：「能適衣服，去玩好以奉本，而用必贍，身必安矣。」

〔40〕淹——浸泡也。《楚辭‧劉向〈九歎‧怨思〉》：「淹芳芷於腐井兮，棄雞駭於筐簏。」王逸注：「淹，漬也。」

〔41〕啼紅——見本劇第三十三齣注〔17〕。

〔42〕歉——與本句「慵」字互文為義，皆懶的意思。亦可解作「提不起勁」。

〔43〕怯生生——膽小恐懼貌，「生生」，「怯」的狀語。

〔44〕向重門險——冒險走向重門。重門，謂兩道門，備警戒也。

〔45〕高低遠嫌——高低遠近也。嫌，「近」的意思。《呂氏春秋‧貴直》：「出若言非平論也，將以救敗也，固嫌於危。」高誘注：「嫌，猶近也。」

〔46〕賠小心——對人施以謙卑、恭順的態度，謂賠小心。

〔47〕沾（zhān）——沾光。

〔48〕雙尖半點——指鞋尖。

〔49〕打價彈牙笑掂——打價，謂還價討價錢。彈牙，謂口齒伶俐。掂，以手稱物也，即俗掂斤播兩之意。

〔50〕辱沒——謂玷辱、屈辱。

〔51〕沉潛——這裏指沉默、深思。

〔52〕拋閃——謂拋棄、捨棄。《金瓶梅》第八回：「我與他從前以往那樣恩情，今日如何一旦拋閃了！」又第十二回：「隨你前邊和人好，只休拋閃了奴家。」這裏意指躲閃。

〔53〕檢——封緘、裹好。

〔54〕撏（xián）——拔也。元‧無名氏《陳州糶米》楔子、白：「若不與我呵，就踢就打就撏毛。」

〔55〕軀勞——指身體，意同「軀老」。參看《宋金元明清曲辭通釋‧軀老》。

〔56〕覘（chān）——見本劇本齣注〔16〕。

〔57〕風欠——謂瘋狂、癡呆。元‧王實甫《西廂記》二本二折〔滿庭芳〕：「來回顧影，文魔秀士，風欠酸丁。」

〔58〕青蚨——「錢」的代稱。見本劇四十四齣注〔48〕。

〔59〕拈（niān）——持也，拿也。宋‧劉克莊《念奴嬌‧菊》詞：「餐飲落英並墜露，重把《離騷》拈起。」「拈起」，拿起也。

〔60〕招子——謂招貼，這裏即指尋人啓示。

〔61〕鞓（tīng）金寶帶——皮革製成飾金腰帶。

〔62〕儘——謂盡可能、盡量也。《禮記‧曲禮上》：「虛坐盡後，食坐盡前。」清‧劉淇《助字辨略》卷三：「按《曲禮》『虛坐盡後，食坐盡前。』」，此『盡』字

當讀即忍切，今作『盡』也。盡前，盡後者，言極至於前，極至於後，不容餘
地，今俗云『盡讓』是也。」

〔63〕贖——買。

〔64〕合璧——兩個半璧合成一圓形，謂之合璧，這裏比喻夫妻團圓。

〔65〕急節——意謂一時間、短時間。

〔66〕畫棨（qǐ）——有僧衣或有彩飾的戟。古代官吏出行時用作前導的一種儀仗。
唐三品以上之官皆列畫戟於門，以為儀飾。後泛指顯貴之家。唐·王勃《滕王
閣序》：「都督閻公之雅望，棨戟遙臨。」

〔67〕有——「在」的意思。

〔68〕金吾杖——見本劇第五齣注〔9〕。

〔69〕銅獸環——門上獸形的銅環。

〔70〕喬才——用作詈詞，意謂無賴、惡棍。明·徐渭《南詞敘錄》：「喬才，狙詐
也。」明·惠風野叟《識餘》卷三：「趫才，凡輕儇挑達少年曰趫才。」按：
趫、喬字異而音義同

〔71〕牙錢——傭金。

〔72〕颭——謂風吹使物搖曳、顫動也。

〔73〕陰人——壞人。

〔74〕發付——打發、發落。

# 第四十六齣　哭收釵燕

【風馬兒】〔盧上〕兵符勢劍玉排衙〔1〕，春色照袍花。千官日擁旗
門下，當朝第一人家。

欲作江河惟畫地〔2〕，能迴日月試排天。人生得意雖如此，卻笑書生強
項〔3〕前。我盧太尉嫁女，豈無他士？只為李參軍作挺〔4〕，偏要降伏
其心。早晚收買玉釵，與我女兒上頭〔5〕之用，還未整齊，堂候官好沒
用也！〔堂候上〕屏畫彩鸞金帖尾，鏡描紅燕玉搔頭〔6〕。稟老爺，買
得侯景先紫玉釵一對在此。〔盧〕好精工也，景先從何得此？〔堂〕說
來可憐，便是參軍爺先位夫人霍王府中之物，家貧零落，賣此為生。〔盧
作沉吟介〕俺正思一計，牢籠〔7〕李君虞，此事諧矣。問堂候官，霍家
有甚女流往來？〔堂〕聽得王哨兒說，有個鮑四娘往來。〔盧〕你可去
請參軍到此，敘事〔8〕中間，教你妻子扮作鮑四娘之姊鮑三娘來獻此釵，
說他前妻有了別人，將此棄賣。待李郎見惱〔9〕，自然棄舊從新。你就

請李參軍去！正是暗施刻燕釵頭計，明要乘龍〔10〕錦腹猜。〔堂候下、生上〕

【霜天曉角】春明〔11〕翠瓦，戶戟〔12〕門如畫。徘徊青蓋拂烏紗〔13〕，寶鐙〔14〕雕床下馬。

〔堂候通報見介、盧〕客館提春興。〔生〕軍麾拜下風〔15〕。〔盧〕江山養豪傑。〔生〕禮數〔16〕困英雄。〔盧笑介〕好一個禮數困英雄！且請坐談。下官有一小女及笄〔17〕，昨請韋先生爲媒，願配君子〔18〕，說有前夫人在此，乃不忘舊也。不知當初何以招贅王門？〔生〕容訴來：

【東甌令】人兒那，花燈姹〔19〕。淡月梅橫釵玉掛，拾釵相見迴廊下，一面許招嫁；恩深發得誓盟大，的的〔20〕去時話。

〔盧〕容易成婚。不爲美重也。

【前腔】相逢乍，忒沾惹〔21〕，燈影裏挑心非正大，墜釵兒納采眞低亞〔22〕，就裏有些怕，易相交必定意情雜〔23〕，容易撇人下。

〔丑鮑三娘持釵盒上〕注嘴凸來紅一寸，粉腮凹去白三分。假作鮑四娘姊妹都相像，則怕端〔24〕不的紅靴腳太尊。〔見介〕太尉爺，老婦人叩頭。〔盧〕你是誰家？〔丑〕鮑家。〔盧〕因何而來？〔丑〕聞公相家小姐要紫玉釵，有見成〔25〕的獻上。〔盧〕正好，取來看。〔堂候取釵上介、盧同生細看介、盧〕好精細，小燕穿花！誰家的？把紅絲繫了，好一個細金絲盒兒！〔生作驚背云〕這釵似曾見來！他說姓鮑，敢認得鮑四娘，就問霍家消息。〔回身問介〕賣釵的婆子姓鮑，敢有姊妹麼？〔丑〕有七姊妹，老婆子第三。〔生〕可有鮑四娘？〔丑〕是俺妹子，他詼諧〔26〕會作媒。老婆子性直，做些小交易。〔生〕這釵何來？〔丑〕是婆子的。〔生〕看你衣妝，不似有此釵。〔丑〕實不相瞞，是妹子鮑四娘央我賣的。〔生〕何從得此？〔丑〕賞元宵拾來的。〔生〕

【獅子序】來何處？是誰家？猛然間提起賞元宵歲華。歎墜釵人遠，還記些些，甚來由向靈心兒撇〔27〕打？多則是〔28〕雲鬢懶，月梳斜，鏡臺邊那年留下！〔丑〕李老爺好俊俏眼〔29〕哩！〔生驚介〕終不然〔30〕霍府來的！〔看釵介〕覷了他兩行飛燕，一樣銜花。

〔悲介〕此釵緣何到此？

【太平歌】別他三載，長是泣年華，眼見得去後人亡將物化。〔丑〕活在。〔生〕終不然舊家門戶恁消乏[31]，沿門送上金釵價？〔丑〕那裏討舊家門戶哩？〔生〕終不然到嫁了人，那裏有彩鳳去隨鴉[32]，老鶴[33]戲彈牙？

〔丑〕李老爺這般傷感，敢認的他家？老婆子若說起，一發可憐。這府裏有個郡主，招了個丈夫，一去不來。有個什麼韋秀才，報說他丈夫誰家招贅了，不信，訪得明白，整呪了一個月日，又是我妹子為媒，招了個後生相伴，因此賣了這釵。〔生哭介〕我的妻呵！〔丑驚介〕原來就是參軍爺夫人，老婆子萬死萬死！〔生悶倒扶起介〕妻呵，是俺負了你也！

【賞宮花】是真是假？似釵頭玉筍芽：便做道釵[34]無價，做不得玉無瑕[35]。〔丑〕參軍爺，夫人忘了你去哩！〔生〕妻呵，你去即無妨誰伴咱？他縱然忘俺依舊俺憐他！

〔丑〕好個參軍爺念舊。〔生再提釵看介〕

【絳黃龍】冤家，真個無差！好些時肉跳心驚，這場兜答[36]。妻呵，常言道配了千個，不如先個。你聽後夫說，賣了釵。有日想李十郎來，要你悔也！妻，那人怎麼，記當年曾愛西家[37]。〔盧〕參軍，婦人水性，大丈夫何愁無女子乎！昨遣韋夏卿相勸，今霍家既去，此天緣也！〔生〕休喳[38]！俺見鞍思馬，難道他是野草閒花[39]？小玉姐，痛殺我也！氣咽喉嗄[40]，恨不得把玉釵吞下！

〔盧〕不消如此，嗄死了人身難得。參軍不如且收此釵，百萬價府中自還。〔生謝尉收釵介〕

【大聖樂】懷袖裏細捧輕拿，似當初梅月下。還記他齊眉舉案斜飛插，枕雲橫惜著香肩壓。〔盧〕便倩鮑三娘為媒。將此玉釵行聘小女如何？〔生〕早難道釵分意絕由他罷，少不得鈿合[41]心堅要再見他。〔盧〕待咱敲斷了這釵。〔生〕伊閒刮[42]，您玉釵敲斷鎮[43]淚珠盈把。

〔盧〕堂候，送參軍館中去。〔堂候送生介〕

**【哭相思】**〔生〕早則枉了咱五百年遇釵人也。〔下〕

〔盧弔場〕叫堂候的妻子上來，分付你不許漏泄〔44〕！事成，賞你丈夫一個中軍官〔45〕。〔丑叩頭謝介〕

秋風紅葉〔46〕不成媒，分付春庭燕子知；

好去將心託明月，管勾〔47〕明月上花枝。

# 校　注

〔1〕兵符勢劍玉排衙——兵符，古代調兵遣將用的一種憑證。《史記·魏公子列傳》：「嬴（侯嬴）聞晉鄙之兵符常在王臥內，而如姬最幸，出入王臥內，力能竊之。」勢劍，皇帝授予大臣全權處理軍國大事的信物，此劍亦稱尚方劍。尚方，漢代官名，主製宮禁中御用刀劍及器物。尚方劍就是尚方官所監製的。排衙，舊時主官升座，衙署陳設儀仗，僚屬依次參謁，分立兩排，謂之排衙。「玉排衙」，美言陳設的儀仗也。

〔2〕惟畫地——惟，用作副詞，謂只有。《論語·述而》：「子謂顏淵曰：『用之則行，舍之則藏，惟我與爾有是夫！』」畫地，畫出地界，開鑿江河。

〔3〕強項——意謂挺著脖子，不肯低頭，以喻剛直不屈。語出《後漢書·董宣傳》。這裏用以比喻李益執意不肯答應盧太尉招他為婿。

〔4〕作挺——倔強。

〔5〕上頭——見本劇第八齣注〔65〕。

〔6〕玉搔頭——首飾，即玉簪。晉·葛洪《西京雜記》卷二：「武帝過李夫人，就取玉簪搔頭。自從後宮人搔頭皆用玉，玉價倍貴焉。」唐·白居易《長恨歌》：「花鈿委地無人收，翠翹金雀玉搔頭。」

〔7〕牢籠——牲畜欄圈為牢，鳥檻為籠，合言之則為「牢籠」，意指關閉禽獸的處所，引申之有約束、控制、羈縻等義。

〔8〕事——獨深本作「話」。

〔9〕見惱——被激惱。

〔10〕乘龍——比喻得到佳婿。《醒世恆言·錢秀才錯占鳳凰儔》：「高贊為選中了乘龍佳婿，到處誇揚。」

〔11〕春明——指唐都長安春明門，因以代指京都。清·顧炎武《與蘇易公書》：「即至春明，料必上陳情之表。」

〔12〕戟（jǐ）——古兵器名，合戈、矛為一體，略似戈，兼有戈之橫擊、矛之直刺

兩種作用，殺傷力比戈、矛爲強，常列在門戶前，作儀仗用，以顯示門第之高貴威風。元刊本《薛仁貴》一〔金盞兒〕：「你受取門排十二戟，戶列八椒圖。」

〔13〕烏紗——古代官帽名。上朝及接見賓客時戴之。南朝宋始有烏紗帽，直至隋代均爲官服，唐初曾一度官民皆用，唐・李白《贈烏紗帽》詩：「領得烏紗帽，全勝白接䍦。」以後又限官用。

〔14〕寶鐙——馬鞍兩旁足所踏者。言寶鐙者，美稱也。

〔15〕軍麾拜下風——軍麾，軍中指揮用的旗子，引申指擔任指揮的官員。下風，見本劇第四十二齣注〔22〕。

〔16〕禮數——指禮貌、禮節的等級。在封建社會時對人施禮，因人之名位而定。

〔17〕及笄——到了結婚年齡。笄，簪也，古時用以貫髮或固定弁、冕者。《禮記・內則》：「女子十有五年而笄。」鄭玄注：「謂應年許嫁者。女子許嫁，笄而字之。其未許嫁，二十則笄。」

〔18〕君子——這裏是對人的尊稱，猶言「先生」。

〔19〕姹（chà）——美豔貌，這裏形容花燈色彩斑爛。《牡丹亭》十〔皂羅袍〕：「原來姹紫嫣紅開遍，似這般都付與斷井頹垣。」

〔20〕的（dì）的——深切貌。唐・蘇頲《陳倉別隴州司戶李維深》詩：「情言正的的，春物宛遲遲。」

〔21〕沾惹——謂接近而招引挑動之。元・李邦祐小令《轉調淘金令・恩情》：「花衢柳陌，恨他去胡沾惹。」（見《詞林摘豔》卷一）

〔22〕低亞——謂不穩妥、不愼重也。

〔23〕情雜——愛情不一。元・喬吉散套《一枝花・雜情》：「小則小，心腸兒到狡猾，顯出些情雜。」

〔24〕踹——踏也。

〔25〕見（xiàn）成——即現成。

〔26〕詼諧——談吐幽默風趣。

〔27〕撇（piē）——拂也，掠過也。

〔28〕多則是——揣測之詞，意爲大概是、多半是、恐怕是。

〔29〕俊俏眼——謂眼力甚高。

〔30〕終不然——反詰詞，意謂難道、豈能、莫非。下同。

〔31〕消乏——消折窘乏，生活困窘。《水滸傳》第六回：「在先他的父親是本處檀越，如今消乏了家私，近日好生狼狽。」

〔32〕彩鳳去隨鴉——喻美人所嫁非偶。《事文類聚》：「杜大中起於行伍，妾能詞，有『彩鳳隨鴉』之句。杜怒曰：『鴉且打鳳。』」清・嬴宗季女《六月雪・前提》：「浮雲夫婿，忍甚秋胡。彩鳳隨鴉，明珠彈雀，樂府淒涼詠採薇。」

〔33〕老鸛（guān）戲彈牙——鸛，即鸛雀，水鳥名。《詩・豳風》：「鸛鳴於垤。」高亨注：「鸛，鳥名，形似鶴，亦似鷺，大型涉禽，食魚。垤（dié），小土堆。」

這裏以鶴鳴喻亂說。彈牙，隨便說笑，有開玩笑之意，與本劇四十五齣注〔49〕
彈牙義同。

〔34〕便做道——用作句中連詞，多為假設口氣，有即使、縱然等義。

〔35〕瑕——玉病，即瘢痕之類。

〔36〕兜答——有波折、糾纏、麻煩等義。

〔37〕西家——戰國楚・宋玉《登徒子好色賦・序》：「天下之佳人，莫若楚國，楚國
之麗者，莫若臣里，臣里之美者，莫若臣東家之子……然此女登牆，窺臣三年，
至今未許也。」唐・王維《雜詩》：「王昌是東舍，宋玉次西家。」

〔38〕嗏——謂叫嚷、嗏呼。明・孟憲祖《鸚鵡記》十〔八聲甘州〕：「休嗏！謾思量
代筆生花。」

〔39〕野草閒花——舊時比喻正式婚配以外所玩弄的女子，亦指娼妓。元・戴善夫
《風光好》三〔二煞〕：「此別後，我專想著你玉堂金馬懷離恨，誰再與野草
閒花作近鄰？」

〔40〕嗄（shà）——聲音嘶啞。《老子》：「終日號而不嗄，和之至也。」《聊齋誌異・
考弊司》：「一獰人持刀來，秀才大噑（háo）欲嗄。」

〔41〕鈿合——亦作「鈿盒」，鑲嵌金、銀、玉、貝的首飾盒子。唐・白居易《長恨
歌》：「惟將舊物表深情，鈿合金釵寄將去……但教心似金鈿堅，天上人間會相
見。」

〔42〕閒刮——猶「閒聒」。刮，同「聒」，字異音近義同，猶今云「閒扯淡」。馬烽
《村仇》：「田鐵柱和婆姨先到，見沒有趙拴拴，道罷喜，就和親戚們閒扯淡。」
「閒扯淡」意即「閒扯」。

〔43〕鎮——明・胡震亨《唐音癸籤》卷二十四釋「鎮」曰：「蓋有常之義，約略用
之代『常』字。」「鎮常」二字亦常連用，多見於宋元明清戲曲。

〔44〕漏泄——謂泄露內情或消息。《左傳・襄公十四年》：「蓋言語漏泄，則職汝之
由。」

〔45〕中軍官——明代總督、巡撫的侍從官。《古今小說・陳御史巧勘金釵鈿》：「（陳
御史）託病關門，密密分付中軍官晶千戶，安排下這些布匹，先雇下小船，在
石城縣伺候。」

〔46〕紅葉——唐僖宗時，宮女韓氏，以紅葉題詩，從御溝中流出，為於祐所得，
祐亦題一葉，投溝上流，韓亦得而藏之。後帝遣散宮女，祐適娶韓，既成禮，
各出藏詩相示，乃開宴曰：「予二人可謝媒人。」韓題一詩云：「一聯佳句隨
流水，十載幽思滿素懷；今日卻成鸞鳳友，方知紅葉是良媒。」（見《太平廣
記》）

〔47〕管勾——謂管理。宋・歐陽修《舉留胡瑗管勾太學狀》：「自瑗管勾太學以來，
諸生服其德行，遵守規矩。」

# 第四十七齣　怨撒金錢

【行香子】〔旦作病上〕去也春光！月地花天，相思影瘦的不成模樣。爲伊蹤跡〔1〕，費盡思量。〔浣〕歸來好，空迷戀，有何長！

【集句】〔旦〕蕙帳金爐冷篆煙，寶釵分股合無緣；菱花〔2〕塵滿慵將照，多病多愁損少年。浣紗，紫玉釵頭，是咱心愛，幾時賣去呵？好悶也！

【玉山鴛】玉釵拋樣〔3〕，上頭〔4〕時縈紅膩香。爲冤家〔5〕物在人亡，這幾日意迷神恍〔6〕。每早起呵，窺妝索向〔7〕，還疑在枕邊床上，又似在妝盒響。猛思量，原來賣了，空自搵〔8〕啼妝。

【前腔】如今可〔9〕賣了也？賣釵停當，喜孜孜誰家豔陽〔10〕？那插釵〔11〕人溫存的依前〔12〕還價，遇著那一等〔13〕呵！笑窮婦人無分承當，擡高價作他喬樣〔14〕。俺霍小玉一眼看上李十郎，今日賣了釵也！路傍喧講，道當初墜釵情況。自把前程颺〔15〕，爲誰行？斷簪殘髻，留伴鏡中霜！

〔侯景先上〕杜鵑花暖碧桃稀，兩處紅妝〔16〕一處悲。個裏〔17〕囊中忒羞澀〔18〕，他邊頭上有光輝。自家侯景先便是。替霍家郡主賣釵，得百萬錢，在店中半年多月，沒人取去，老子親送來。內有人麼？〔浣〕老侯到了。待咱通報。〔見介、旦〕賣釵得價了？

【桂花鎖南枝】〔侯〕咱登時發付〔19〕，珠釵兩股，舊時價不減些兒，任姹女〔20〕把金錢細數。〔浣數錢介〕是百萬了。牙錢〔21〕那家有？〔旦〕問他賣在那家！〔侯〕是當朝太尉姓盧，玉偋停〔22〕上頭須此。〔旦驚介〕浣紗，問他到盧府裏，可打聽來？〔侯〕且喜且喜！有個李參軍，你這裏尋故夫，他那邊衘〔23〕新婿。〔旦〕當眞了？〔侯〕府門外久躊躇，是他堂候官親說與。

〔旦泣介〕天下寧有是事乎！霍小玉釵頭，到去盧家插戴也！〔悶倒介、侯〕玉剪江魚〔24〕尋老手，釵分海燕泣春心。〔下〕

【小桃紅】〔旦〕俺提起曉妝樓上玉纖閒，他斜倚妝盒盼。也則道鏡臺中長則是兩相看，閒吟歎，把玉釵彈。人去後，香肩軃〔25〕，畫眉

殘。將他來斜撥爐香篆〔26〕也，又誰知誓冷盟寒！空擲斷釵頭玉，雙飛燕不上俺雲鬟。

〔浣〕這錢愛殺俺也！〔旦〕要錢何用！

【下山虎】一條紅線，幾個開元〔27〕，濟〔28〕不得俺閒〔29〕貧賤，綴〔30〕不得俺永團圓。他死圖個子母連環〔31〕，生買斷〔32〕俺夫妻分緣〔33〕。你沒耳的錢神聽俺言：正道錢無眼，我爲他疊盡同心〔34〕把淚滴穿，覷不上青苔面〔35〕！〔撒錢介〕俺把他亂灑東風一似榆莢錢〔36〕。

〔浣〕怎生撒去！可是撒漫〔37〕使錢哩！

【醉歸遲】〔旦〕那其間成宅眷〔38〕，俺不是見錢兒熱賣圖長便〔39〕，誰承望〔40〕這一對金釵胡串？青樓〔41〕信遠，知他向紅妝〔42〕啼箋。他雖然能掇綻〔43〕，慣賠錢，你敢也承受俺貫熟〔44〕的文鴛，又蘸上那現成釵燕。想著那初相見，長安少年，把俺似玉天仙花邊笑嫣。滿著他含笑拾花鈿〔45〕，終不然那一霎兒燈前幾年。到如今那買釵人插妝鬟儼然〔46〕，俺賣釵人照容顏慘然〔47〕。知他是別樣嬋娟〔48〕，也則是前生分緣。

〔崔上〕旅舍貧儒閒踏草，高樓思婦怕看花。這幾日不曾問霍府李郎消息，取幾貫錢使用。裏面甚事悲諠？徑入則個。〔見錢撒地作驚介〕浣紗姐，俺書生終日奔波覓錢，如何亂撒滿地。〔浣〕你不知，要找訪李郎，貲費乏絕，將玉釵倒與玉工，正賣向盧太尉府中，果然百萬錢買去，盧小姐插戴，與李郎成親了。〔崔〕真個了？李君虞，你可也有時遇著俺崔允明，數落〔49〕你一番，怕你不動頭也！〔旦〕果如所言，崔君清客〔50〕，浣紗將錢奉上薄爲酒費，容奴拜懇也！〔拜介〕

【憶多嬌】借美言，續斷緣；斷續姻緣須問天。〔崔〕滿眼春愁花樹邊，要得團圓，〔又〕還似巧相逢那年〔51〕。

【哭相思】〔旦〕俺心中人近人心遠，說教〔52〕他心放心邊。他錢堆裏過好日，俺釵斷處惜華年！〔崔辭介、旦〕加婉轉，促留連；看落花飛絮是俺命絲懸。若得他心香轉作迴心院〔53〕，抵多少買賦千金〔54〕

這酒十千。

　　真成薄命久尋思，夢見雖多覺後疑。買斷人間不平事，金錢還自有圓時。〔下、崔吊場〕好花期〔55〕客客不至，病鳥依人人自憐。看來小玉姐為尋訪李郎，破散家貲百萬，俺三年間受之惶愧。要徑造李郎，他又被盧府拘制〔56〕，早朝晚歸，不放參謁，怎生是好？〔想介〕有了！崇敬寺今春牡丹盛開，約韋夏卿酒館商量，去請李郎玩賞，酒中交勸，或肯乘興而歸。正是欲見夫妻一片心，須聽朋友三分話。〔下〕

# 校　注

〔1〕蹤跡——猶行蹤，這裏指李益的蹤跡和身影。《聊齋誌異·青娥》：「猶冀父母尚在人間，隨在探訪，而終無蹤跡矣。」

〔2〕菱花——菱花鏡的簡稱。漢·伶玄《趙飛燕外傳》：「飛燕始加大號婕妤，奏上三十六物以賀，有七尺菱花鏡一奩。」北周·庾信樂府詩《王昭君》：「鏡失菱花影，釵除卻月梁。」隋·楊達《明妃怨》詩：「匣中縱有菱花鏡，羞對單于照舊顏。」鏡所以稱「菱花鏡」者，據說古代銅鏡邊緣上鑄有菱花之紋，故云。

〔3〕拋樣——謂拋棄。亦作拋漾、拋颺。漾、颺，音義並同。「樣」同音借用。參閱《宋金元明清曲辭通釋·拋漾》。

〔4〕上頭——見本劇第八齣注〔65〕。

〔5〕冤家——是對情人、愛侶的昵稱，以反語見義，猶今云「親愛的」。明·閔遇五注《西廂》曰：「不曰可愛，而曰可憎如冤家，愛之極也，反語見意。」此語古早有之。晉·干寶《搜神記》：「只此小娘子，便是大夫冤家。」唐·無名氏《醉公子》詞：「門外猧兒吠，知是蕭郎至；劃襪下香階，冤家今夜醉。」宋·黃庭堅《晝夜樂》詞：「其奈冤家無定據，約雲朝、又還雨暮。」

〔6〕意迷神恍（huǎng）——心意迷茫，神思恍惚。

〔7〕窺妝索向——「妝」指紫釵；「索」謂尋找。整句話意思是：窺看紫釵向何處尋找。

〔8〕搵（wèn）——謂揩拭。元·貫雲石散套《點絳唇·閨怨》：「鸞釵半軃慵蟬鬢，長籲短歎，頻搵啼痕。」《紅樓夢》第二十二回：「漫搵英雄淚，相離處士家。」

〔9〕可——此處用為加強語氣之詞，表示強調。

〔10〕豔陽——豔麗明媚，意指春天，正是男女結婚的好季節。郭沫若《中國古代社會研究》第二篇第一章第二節：「女子好像還有別的一種公事，就是在春日豔陽的時候，公子們的春情發動了，那就不免要遭一番蹂躪了。」

〔11〕插釵——見本劇第四十四齣注〔55〕。

〔12〕依前——意為照舊、依舊。

〔13〕一等——猶云一種、一類。唐・寒山《詩》一三六：「世有一等流，悠悠似木頭。」「一等流」，意即一種人。

〔14〕喬樣——謂裝模作樣。

〔15〕颺（yáng）——謂顯示。漢・張衡《西京賦》：「吐葩颺榮，布葉垂陰。」

〔16〕紅妝——指美女。清・洪昇《長生殿》一〔沁園春〕：「馬嵬驛，六軍不發，斷送紅妝。」（此指楊貴妃）

〔17〕個裏——謂這裏。個，用作指示代詞，猶「這」或「那」。唐・李白《秋浦歌》：「白髮三千丈，緣愁似個長。」「似個長」，似此長也。《舊唐書・李密傳》：「帝曰：『個小兒視瞻異常，勿令宿衛。』」《新唐書・李密傳》「個」作「此」。並可證。

〔18〕囊中忒羞澀——簡稱「囊澀」，比喻窮乏。晉・阮孚持一皂囊遊歷會稽，客問囊中何物，曰：「但有一錢守囊，恐其羞澀。」見宋・陰時夫《韻府群玉・陽韻》。後因以「囊澀」謂身無錢財。

〔19〕登時發付——立時送交（賣釵錢）。

〔20〕姹女——少女、美女。《後漢書・五行志一》錄有京都童謠曰：「河間姹女工數錢，以錢爲寶金爲堂。」此蓋指漢靈帝劉宏母董太后，她正是河間人。

〔21〕牙錢——傭錢。見本劇第四十五齣注〔71〕。

〔22〕俜（pīng）停——姿態美好，漂亮。這裏用爲名詞，指美女。

〔23〕衠（zhūn）——純也、真也。元・鄭光祖《三戰呂布》二〔夜行船〕：「我則道你衠鋼槊，呸！你原來是個蠟槍頭。」

〔24〕玉剪江魚——玉剪，剪刀的美稱；指打造釵的工具。江魚，石頭的別稱；指釵的工藝。

〔25〕嚲（duǒ）——下垂貌。

〔26〕香篆——即放在香爐內薰燒的餅形的香，亦作香篆餅。此外還有寫作篆餅、串餅、黃篆餅、黃串餅。按：篆（作篆字形）、串、餅，皆以形狀名之也。香者，以味名之也。黃者，以色名之也。名稱雖異，所指一也。例見《宋金元明清曲辭通釋・黃串餅》。

〔27〕開元——「開元通寶」的簡稱，唐代的錢幣名。《舊唐書・食貨志上》：「武德四年七月，廢『五銖錢』，行『開元通寶錢』，徑八分，重二銖四絫，積十六重一兩。」

〔28〕濟——救也。《字彙・水部》：「濟，賙救也。」《易・繫辭上》：「知周乎萬物，而道濟天下。」

〔29〕閒——無所事事曰閒。

〔30〕綴——補也。《說文・系部》：「綴，合箸也。」段玉裁注：「聯之以絲也。」《廣韻・薛韻》：「綴，連補也。」

〔31〕子母連環——即「子母環」，大環中穿一小環，謂之子母環。《詩・齊風・盧令》：
「盧重環」。毛傳：「重環，子母環也。」孔穎達疏：「重環謂環相重……子母環謂大環貫一小環也。」

〔32〕買斷——買死、買定之意，即謂人、物、事被買後，斷絕與原來擁有者的關係。

〔33〕分（fèn）緣——即緣分（因緣定分），命中注定的機遇。元・呂止菴散套《仙侶・翠裙腰纏令》：「素娥公案嚴，牛女分緣儉。」

〔34〕同心——此指「同心結」。所謂「同心結」即指舊時用錦帶編成的連環迴文樣式的結子，用以象徵堅貞的愛情。唐・長孫佐輔《答邊信》詩：「揮刀就燭裁紅綺，結作同心答千里。」宋・鄭文妻孫氏《憶秦娥》詞：「閒將柳帶，試結同心。」明・劉基《雙帶子》詩之二：「結得同心欲寄郎，還將雙帶刺鴛鴦。」

〔35〕青苔面——青苔的面容。青苔，指苔蘚之類。南朝梁・江淹《青苔賦》：「嗟青苔之依依兮，無色類而可方。」宋・趙師秀《大慈道》詩：「青苔生滿路，人跡至應稀。」

〔36〕榆莢錢——榆莢成串似錢，故稱。明・李時珍《本草綱目》：「榆未生葉時，枝條間先生榆莢，形似錢，色白，俗呼榆錢。」

〔37〕撒漫——謂揮霍無度、隨意花錢，意同「撒漫」。撒鏝、撒漫，字異而音義並同。鏝，錢也。制錢的正面叫「字」，反面叫「鏝」（即「幕」，錢的背面）。

〔38〕宅眷——家眷、家屬。

〔39〕長便——謂長久的打算和辦法。一作「常便」。

〔40〕承望——謂料想、料到。元・白樸《梧桐雨》四〔呆骨朵〕：「誰承望馬嵬坡塵土中，可惜把一朵海棠花零落了。」

〔41〕青樓——本指妓院，此指豪宅。

〔42〕妝——繼志本、獨深本俱作「粉」。

〔43〕掇綻——謂哄騙。葉《譜》作「掇賺」。

〔44〕貫熟——意同「慣熟」，謂熱練。宋・蘇轍《論衙前及諸役人不變箚子》：「若使雇募慣熟之人，費用一分，則鄉差生疏之人，非二三分不了。」

〔45〕花鈿——用金翠珠寶製成的花形首飾。南朝梁・沈約《麗人賦》：「陸離羽佩，雜錯花鈿。」唐・白居易《長恨歌》：「花鈿委地無人收，翠翹金雀玉搔頭。」

〔46〕儼然——真切、明顯貌。宋・無名氏《異聞總錄》卷一：「歸齋率眾燭之，儼然一少婦，死僕矣。」

〔47〕慘然——悲傷貌。清・沈復《浮生六記・坎坷記愁》：「十九日北風更烈，雪勢猶濃，不禁慘然落淚。」

〔48〕嬋娟——指美人。

〔49〕數落——列舉過失責備人的意思。

〔50〕清客——舊時在富貴人家幫閒湊趣的人。清·梁章鉅《歸田瑣記·清客》：「都下清客最多，然亦須才品稍兼者，方能自立。」

〔51〕那年——指本劇第五齣「觀燈」，第六齣「墮釵」那年。

〔52〕說教——說服、告訴。宋·無名氏《張協狀元》十〔出隊子〕：「貧女回來必不容它，憑小聖說教希吒。」

〔53〕迴心院——詞牌名，遼蕭後作。清·葉申薌《本事詞》卷下：「遼蕭後，小字觀音。工書，能歌詞，善彈箏琶。天祐帝初甚寵之，敕爲懿德皇后。帝後荒於游畋（lián），後諷詩切諫，帝遂疏之。後又作《迴心院》詞，寓望幸之意也。」

〔54〕買賦千金——漢武帝陳皇后因妒忌，被打入冷宮，遂不惜千金求司馬相如作賦，以冀復得寵幸。司馬相如《長門賦》序曰：「孝武皇帝陳皇后，時得倖，頗妒，別在長門宮，愁悶悲思。聞蜀郡成都司馬相如，天下工爲文，奉黃金百斤，爲相如、文君取酒，因於解悲愁之詞。而相如爲文以悟主上，陳皇后復得親幸。」唐·李白《白頭吟》之二：「聞道阿嬌失恩寵，千金買賦要君王。」

〔55〕期——盼也，待也。

〔56〕拘制——謂拘束挾制，使不得自由也。


# 第四十八齣　醉俠閒評

〔老旦酒保〔1〕上〕遊人醉殺牡丹時，立誓無賒掛酒旗〔2〕。一斗十千〔3〕教滿腹，十分一盞即開眉〔4〕。自家乃崇敬寺前大街頭一個有名酒館小二哥〔5〕便是。恭喜今年牡丹盛開，約有半月日，看花君子〔6〕往來遊賞，須索〔7〕在此守候。凡有吃賽酒〔8〕的，吃案酒〔9〕的，賒酒去的，包酒來的，咱都不誤主顧。正是有物任教攜酒去，無人不道看花來。遠遠一個活神道〔10〕來也！〔豪士輕紗巾黃衫挾弩彈騎馬跟從數人打獵上〕

【鎖南枝】風光粲〔11〕，雲影搖，矯帽〔12〕輕衫碧玉縧〔13〕。花襯著馬蹄驕，俠骨天生傲。自家埋名豪客是也。春歸花落草齊，彈鳥一會。呀，前面是個大酒店，胡雛〔14〕叫酒保：可有淡黃清〔15〕數十瓶？待俺打鳥回來飲唱也！〔保〕知道了。〔豪〕你把珍珠茜〔16〕，滴幾槽，待俺打圍歸，醉花鳥。去也。〔下、崔上〕

【前腔】春多少，紅樹梢，長安看花愁思敲〔17〕。一步步倚斜橋，詩打就殘紅稿。酒保哥有麼？〔保上、崔〕你把冷燒刀〔18〕，不用的熬。水晶蔥，鹽花兒搗。

俺有朋友韋夏卿來此講話，案酒排幾個來。〔保〕請裏面坐。〔崔自飲介、韋上〕

【前腔】青旗〔19〕上，酒字兒飄，步轉東風尋故交。原來崔允明先在此。〔見介、崔笑介〕如此春光十分，怎生不醉也！〔韋〕你窮暴〔20〕的不鏖糟〔21〕，村沙〔22〕恁還俏〔23〕。〔崔〕酒保取酒來！聽提壺〔24〕喚，春色澆〔25〕，免把俺老明經〔26〕乾渴倒。

〔韋〕允明兄。敢待商量李君虞一事？〔崔〕便是。聞得崇敬寺牡丹盛開，小弟要將小玉姐所贈金錢作酒，邀請李君虞吟賞，席上使〔27〕幾句，攢聒〔28〕得他慌，不由不回頭也！〔韋〕你不知盧太尉當朝權勢，出入有兵校挾著，分付有說及霍府事者，以白梃〔29〕推之；且盧家刺客布滿長安，好不精細〔30〕哩！〔崔〕得人錢貫，與人消算〔31〕，盡你我一點心也！

【前腔】把他孤鸞〔32〕賺，去鳳招，受了他殷勤難暗消。俺二人呵，似接樹老花妖〔33〕，惜樹憐枝好。〔韋〕只怕他冷心情，會作喬〔34〕，苦了俺熱肝腸，替煩惱。

〔崔〕此事就煩這酒家做酒三筵，明後日崇敬寺牡丹花下，就煩他去盧府下請書，催請李參軍赴宴。〔保〕門上難進。怕他生疑。〔韋〕俺有一計，只做無相禪師請他便了。〔保〕知道了。二位與俺再倒一壺。〔豪上〕

【前腔】流鶯巧，翡翠〔35〕嬌。彈珠兒打來雲漢〔36〕高。金鐙寶鞭敲，旗亭〔37〕外把銀瓶〔38〕弔。呀，兩個秀才在此，忍耐不住，教他迴避便了。那魯兩生〔39〕可也不伏嘲〔40〕，困黃粱〔41〕是〔42〕這邯鄲道。

〔作舉手介〕請了！〔韋崔作辭避介〕高樓後客催前客，深院新人換舊人。請了！崇敬寺相候也。〔下、豪笑目送二生云〕何處擺出兩個大酸倈〔43〕！〔從〕這兩個秀才好生眼熟，似三年前一個借鞍馬的韋先

兒〔44〕，一個求俊僮的崔先兒。〔豪〕借人馬何用？〔從〕李十郎就親霍府，借去風光〔45〕也。〔豪問保〕兩個酸傢到此許久？〔保〕好一會了。〔豪覷殘殽笑介〕這盤中何所有？〔保〕是五香豆豉〔46〕。〔豪〕那盤中？〔保〕十樣錦豆腐。〔豪作笑介〕這狗才〔47〕，幾縷兒豆腐皮，做出這十樣錦，去哄弄〔48〕那窮酸，可憐人也！兩個消了你幾大瓶酒？〔保〕每人倒了一瓶。〔豪看壺介〕呀，是夾鑞壺〔49〕。人不上五六小杯，有甚商量，消停許久？〔保〕爲那隴西李十郎贅了盧府小姐，棄了前妻，那前妻害的懨懨，病待不起。兩人商量，俺家包了酒，到崇敬寺，請李十郎去賞牡丹，勸他迴心轉意，又怕盧府威勢，不敢深說。說起那前妻，好不恓惶〔50〕人也！〔哭介、豪〕原來有此不平之事！酒保且將酒過來！〔酒到介、豪〕近間可有名姬喚來？〔保〕對門有王大姐，隔壁有劉八兒，都好。〔豪〕這怎生使得，都是些菜瓜行院〔51〕也！

【前腔】掀黃袖，拂鬢毛，看花的紅塵飛大道。無過是李和桃，好共朱顏笑。紅一點酒千瓢，是雄豪〔52〕喜長嘯。

〔保〕動問怎生喚做雄豪？〔豪〕雄豪二字，不是與你們講的。〔保〕小人不認得雄豪，認得個雌豪。〔豪〕怎喚雌豪？〔保〕這京兆府前，有個鮑四娘，揮金養客，韜玉〔53〕撐身，如常〔54〕富貴，不能得其歡心，越樣風流，才足回其美盼，可不是雌豪也？〔豪〕久聞其名，可請相見。〔保〕兀的不是鮑四娘來也。〔鮑上〕

【前腔】欹〔55〕紅袖，鞸〔56〕翠翹〔57〕，聽子規〔58〕窗前啼不了。覷了那病多嬌〔59〕，淚向王孫草〔60〕。〔保出接介〕鮑四娘，小堂有客相請。〔鮑作打覷〔61〕介〕覷他豐神俊結束〔62〕標，料多情非惡少〔63〕。

〔保〕識貨識貨！〔豪作見介〕他便是鮑四娘？名不虛傳。

【前腔】他是閨中俠，錦陣〔64〕豪，聞名幾年還未老。他略約〔65〕眼波瞧，咱驀地〔66〕臨風笑，人如此興必高。〔回身介〕指銀瓶共傾倒。

〔揖鮑介〕久聞鮑四娘女中俠氣，才一見也。【菩薩蠻】赤闌橋盡香街

直，牡丹風外垂楊碧。〔鮑〕疊損縷金衣，相逢憔悴時。〔豪〕黃衫騎白馬，日日青樓下。〔鮑〕金彈惜流鶯，留他歌一聲。〔豪笑介〕咱悶弓兒〔67〕打不上老鶯也，爲咱歌來。

【繡帶兒】〔鮑進酒介〕金杯小，把偺大的閒愁向此消，多情長似無聊。暗香飛何處？青樓歌韻遠，一聲蘇小〔68〕。含笑，倚風無力還自嬌，好些時吹不去彩雲停著〔69〕。

【白練序】〔豪〕妖嬈〔70〕，恁還好！花到知名分外標，恨不得逐日買花簪帽。暗香消，年來覺，咱四海無家有二毛〔71〕。更著甚錦鞍呼妓，金屋藏嬌。

【醉太平】〔鮑〕休喬，有如許風韶〔72〕，便敲殘玉鳳〔73〕，換典金貂〔74〕，風雲事業，忍負尊前談笑。閒眺，綠楊風老雉〔75〕媒嬌，古道獵痕青燒〔76〕，一般兒草綠裙腰〔77〕，花紅袖〔78〕口，殘春恁好。

【白練序】〔豪〕盧囂〔79〕，那年少，曾赴金釵會幾宵？如天杏〔80〕，江南一夢迢遙〔81〕。酒醒後思量著，折莫〔82〕搖，斷了吟鞭碧玉梢〔83〕。從誰道，兀的〔84〕是渭水西風殘照！

四娘踏草何來？〔鮑〕看霍王府小玉姐病來。〔豪〕因何病害？〔鮑〕貪了才子李十郎，因而招嫁。十郎薄倖，就親盧太尉府中，再不回步。小玉姐病染傷春，敢待〔85〕不起也。〔豪〕可也有了人麼？〔鮑〕謹守誓言，有死而已！〔豪〕世間怎有這不平之事！家貲如何？

【醉太平】〔鮑〕多嬌，一種情苗。貪看才子，致令家計蕭條〔86〕。把珠釵折賣，訪問薄情音耗。他病瘵，鎭薰香帕裏鬢雲喬〔87〕，枕伏定把淚花彈卻。〔豪〕病可〔88〕好？〔鮑〕多應不好。〔豪〕那人可回？〔鮑〕再休提薄倖，咱爲他煩惱。〔豪作惱介〕

【絳黃龍】心憔，難聽他綠慘紅銷〔89〕。爲他半倚雕闌，恨妒花風早。四娘，飲一大杯何如？倩盈盈〔90〕衫袖，〔又〔91〕〕灑酒〔92〕臨風，泱〔93〕住這英雄淚落。〔豪作醉，鮑扶介、豪〕還勞你把玉山〔94〕扶著，

恁多情似伊個中絕少。胡雛，取紅綃十匹與四娘，作爲纏頭〔95〕之費。暮雲飄，寸心何處，一曲醉紅綃〔96〕！

【尾聲】你淒淒切切愁色冷金蕉〔97〕，只俺臂鷹〔98〕老手拈不出鳳弦膠〔99〕。〔舉手介〕四娘，一笑相逢咱兩人心上曉。

〔鮑下、豪弔場〕冷眼便爲無用物，熱心常爲不平人；花前側看千金笑，醉後平消萬古嗔〔100〕。俺看李十郎這負心人爲盧府所劫，使前妻小玉一寒至此，此乃人間第一不平事也！俺不拔刀相救，枉爲一世英雄。叫蒼頭〔101〕，你將金錢半萬，送與霍府，叫他明後日作大酒筵，他問設酒因何，你只說到時自有分曉。〔雜〕稟主翁，畢竟爲何？〔豪〕不須閒問，明後日人馬整齊妝束，跟俺崇敬寺賞牡丹花去。正是立拔寶刀成義士，坐敲金盞勸佳人〔102〕。〔並下〕

# 校　注

〔1〕酒保——賣酒者，俗稱酒店中跑堂的夥計。來源很古。《鶡冠子‧天則》：「酒保先貴食者。」陸佃解：「酒保，貨酒者也。」

〔2〕酒旗——舊時酒店爲招攬顧客，在酒店門前懸掛的布招子。元‧鄭廷玉《看錢奴》二、白：「酒店門前三尺布，人來人往圖主顧。」

〔3〕一斗十千——指酒價。三國魏‧曹植《名都篇》：「歸來宴平樂（觀名），美酒斗十千。」

〔4〕開眉——謂眉頭舒展開，高興愉快的樣子。

〔5〕小二哥——即酒保、堂倌，舊時旅館、酒店職工的通稱。《古今小說‧陳從善梅嶺失渾家》：「聽吾號令，便化客店，你做小二哥，我做店主人。」

〔6〕君子——見本劇四十六齣注〔18〕。

〔7〕須索——須要。

〔8〕寡酒——不就菜肴而只飲酒之謂也。元‧李文蔚《燕青博魚》二、白：「酒便有了，可沒些肴饌，這寡酒如何吃的？」

〔9〕案酒——指下酒的菜肴、果品之類。元‧無名氏《盆兒鬼》一、白：「早些起來，收拾鋪面，定些新鮮案酒菜兒。」

〔10〕活神道——謂活神仙。俗稱把了不起、有本領、氣概不凡的人，亦稱之爲「活神道」。

〔11〕粲——謂粲爛、華美。

〔12〕矯帽——矯，疑「短」字之誤。「短帽」，習見，如：宋‧辛棄疾《洞仙歌‧訪

泉於奇師村得周氏泉爲賦》詞：「吹輕衫短帽，幾許紅塵。」宋・陸游《蝶戀花・離小益作》詞：「夢若由人何處去？短帽輕衫，夜夜眉州路。」皆是。矯，謂高舉也。則「矯帽」云者，高帽也，亦通，但殊少見。

〔13〕縧（tāo）——用絲線編織成的花邊或扁平的帶子，可以裝飾衣物。

〔14〕胡雛——胡人小兒，胡人僮僕。唐・岑參《衛節度赤驃馬歌》：「紫髯胡雛金剪刀，平明剪出三鬃高。」

〔15〕淡黃清——酒名。

〔16〕珍珠茜，滴幾槽——珍珠茜，「酒」的代稱。茜，草名，其根可作紅色染料。槽，盛酒的器具。元刊本《貶夜郎》二〔滾繡球〕：「奏梨園樂章曲，按廣寒羽衣譜，一聲聲不?音律，倒不如小槽邊酒滴珍珠。」

〔17〕敲——謂敲擊、叩打。「愁思敲」，言被愁思襲擊也。

〔18〕冷燒刀——燒刀，即高粱酒。冷燒刀，即不用熱的涼酒。

〔19〕青旗——指酒旗。唐・元稹《和樂天重題別東樓》詩：「喚客潛揮遠紅袖，賣爐高掛小青旗。」宋・張孝祥《拾翠羽》詞：「想千歲，楚人遺俗。青旗沽酒，各家炊熟。」

〔20〕窮暴——謂窮困、貧乏。元・李壽卿《伍員吹簫》四〔駐馬聽〕：「只爲一時窮暴，卻教俺丹陽市上學吹簫。」

〔21〕鏖糟（áo zāo）——意謂污穢不潔淨。元・陶宗儀《輟耕錄》卷十「鏖糟」條說：「俗以不潔爲鏖糟。」按「鏖糟」爲南方說法，猶北人說「髒」爲「醃臢」，實乃一音之轉。

〔22〕村沙——粗野、莽撞。元明間・無名氏《石榴園》二〔尾聲〕：「施逞我村沙莽撞，顯我那鞭督郵的這氣象。」按，「村」原作「忖」，依柳浪本改。

〔23〕俏——相貌美、俊俏。

〔24〕提壺——即鵜鶘，鳥名。《牡丹亭》八〔排歌了〕：「提壺叫，布穀喳。」

〔25〕澆——淋、灑。

〔26〕明經——科舉時代招考士子的一種科目。隋煬帝置明經、進士二科。以經義取者爲明經，以詩賦取者爲進士。

〔27〕使——耍弄。「使幾句」，意言用幾句話耍弄（李益）一番。

〔28〕攢聒——猶「絮聒」，喧擾、吵鬧之意。

〔29〕白梃推——「白梃」亦作「白挺」，大木棍也。《漢書・諸侯王表》：「陳吳奮其白挺。」顏師古注：「白梃，大杖也。」推，除也。《詩・大雅・雲漢》：「旱既大甚，則不可推。」鄭玄注：「推，去也。」孔穎達疏：「推是遠離之辭，故爲去也。」

〔30〕精細——意謂厲害。元・石君寶《紫雲亭》二〔紅芍藥〕：「越道著越查聲破嗓越罵得精細，前面他老相公聽的。」

〔31〕算——這裏作「災」講。「得人錢貫，與人估算」正與俗語「得人錢財，與人消災」同義。

〔32〕孤鸞——孤單的鸞鳥，這裏比喻失去配偶的人。

〔33〕似接樹老花妖——意言韋、夏二人拉攏李益、霍小玉，好比是接種樹枝的老花妖。

〔34〕作喬——裝模作樣。

〔35〕翡翠——鳥名。嘴長而直，長在水邊，吃魚蝦之類；羽毛有藍、綠、赤、棕等色，可做裝飾品。

〔36〕雲漢——指銀河。清·陳夢雷《擬古·迢迢牽牛聲》詩：「牽牛處河東，河西閒織女。雲漢爛清光，佳期渺河許。」亦作「河漢」（見《古詩十九首》）或「銀漢」（見唐·杜牧《中秋》詩）。

〔37〕旗亭——指市樓。古代觀察、指揮集市的處所，上立有旗，故稱。

〔38〕銀瓶——銀質之瓶。此處意指盛酒器。

〔39〕魯兩生——《史記·叔孫通傳》：「叔孫通使徵魯諸生三十餘人。魯有兩生不肯行曰：『公所事者且十主，皆面諛以得親貴……吾不忍爲公所爲，公所爲不合古，吾不行，公往矣，無污我！』」此處借指韋、夏二人。

〔40〕嘲——謂嘲笑、譏笑。

〔41〕困黃粱——言不得志也。黃粱，唐·沈既濟《枕中記》說：道士呂翁行邯鄲道中，息止旅店。有盧生亦止此店中。時店主人方蒸黃粱。呂翁取枕授生曰：枕此可榮顯如願。生就枕，果不久中第，出將入相五十年，富貴極矣。後又被奪官治罪。及驚覺，黃粱尚未蒸熟。後因以喻人生的虛幻和欲望的破滅。湯顯祖的《邯鄲記》亦載其事。

〔42〕是——繼志、清暉、柳浪、竹林各本俱作「只」。

〔43〕酸傖——舊時對讀書人的蔑稱。元·王實甫《西廂記》三本一折〔勝葫蘆〕：「哎，你個饞窮酸傖沒意兒，賣弄你有家私，莫不圖謀你東西來到此？」

〔44〕先兒——「先」爲「先生」的略稱，現在河南方言中還保存這樣的稱呼。「兒」爲名詞語尾，無義。《史記·袁盎晁錯列傳》：「學申商刑名於軹張恢先所。」裴駰集解引徐廣曰：「先即先生。」

〔45〕風光——謂光采、體面。元·無名氏《賺蒯通》四〔得勝令〕：「圖什麼風光，待氣昂昂端坐在中軍帳。」

〔46〕豆豉（chǐ）——用煮熟的大豆或黑豆發酵後，酌加食鹽或醬油，拌和入罋（bèng）、甕類陶器封存兩三個月，取出風乾製成。供調味用。

〔47〕狗才——亦作「狗材」，罵詞，意謂不成材者，或卑劣之徒。

〔48〕哄（hong）弄——方言。意謂哄騙、耍弄。湯顯祖《邯鄲記》四〔鎖南枝·前腔〕白：「（生笑介）老翁哄弄莊家哩。」

〔49〕夾鑞（là）壺──夾底的鑞壺。鑞，鉛錫合金。

〔50〕恓惶──悲痛不安貌，一作「恓惶」。見本劇第三十八齣注〔12〕。

〔51〕茉瓜行院──謂下等妓女。

〔52〕雄豪──英雄豪傑。

〔53〕韜玉──謂韜藏如玉，自高身價，與「韜光」意近。

〔54〕如常──謂尋常、平常、時常。《水滸傳》第一回：「貧道等如常亦難得見，怎生教人請得下來。」《金瓶梅》第四回：「如常得西門慶齎發他些盤纏。」崇本「如」作「時」。

〔55〕攲（qī）──同「敧」，謂「依」，謂「倚」。

〔56〕軃──同「嚲」，下垂貌。

〔57〕翠翹──古代婦女首飾的一種。狀似翠鳥尾上的長羽，故名。唐‧白居易《長恨歌》：「花鈿委地無人收，翠翹金雀玉搔頭。」

〔58〕子規──杜鵑鳥的別名。傳說爲蜀帝杜宇的魂魄所化。常夜鳴，聲音淒切，故藉以抒悲苦哀怨之情。

〔59〕病多嬌──指霍小玉。多嬌，指美人。《牡丹亭》十六〔三登樂〕：「我眼裏不逢乖小使，掌中擎著個病多嬌。」

〔60〕王孫草──漢‧淮安王小山《招隱士》：「王孫遊兮不歸，春草生兮萋萋。」後以「王孫草」指牽人離愁的景色。唐‧李頎《題少府監李丞山池》詩：「窗外王孫草，床頭中散琴。清風多仰慕，吾亦爾知音。」

〔61〕打覷──有「打量」（察看）的意思。

〔62〕結束──意爲裝束、打扮。

〔63〕惡少──謂品行惡劣的男青年。《荀子‧終身》：「偷儒憚事，無廉恥而嗜乎飲食，則可謂惡少者矣。」

〔64〕錦陣──「錦營花陣」的縮寫，喻風月場所。元‧無名氏《雲窗夢》四〔甜水令〕：「錦營花陣，偎紅倚翠。」

〔65〕略約──即「約略」，大致的意思。

〔66〕驀地──猶「忽地」，忽然、突然之意。

〔67〕悶弓兒──指聲音不響亮、發射力不強的弓。比喻難嘗宿願。

〔68〕蘇小──即蘇小小，南朝齊時錢塘名妓。《樂府詩集‧雜歌謠辭三‧〈蘇小小歌〉序》：「《樂府解題》曰：『蘇小小，錢塘名娼也，蓋南齊時人。』」南宋時錢塘名妓，亦有名蘇小小者，見明‧郎瑛《七修類稿‧辯證九‧蘇小小考》。

〔69〕彩雲停著──暗用響遏行雲典故。《列子‧湯問》：「薛譚學謳於秦青，辭歸，秦青撫節悲歌，聲振林木，響遏行雲。」這裏藉以讚美鮑四娘的歌聲。

〔70〕妖嬈──形容歌聲婉轉動聽。黃衫客進一步讚美鮑四娘的歌聲。

〔71〕二毛──謂鬢髮斑白，因以稱老人。《左傳‧僖公二十二年》：「君子不重傷，

不禽二毛。」杜預注：「二毛，頭白有二色。」

〔72〕韶（sháo）——美好。宋・呂南公《調笑令・效韋蘇州作》詞：「華草，華草，秀發乘春更好。深心密竹紛紛，妖韶隨處動人。」

〔73〕敲殘玉鳳——玉鳳，謂玉釵以鳳爲飾也。唐・韓偓《閨情》：「敲折玉釵歌轉咽，一聲聲入兩眉愁。」前蜀・花蕊夫人《宮詞》之四十五：「翠鈿貼靨輕如笑，玉鳳雕釵裊欲飛。」

〔74〕換典金貂——比喻文人狂放不羈。《晉書・阮孚傳》：「（孚）遷黃門侍郎、散騎常侍。嘗以金貂換酒，復爲左司彈劾，帝宥之。」宋・劉過《沁園春》詞：「翠袖傳觴，金貂換酒，痛飲何妨三百杯。」「典」字可能是「酒」字之誤。

〔75〕雉（zhì）——鳥名，通稱野雞。雄者羽色美麗，尾長，可做裝飾品。

〔76〕獵痕青燒——意指打獵時行火所留下的痕迹曰燒，也是秋天草枯時所放的野火。唐・白居易《秋思》詩：「夕照紅於燒，晴空碧勝藍。」

〔77〕裙腰——唐・白居易《杭州春望》詩：「誰開湖寺西南路，草綠裙腰一道斜。」自注：「孤山寺在湖州中，草綠時望如裙腰。」

〔78〕袖——原誤作「繡」，據獨深本改。

〔79〕虛囂——虛假、不實、僞詐。元・王實甫《西廂記》五本四折〔折桂令〕：「那廝本意虛囂，將足下虧圖。」

〔80〕杳（yǎo）——高遠貌。《漢書・揚雄傳上》：「上天之絳，杳旭卉兮。」顏師古注：「杳，高遠也。」

〔81〕迢遙——遠貌。南朝宋・顏延之《秋胡》詩：「迢遙行人遠，宛轉年運徂。」

〔82〕折莫——意謂即使、就讓。

〔83〕吟鞭碧玉梢——吟鞭，詩人的馬鞭，多以形容行吟的詩人。碧玉梢，鞭名；碧玉，美稱也。

〔84〕兀的——用作指示，猶「這」。詳《宋金元明清曲辭通釋・兀的（一）》。

〔85〕敢待——意謂恐怕，揣測之詞，含有擔心的意思。

〔86〕家計蕭條——家計，意指家產、家業。蕭條，謂匱乏。元・無名氏《鴛鴦被》楔子、白：「爭奈囊底蕭條，盤纏缺少。」

〔87〕鬢雲喬——鬢雲，形容婦女的鬢髮美如烏雲。喬，高也。見本劇第三十四齣注〔52〕。

〔88〕可——此「可」字表疑問，猶言「是否」。《紅樓夢》第九十八回：「聽得林妹妹病了，不知他可好些了？」下同。

〔89〕綠慘紅銷——意指婦女的種種愁恨。綠、紅，謂黑鬢紅顏。亦作「綠慘紅愁」，宋・羅燁《醉翁談錄》卷一：「講鬼怪令羽士心驚戰，論閨怨遣佳人綠慘紅愁。」

〔90〕倩盈盈——笑靨美好貌。盈盈，情之狀語。

〔91〕又——疊一句。

〔92〕灑酒——把酒潑於地上曰灑酒。

〔93〕泱（yāng）——言英雄落淚之多也。泱，水無邊際貌。

〔94〕玉山——南朝宋・劉義慶《世說新語・容止》：「嵇叔夜之為人也，岩岩如孤松之獨立，其醉也，傀俄若玉山之將崩。」後因以比喻醉倒的身體。詩詞曲中屢見。唐・鄭審《酒席賦得匏瓢》詩：「何曾斟酌處，不使玉山頹。」

〔95〕纏頭——古時歌舞藝人用錦帛纏在頭上作妝飾。賓客宴集，常贈羅錦為綵，亦有時稱為「纏頭」。後又成為贈送女伎財物的通稱。

〔96〕醉紅綃——疑為曲牌名。

〔97〕金蕉——酒杯名。為「金蕉葉」的省稱。唐・馮贄《雲仙雜記・酒器九品》：「李适之有酒器九品：蓬萊盞、海川螺、舞仙、瓠子、幔卷荷、金蕉葉、玉蟾兒、醉劉伶、東溟樣。」宋・辛棄疾《謁金門・和廓之五月雪樓小集韻》詞：「一曲瑤琴才聽徹，金蕉三兩葉。」

〔98〕臂鷹——架鷹於臂之謂也。《後漢書・梁冀傳》：「冀能蹴鞠意錢之戲，又好臂鷹走狗，騁馬鬥雞。」唐・元稹《陰山道》詩：「從騎愛奴絲布衫，臂鷹小兒雲錦韜。」

〔99〕鳳弦膠——膠的一種。

〔100〕嗔——發怒、生氣。

〔101〕蒼頭——古代對奴僕的稱謂。蒼，深青色。漢代規定奴僕要用深青色頭巾包頭，故云。

〔102〕「立拔寶刀」二句——是下場詩，例應大字分行。

# 第四十九齣　曉窗圓夢〔1〕

【一江風】〔旦病浣扶上〕睡紅姿〔2〕，夢去了多迴次，為思夫愁病死。侍兒扶花裊〔3〕風絲，把不住〔4〕香魂似。〔內作鸚鵡叫介〕姐姐可憐。〔浣〕好個鸚哥兒，叫道姐姐可憐也！〔旦〕鸚鵡會心慈，〔又〔5〕〕狂夫不轉思，悶悠悠〔6〕記不起花前事。

【集句】花恨紅腮柳恨眉，形同春後牡丹枝；綠窗〔7〕孤寢難成寐，說與傍人未必知。浣紗，俺自聞李郎盧氏之事，懷憂抱恨，周歲有餘，羸臥空閨，遂成沈疾，如何是好？〔浣〕郡主，你日夜悲啼，都忘寢食，期一相見，竟無因由，冤憤益深，委頓〔8〕床枕。依浣紗愚見，想李郎素心〔9〕，當初懇切盟言，未必拋殘〔10〕至此，倘期後會，且自寬懷。

【集賢賓】〔旦〕道相看三十言〔11〕在耳，做夫妻到此無詞。別後

無書知不美，沒來由折了身奇〔12〕，陪了家計，博得那一聲將息〔13〕。堪憔悴，不傷心也是舊時相識。〔作嘔介〕

【前腔】〔浣〕你愛寒酸嘔出些黃淡水，睡花中怕見紅絲〔14〕。你瘦盡了腰肢，愁不起女兒家折盡便宜〔15〕，更賠閒氣〔16〕，偏會假尋尋覓覓〔17〕。如何的？且恁消〔18〕除把翠紅〔19〕排比。

〔浣〕郡主，將管絃消遣一會也！〔旦〕與我拿過一邊去！

【前腔】無情無緒搦〔20〕甚的，任朱弦網遍塵絲。妒女爭夫因甚起？偏兒家〔21〕沒個男兒。不成夫婿，不死時偌長的日子。傷心事，花燈下一時難悔。

【前腔】〔浣〕你可也自把千金軀愛惜，少年人生寡難為。你醮住〔22〕紅顏圖後會，也須是進些茶食，穩些眠睡，好在翠圍香被。倘然是，夢中來故人千里。

〔旦〕也說得是，待我睡些時。〔浣〕待我收拾〔23〕茶飯來。〔下、鮑上〕才郎薄倖愁回首，美女傷春病捧心〔24〕。咱鮑四娘，貧忙數日，不知小玉姐病體如何？呀，原來孤眠在此！浣紗何處也？〔旦驚醒介〕四娘來幾時也？

【黃鶯兒】正好夢來時，戶通籠〔25〕一覺回。〔鮑〕可夢到好處？〔旦〕陽臺〔26〕暮雨愁難做。〔鮑〕李郎可〔27〕來夢中？〔旦〕咱思量夢伊，他精神傍誰？四娘，咱夢來，見一人似劍俠非常遇，著黃衣，分明遞與，一輛〔28〕小鞋兒。

〔鮑〕鞋者諧〔29〕也，李郎必重諧連理！

【前腔】此夢不須疑，是黃神〔30〕喜可知，一尖生色鞋兒記。費金費訪遺，卜金錢禱祈，惹下這劍天仙〔31〕託上金蓮配。賀郎回，同諧並履，行住似錦鴛齊。

〔末豪奴持錢上〕世上無名客，天下有心人；拔劍誰無義，揮金卻有仁。俺主翁乃是埋名豪客，分付將錢十萬〔32〕，送霍府廣張酒筵，知他主甚意兒？已到他門首，內有人麼？〔浣上〕是誰？〔末〕俺家主翁要借尊

府會客，送錢十萬，求做酒筵。〔旦〕差矣，這不是包酒人家，何得如此？〔末〕敢借花竹亭臺一座。〔旦〕鮑四娘，你說俺家近日不同了：昔日梁園〔33〕多種竹，歲久無人森似束；舞榭〔34〕傾欹樹少紅，歌臺黯淡苔攢〔35〕綠；塵埋粉壁舊花鈿，鳥啄風箏碎珠玉。至今簾影反掛珊瑚鉤，指似傍人堪痛哭。咱家做不得也！〔末〕到頭自有分曉，知音那用推辭。〔下、浣〕這廝是何主意也？

**【簇御林】**〔旦〕非親故，甚意兒？無名錢，天上至。〔浣〕似金錢夜落花容易，恁青衣童子〔36〕來傳示。〔合〕**轉堪疑，舊家零落，何客賜光輝？**

**【前腔】**〔鮑〕咱來圓夢，覺有奇。送金錢，甚所為？〔旦〕怕又是買釵的妒女來調戲，可便似文君新寡〔37〕惹這閒車騎？〔合〕**事難知，不速之客**〔38〕**，或是好因依**〔39〕。

〔鮑〕浣紗，且扶小姐裏面睡，咱去也。

**【尾聲】**〔旦〕四娘，你看咱病身軀送不的你。薄倖呵共長安又不隔千山萬水，甚意兒教人不恨個死！

心病除非心藥醫，繡鞋猶有夢來時。

何人詔此金錢會〔40〕？喜鵲烏鴉〔41〕總未知。

# 校　注

〔1〕圓夢——解說夢中事，從而附會，以預測人事的吉凶。按：卜夢之舉，古早有之。《漢書·藝文志》載黃帝《長柳占夢》十一卷。《洛中記異錄》記載，唐代興儀寺智滿禪師屢為高祖李淵占夢。唐·李德裕《次柳氏舊聞·黃幡綽》：「黃幡綽在賊中，與大逆（安祿山）圓夢。」等等，勿庸備引。

〔2〕紅姿——指霍小玉。

〔3〕裊——搖曳，顫動。南朝梁·沈約《十詠·領邊繡》：「不聲如動吹，無風自裊枝。」

〔4〕把不住——控制不住。

〔5〕又——表示「鸚鵡會心慈」疊一句。

〔6〕悶悠悠——形容憂悶連綿不絕貌。

〔7〕綠窗——綠色紗窗，指女人的居室。

〔8〕委頓——頹喪、疲困貌。《儒林外史》第三十五回：「長途不覺頹頓，所以不曾便來晉謁。」

〔9〕素心——本心、素願。《晉書·孫綽傳》：「感其素心，目前之哀，實爲交切。」

〔10〕拋殘——拋棄。

〔11〕三十——三十歲。見本劇第二十五齣霍小玉所期望於李益的幾句話：「妾年始十八，君才二十二，逮君壯室之秋，猶有八歲，一生歡愛，願畢此期。」按二十二加八，正合三十。

〔12〕身奇——身體。見本劇第四齣注〔39〕。

〔13〕將息——謂將養、休息。《管子·弟子職》：「先生將息，弟子皆起，敬奉枕席，問所何趾。」

〔14〕紅絲——意言痰中帶血。血，紅色，故以爲喻。

〔15〕折盡便宜——謂吃虧。清·李漁《蜃中樓》一〔鳳凰臺上憶吹簫〕：「少圓通的呆叔岳，到底折便宜。」

〔16〕閒氣——因無關緊要的事惹起的氣惱曰「閒氣」。《紅樓夢》第八十四回：「媽媽，你這種閒氣不要放在心才好。」

〔17〕尋尋覓覓——尋找復尋找的意思，四字兩疊，充分表達了霍小玉身處孤寂環境，心情空虛，無可排遣，無可寄託，像是丟掉什麼東西，想積極尋找的精神狀態。語本宋·李清照《聲聲慢》詞：「尋尋覓覓，冷冷清清，淒淒慘慘戚戚。乍暖還寒時候，最難將息。」

〔18〕恁消——意謂禁受（承受、忍受）。亦作「消任」，明·白金嶼《別怨》曲：「冷風幃，虛鴛枕，對金樽，誰與斟？淒涼此際難消任。」恁，任，字異音近義同。

〔19〕翠紅——翠紅鄉的簡稱。

〔20〕搊——用手指彈撥絃索樂器曰「搊」。《新唐書·禮樂志十一》：「五弦，如琵琶而小，北國所出。舊以木撥彈，樂工裴神符初以手彈，太宗悅甚，後人習爲搊琵琶。」引申其義，凡用手指或帶齒的東西在物上劃過者皆曰「搊」。

〔21〕兒家——舊時婦女自稱之詞。這類自稱，已見於唐，如寒山《詩》之二十三：「兒家寢宿處，繡被滿銀床。」

〔22〕蘸（zhàn）住——留住。蘸，用同「站」。「蘸住紅顏」，這裏是留住青春之意。

〔23〕收拾——準備。

〔24〕病捧心——《莊子·天下篇》：「西施病心而矉其里，其里之醜人見而美之，歸亦捧心而矉其里。」此言小玉病中更顯貌美也。

〔25〕通籠——象聲詞，像門戶開啓聲。

〔26〕陽臺——語出戰國策·宋玉《高唐賦》序：「旦爲朝雲，暮爲行雨，朝朝暮

暮，陽臺之下。」後遂以「陽臺」爲男女歡會的地方。

〔27〕可——見本劇四十八齣注〔88〕。

〔28〕一緉——一雙。「緉」係「緉」之假借字。按：緉，古代計算鞋的量詞，意猶「雙」。一緉，即一雙也。

〔29〕鞋者諧也——語出《霍小玉傳》。但也另有所本。據宋・曾慥《類說》引《稽神錄》云：「楊彦伯起選，合於華陰逆旅，同宿者教之禱於天，必獲夢寐之報，縱無夢，則此店之嫗，亦能知方來事。彦伯因精意以祠之，爾夕竟無夢，既曙，嫗迎送他客，亦無所言。彦伯怏怏，將行，忽失所著鞋。嫗曰：『此即神告也。將行而失其鞋，則是事皆不諧矣。』」

〔30〕黃神——指黃帝。《淮南子・覽冥訓》：「西老折勝，黃神嘯吟。」高誘注：「黃帝之神，傷道之衰，故嘯吟而長歎也。」漢・班固《幽通賦》：「黃神邈而靡質兮，儀遺讖以臆對。」注：「黃帝也。作占夢書。」這裏借指黃衫客。

〔31〕劍天仙——簡稱「天仙」，傳說中精於劍術的僊人。亦指俠客，此處借指黃衫客。

〔32〕十萬——與四十八齣所云「你將金錢『半萬』送與霍府」，此出云「分付將錢『十萬』，送霍府廣張酒筵」，錢數不同，想必有一誤也。

〔33〕梁園——本指西漢梁孝王所建的梁苑，故址在今河南省開封府東南，園林規模宏大，方三百餘里，宮室相連，供賓客遊賞馳獵。後借指皇室的宅第園林。明・沈受先《三元記》二〔醉翁子〕：「歎金谷、梁園，多少繁華一夢中！」

〔34〕榭——連在高臺上的木屋，多爲歌舞遊觀之所。

〔35〕攢（cuán）——簇聚、聚集。

〔36〕青衣——古時婢女、侍童，多著青衣或黑衣，故云。

〔37〕文君新寡——文君，即卓文君，漢臨邛人，卓王孫之女。好音律，新寡，家居。司馬相如過飲於卓氏，見而美之，以琴心挑之，文君遂與相如私奔。見《史記・司馬相如列傳》。

〔38〕不速之客——沒有邀請而自動來的客人。《易・需》：「有不速之客三人來。」孔穎達疏：「速，召也，不須召喚之客有三人自來。」

〔39〕好因依——好緣由。因依，謂經過，緣由。敦煌變文《維摩詰經菩薩品變文甲》：「有數件因依不敢去」，言有幾種緣由不敢去也。

〔40〕金錢會——漢代宮中撒錢之遊戲。此俗傳到唐代。唐・杜甫《曲江對酒》詩云：「何時詔此金錢會？暫醉佳人錦瑟旁。」仇兆鰲注：「顧注《舊唐書》：開元元年九月，宴王公百僚於承天門，令左右於樓下撒金錢，許中書以上五品官及諸司三品官以上官爭拾之。」元・顧瑛《唐宮詞》之三：「後宮學做金錢會，香水蘭盆浴化生。」

〔41〕喜鵲烏鴉——喜鵲主吉，烏鴉主凶。舊俗傳說：謂喜鵲鳴，是喜事來臨的兆

頭;烏鴉叫,是不祥的象徵。明‧王世貞《過長平作(長平行)》:「烏鴉飽宿鬼車哭,至今此地多愁雲。」

## 第五十齣　玩釵疑歎

【金瓏璁】〔生上〕鶯語記丁寧〔1〕,訴春心〔2〕空回雁影。人去眼未分明,釵落手還僥倖。正睹物懷人對景,到此若〔3〕為情!

【鷓鴣天】薄命情知怨負深,個中消息費沉吟〔4〕。能存鏡裏纖纖玉,那得釵頭豔豔金。思往昔,辨來今,上頭時候鏡初臨。分明認得還疑錯,袖向青衫淚滿衿〔5〕。咱李十郎,為因盧家勢壓,霍府情疏,不知小玉姐存亡,忽見賣釵情事,使人氣傷咽倒。今日閒坐無聊,秋鴻開箱,取那燕釵端詳一回也!〔鴻持釵上〕衣箱正合金魚袋〔6〕,鈿合〔7〕斜分玉燕釵。稟老爺,釵在此。

【江頭金桂】〔生〕提起燕釵相併,向紫玉啼痕柱欲冰。更碧蔥纖指,紅絲纏定,怕分飛要孤另〔8〕。早知他要孤另,怎教前生相承相應。偏他兩條紅潤〔9〕,一片清冷,雙清妙手製作精。向晚妝時候,〔又〕朝雲初映畫眉輕。看他立定釵猶顫,妝成鏡越清。

〔鴻〕釵有甚好處,這般看承〔10〕他?

【前腔】〔生〕這釵好助情添興,壓半朵棠梨〔11〕風裊擎。係玉牌花勝〔12〕,翠點絲縈,步玲瓏插端正。俺和他日暖吹笙,人間〔13〕對鏡;和他看花笑笑,踏草停停,柔情一種畫不成。向晚妝時候,〔又〕暮雲低映鳳燈凝〔14〕。笑摘下釵頭燕,待嬌回枕上鶯。

〔鴻〕不想下得〔15〕賣了這釵也!

【前腔】〔生〕難道紅顏薄命,你正好樓心看月明。為問玉人〔16〕何處,雲鬟偷並,好姻緣看忒輕?虧你別弄簫聲,再塡河影〔17〕。是誰做了領頭鳳史〔18〕,接腳〔19〕的牛星?你全然忘卻那會情!想他賣釵時候,〔又〕翠殘香剩〔20〕恣胡行。雖然背後成千里,也在你跟前〔21〕住一程。

〔鴻〕爺看甚釵，就了盧府親罷！

【前腔】〔生〕難道俺多才薄倖？俺這裏無情還有情。料他兩層招嫁，一時乘興，冷思量閒記省。他所事〔22〕精靈，自心盟證〔23〕。怎肯因而〔24〕奚落，遂爾飄零？想來莫是他魂夢境！記墜釵時候，〔又〕十分僥倖美前程。縱然他水性〔25〕言難定，俺則怕風聞〔26〕事欠明。

〔鴻〕這事不的猶可〔27〕，當真時節，連俺那浣紗也跟了人去也！

【大迓鼓】〔生〕他千金〔28〕肯自輕，玉樓〔29〕無恙，伴侶飛瓊〔30〕。若不是誥命〔31〕夫人正，怎惜得添香侍女清。〔合〕持取釵頭，再作證盟。

秋鴻，想家門寒落難堪也！

【前腔】便桑田〔32〕似海傾，要嫦娥斟酌，耐冷娉婷〔33〕。妻，你敢疑我招了盧府也？你那知俺客舍閒風景，常則怕幽閨欠老成。〔合前〕

〔老酒保送請書上〕來邀帥府風流客，去看空門〔34〕富貴花〔35〕。小子是酒肆人家，明日爲崔韋二秀才置酒崇敬寺〔36〕，請李參軍爺賞牡丹，來下請書。怕他門下有人提防，只說老和尚請他便了。〔把門軍校上〕哎〔37〕！誰人行走？〔保〕崇敬寺無相長老，請參軍爺隨喜〔38〕片時。〔校〕敢邀那裏去？〔保〕老禪師有何處去！〔校通報介、生取書看介〕知道了，禪師與我有舊，明日就來。〔校〕太尉爺分付，參軍爺所在行動，著軍校十數人白梃護從。〔生〕這也使得。

侯門〔39〕春色苦相禁，暫話塵緣一散心；

從此山頭似人石〔40〕，丈夫形狀淚痕深。

# 校　注

〔1〕鶯語記丁寧——鶯語，鶯的啼鳴聲，借喻霍小玉過去和李益分別時的囑咐和告誡。丁寧，《詩・小雅・采薇》：「曰歸曰歸，歲亦莫止。」鄭玄箋：「丁寧歸期，定其心也。」

〔2〕春心——指男女間相思相愛的情懷。南朝・梁元帝《春別應令》詩之一：「花朝月夜動春心，誰忍相思不相見？」

〔3〕若——意謂怎、怎麼。元・關漢卿《調風月》一〔勝葫蘆〕：「覷見了他兀的模樣，這般身份，若脫過這好郎君？」

〔4〕沉吟——思量、考慮。

〔5〕衿——衣服的前幅，衣襟。《莊子・讓王》：「十年不製衣，正冠而纓絕，捉襟而肘見。」

〔6〕金魚袋——古代高級官員佩飾之一種。《舊唐書・輿服志》：「神龍元年六月，郡王、嗣王特許金魚袋。」《新唐書・車服志》：「隨身魚符者，以明貴賤，應詔命。」金魚袋，簡稱爲「魚」或「金魚」。

〔7〕鈿合——亦作「鈿盒」，鑲嵌金、銀、玉、貝的首飾盒子。

〔8〕孤另——孤獨、孤單。宋・無名氏《宦門子弟錯立身》十〔江兒水〕：「閃得我今日成孤另。」

〔9〕紅潤——色紅而又潤澤，借喻小玉雙頰。

〔10〕看承——看待。宋・柳永《擊梧桐》詞：「自識伊來，便好看承。」

〔11〕棠梨——俗稱「野梨」，落葉喬木。三國吳・陸璣《毛詩草木鳥獸蟲魚疏・蔽芾甘棠》：「甘棠，今棠梨，一名杜梨。」

〔12〕花勝——古代婦女一種首飾，以剪綵爲之。南朝梁・簡文帝《眼明囊賦》：「雜花勝而成疏，依步搖而相逼。」

〔13〕人間——指民間。《後漢書・王昌傳》：「普天率土，知朕隱在人間。」

〔14〕鳳燈凝——風燈，指有罩能防風的燈。凝，謂停止。《楚辭・九歎・憂苦》：「折銳摧矜，凝汜濫兮。」王逸注：「凝，止也。」「風光凝」，猶言風燈滅了。

〔15〕下得——忍心，狠心之意，猶云忍得、捨得。

〔16〕玉人——對親人或所愛者的稱呼，這裏指霍小玉。金・董解元《西廂記諸宮調》卷四〔雙調・攪箏琶・尾〕：「快急忙報與您姐姐，道門外玉人來也。」

〔17〕再填河影——河影，銀河七夕喜鵲搭橋，使牛郎織女相會之影；再填河影，顯係因賣釵懷疑小玉另結新歡。

〔18〕鳳史——即蕭史，相傳爲秦穆公女兒的丈夫，善吹簫。唐・駱賓王《代女道士王靈妃贈道士李榮》：「臺前鏡影伴仙娥，樓上簫聲隨鳳史。」

〔19〕接腳——舊時婦女另嫁後夫，謂之接腳婿或接腳丈夫。男子另娶，則稱接腳夫人。

〔20〕剩——增添、增加。《說文・貝部》：「剩，物相增加也。」

〔21〕跟前——意即面前、身邊。亦作「根前」。跟、根同音通用。

〔22〕所事——謂凡事、事事，包舉一切之詞。

〔23〕盟證——意即證明，指證人、證物，明・馮應京《月令廣義》：「歸來恐怕兒夫

怪，願賜金環作證盟。」證盟，盟證之倒文。

〔24〕因而——有草率、輕易匆促、馬虎、粗略等義，與一般因果句中作轉折連詞的用法不同。

〔25〕水性——水有隨勢流淌的特性，因以喻作風輕薄，用情不專，性格軟弱或沒有主見的女人。《水滸傳》第八十一回：「原來這李師師是個風塵妓女，水性的人，見了燕青這表人物，能言快說，口舌利便，倒有心看上他。」

〔26〕風聞——經傳聞而得知者，謂之風聞。《漢書·南粵傳》：「又風聞老夫父母墳墓已壞削，兄弟宗族已誅論。」

〔27〕不的（dí）猶可——不的，不確。猶可，意謂還無所謂，還不打緊。

〔28〕千金——「千金之軀」的縮寫。元·王實甫《西廂記》四本一折〔醉葫蘆·么篇〕白：「（旦云：）妾千金之軀，一旦棄之。此身皆託於足下，勿以他日見棄，使妾有白頭之歎。」

〔29〕玉樓——傳說中僊人的住所。宋·張耒《歲暮福昌懷古》詩：「天上玉樓終恍惚，人間遺事已埃塵。」

〔30〕飛瓊——仙女名，後泛指仙女。《漢武帝內傳》：「王母乃命諸侍女……許飛瓊鼓震靈之簧。」

〔31〕誥命——舊時皇帝頒賜爵位命令。

〔32〕桑田——或作「桑田滄海」。晉·葛洪《神仙傳·麻姑》：「麻姑自說云：『接侍以來，已見東海三爲桑田，向到蓬萊水淺，淺於往者，會時略半也，豈將復還爲陵陸乎？』」後因以桑田或桑田滄海，比喻世事的變遷。

〔33〕娉婷——指美女、佳人。

〔34〕空門——佛門。因佛說世界一切皆空，故云。

〔35〕富貴花——指牡丹。宋·周敦頤《愛蓮說》：「牡丹，花之富貴者也。」

〔36〕崇敬寺——唐代長安城中區靖安坊的一廟宇，原爲僧寺，後改尼寺，和勝業坊只隔五六坊。

〔37〕哇——表怒斥聲。元明清戲曲中多用之。

〔38〕隨喜——遊覽寺院之謂也。按：「隨喜乃佛教用語，意謂見人作好事，隨之而生歡喜心也。」

〔39〕侯門——唐代崔郊有婢，爲貴顯者買去。郊思慕無已，有詩贈之：「侯門一入深如海，從此蕭郎是路人。」

〔40〕山頭似人石——相傳昔有貞女，其夫從役赴國難，女送別山上，立望而死，化爲石頭，名爲「望夫石」。按：此傳說，各書多記載，大同小異。詩文中多見之。唐·王建《望夫石》詩：「望夫處，江悠悠。化爲石，不回頭。」唐·元稹《春六十韻》：「望夫身化石，爲伯首如蓬。」

# 第五十一齣　花前遇俠

【窣地錦襠】〔外〔1〕老僧上〕色到空門也著花〔2〕，佛桑〔3〕春老散香霞。買栽池館意無涯，看到子孫能〔4〕幾家。

自家乃是崇敬寺中一個無相法師便是。坐禪出定〔5〕，偶見牡丹盛開，必有冠蓋遊賞，不免叫弟子們出來支對〔6〕。弟子何在？〔末丑弟子上〕

【前腔】僧家亦有芳春興，鼻觀〔7〕偷香色塵〔8〕映。試看清池與明鏡，何曾不受花枝影！

師父，問訊〔9〕了。師父，牡丹折一枝，膽瓶〔10〕中供佛也好。〔外〕那枝色相兒好？〔丑〕大紅、桃紅、粉紅、紫紅，百十餘種，老師父要插時，第一是醉楊妃〔11〕、肉西施，花頭兒好。〔外〕胡說。〔末〕白淨的是觀音面〔12〕、佛頭青可好？〔外〕使得！名花盛發，俗眼爭看。你兩人在此支持〔13〕，咱去入定也。正是生香世界錦斕斑，天雨曼陀〔14〕照玉盤；一朵官黃微拂掠，鞓紅鬖紫不須看。〔下、丑〕兄弟，冠蓋來賞牡丹，有費迎待。你看那崔韋二秀才張筵設席，請盧府李參軍去了。俺們不如鎖上禪堂，別處隨喜。正是酒駐賞心客，花催行腳僧〔15〕。〔下、韋崔上〕

【西地錦引】〔崔〕豔萼奇葩〔16〕翠捧，剪裁費盡春工。〔韋〕徑尺平頭〔17〕，幾重深影，一片雲紅。

〔崔〕夏卿兄，這寺中酒筵已設，李郎早晚到來。好盛的牡丹也！

【高陽臺引】〔兵校數人持白棍擁生上〕芳月融晴，禁煙〔18〕薰暖，金界〔19〕瑞光巇嵸〔20〕。靄靄霏霏〔21〕，未怕宿酲寒中〔22〕。綺門御陌〔23〕啼鶯午，恰〔24〕來舊約〔25〕賓從。望花宮，翠霧連帷〔26〕，彩霞飛棟〔27〕。〔見介、韋崔笑介〕君虞久別也！一春幾許閒空，恁錦城香國，蜂浮蝶冗〔29〕，羅綺笙歌，春光無奈嬌縱。〔生〕宮袍荏苒花間意，倩東風盡日傳送。〔韋崔合〕倚新妝，沉香亭畔〔30〕，那年供奉〔31〕。

〔眾揖介、崔〕燕歸巢後即離群。〔韋〕吟倚東風怯晚春。〔生〕獨坐侯家正惆悵。〔合〕牡丹時候一逢君。〔崔〕十郎，自別秦川，數年不見，好忘舊也！〔韋〕今日請十郎花前玩賞，是話休提，且看酒來！

〔校〕韋相公怎生替了和尚作東？〔韋〕你不知，這和尚喚作見花羞〔32〕。〔酒保上〕佛座竟聞香世界，豪遊須結醉因緣。稟相公，酒到了。〔韋崔送酒介〕

【高陽臺】〔韋〕翠蓋籠嬌〔33〕，青猊〔34〕嫋〔35〕韻，綴壓枝頭春重。繡轂晴雷〔36〕，飛斷六街塵鞚〔37〕。歡哄，倚妝深色如有意，怕春去未禁攔縱〔38〕。齊解逞千層一捻〔39〕，殿住春紅勒迸〔40〕。

【前腔】〔生〕誰種？鶴頂移輕〔41〕，檀心倒暈〔42〕，旋瓣重瓢爭聳；渲紫生緋，袍帶壽安〔43〕圍擁。晴弄，絳羅高捲春正永，渾自倚玉樓香夢。須護取錦帳流蘇〔44〕，映日〔45〕飄搖蟢蝀〔46〕。

【前腔】〔崔〕珍重，駝褐〔47〕霏煙，鵝黃〔48〕漾日，都不似翠苞凝鳳。暮雨朝雲，紅香醉來幾甕！閒詠，司花〔49〕疑與根別染，依約〔50〕傍九霞仙洞。誰分許精神萬點？長則是花王〔51〕出眾。

【前腔】〔生〕清供，赤玉盤〔52〕敧，錦絲球〔53〕簇，百寶雕闌低控。絕豔濃胭，矗矗彩雲飛溶〔54〕。還用，嫣然宜笑花片裏，指痕上粉香彈動〔55〕。趁靈心袖籠輕剪，剪下斷紅偷送。

【前腔】〔韋〕吟弄，向孔雀圖中，流鶯隊裏，多麗恣妖迎寵。近紅藥天階〔56〕，衣香夜染扶從〔57〕。正恐，謔花士女閒贈取，還應羨洛陽舊種〔58〕。春老也怎得名花傾國〔59〕，一尊〔60〕長共。

〔崔〕君虞，胭紅粉紫，誰不玩賞！只那幽廊絕壁之下，有白牡丹一株，素色清香，無人瞅採〔61〕，好可憐也！

【前腔】心痛，素色鸞嬌〔62〕，青心鳳尾〔63〕，別自玲瓏一種。悵瑤臺〔64〕月下初歸，東風倚闌誰共！〔韋〕相諷，他閒庭一枝橫〔65〕似水，便雲想衣裳〔66〕何用？〔合〕李郎，他無限恨，斷魂欲語，兀自〔67〕幽香遙送。

〔韋〕君虞，今日玩賞，就將牡丹聯成一絕如何？〔生〕正好。〔崔〕君虞請先。〔生〕長安年少惜春殘，〔崔〕爭認慈恩〔68〕紫牡丹；〔韋〕

待小弟湊成：別有玉盤〔69〕承露冷，無人起就月中看。〔生作歎息介、崔〕君虞爲甚沉吟？再向迴廊外散心也。〔行介、豪士黃衫帶剪髮胡奴捧劍上、豪笑介〕好不盛的牡丹也！羯鼓〔70〕催敲一捻痕〔71〕，豔高堪領百花尊〔72〕。紅羅一尺春風髻，翠袖三生〔73〕日暮魂。自家埋名豪客便是。聽得負心漢李參軍在此賞花，沒些時酒闌何處也！

【新水令】俺則爲這牡丹風吹起鬢邊絲，抵多少會賓堂酒牌金字。須不是宴慈恩塔上題，又不是和靈隱月中詞。兩三個細酸傢在茲，消受些喫一看二拿三說四〔74〕。

猛想起來，咱要誅了這無義漢何難，只是惜樹怕拿修月斧〔75〕，愛花須築避風臺。且跟那些聽說甚來。

【南步步嬌】〔崔〕提起可憐人是鄭家子。〔生低問〕近日如何？〔韋〕他鎮日裏啼紅漬〔76〕，流光去幾時，子母孤貧，靠你成何事？〔生歎介〕道他有個人了。〔崔〕他甘心爲你守相思，怎生棄置，他在空房死？

〔校上〕崔先兒，你說甚麼相思死？你管閒事，一個黃衫人來也。

【折桂令】〔豪〕暗端相〔77〕典雅風姿，怪不的有了舊人湊上新知。漢相如似此情詞，怎尋覓卓文君瑕疵。早則是有情人教他悶死，惜花人心事憐慈。聽他刎頸交〔78〕切切偲偲〔79〕，惹的俺斷腸人急急孜孜。

再聽他一會也！

【江兒水】〔生〕接葉心如刺，看花淚欲滋。〔韋〕風光甚麗，草木榮華；傷哉鄭君，銜冤空室。恨嬌香他只爲多情死。〔生泣介〕二君定不知我，因盧太尉恩禮，宛轉支吾，那曾就親盧府？誓盟香那得無終始，傍權門取次看行止〔80〕。〔崔〕君虞，乘興一見鄭君何如？〔生歎介〕怎敢造次〔81〕便去也！〔韋〕那人早晚待君永訣〔82〕，足下終能棄置，實是忍人。〔韋崔合〕好爲思之，丈夫不宜如此。

〔校上〕韋先兒管閒事！黃衫人又來也。〔豪士上〕俺聽說了多時也。列公請了！公非李十郎者乎？某族本山東，姻連外戚，雖乏文藻〔83〕，心嘗樂賢〔84〕，仰公聲華〔85〕，常思覯止〔86〕，今日幸會，得覩清揚

〔87〕。某之敝居，去此不遠，亦有聲樂，足以娛情，妖姬八九人，駿馬十數匹，惟公所要〔88〕，但願一過。〔韋崔〕有這繁華所在，且往領盛意。美酒笙歌，放懷爲妙。〔豪〕在下有馬數匹，揀一匹駿氣的背上李郎，二君緩來。〔崔韋〕請了。且逐金丸〔89〕去，高嘶寶馬來。〔下、豪〕胡奴，快取兩匹追風〔90〕駿馬來！〔胡奴二人做馬嘶上〕

【雁兒落】〔豪〕有幾匹駿雕鞍是俺家雪花獅〔91〕，有幾個俊蒼頭是俺家花鳥使〔92〕。馬呵消得你一鞭兒，奴呵做得你三分〔93〕事。馬呵三花〔94〕乍剪絡青絲，奴呵雙眉如畫粉紅姿。咱呵甚意兒把良馬思君子，將紅粉贈男兒家貲？咱那裏金谷園〔95〕難似此，你辭也麼辭，看咱點鞭頭雲外指〔96〕。

〔校惱介〕又一個管閒事的人也！你不聽得俺盧府威風麼？參軍爺待做俺府裏東床，引他那裏去？看我手中白棍兒麼！

【僥僥令】摩娑〔97〕起手底棍兒打這廝，棍兒上有盧字。〔豪笑介〕有字怎的？〔校〕明寫著，你肉眼迷廝〔98〕，逞摣查〔99〕強死。參軍呵，他坦腹乘龍衣金紫〔100〕，好不受用也，你有銅斗兒家貲〔101〕你自家使。

【收江南】〔豪〕呀，禁持〔102〕的李學士沒參差〔103〕，盧太尉甚娘兒〔104〕！比似俺將你老東床去了也那廝，和你家小姐對情詞〔105〕。〔做拔劍介〕看劍兒雄雌，不甫你一個來一個兒死！

〔校收棍做怕介〕和你耍哩，提刀怎的？難道殺人不償命？看你家金谷園去，管俺們一個醉！〔豪〕叫胡奴挾李十郎上馬！〔並馬行介、生〕前路相似勝業坊〔106〕？〔又行問介〕前面望見曲頭〔107〕？〔又行介〕將次是霍王府哩？〔豪〕問他怎麼？〔生私云〕怎認得這所在也？

【園林好】似曾相識，這花驄〔108〕和小廝。〔奴〕參軍爺好眼哩！〔生〕轉前坊舊家兒在茲。承相招，可有別路到潭府〔109〕？〔豪〕逕須從此。〔生〕迤邐〔110〕驀然來至，過他們〔111〕甚意兒？

〔又〕〔豪〕這不妨，坊門多有似〔112〕也。

【沽美酒】穩著你個鎖鞍韉〔113〕花外嘶，〔又〕夾著你黑崑崙〔114〕

海山使，這些時那一個不醉染紅香弄晚颸〔115〕。是誰家美人獨自？是誰家門巷偏似？我呵心知肚知，萍水契相知幾時？煙花擔嗟咎怎辭？呀，比似〔116〕你逞精神，長則在醉紅鄉逗人閒事。

〔生〕天晚，小生薄有事故，改日奉拜。〔作鞭馬欲回豪控生袖介〕敝居咫尺，忍相棄乎？

**【尾聲】**問你個賞花人有甚麼窮薄〔117〕事？則待拗雙飛撇馬多回次，可也要會人情把似你秀才家性兒使。〔下〕

# 校　注

〔1〕外——腳色名，外末的簡稱，是正角以外的次要腳色，一般扮年紀較大的男子。王國維《古劇腳色考》云：「腳色曰外，曰貼，均繫一義，謂於正色之外，又加某色以充之也。」「外」作為腳色出現，始見於宋‧無名氏戲文《張協狀元》中，「外」既扮張協之父，又扮勝花娘子之母，不分男女。但到明代，就專指扮演男子者曰「外」，扮演女子者曰「貼」，「外」逐漸成為專演老年男子的腳色。

〔2〕花——古代多喻指美女或妓女等。宋‧秦觀《滿庭芳》詞：「漸酒空金榼，花困蓬瀛。」元‧無名氏《貨郎旦》一、白：「李彥和，你每日只是貪花戀酒，不想著家過活，幾時是了也呵！」

〔3〕佛桑——即扶桑，植物名，指佛桑樹或它的花。唐‧段成式《酉陽雜俎續集》卷九「支植上」條：「處士鄭又玄雲：『閩中多佛桑樹，樹枝葉如桑，唯條上勾。花房如桐，花含長一寸餘，似重臺狀，花亦有淺紅者。』」宋‧范成大《荔枝賦》：「斥蜂蜜之黃膩，謝佛桑之黃幹。」

〔4〕能——「有」的意思。

〔5〕坐禪出定——佛家語。坐禪，閉目打坐，精神集中到一點，止息身、心、口三業，就可以做到不生雜念，和鬼神相通，徹悟世間一切過去、未來的事理，謂之坐禪，也叫入定。所謂出定，是指打坐完畢，恢復到平時狀態。《觀無量壽經》云：「出定入定，恒聞妙法；行者所聞，出定之時，憶持不捨。」

〔6〕支對——支吾對答。

〔7〕鼻觀——即鼻孔。指嗅覺。宋‧蘇軾《燒香》詩：「不及聞思所及，且令鼻觀先參。」宋‧陸游《答北榭》詩：「香浮鼻觀煎茶熟，喜動眉間鍊句成。」

〔8〕色塵——佛教語。「六塵」之一。即眼根（視覺）所觸及的塵境。唐‧李紳《題法華寺》詩：「色塵知有數，劫燼豈無年。」

〔9〕問訊——僧、道見人時合掌當胸的一種常禮，也叫「合十」。晉‧葛洪《抱朴子

內篇・仙藥》:「有偓人行經過穴,見而哀之,具問訊之。」敦煌變文《父母恩重經講經文》:「晨朝問訊起居,且莫失恭顏色。」

〔10〕膽瓶——長頸大腹的花瓶。因形如懸膽而名。宋・陳傅良《水仙花》詩:「掇花置膽瓶,吾今得吾師。」元・吳昌齡《東坡夢》四〔落梅花〕白:「牡丹花摘將來,膽瓶裏供養著。」明・徐渭《十四夜》詩:「舊栽菱葉侵河路,新折蓮房插膽瓶。」

〔11〕醉楊妃、肉西施——皆牡丹名。

〔12〕觀音面、佛頭青——皆牡丹名。

〔13〕支持——應付、招呼。《醒世恒言・張淑兒巧言脫楊生》:「那悟石和尚又叫小和尚在外廂陪了這些家人,叫道人支持這些轎夫馬夫,上下人等,都吃得泥爛。」

〔14〕天雨曼陀——天雨,謂天降雨。戰國楚・宋玉《高唐賦》:「遇天雨之新霽兮,觀百穀之俱集。」曼陀,即曼陀羅,梵語的譯音,意譯為悅意花,在印度被視為神聖的植物。特栽培於寺院之間。《法華經》云:「天雨曼陀羅花。」《翻譯名義集》注:「曼陀羅此云適意。」適意即悅意也。宋・蘇軾《太平寺觀牡丹》詩:「醉中眼纈自爛斑,天雨曼陀照玉盤。」湯氏正用此語。

〔15〕行腳僧——佛家把還沒取得正式和尚資格,帶髮修行的人,以及求法證悟而遊食四方者,都叫做行腳僧或行者。

〔16〕豔萼奇葩——豔麗的花萼,奇異的花朵。萼,花萼、萼片的總稱。萼位於花的外輪,呈綠色,在花發芽期有保護芽的作用。葩,花也。漢・張衡《西京賦》:「帶倒茄於藻井,披紅葩之狎獵。」

〔17〕平頭——牡丹有平頭西子紅、平頭白等名目。

〔18〕禁煙——宮禁中之煙,此泛指煙。

〔19〕金界——指佛寺。詳參《宋金元明清曲辭通釋・金界》。

〔20〕巃嵸——雲氣蒸騰貌。《楚辭・淮南小山〈招隱士〉》:「山氣巃嵸兮石嵯峨,溪谷嶄岩兮水曾波。」

〔21〕靄靄霏霏——煙氣籠罩,昏暗紛亂貌。

〔22〕宿醒寒中——因宿醉未醒而著寒也。三國魏・徐幹《情詩》:「憂思連相屬,中心猶宿醒。」

〔23〕綺門御陌——綺,華麗、美盛。御,凡供帝王使用之物,皆加「御」字表示尊敬。陌,田間小路。

〔24〕恰——可巧、正好。

〔25〕舊約——從前的約言。南唐・馮延巳《採桑子》詞:「如今別館添蕭索,滿面啼痕,舊約猶存,忍把金環別與人!」

〔26〕帷——以布帛製作的環繞四周的遮蔽物。三國魏・阮籍《詠懷》詩之七:「開秋兆涼氣,蟋蟀鳴床帷。」

〔27〕棟——屋的正梁。唐・王勃《滕王閣序》文後附詩云：「畫棟朝飛南浦雲，珠簾暮卷西山雨。」

〔28〕冗——忙也。宋・陳亮《與朱元晦秘書》書：「百冗中西望武夷，如欲飛動。」「百冗」，百忙也。

〔29〕荏苒——漸漸過去，形容時光易逝。漢・丁廙妻《寡婦賦》：「時荏苒而不留，將遷靈以大行。」

〔30〕倚新妝，沉香亭畔——五代・王仁裕《開元天寶遺事》卷上：「初有木芍藥，植於沉香亭前。其花一日忽開一枝兩頭，朝深紅，午則深碧，暮則深黃，夜則粉白，晝夜之內，香豔各異。」玄宗因召李白進《清平調》三首，其中有「可憐飛燕倚新妝」，「沉香亭北倚闌干」等句，爲湯顯祖所化用。

〔31〕供奉——官名。唐時凡以文學、技藝或色相擅長者，得供奉內廷。這裏是指詩人李白曾以文學天賦供奉翰林，世稱李供奉。

〔32〕見花羞——這裏言和尚見到花就羞而避之，故替他作東，是句打諢語。「見花羞」不見舊典，很可能出於「花見羞」而倒言之。《新五代史・唐淑妃王氏傳》：「淑妃王氏，邠州餅家子也，有美色，號『花見羞』。」後遂爲美女的代稱。宋・徐積《答李端叔》詩：「君不見東家女子花見羞，十六未嫁便悲憂。」

〔33〕嬌——喻指美女。

〔34〕青猊——牡丹名。

〔35〕嫋——見本劇第三十一齣注〔34〕。

〔36〕繡轂（gǔ）晴雷——象聲詞。形容車聲。唐・李商隱《無題二首》之一：「扇裁月魄羞難掩，車走雷聲語不通。」

〔37〕鞚（kòng）——馬籠頭。《太平御覽》卷三五八引晉・傅玄《良馬賦》：「縱銜則往，攬鞚則止。」

〔38〕攔縱——謂攔阻、阻擋。元・王實甫《西廂記》二本四折〔拙魯速〕：「索將他攔縱，只恐怕夫人行把我來廝葬送。」

〔39〕一捻——謂一點點、少許。

〔40〕勒迸——飛散。

〔41〕鶴頂移輕——牡丹之一種。輕，深紅色。

〔42〕檀心倒暈——「倒暈檀心」之倒文，牡丹名。

〔43〕壽安——牡丹名。有細葉、粗葉之分，出壽安錦屏山中，見《牡丹記》。《洛陽牡丹記》云：「壽安有二種，其色似魏花而淺淡。」又《牡丹榮辱志》云：「姚黃爲王，魏紅爲妃，細葉壽安爲九嬪，粗葉壽安爲世婦。」（以上俱轉引自胡士瑩校注《紫釵記》）

〔44〕流蘇——下垂的球形彩色物或穗子，用五色羽毛或絲線等製成，古人多用作車馬、樓臺、帳幕或旗子的妝飾品。

〔45〕映日——牡丹有名曰映紅者。

〔46〕蝀蝀（dài dòng）——指「虹」。

〔47〕駝褐——牡丹名。

〔48〕鵝黃——牡丹名。

〔49〕司花——司花女的省稱，宋·范成大《雨後戲書》詩：「司花好事相邀勒，不著笙歌不肯春。」後用爲管理百花的女神。金·元好問《紫牡丹》詩之一：「如何借得司花手，遍與人間作好春。」

〔50〕依約——依據、沿襲。《隋書·王劭傳》：「採民間歌謠引圖書讖緯，依約符命，捃摭佛經，撰爲《皇隋靈感志》，合三十卷，奏之。」

〔51〕花王——花中之王，指牡丹。宋·歐陽修《洛陽牡丹記·花釋名》：「錢思公嘗曰：『人謂牡丹花王，今姚黃眞可謂王，而魏花乃後也。』」

〔52〕赤玉盤——牡丹名。

〔53〕錦絲球——牡丹名。

〔54〕滃（wěng）——雲氣騰湧貌，青煙彌漫貌。清·吳偉業《蕭史清門曲》：「屋裏薰爐滃若雲，門前鈿轂流如水。」

〔55〕指痕上粉香彈動——唐玄宗時，有獻牡丹者，詔栽於仙春殿。時貴妃勻面，口脂在手，印於花上。來歲花開，瓣上有指甲痕，帝名爲一撚紅，見宋·陳景沂《全芳備祖》。

〔56〕天階——宮殿的臺階，多借指朝廷。漢·張衡《東京賦》：「登聖皇於天階，章漢祚之有秩。」

〔57〕扶從——指護持跟從者。作動詞用者，如《初刻拍案驚奇》卷三十一：「神通既已廣大，傳將出去，便有多人來扶從。」

〔58〕洛陽舊種——洛陽，即洛陽花，牡丹的別稱。據稱唐武后詔遊後苑，百花盛開，牡丹獨遲，遂貶於洛陽，結果洛陽牡丹花冠天下，故云。

〔59〕名花傾國——用李白《清平調》詩句：「名花傾國兩相歡。」

〔60〕一尊——數量詞，猶言一杯或一座。

〔61〕瞅（chǒu）採——顧視之意，引申爲理會、理睬。

〔62〕素鸞嬌——牡丹名。

〔63〕青鳳尾——牡丹名。

〔64〕瑤臺——美玉砌的瑤臺。亦泛指雕飾華麗的樓臺。戰國楚·屈原《離騷》：「望瑤臺之偃蹇兮，見有娀之佚女。」

〔65〕橫——各本俱作「渾」。

〔66〕雲想衣裳——用李白《清平調》詩句：「雲想衣裳花想容。」想，如也，似也、像也。

〔67〕兀自——用作副詞，一般含有尚、還、猶等義。

〔68〕慈恩——慈恩寺的省稱。慈恩寺，唐代寺院名。舊寺在長安東南曲江北，宋時已毀，僅存雁塔（大雁塔）。

〔69〕玉盤——牡丹名。

〔70〕羯鼓——古代打擊樂器。南北朝時經西域傳入內地，盛行於唐開元天寶間。

〔71〕一捻痕——一點點痕迹。

〔72〕百花尊——指牡丹花。

〔73〕三生——佛教語。指前生、今生、來生。唐·牟融《送僧》：「三生塵夢醒，一錫衲衣輕。」

〔74〕「俺則爲」以下數句——豪客的大意是說：「我還以爲他們的宴會，在會賓堂上酒牌金字那樣氣派、高雅，卻不是宴慈恩塔上題，又不是和靈隱月中詞，只不過是三千窮酸在這裏隨便吃些罷了。」慈恩塔上題，言在慈恩寺大雁塔上題名；和靈隱月中詞，指在靈隱寺月夜行吟，聯句成詩。細酸俫，對讀書人的蔑稱。吃一看二拿三說四，意謂得了這個，又想那個，貪心不足。今四川仍有「說一想二眼看三」之俗諺。

〔75〕修月斧——相傳漢朝吳剛因學仙有過。謫令持斧砍伐月中桂樹；樹高五百丈，砍之，樹創隨合。唐·段成式《酉陽雜俎》卷一「天咫」條：「舊言月中有桂，有蟾蜍，故異書言月桂高五百丈，下有一人常砍之，樹創隨合。人姓吳名剛，西河人，學仙有過，謫令伐樹。」金·元好問《蟾池》詩：「下界新增養蟾戶，玉斧誰憐修月苦。」

〔76〕啼紅漬——啼紅，猶啼血，又見本劇三十三齣注〔17〕。漬（zì），浸潤、濕潤。唐·殷堯藩《送客遊吳》詩：「衣逢梅雨漬，船入稻穀香。」

〔77〕端相——仔細相度、審視、打量。

〔78〕刎頸交——言交情深厚，誓同生死。語出《史記·廉頗藺相如列傳》：「卒相與歡，爲刎頸之交。」

〔79〕切切偲（sī）偲——互相督促切磋之貌。語見《論語·子路》。

〔80〕取次看行止——取次，猶言隨便、草草、輕易。行止，指行爲、品德。

〔81〕造次——倉猝、匆忙、輕率。元·關漢卿《救風塵》三〔小梁州·么篇〕白：「休的造次，把這婆娘搖撼的實著。」

〔82〕永訣——永別，指死別。魯迅《爲了忘卻的紀念》：「不料這一去，竟就是我和他相見的末一回，竟就是我們的永訣。」

〔83〕文藻——猶言「文才」。

〔84〕樂（lè）賢——謂樂於求賢也。《詩·小雅·南有嘉魚序》：「《南有嘉魚》，樂與賢也。」鄭玄箋：「樂得賢者，與共立於朝，相燕樂也。」後因以「樂賢」謂樂於求賢也。

〔85〕聲華——聲譽、名望。

〔86〕覯（gòu）止——相遇。語出《詩·召南·草蟲》：「亦既覯止，我心則降。」
毛傳：「止，辭也。覯，遇。」

〔87〕清揚——眉目美好也。《詩·鄭風·野有蔓草》：「有美一人，清揚婉兮。」毛
傳：「清揚，眉目之間宛然美也。」

〔88〕要（yāo）——求也。《易·繫辭下》：「噫亦要存亡吉凶，則居可知矣。」高亨
注：「要，亦求也。」

〔89〕金丸——金質的彈丸。晉·葛洪《西京雜記》卷四：「韓嫣好彈，常以金爲
丸，所失者日有十餘。長安爲之語曰：『苦飢寒，逐金丸。』京兒童每聞嫣
出彈，輒隨之，望丸之所落，輒拾焉。」

〔90〕追風——「追風騎」的簡稱，謂善於奔跑的快馬。亦作追風馬或追風驃。按：
追風，本秦始皇的駿馬名。晉·崔豹《古今注·鳥獸第四》：「秦始皇有名馬七，
一曰追風。」

〔91〕雪花獅——獅子名。

〔92〕花鳥使——唐代專爲皇帝挑選妃嬪宮女的使者。《新唐書·文藝傳中·呂向》：
「玄宗開元十年，召入翰林……時帝歲遣使採擇天下姝好，內（nà）之後宮，
號花鳥使。」

〔93〕三分——謂十分之三，言有保留也。元·高明《元本琵琶記》二十九〔江頭金
桂〕：「到如今，骨自道且說三分話，不肯全拋一片心。」

〔94〕三花——指三花馬。剪馬鬃爲三辮者稱三花馬，剪五辮者稱五花馬。見《新唐
書·百官志二》。

〔95〕金谷園——晉代石崇在金谷澗所築的園館，名金谷園。地址在河南洛陽西北。
唐·韋應物《金谷園歌》：「石氏灰，金谷園中流水絕。」

〔96〕點鞭頭雲外指——葉《譜》疊一句。

〔97〕摩娑——謂用手撫摩也。亦作摩挲、挲挲，字異而音義並同。

〔98〕迷廝——謂不分明、模糊難辨貌。寫法較多，見《宋金元明清曲辭通釋·迷希》。

〔99〕擂查——有固執、剛愎等義。字亦作擂扎、諮箚、諮吒、擂殺。見《宋金元明
清曲辭通釋·擂殺》。

〔100〕金紫——謂著金魚袋及紫衣。唐宋時官服和服飾。

〔101〕銅斗兒家貲——意指殷實的家業、家產。銅斗，元時俗語，曲中常用之，蓋
謂美富且牢固也。

〔102〕禁持——擺佈，折磨。

〔103〕參差（cēn cí）——差錯。唐·元稹《代九九》詩：「每常同坐臥，不省暫參
差。」《紅色歌謠·十二月歌》：「或有參差，你要多指導。」

〔104〕甚娘兒——詈詞。娘，猶今俗語「他媽的」，是宋元人一種語病。在歷代戲曲
中穿插「娘」字，表示辱罵。「甚娘兒」，意爲「他媽的什麼東西」。

〔105〕情詞——指男女間談情說愛之詞。參見本劇第二十七齣注〔42〕。

〔106〕勝業坊——唐時長安城中的一條巷子。

〔107〕曲頭——巷頭、街頭。唐時坊裏的小街巷稱「曲」。

〔108〕花驄——即五花馬。唐·杜甫《驄馬行》詩:「鄧公馬癖人共知,初得花驄大宛種。」

〔109〕潭府——稱美他人的住所曰潭府。潭,深廣貌。潭府,稱美深宅大院也。唐·韓愈《符讀書城南》詩:「一爲公與相,潭潭府中居。」

〔110〕迤邐(yǐ lǐ)——形容路徑曲折不斷貌。元·汪元亨散套《燕兒塔過得勝令·歸隱》:「婆娑蓋草亭,迤邐穿松徑。」迤邐,迤迆,音近義同。

〔111〕們——柳浪本作「門」,較宜。

〔112〕有似——二字中間,繼志、清暉、獨深、柳浪四本俱有「相」字。

〔113〕鞍鞿——鞍子和皮腰帶。

〔114〕黑崑崙——崑崙,古種族名。捲髮黑身。這裏借用崑崙奴故事。《太平廣記》卷 194「崑崙奴」條說:唐大曆中,有崔生,奉父命往省顯宦一品疾,一品命美妓女紅綃者奉以甘酪。生歸,神迷意奪,語減容沮。日不暇食,但吟詩曰:「誤到蓬山頂上游,明璫玉女動星眸。朱扉半掩深宮月,應照璚芝雪豔愁。」左右莫能解其意,時家中有崑崙奴磨勒,遂告之。磨勒遂於第十五夜三更時分負崔生入一品家,復並負紅綃者出。

〔115〕晚颸(sī)——傍晚的涼風。清·方丈《響山訪梅杓司及令弟昆白》詩之二:「出酒當秋漢,開襟受晚颸」

〔116〕比似——意謂「何如」。用於開闔呼應句上句。金·董解元《西廂記諸宮調》卷一〔大石調·梅梢月〕:「見了又休,把似當初,不見是他時節。惱人的一對多情眼,強睡些何曾交睫。」

〔117〕窮薄——謂窮困、貧乏也。意同「窮暴」。薄、暴,音義並近。《詩·鄭風·大叔于田》:「襢(zhān)裼(xī)暴虎,獻於公所。」毛傳:「空手以搏之」也。《論語·述而》:「暴虎馮河,死而無悔者,吾不與也。」朱熹注:「暴虎,徒搏也。」可見「暴」爲空無所有之意,並可證。

# 第五十二齣　劍合釵圓

【怨東風】〔浣上〕去去春難問〔1〕,翠屏人不穩〔2〕。添香侍女費精神,悶悶悶!卜筮〔3〕無憑,仙方少驗,求神未準。

自家浣紗便是。奉侍郡主〔4〕,懨懨〔5〕一病經年。又逢春盡,多少游春士女,日永風暄〔6〕,只俺家守著病多嬌,長似淒風短日,料應不久。

扶他出來消遣一回。〔浣請介、旦扶病上〕

【前腔】鬼病 ⁽⁷⁾ 懨懨損，落花風片緊。多應無分意中人，恨恨恨！夢淺難飛，魂搖欲墜，人扶越困。

浣紗，俺病症多應不好也！扶我起來怎的？〔浣〕幾年春色凋零 ⁽⁸⁾，今歲名花盛發。郡主，你消遣些兒！〔旦〕浣紗。你看孤禽側畔千鶯曉，病樹前頭萬木春。教咱怎生消遣也！

【山坡羊】冷清清遭值這般星運，鬧氳氳 ⁽⁹⁾ 攪人的方寸 ⁽¹⁰⁾，虛飄飄耽捱 ⁽¹¹⁾ 了己身，軟咍咍 ⁽¹²⁾ 沒個他丰韻。浣紗呵，病的昏，問你個春幾分。睡也睡也睡不穩，過眼花殘，斷頭香 ⁽¹³⁾ 盡。傷神，病在心頭一個人；消魂，人似風中一片雲。

【前腔】〔浣〕他瘦厓厓香肌消盡，昧 ⁽¹⁴⁾ 蚩蚩眼波層困，怯設設聲息兒一絲，惡丕丕嘔不出心頭悶。他脫了神，當時畫的人，猛然間想起今難認。一會兒精靈 ⁽¹⁵⁾，一會兒昏暈。花神，多則是殘紅送了春；東君 ⁽¹⁶⁾，你早辦名香爲反魂 ⁽¹⁷⁾。〔旦作昏介、鮑上〕

【玩仙燈】淑女 ⁽¹⁸⁾ 病留連，憔悴煞落花庭院。

俺鮑四娘，數日未知小玉姐病體若何？呀，原來又睡在此！老夫人何在？〔老旦上〕若無少女憑花老，爲有嫦娥怕月沉。四娘，看俺孩兒病體若何？〔旦醒介〕俺娘，不好了也！四娘幾時到來？

【山桃紅】彩雲輕散，好夢難圓。是前生姻緣欠，又拚了今生命塡 ⁽¹⁹⁾。魂縹緲 ⁽²⁰⁾ 風裏殘霞，你把俺火燒埋 ⁽²¹⁾ 向星前暮煙。多管香早寒，玉早塵，除卻寸靈心還活現也！待他 ⁽²²⁾ 淚滴成灰，還和他夢裏言。〔合眾哭介〕忍淚灑落花片，惺惺 ⁽²³⁾ 可憐，等不的薄倖人兒和你做個長別筵！

〔老〕還有甚話也？兒！〔旦〕娘叫俺道個甚來？特爲俺把多才拜上。

【前腔】教他看俺萱堂 ⁽²⁴⁾ 一面，半子 ⁽²⁵⁾ 前緣。叫浣紗，若秋鴻回來，你夫妻好生看覷奶奶。待拜你呵！〔作跌介〕你當了嫡親眷，替俺

看他老年。鮑四娘，早晚也來看覷奶奶。當初是你作媒，以後見那薄倖呵，教他好生兒看待新人，休為俺把歡情慘然。倘然，他念舊情過墓邊，把碗涼漿灑〔26〕也。便死了呵，也做個蝴蝶單飛向紙錢。〔合前〕

〔眾背介、老〕李郎不到，怎生區處〔27〕？〔鮑〕覷他形骸死瘦，眉氣生黃，敢待變症也？〔浣〕則管昏上來哩！〔摩介、老〕李郎好薄倖也！〔鮑〕小玉姐好薄命也！〔旦醒介〕咳，娘，你孩兒好些了！李十郎到來哩！〔老〕那討這話來也？兒！〔旦〕咱待起來，娘替咱梳洗哩。〔老〕兒久病之人，心神惑亂，且自安息。〔旦〕娘不信呵，四娘扶咱！

【尾聲】一邊梳洗不妨眠，聽呵那馬蹄聲則〔28〕俺心坎兒上打盤旋。浣紗，敢踏著門那人來不遠？〔並下、豪與生並馬羞不肯行，豪家奴數人擁扯生馬上〕

【不是路】〔豪〕路轉橋灣，勝業坊西迤逗〔29〕間。花如霰〔30〕，似武陵溪上舉〔31〕桃丹〔32〕。暮光闌〔33〕，你怎生乘興人空返？陡住你花驄〔34〕去住難。〔生掩面介〕羞殺俺也！含羞眼，舊家門戶誰曾盼？怕人偷喚〔35〕！〔又〕

【前腔】〔豪〕玉碎香慳〔36〕，為你怒冲冠把劍彈。朱門限〔37〕，幾年山上更安山〔38〕？秀才，不是請你到俺家去〔39〕，是請你到你家去。好傷殘，你騎著俺將軍戰馬平心看，抵多少野草閑花滿目斑〔40〕。〔生〕則怕盧太尉害了人也！〔豪〕怎生這般畏之如虎？〔生〕足下不知，小生當初玉門關外參軍，受了劉節鎮之恩，題詩感遇，有「不上望京樓」之句，因此盧太尉常以此語相挾，說要奏過當今〔41〕，罪以怨望〔42〕，所畏一也。又他分付，但回顧霍家，先將小玉姐了當〔43〕，無益有損，所畏二也。白梃〔44〕手日夜跟隨廝禁，反傷朋友，所畏三也。因此沉吟去就。不然，小生豈是十分薄倖之人。今日相見，怎生嘴臉也！〔豪〕結髮夫妻〔45〕，賠個小心〔46〕便了。盧太尉俺自有計處，不索驚心。無危難，把雕鞍勒住胡奴喚，亂敲門瓣〔47〕。〔又〕〔奴扣門介〕

【前腔】〔老浣同上〕燕子凋殘，王謝〔48〕堂中去不還。誰清盼？

聽重門閉了響銅環。〔奴〕舊門闌〔49〕，多應是〔50〕昨夜燈花粲〔51〕，好事臨門你可也不等閒〔52〕。〔老浣〕人喧亂，多應客赴金錢宴，啓門偷看。

〔又〕〔豪眾作擁生馬進門、豪指生問老云〕認得此人否？〔老驚哭介〕薄情郎，何處來也？〔豪〕且下了馬，請小玉姐來對付〔53〕他。〔老〕小女沉綿〔54〕日久，轉側須〔55〕人，不能自起。〔旦作在內介〕娘，你孩兒起的來也。〔鮑扶旦上〕

【哭相思】待飛殘一枕香魂。誰向窗前喚轉。

〔見介豪〕鮑四娘在此。小玉姐可認得這秀才。〔生見哭介〕我的妻。病得這等了。〔旦斜視掩面長歎介、豪〕真個可憐人也。

【不是路】看他病倚危闌，似欲墜風花幾陣寒。斜凝盼，眼皮兒也應不似舊時單。小玉姐，俺將薄倖郎交付與你。病到這般呵，**命多難！**李郎，我聞東方朔〔56〕先生云：惟酒可以消憂。咱已送金錢辦酒，酒呵！**能消鬱塊**〔57〕**忘憂散，只一味**〔指生介〕**當歸勾七還**〔58〕。俺去也。〔生〕感足下高義，杯酒為謝，何去之速也？〔豪〕某非為酒而來。〔生〕願留姓名，書之不朽。〔豪笑介〕休也。**英雄眼，偶然蘸上**〔59〕**你紅絲綻，為誰羈絆**〔60〕**？為誰羈絆？**

〔豪舉手介〕請了！〔眾〕花邊馬嚼金環去，報上人回玉箸看〔61〕。〔下、生〕豪士之言有理，將酒來，為小玉姐把一杯。〔送酒與旦，旦作歎介〕我為女子，薄命如斯。君是丈夫，負心若此。韶顏穉齒〔62〕，飲恨而終。慈母在堂，不能供養。綺羅絃管，從此永休。徵痛〔63〕黃泉，皆君所致。李君李君，今當永訣矣！〔作左手握生臂擲杯於地長歎數聲倒地悶絕介、老做扶旦倒於生懷哭介〕憑十郎喚醒也！

【二郎神】〔生〕年光去，辜負了如花似玉妻。歎一線功名成甚的，生生的無情似剪有命如絲。妻呵，別的來形模都不似你。〔作扶旦不起介〕怎擡的起這一座望夫山石！〔合〕尋思起，你怎般捨得死別生離！

【前腔】〔旦作醒介〕昏迷，知他何處，醉裏夢裏，才博的哏〔64〕

郎君一口氣！俺娘呵，怕香魂無著，甚東風把柳絮扶飛！〔生〕是我扶你。〔旦〕扶我則甚〔65〕。那？生不面死時偏背〔66〕了你，活現的陰司訴你。〔合前〕

〔旦〕唱別陽關時節，多少話來，都不提了。

【囀林鶯】〔生〕陽關去後難提起，畫屏無限相思。轉孟門太尉參軍事，動勞你剪燭裁詩。〔旦〕詩可到麼？〔生〕到來。那裏有斷雲重係，都則是風聞不實。〔旦〕是韋夏卿爲媒，崔允明報信，還是風聞？〔合〕等虛脾，只看俺啼紅〔67〕染遍羅衣。

【前腔】〔旦〕盧家少婦直恁美，教人守到何時！他得到了一日是一日，我過了一歲無了一歲。要你兩頭迴避，不如死一頭伶俐〔68〕。

〔生〕死則同穴。〔旦〕誰信你！〔合前、旦〕賣釵你可知俺家貧了，看釵子不上？〔生〕說那裏話。

【啄木鸝】釵兒燕不住你頭上樓，那釵腳兒在俺心頭刺。〔旦〕新人插釵可好？〔生〕誰曾送玉鏡妝臺？從那裏照斜插雙飛？〔旦〕釵呵，可知新人惱了，賞那釵頭去了！〔生〕甚麼話！那賣釵人還說的你好哩！說伊家忘舊把釵兒棄，咱堅心不信俏地籠將去。〔旦〕籠去怎麼？〔合生〕翠巍巍許多珍重，記取上頭時。

你病勢定了些，待咱尋個人兒。〔作尋介、旦〕尋個甚的？〔生〕鮑三娘賣釵，說你又有了一個後生。〔旦惱介〕好不羞，那裏有鮑三娘！是玉工侯景先哩！甚麼後生，都是你先坐下俺一個罪名兒！

【前腔】你爲男子不敬妻，轉關兒使見識〔69〕，到底你看成甚的！〔生〕怎又討氣！〔旦〕不如死，他甚的淘閒氣〔70〕，既說我忘舊，取釵還我。〔生〕要還不難。〔旦〕是了，還了咱家，討個明白去。他妝奩厭〔71〕的餘香膩，待拋還別上個新興髻〔72〕。你還咱也好。〔合前〕

〔老〕也罷，此事問秋鴻。〔鴻上〕盧府親事，真個不曾成。

【啼鶯兒】那太尉呵，籠鶯打翠〔73〕真是奇。家主爺呵，背東風不

願於飛〔74〕。〔浣〕爺不願，怎生不回？〔鴻〕俺爺呵，**雖有嫌雲妒雨心期，他可有立海飛山**〔75〕**權勢**。正怕觸了那些，並累〔76〕咱府。要圖美滿春光保全，因此上受轆轤〔77〕，把風波權避。〔合〕聽因依〔78〕，玉花釵燕，他長在袖中攜。

〔鮑〕參軍爺，也不念咱舊媒人了。〔鴻〕你家做媒又做牙，賣釵人便是你家姐姐。〔鮑〕俺家有許多姐姐。〔鴻〕都是太尉倒鬼〔79〕。

**【前腔】**〔老〕他大風要吹倒桐樹枝，喜到頭依舊連理。〔鮑〕想起黃衫豪客也，女伴們袖手傍觀，英雄拔刀相濟。郡主呵，顯靈心黃衫夢奇，果應口同諧臥起。〔合前〕

〔旦〕也罷，釵可帶來？〔生做袖中出釵介、旦〕真個在你袖中也！〔拈釵喜介〕

**【玉鶯兒】**玉釵紅膩，尚依然紅絲繫持。磊〔80〕心情幾粟明珠，點顏色片茸香翠〔81〕。側鬢兒似飛，懶妝時似頹，病懨懨怎插向菱花對。〔合〕事真奇，相看領取，還似墜釵時。

〔老〕浣紗，取鏡奩脂粉，從新插戴。〔生作扶旦笑介〕看你羸質嬌姿，如不勝致，更覺可人也。〔旦作插釵顫介〕**【浣溪沙】**〔生〕正是：淺畫香膏拂紫綿。〔老〕牡丹花瘦翠雲偏。〔鮑〕手扶釵顫並郎肩。〔旦〕李郎，俺病起心情終是怯，因來模樣不禁憐。〔合〕今生重似再生緣。

**【前腔】**〔生〕燕釵重會，與舊人從新有輝。影差池未漬〔82〕香泥，翅毰毸〔83〕尚縈纖蕊。壓雲梳半犀，嫋風鬢半絲，恨呢喃訴不出從頭事。〔合前〕

〔老〕俺一家兒感的是豪客。〔旦〕似那年元夜會他來。

**【尾聲】**李郎，夢還真敢是那黃衫子，病玉腰肢你著意偎。十郎，不要又去也！再替俺燒一炷誓盟香寫向烏絲闌〔84〕湊尾。

薄命迴生得俊雄，感恩積恨兩無窮；

今宵剩把銀缸照，猶恐相逢是夢中。

# 校 注

〔1〕去去春難問——意言丟開吧，病癒消息難尋問。春，喻病癒。三國魏·曹植《雜詩》七首之一：「去去莫複道，沉憂令人老。」

〔2〕翠屏人不穩——翠屏人，指霍小玉。不穩，言玉之病情不穩定也。

〔3〕卜筮（shì）——古代預測吉凶。用龜甲稱卜，用草稱筮，合稱卜筮。

〔4〕郡主——即郡之公主，始設於晉。唐制：「皇太子之女，封郡主，視從一品。王之女，封縣主，視正二品。」《明史·禮志八》：「皇女曰公主，親王女曰郡主，郡王女曰縣主。」此指霍小玉。

〔5〕懨懨——精神萎靡，形容病態。元·王實甫《西廂記》二本一折〔仙呂·八聲甘州〕：「懨懨瘦損，早是傷神，那值殘春。」

〔6〕暄（xuān）——太陽的溫暖。

〔7〕鬼病——猶言怪病、心病。戲曲中多指相思病，極言相思之苦也。元·白樸《東牆記》一〔柳葉兒〕：「見如今人遠天涯近，難勾引，怎相親？越加上鬼病三分。」

〔8〕凋零——形容事物衰敗或耗損。《初刻拍案驚奇》卷三十五：「等做家的自做家，破敗的自破敗，省的歹的累了好的，一總凋落了。」

〔9〕氳氳——繼志、清暉、柳浪三本俱作「溫溫」。溫溫，和暖、不冷不熱貌。

〔10〕方寸——指「心」，心處胸中方寸之間，故稱。《三國志·蜀志·諸葛亮傳》：「徐庶辭先主而指其心曰：『本欲與將軍圖王霸之業者，以此方寸之地也；今已失老母，方寸亂矣。』」

〔11〕耽捱——耽誤、耽擱。元·楊顯之《酷寒亭》四〔醉春風〕：「把豬肉來燒，羊羔來宰，你可便莫得耽捱」。

〔12〕軟咍（hāi）咍——形容軟弱無力貌。咍咍，助音無義。下文匡匡、蚩蚩、設設、丕丕，同。

〔13〕斷頭香——中途熄滅的香，即燒香不到頭之意。舊俗迷信傳說，謂以斷頭香供佛，來世要遭到離散或絕嗣的報應。元·關漢卿《竇娥冤》一〔天下樂〕：「莫不是前世裏燒香不到頭，今也波生招禍尤？」

〔14〕昧（mèi）——昏亂、模糊不清。

〔15〕精靈——猶「精神」，唐·張鷟《遊仙窟》：「身體若飛，精靈似夢。」

〔16〕東君——這裏指司春之神。

〔17〕反魂——香名。唐·白居易《李夫人》詩：「九華帳深夜悄悄，反魂香降夫人魂。」宋·劉過《滿庭芳》詞：「痛念平生情分，孤負我，臨老風光。羅裙在，憑誰留意，去覓反魂香。」

〔18〕淑女——賢良美好的女子。《詩·周南·關雎》：「窈窕淑女，君子好逑。」

〔19〕命填——填，謂填塞、堵塞，引申到人事，謂不順遂。命塞，意即命運不順

遂，也就是命不好。

〔20〕縹緲——虛浮不定、隨風上下、隨水沉浮。宋・陳允平《垂楊》詞：「飛花滿地誰爲掃，甚薄幸，隨風縹緲。」

〔21〕燒埋——元代盛行火葬，人死了即行火化埋葬，因稱「燒埋」。這裏是霍小玉自傷生命將絕。

〔22〕他——指戀人李益。下「薄幸人」、「多才」同。

〔23〕惺惺——清醒貌。宋・陸游《不寐》詩：「困睫日中常欲閉，夜闌枕上卻惺惺。」

〔24〕萱堂——謂母也。語出《詩・衛風・伯兮》：「焉得萱草，言樹之背。」毛傳：「諼草令人忘憂，背，北堂也。」後因以萱堂指母親。

〔25〕半子——指婿。《新唐書・回鶻傳上》：「詔咸安公主下嫁……是時，可罕上書恭甚，言『昔爲兄弟，今婿，半子也。』」

〔26〕瀽（jiǎn）——倒也。元・關漢卿《竇娥冤》三〔叨叨令〕白：「有瀽不了的漿水飯，瀽半碗兒與我吃。」

〔27〕區處——本義爲分別處置之意。後多解爲打算、籌劃、辦理、安排等義。

〔28〕則——在也。

〔29〕迤逗——當爲「迤邐」之誤，從之。迤邐，旁行連延也。

〔30〕霰（xiàn）——雪珠，白色不透明的球形或圓錐形小冰粒。《詩・小雅・頍弁》：「如彼雨雪，先集維霰。」

〔31〕舉——錢南揚校曰：「『舉』字疑誤，獨深本無此字；清暉、柳浪、竹林三本俱作『舊』。」疑的有理。

〔32〕桃丹——一種粉末狀顏料，色如櫻桃。《二十年目睹之怪現狀》第四十八回：「述農道：『我學那書畫家，撒上點桃丹，去了那層油光，自然不新了。』」

〔33〕闌——晚也，將盡也。《文選・謝莊〈宋孝武宣貴妃誄〉》：「白露凝兮歲將闌。」李善注：「闌，猶晚也。」前蜀・毛文錫《更漏子》詞：「春夜闌，春恨切，花外子規啼月。」此將盡之意也。

〔34〕花驄——見本劇第五十一齣注〔108〕。

〔35〕喚——言李益怕人認出他而呼名也。

〔36〕玉碎香慳（qiān）——喻美人（這裏指霍小玉）遭遇不幸。

〔37〕朱門限——朱門，紅漆大門，喻指貴族豪富之家。限，門檻。唐・韓愈《贈張籍》詩：「君來好呼出，踉蹌越門限。」

〔38〕山上更安山——「出」字的隱語。

〔39〕去——此字下，獨深本有「哩」字，表意更明確。

〔40〕斑——謂色彩駁雜、燦爛多彩貌。

〔41〕當今——指皇帝。

〔42〕怨望——怨恨；心懷不滿。漢・賈誼《過秦論》中：「百姓怨望，而海內叛矣。」

〔43〕了當——意爲處死、殺害。元明間・無名氏《鬧銅臺》四、白：「著我將盧俊義苦打招承，下在死囚牢中，則等典型，若得了當了他，也是個清潔。」

〔44〕白梃（tǐng）手——持白梃的衛士。梃，棍棒。《孟子・梁惠王上》：「殺人以梃以刃，有以異呼？」

〔45〕結髮夫妻——元配夫妻。結髮，蘇武詩：「結髮爲夫妻，恩愛兩不疑。」

〔46〕賠個小心——對人施以謙卑、恭順，表示抱歉的態度。

〔47〕門瓣——猶「門環」，門鋪所銜的舌瓣，用它敲擊門鋪以叫門。

〔48〕王謝——唐・劉禹錫《烏衣巷》：「舊時王謝堂前燕，飛入尋常百姓家。」王謝，指晉代王坦之、謝安兩大豪門望族。

〔49〕門闌——亦作「門欄」，指門框或門柵欄。

〔50〕多應是——猶「多半是」、「大概是」，估計、推測之詞。

〔51〕粲——意指粲然，笑也。《穀梁傳・昭公四年》：「軍人粲然皆笑。」范甯注：「粲然，盛笑貌。」

〔52〕等閒——尋常。

〔53〕對付——謂應付；處置。《水滸傳》第十回：「林沖今番直吃我們對付了，高衙內這病必然好了。」

〔54〕沈綿——謂「積久不治之病」，猶「沉屙」。

〔55〕須——意同「需」。

〔56〕東方朔——字曼倩，漢厭次人。

〔57〕鬱塊——因憂愁而鬱結於胸之塊壘也。

〔58〕當歸勾七還——當歸，藥草名，這裏用意雙關，除指草藥名外，亦暗指小玉將不久於人世，還歸地府也。七還，道家煉金石爲丹，有七返九還，九還七返之說。故七還，亦稱七返，反覆冶煉之意。見晉・葛洪《抱朴子・金丹》。唐・呂岩《五言》詩之十：「爐中七返畢，鼎內九還終。」道家有「七返丹」，詭稱可以起死回生。

〔59〕蘸上——這裏作沾惹上講。

〔60〕羈絆——猶言束縛牽制。

〔61〕玉箸看——謂淚眼相看也。玉箸，喻指眼淚。南朝梁・簡文帝《楚妃歎》詩：「金簪鬢下垂，玉箸衣前後。」唐・李白《閨情》詩：「玉箸日夜流，雙雙落朱顏。」

〔62〕韶顏稚齒——韶顏，美好的容貌。南朝宋・鮑照《發後渚》詩：「華志分馳年，韶顏慘驚節。」稚齒，謂少年、兒童。《列子・楊朱》：「穆之後庭，比房數十，皆稚齒婑媠者以盈之。」

〔63〕懲痛——謂受懲罰、遭痛決。懲，通「懲」也。

〔64〕哏（hěn）——同「嚇」，佷也。《牡丹亭》：「待嚇著臉恣情的嗚嗚。」

〔65〕則甚——做什麼，意即幹什麼。

〔66〕偏背——搶先享用的意思。

〔67〕啼紅——見本劇三十三齣注〔17〕。

〔68〕伶俐——猶今云「乾脆」、「乾淨」。元·無名氏《賺蒯通》一、白：「只差一兩個能幹的人，喚他來可擦的一刀兩段，便除了後來禍患，豈不伶俐？」

〔69〕轉關兒使見識——意謂變計耍手段。見識，猶云計謀、道兒、花招。元·關漢卿《竇娥冤》二〔南呂一枝花〕：「說一會不明白打鳳的機關，使了些調虛囂撈龍的見識。」

〔70〕淘閒氣——謂不因緊要的事而產生煩惱。

〔71〕厭——嫌棄、憎惡。

〔72〕新興髻——一種新興的髮髻。書載趙飛燕與其妹趙合德，俱漢之絕色，召入宮後，用新沐沉水香爲捲髮，號新興髻。見《飛燕外傳》。

〔73〕籠鶯打翠——喻指玩弄女性，猶云「尋花問柳」，這裏是指盧太尉爲女兒婚事對李益的控制。

〔74〕於飛——飛，偕飛。於，語助詞、無義。《詩·周南·葛覃》：「黃鳥於飛，集於灌木，其鳴喈喈。」鄭玄箋：「飛集叢木，興女有嫁於君子之道。」後因以喻夫妻（或男女）同行或恩愛和合。

〔75〕立海飛山——喻指勢力強大，猶云「排山倒海」。

〔76〕並累——連累、牽連。

〔77〕羈棲——謂淹留他鄉。唐·杜甫《熟食日示宗文宗武》詩：「消渴遊江漢，羈棲尙甲兵。」金·元好問《得伭摶信》詩之一：「隔闊家仍遠，羈棲食更艱。」

〔78〕因依——謂經過、緣由。宋·無名氏《小孫屠》十四〔鎖南枝·同前換頭〕：「聽我訴因依，不覺沮暗滴。」

〔79〕倒鬼——搗鬼。

〔80〕磊（lěi）——疊也，堆砌也。磊，亦作「礧」，見明·張岱《陶庵夢憶·奔雲石》。

〔81〕點顏色片茸香翠——語見元·劉伯亨散套《朝元樂》：「粉妝成峻嶺深溪，點顏色片茸香翠。」香，清暉、柳浪本俱作「春」。

〔82〕漬（zì）——浸、泡。

〔83〕毰毸（péi sāi）——鳥羽奮飛貌。

〔84〕烏絲闌——亦作「烏絲欄」，指上下用烏絲織成的欄。其間用朱墨界行的絹素。唐·李肇《唐國史補》卷下：「宋亳間，有織成界道絹素，謂之烏絲欄、朱絲欄。」後亦指有墨線格子的箋紙。

# 第五十三齣　節鎮宣恩

【憶多嬌】〔崔韋上〕花事〔1〕催，酒力微，歌吹風光在水西〔2〕。他昨夜燈花今夜喜，向朱門報知。〔又〕褒〔3〕封節義吾皇旨。

> 天下多有不平事，世上難遇有心人。俺們生受小玉姐許多錢鈔，到慫起黃衫豪客來與這段煙花〔4〕結了公案〔5〕，真乃是千家喫酒，一家還錢，事不偶然。〔韋〕只一件，十郎既就了霍府，那盧太尉怎肯干休？他輕輕地下手，都成齏粉〔6〕，卻如之奈何？〔崔〕你不知道，那黃衫豪士雖係隱姓埋名，他力量又能暗通宮掖〔7〕。他近日探得主〔8〕上因盧府專權，心上也忌他了，他有人在主上前行了一譖〔9〕，聖上益發忿怒，如今盧府著忙，不暇理論到此事。那黃衫豪士隨有人竄掇言官〔10〕，將小玉姐這段節義上了，又見得盧府強婚之情。蒙主上褒嘉，遣劉節鎮來處分〔11〕，怕甚麼事！〔韋〕原來如此，妙哉快哉！我們先去報喜賀喜。

【長命女前】〔老生旦上〕春風轉新婚，久別重相見。〔見介〕便是崔韋二兄，依然舊客來庭院。

> 〔崔作笑云〕小玉姐，不空費了你金錢也。劉節鎮奉詔處分來此，快備香案迎接。〔劉節鎮奉詔書上〕加冠進職君臣禮，合鏡還珠〔12〕夫婦恩。聖旨已到，跪聽宣讀。皇帝詔曰：朕惟伉儷〔13〕之義，末世所輕；任俠之風，昔賢所重。每觀圖史，在意斯人。若爾參軍李益，冠世文才，驚人武略，不婚權豔，甚曉夫綱，可封賢集殿學士、鶯臺〔14〕侍郎。霍小玉憐才誓死，有望夫石不語〔15〕之心；破產回生，有懷清臺衛足之智〔16〕，可封太原郡夫人。鄭氏相夫剪桐葉而王〔17〕，擇婿顯桃天〔18〕之女，慈而能訓，老益幽貞，可進封滎陽郡太夫人。盧太尉徒以勢壓郎才，強其奠雁〔19〕，幾乎威逼人命，碎此團鸞〔20〕，宜削太尉之銜，以申少婦之氣。其黃衣豪客，拔釵〔21〕幽淑女，有助綱常；提劍不平人，無傷律令，可遙封無名郡公。嗚呼！凡贊相於王風〔22〕，皆揚名於白日，受茲敕命。欽哉〔23〕！謝恩！〔生眾作謝恩介、劉〕君虞，別來久矣！紫玉釵一事，細說一番。

【催拍】〔生〕是當年天街上元〔24〕，絳籠紗燈前一面。兩下留連，

兩下留連。幸好淡月梅花，拾取釵鈿。將去納采牽紅，成就良緣。〔合〕
今日紫誥皇宣，夫和婦永團圓。

【前腔】〔旦〕梳妝罷春遊翠園，人別去觀花上苑。他衣錦言旋，
他衣錦言旋。怎知他簫歇秦樓，唱斷《陽關》，別去鸞儔，曾歸到鴛
班〔25〕。〔合前〕

【前腔】〔老〕只道你幽歡別憐，幾年間未蒙清盼。看看的門戶凋
殘，看看的門戶凋殘。爲尋訪多情，費盡金錢。賣到珠釵，苦恨難言。
〔合前〕

【前腔】〔鮑〕眞乃是前生分〔26〕定，重遇著玉釵雙燕。因此上再
整雲鬟，因此上再整雲鬟。也當個再接瓊簪，更續危弦〔27〕；異國香燒，
倩女魂還。〔合前〕

〔韋〕此豪客之功也！

【前腔】〔崔〕閑〔28〕說起有個英雄恨然，路相看不平拔劍。〔韋〕
把雌雄重會龍泉〔29〕，把雌雄重會龍泉。不教你斷了香魂，枕畔燈前；
負了盟言，月下花前。〔合前〕

【一撮棹】〔衆〕離和合，歎此情，須問天。是多才，非薄倖，枉
埋冤。須記取花燈後，牡丹前：釵頭燕，鞋兒夢，酒家錢。堪留戀，情
世界，業姻緣。儘人間諸眷屬，看到兩團圓。

【尾聲】一般才子會詩篇，難遇的是知音宅眷，也只爲豪士埋名萬
古傳。

紫玉釵頭恨不磨，黃衣俠客奈情何！

恨流歲歲年年在，情債朝朝暮暮多。

炊徹黃粱非北里，斟翻綠蟻〔30〕是南柯〔31〕。

花封桂瘴知何意，贏得敲尊一笑歌。

# 校　注

〔1〕花事——關於花的情事。春季百花盛開，故多指遊春看花的事。元・周權《晚春》詩：「花事怱怱彈指頃，人家寒事雨晴天。」

〔2〕水西——地名。唐宣宗《題涇縣水西寺》詩：「長安若問江南事，說道風光在水西。」

〔3〕褒——嘉獎、讚揚。

〔4〕煙花——指妓女或藝妓。

〔5〕公案——案件，指有糾紛的事件。

〔6〕齏粉——切碎的菜肉曰齏；齏粉，形容菜肉切得極細，以喻人之粉身碎骨，慘遭迫害。

〔7〕宮掖（yè）——指皇宮。掖，掖庭，宮中的旁舍，嬪妃居住的地方。《後漢書・竇憲傳》：「憲恃宮掖聲埶，遂以賤直請奪沁水公主園田。」

〔8〕主——獨深本作「聖」，下「主」字同。

〔9〕譖（jiàn）——以讒言誣陷他人曰「譖」。

〔10〕竄掇言官——攛掇，謂唆使、慫恿、勸誘。宋・史彌寧《啼鵑》詩：「春歸怪見難留住，攛奪元來都是他。」「竄」為「攛」之省文。言官，諫官。竄掇、攛奪，字異而音義並同。

〔11〕處分——處置、懲罰。

〔12〕合鏡還珠——合鏡，為南朝陳徐德言與樂昌公主破鏡重圓事。（見唐・孟棨《本事詩・情感》）還珠，為後漢清官孟嘗故事。《後漢書・循吏傳・孟嘗》：「先時宰守並多貪穢，詭人採求，不知紀極，珠遂漸徙於交趾郡界。於是行旅不至，人物無資，貧死餓死於道。嘗到官，革易前敝，求民病利。曾未逾歲，去珠復還，百姓皆反其業，商貨流通，稱為神明。」後以「還珠」形容為官清廉，政績卓著。

〔13〕伉儷——謂夫婦也。《晉書・孫楚傳》：「初，楚除婦服，作詩以示濟（王濟），濟曰：『未知文生於情，情生於文，覽之凄然，增伉儷之重。』」

〔14〕鸞臺——本為宮殿高臺之美稱。唐時門下省的別名，後借指朝廷高級政務機構。《新唐書・百官志二》：「垂拱元年改門下省曰鸞臺。」

〔15〕不語——用息夫人不言事。《左傳・莊公十四年》：「蔡哀侯為莘故，繩息嬀以語楚子。楚子如息，以食入享，遂滅息，以息嬀婦，生堵敖及成王焉，未言。楚子問之，對曰：『吾一婦人而事二夫，縱弗能死，其又奚言？』」

〔16〕懷清臺衛足之智——懷清臺，清臺，地名，在今四川省長壽縣南。秦始皇為巴寡婦清所築。《史記・貨殖列傳》：「巴寡婦清，其先得丹穴，而擅其利數世，家亦不訾。清，寡婦也，能守其業，用財自衛，不見侵犯。秦始皇以為貞婦而客之，為築懷清臺。」衛足，《左傳・成公十七年》：「仲尼曰：『鮑莊子之知不

如葵，葵猶能衛其足。」杜預注：「葵傾葉向日，以蔽其根，言鮑牽居亂，不能危行言遜。」後因以「衛足」比喻自全或自衛。

〔17〕剪桐葉而王——《史記·晉世家》：「成王與叔虞戲，削桐葉爲珪以與叔虞，曰：『以此封若。』史佚因請擇日立叔虞。成王曰：『吾與之戲耳。』史佚曰：『天子無戲言。言則史書之，禮成之，樂歌之。』於是遂封叔虞於唐。」後因以「桐葉封弟」，指帝王封拜。

〔18〕桃夭——語見《詩·周南·桃夭》：「桃之夭夭，灼灼其華。」毛傳：「桃有華之盛者，夭夭，其少壯也。」後以比喻事物的繁榮興盛。此言女子及時而婚也。

〔19〕奠雁——即奉獻鴻雁之意。古代婚禮，新郎到新娘來迎親，先用雁作見面禮。因稱婚禮爲「奠雁」。因雁不再偶，以喻愛情的專一。「奠」者，進獻之意也。

〔20〕團鸞——團圓、團聚。

〔21〕拔釵——清暉、柳浪、竹林三本俱作「援」，宜參考。

〔22〕王風——王者的教化。《詩大序》曰：「《關雎》、《麟趾》之化，王者之風。」

〔23〕欽哉——古時皇帝詔命結尾常用此二字，作爲程序語。欽，敬也。

〔24〕上元——舊俗以陰曆正月十五日爲上元節。

〔25〕鴛班——同「鵷班」。鵷爲鳳凰一類的鳥，飛行時很有次序，因以喻朝官行列之整齊。此處喻指李益作了朝官。

〔26〕分（fèn）——緣分注定。

〔27〕更續危弦——古以琴瑟喻夫婦。故喪妻曰斷弦，再娶爲續弦。明·沈鯨《雙珠記》十八〔錦堂觀畫眉〕白：「我新喪偶，尚未續弦，令正既是嫁人，何不與我成婚？」

〔28〕閒——清暉、柳浪、竹林三部俱作「聞」，宜從。

〔29〕把雌雄重會龍泉——用晉人雷煥掘出龍泉、太阿二劍，一自佩，一贈張華；後來兩劍相遇，俱入水化爲龍之事，比喻霍小玉與李益離而復合。

〔30〕綠蟻——酒上浮起綠色的泡沫，亦爲酒的代稱。《文選·謝朓〈在郡臥病呈沈尚書〉詩》：「嘉魴聊可薦，綠蟻方獨持。」李善注：「《釋名》曰：『酒有泛齊，浮蟻在上洗洗然。』」「洗洗然」，猶「泛泛然」，即指浮起的泡沫。

〔31〕南柯——指《南柯太守傳》，唐·李公佐撰，敘述淳于棼夢夢至槐安國，娶公主，封南柯太守，榮華富貴，顯赫一時。後率師出征失敗，公主亦死，遭國王疑忌被遣歸。醒後才知是夢，這裏黃粱、南柯皆指夢境而言。

（2013 年 4 月 10 日）